啟智教育課程與教學設計

作者：鈕文英

插畫：洪雅慧

作者簡介

鈕文英

現職：國立高雄師範大學、屏東大學特殊教育學系兼任教授

學歷：國立臺灣師範大學教育心理系學士

美國堪薩斯大學特殊教育研究所碩士、博士

經歷：國中啟智班教師、特殊教育組長、國立高雄師範大學特殊教育

學系專任教授（2013 年 8 月 1 日退休）

專長：身心障礙者的課程與教學、正向行為支持、融合教育、

研究方法與論文寫作

著作：啟智教育課程與教學設計（2003，心理出版社）

邁向優質、個別化的特殊教育服務（2013，心理出版社）

研究方法與論文寫作（2 版修訂版）（2015，雙葉書廊）

擁抱個別差異的新典範——融合教育（第 2 版）（2015，心理出

版社）

單一個案研究法——研究設計與後設分析（2015，心理出版社）

身心障礙者的正向行為支持（第 2 版）（2016，心理出版社）

單一個案研究法——設計與實施（2019，心理出版社）

論文夢田耕耘實務（2020，雙葉書廊）

質性研究方法與論文寫作（第 3 版）（2021，雙葉書廊）

其他期刊和編纂類書籍中的文章約 100 多篇

校閱：智能障礙定義、分類和支持系統——美國智能及發展障礙協會

定義指南第 11 版（2011，財團法人心路社會福利基金會）

應用行為分析（2012，學富文化）

融合教育課程與教學實務（2017，華騰文化）

學位論文指導：自 1997 年至 2020 年 6 月底共指導完成 86 篇博碩士論文

作者序

　　啟智教育是一門十分強調個別差異的教學藝術，如何為智能障礙者設計適切的課程，並進行有效的教學，一直是許多教育工作者和家長關切的課題。雖然智能障礙者智能有限，但他們仍然有其優勢能力；如何善加運用，進而開發其潛能，從看似有限的能力中去創造無限的可能，端賴教師縝密的課程設計和因應個別差異的教學策略，以及對智能障礙者投注真誠的關懷和高度的耐心。

　　說來有趣，我雖然現今在大學任教，但小時候卻有多次被視為疑似智能障礙者的記錄。母親說我長至兩歲多才會開口說話，親友皆說不妙，恐為憨兒。在轉學進入第三所小學唸五年級時，老師出考題在黑板上要我們回答，我完全沒有作答，師長最初不明就裡，也曾懷疑我的智商是否有問題；後來才發現是近視，小女生坐在第一排仍看不見黑板的字，卻也不敢報告老師。升上國中，那時入學須做分班用的智力測驗，做完被分進「後段班」。一個學期過後，卻因為成績亮眼，引起老師的懷疑，查看之下，才發現智力測驗成績竟是屬於「臨界智能障礙」。原來，小女生做測驗時，因為沒吃早餐，急著想出去吃東西，題目根本沒認真做就匆匆交卷了。我於美國唸研究所時，即發現罹患高頻率聽障，在充滿噪音的環境中聽英文尤其吃力，因為聽不清楚，所以沒有反應或反應有誤，常自嘲像是智能障礙者。凡此種種，皆讓我對智能障礙者有種莫名的關懷，但是我卻也從未想過自己竟一頭栽進特殊教育的聖地，更與啟智教育結下不解之緣。

　　回想十九年前，甫自台灣師大教育心理系畢業分發至國中

任教，卻在毫無心理準備的情況下投入學校啟智班的創班工作（當時稱為「益智實驗班」）。由於並非本來專業，加上又是杏壇新手，創班初期確實是孜孜矻矻的經營，從無到有，從沒有課程到發展成課程綱要和教材，一步一腳印走過來。這其中要感謝當時帶領我們創班的林素貞老師，是她帶領我進入啟智教育的世界，讓我發現這一片值得耕耘的園地；還有前後七年一同工作的夥伴，初期的胼手胝足雖然辛苦，但共同走過艱辛歲月的情誼，我銘感於心。在從無到有的耕耘過程中，學生們帶給我的挑戰和回饋，都是觸發我不斷學習的力量，他們像是一本本永遠讀不完的書，同時也讓我更加堅信：智能障礙者也擁有待開發的巨大潛能，但這個潛能卻像是深埋地下的礦脈，從發掘到開採，在在需要熱情、智慧、耐心、以及精準的教學方法。

過去在國中啟智班任教七年，這幾年則在大學部開設「智能障礙教材教法」和「智能障礙教學實習」的課程。從第一年教學，我即開始寫講義，逐步累積修正，並且我有寫「教學策略筆記」的習慣，我會把一些所思所得的教學策略記錄在筆記中，最後我結合這些資料，把這十九年從事啟智教育的心得和經驗彙整起來，期待能對目前或未來將從事啟智教育的工作者有幫助。

本書旨在完整呈現智能障礙者課程與教學發展的原理和作法，作為啟智教育工作者設計課程和教學實務的參考。本書分為三篇，即基礎篇、課程／教學篇、和應用篇。在基礎篇裡，我首先探討智能障礙的名稱、定義和特徵，藉著了解智能障礙者，以形成智能障礙者課程與教學的基礎；接著於第二章探討啟智教育課程與教學的理論基礎，進而引出啟智教育課程與教

學設計的流程。接下來根據此流程,於課程／教學篇,詳細敘
述每一步驟的內涵:在第三章討論如何進行教學前評量,第四
章探討如何決定教育目標,第五章描述如何擬訂個別化教育計
畫,第六章和第七章說明如何發展課程和調整課程,第八章進
一步呈現如何進行教學,最後於第九章探討如何進行教學後評
量。課程／教學篇之後,接著進入應用篇,運用前面兩篇的概
念,細部地討論國中小階段啟智學校〈班〉課程綱要中,六大
領域之課程與教學,於第十一章至第十五章分別呈現生活教
育、社會適應、休閒教育、職業生活、實用數學、和實用語文
領域的課程與教學。

在編排設計上,於每一章的開始,插入一幅圖和雋語,這
些雋語是我從事啟智教育工作多年以來的深切感受,並配合每
一章主題呈現。另外,用不同字體呈現文本的重點,並作前後
文對照,以期達到工具書的效果,讓讀者方便使用,並能快速
掌握重點。除此,筆者藉著舉例說明,期待更清楚地傳達理論
的內涵;並且努力收集教學現場的實際案例,希望從案例的分
析,引出在設計啟智教育課程與教學上須注意的原則。筆者深
深期許本書能將啟智教育課程與教學的理論與實務作密切結
合,使理論能在實務工作中真正發揮指導的力量。

原先預期能在開學前完成這本書,雖然非常努力,但仍舊
無法如願。過程中曾一度想放棄,但心中的那份堅持和熱力告
訴自己要做下去,一直到教師節的今天才排版完成,為這段歷
程寫序,算是給自己最好的教師節禮物,終於可以告別暑假以
來幾乎每天清晨兩三點,孩子還在睡覺,於鍵盤上筆耕的日子,
是一種感動,也是一份欣喜。本書得以順利出版,要感謝的人
很多。首先,要感謝洪雅慧小姐跨刀繪製每一章的插圖,讓本

書大為增色。其次，楊舒羽、楊淳妃和林書卉同學，以及陳秀冠小姐幫忙校對和做索引等瑣碎工作，頂好印刷公司黃淑鸞和鄭淑華小姐的排版，心理出版社林怡君小姐的細心編輯，許麗玉經理的協助出版，我在此都一併致謝。當然，更要感謝外子和父母的支持，以及一對可愛兒女的配合，他們都是這本書的幕後功臣。最後，我要對前後五年中曾與我一起帶智能障礙教學實習的陳靜江、王敏行和林素貞老師，以及系上的邱上真老師致上最誠摯的謝意，我從他們的身上確實獲益良多！大學課堂中的學生們，以及指導特教系學生實習和研習場合的在職教師們，帶給我的是另一種學習，他們提出各種深具內涵與創意的問題，讓我頻頻思考，並屢有所悟，他們提供給我成長的養分，以及撰寫本書的動力和啟示！

　　踏著眾多前輩的足跡，讓我由衷感謝他們對我的啟蒙；也期待這本書能成為後進者的墊腳石－踏著它，擴展讀者在啟智教育課程與教學的視野與能力，但願這本書真能對第一線教育工作者有實質的助益。我雖已盡力撰寫和細心校對，但疏漏在所難免，尚請方家不吝指教。這只是一個開始，未來我還會增修此書，期待能為特殊教育界盡一己棉薄之力。

鈕文英

民國 92 年 9 月 28 日教師節

目　次

附錄次

表　次

圖　　次

案例次

第一篇　基礎篇

基礎篇

1.智能障礙的名稱、定義與特徵

2.啓智教育課程與教學的理論基礎

↓

課程／教學篇

1.如何進行教學前評量
2.如何決定教育目標
3.如何擬訂個別化教育計畫
4.如何發展課程
5.如何調整課程
6.如何進行教學
7.如何進行教學後評量

↓

應用篇

啓智教育六大領域的
課程與教學

第一章　智能障礙的名稱、定義與特徵

第二章　啟智教育課程與教學的理論基礎

第一章

智能障礙的名稱、定義與特徵

每一位智能障礙者像是一本本的書，甚至是一本無字之書，他需要我們用心閱讀和細心體會。

第一節　智能障礙名稱和定義的發展

第二節　智能障礙的分類

第三節　智能障礙者的特徵

導讀問題

1. 美國和我國對智能障礙名稱，從過去到現在演變的軌跡為何？
2. 以美國為例，智能障礙定義從過去到現在演變的軌跡為何？
3. 我國法規中對智能障礙的定義為何？
4. 智能障礙的分類方式有那幾種？
5. 一般來說，智能障礙者具有那些特徵？

　　在基礎篇裡，我們首先須了解智能障礙者，他們像是一本本的書，甚至是一本無字之書，他們需要我們用心閱讀和細心體會。因此本章先探討智能障礙名稱和定義的發展，而後討論智能障礙學生的分類與特徵，由此形成智能障礙學生課程(curriculum)與教學(instruction)的基礎。

第一節　智能障礙名稱和定義的發展

壹、美國對智能障礙的名稱和定義

　　國外對智能障礙的名稱源起於歐洲，J. M. Itard 和 E. Seguin 草創智能障礙養護措施之時，他們使用「idiot」或是「idiocy」(譯為白癡)一詞來稱呼，例如 Seguin(1866)在美國出版《白癡與其生理學處理方法》(*Idiocy and its treatment by physiological methods*)一書。之後，一八七五年在美國成立的一個專業組織「美國白癡與低能者教養機構之醫療人員協會」(The Association of Medical Officers of American Institutions for Idiotic and Feebleminded Persons)，由此有了「feebleminded」(譯為低能)一詞。後來這個協會更名為「美國低能研究協會」(The American Association for the Study of the Feebleminded)，然後再改為「美國智能缺陷協會」(The American Association on Mental Deficiency，簡稱 AAMD)，由此有了「mental deficiency」(譯為智能缺陷)一詞。若干研究智能障礙之先驅學者，如 Tredgold(1937)及 Doll(1941)所提出的智能障礙定義均採用「mental deficiency」(陳榮華，民 84；Beirne-Smith et al., 1994)。

　　而後，Herber (1961) 修訂智能障礙定義時，使用「mental

retardation」(譯為智能不足或智能障礙)一詞。AAMD 復於一九八七年再度改稱美國智能障礙協會(The American Association on Mental Retardation，簡稱 AAMR)。此外，英國一九二七年所公佈的智能缺陷法案(The Mental Deficiency Act)則使用「mental defectiveness」(譯為智能缺損)一詞；世界衛生組織(World Health Organization)一九七八年則使用「mental subnormality」(譯為智能異常)一詞(陳榮華，民 84；Beirne-Smith et al., 1994)。近年來，為了尊重智能障礙者的人權，使用「students with mental retardation」來稱呼，強調他們是獨特的個體，只是帶有智能上的障礙，而不是全面的限制。以下從早期的定義和智能障礙協會的定義來討論美國對智能障礙定義的演變。

一、早期的定義

(一)Tredgold 的定義

　　Tredgold 於一九○八年，首先提出智能缺陷是由於不完全大腦發展所造成的；之後他於一九三七年進一步提出智能缺陷是一種不完全的智能發展狀態，以致個體無法適應同儕的正常環境，而需要依賴監督、控制、或外在支持方能生存。Tredgold 的定義強調智能障礙是無法治癒的，而且是永遠不變的狀態(Luckasson et al., 2002, p. 20)。

(二)Doll 的定義

　　Doll 於一九四一年，提出智能缺陷是一種社會能力喪失的狀態，起源於先天的因素(如遺傳)，乃無法治療或補救的，並提出六項界定智能缺陷的基本標準：(1)無社會能力；(2)智能低下；(3)發展已停滯；(4)得自成熟過程；(5)先天性原因；(6)根本無法治癒。他還編制一套文蘭社會成熟量表來評量社會能力(Luckasson et al., 2002, p. 20)。

二、智能障礙協會的定義

　　美國智能障礙協會於一九二一年與美國心理衛生委員會 (The National Committee for Mental Hygiene)，合作建立第一版的定義，發給有關機構採用；之後在一九三二年修訂發行第二版；一九四一年修訂發行第三版；一九五七年則由協會單獨編輯智能障礙分類手冊，為第四版手冊。Herber 於一九五九年繼續發展此一手冊內容，編成綜合性的「智能障礙術語與分類手冊」(A Manual on Terminology and Classification in Mental Retardation)；之後一九六一年 Herber 修定發行一本較為完善的智能障礙術語與分類手冊，稱為第五版手冊。我國在民國六十三年所公佈的「特殊兒童鑑定及就學輔導準則」裡，有關智能障礙的定義與分類方法，大部分即依據此一手冊而訂(陳榮華，民 84；何華國，民 85)。

　　Grossman 於一九七三年，進行第六次修訂，此版所揭示的智能障礙定義，後來被引用於一九七五年的「身心障礙兒童教育法案」(The Education of All Handicapped Children Act，簡稱 EHA，即 94-142 公法)中，成為智能障礙的法定定義。到一九七七年，Grossman 做第七次小幅度的修正；到一九八三年，再做第八次較大幅度的修訂。之後再隔近十年後，Luckaason 等人於一九九二年做大範圍的修訂，為第九版的定義；接著他們又在二○○二年修訂成第十版定義。以下參考 Luckasson 等人(2002) 與 Beirne-Smith 等人(1994)的資料，詳細介紹 Herber 的第五版，一直到 Luckaason 等人的第十版智能障礙定義之內涵與演變過程，並且整理定義中對評量程序、智力、適應行為、發展期間和分類的描述在表 1-1。

表 1-1　美國智能障礙定義的演變

定義	智力	適應 行為	評量 程序	發展 時期	分類
第五版 AAMR 定義 (Herber, 1961)	一般智能表現低於平均數的界定以負一個標準差為準	在適應環境的要求上有困難，反應在成熟、學習和社會適應這些方面。	一般智能	出生到十六歲	臨界 輕度 中度 重度 極重度
第六版 AAMR 定義 (Grossman, 1973)	一般智能表現低於平均數的界定以負二個標準差為準	在符合對相同年齡和文化團體的人所設定之個人獨立和社會責任這兩項標準上，有顯著困難。於嬰幼兒期，反應在感覺動作發展、溝通技能、自理技能和社會化；於兒童期和青少年期，反應在運用基本的學業技能在日常生活中、運用適當的推理和判斷能力在掌控環境和社會技能；於青年與成年期則反應在職業與社會責任和表現上有顯著困難。	標準化智力測驗和適應行為量表	出生到十八歲	輕度： IQ52-67 中度： IQ36-51 重度： IQ20-35 極重度： IQ19以下
第七版 AAMR 定義 (Grossman, 1973)	一般智能表現低於平均數的界定以負二個標準差為準	在符合對相同年齡和文化團體的人所設定之個人獨立和社會責任這兩項標準上，有顯著困難。	標準化智力測驗和適應行為量表，並搭配臨床判斷	出生到十八歲	輕度 中度 重度 極重度 (同第六版 之標準)
第八版 AAMR 定義 (Grossman, 1983)	在至少一項標準化智力測驗上的分數低於七十或是上限至七十五以下	在符合對相同年齡和文化團體的人所設定之成熟、學習、個人獨立、和社會責任這些標準上，該生有顯著困難。	標準化智力測驗和適應行為量表，並搭配臨床判斷	懷孕到十八歲生日	輕度：IQ50-55 至將近70 中度：IQ35-40 至50-55 重度：IQ20-25 至35-40 極重度：IQ20 或25以下

(續)表 1-1 智能障礙定義的演變

定義	智力	適應行為	評量程序	發展時期	分類
第九版 AAMR 定義 (Luckasson et al., 1992)	在至少一項個別執行的標準化智力測驗上的分數低於七十或七十五以下	十項明確適應行為中有二種或以上的限制：溝通、自我照顧、居家生活、社交技能、使用社區、自我引導、健康與安全、功能性學科能力、休閒娛樂和工作	四個向度的診斷方式，包括智力與適應行為、心理／情緒、生理／健康／病因、環境因素；採取有效的評量工具和程序，運用標準化智力測驗和適應行為量表，並搭配團隊成員的觀察、訪談和臨床判斷。	懷孕到十八歲生日	四種支持輔助的程度：間歇的、有限的、廣泛的、全面的
第十版 AAMR 定義 (Luckasson et al., 2002)	個體在標準化智力測驗上的表現，至少低於平均數兩個標準差以下，而且要考慮測量標準誤，以及工具的優點和限制。	將適應行為界定為概念、社會、和應用三方面的技能。	五個向度的診斷方式，比第九版定義增加了「參與、互動、和社會角色」這個向度；採取有效的評量工具和程序，標準化智力測驗和適應行為量表，並搭配團隊成員的觀察和臨床判斷。	懷孕到十八歲生日	依據應用定義的目的，而採取多元的分類系統，可以根據智力、適應行為、需要支持輔助的程度、病源、心理健康等向度來作分類。

(一)第五版智能障礙協會定義(Herber, 1961)

　　Herber(1961)提出：「智能障礙係指於發展時期，發生的普通智力功能低下，並關聯到適應行為的缺陷」(引自 Luckasson et al., 2002, p. 21)。這個定義有三項與之前定義不同的重要內涵(何華國，民 85；Beirne-Smith et al., 1994)：

1.之前的定義僅提及一般智能表現，直至一九六一年的定義開始注意關連到適應行為的缺陷，只是尚未將之列入評量程序中。

2.一般智能表現低於平均數的界定以負一個標準差為準，結果對智能障礙的認定失之過寬。

3.此定義和 Tredgold(1908)及 Doll(1941)定義不同之處在於：不再認為智能障礙是永遠不變的狀態。

(二)第六版智能障礙協會定義(Grossman, 1973)

　　Grossman(1973)提出：「智能障礙係指顯現在發展時期的普通智力功能顯著低下，並同時兼具適應行為缺失之狀態」(引自 Luckasson et al., 2002, p. 21)。這個定義有五項與之前定義不同的重要內涵(陳榮華，民 84；Beirne-Smith et al., 1994)：

1.把「發生於」(originates in)發展時期改為「表現在」(manifested during)發展時期。

2.「發展時期」從原先的「出生到十六歲」延長至「十八歲」。

3.一般智能表現從「低下」(subaverage) 改為「顯著低下」(significantly subaverage)，低於平均數的界定以負兩個標準差為準。

4.把「關連到」(is associated with)適應行為的缺陷，改為「同時兼具」(existing concurrently)適應行為的缺陷，以提高適應行為的鑑定比重，強調智能障礙的認定必須同

時兼具「智能表現」與「適應行為」兩項要件。

5.根據醫學的分類方法有所改變，例如一九六一年的定義將蒙古症(mongolism)列入「由於不明產前因素所造成的疾病」，一九七三年的定義則特別新增「染色體異常」一類，同時將蒙古症改稱「唐氏症」(Down's syndrome)。另外，一九七三年的定義中，不再列入「文化家族性智能障礙」；而在「環境上的影響」這大類中，新增「心理－社會不利」(psycho-social disadvantage)這一個小項目。還有一九七三年的定義新增「懷孕失常」，包括因早產、體重過輕、晚產所造成的智能障礙。

(三)第七版智能障礙協會定義(Grossman, 1977)

這個定義和一九七三年的定義完全相同，只是在鑑定上特別強調**臨床判斷**(clinical judgment)的重要性。如果部分個案在發展期間的智力高於平均數負兩個標準差，甚至超過決斷值(cutoff)十分以上，但其適應行為若有嚴重缺陷，仍可被歸類為輕度智能障礙。在這些個案上，如何避免錯誤的標記，則是鑑定者的責任(Beirne-Smith et al., 1994)。經由這樣的解釋，或可讓一些臨界智能障礙者也能享受到特殊教育的服務。

(四)第八版智能障礙協會定義(Grossman, 1983)

Grossman(1983)提出：「智能障礙係指在發展時期，呈現出普通智力功能的顯著低下，而導致或關連到適應行為的併發損傷」(引自 Luckasson et al., 2002, p. 22)，這個定義有五項重要意涵(何華國，民 85；陳榮華，民 84；Beirne-Smith et al., 1994)：

1.繼續強調智能障礙的認定必須同時兼具「智能表現」與「適應行為」兩項要件，同時要顧及「臨床判斷」。

2.發展時期從原先的「出生到十八歲」，改為「懷孕到十

八歲」。

3.以前的定義敘及智能表現與適應行為的關係為關連，此次定義則增加智能低下會「導致」適應行為的障礙之字眼，顯示智力與適應行為間含有某種程度的因果關係。

4.「測量標準誤」的觀念被引進此定義中。

5.適應行為的評量方式可採觀察、訪談或標準化測驗，但必須與相同年齡和文化背景的團體相比較，而專業人員的判斷也一再被強調。

(五)第九版智能障礙協會的定義(Luckasson et al., 1992)

Luckasson 等人(1992, p. 10)提出：「智能障礙係指現有的能力水準存有實質的限制，其特徵為：(1)顯著低於平均之智力水準；同時具有下列各項適應行為領域二種或以上的限制：溝通、自我照顧、居家生活、社交技能、使用社區、自我指導、健康與安全、功能性學業能力、休閒娛樂和工作；(2)智能障礙發生於十八歲之前」，第九版定義的理論模式見圖 1-1。

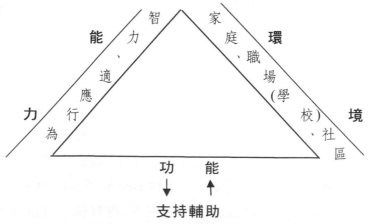

圖 1-1　美國一九九二年智能障礙定義之理論模式
(Luckasson et al., 1992, p. 10, 經過 American Association
on Mental Retardation 同意授權使用)

　　這個定義是建立於**功能性的模式**，它著眼於個體在其所處
環境活動和表現的情形。就此觀點而言，智能障礙是對現有功
能或能力的一種描述，而不是先天或一成不變的狀態。此項定
義應用之四項重要假說為：(1)確實的鑑定，考量文化、語言的
不同、以及溝通、行為方面因素之差異；(2)適應行為的有限性，
是表現在與同年齡同儕之比較，和個體生活的典型環境中，且
可當作個體個別化支持輔助需求之指標；(3)特定適應行為之有
限性，通常和其他適應行為的長處或個體其他方面的能力同時
存在；(4)經過一段時間適當的支持輔助後，智能障礙者各方面
能力通常會有所改善。至於支持輔助的內涵則被整理在圖 1-2。

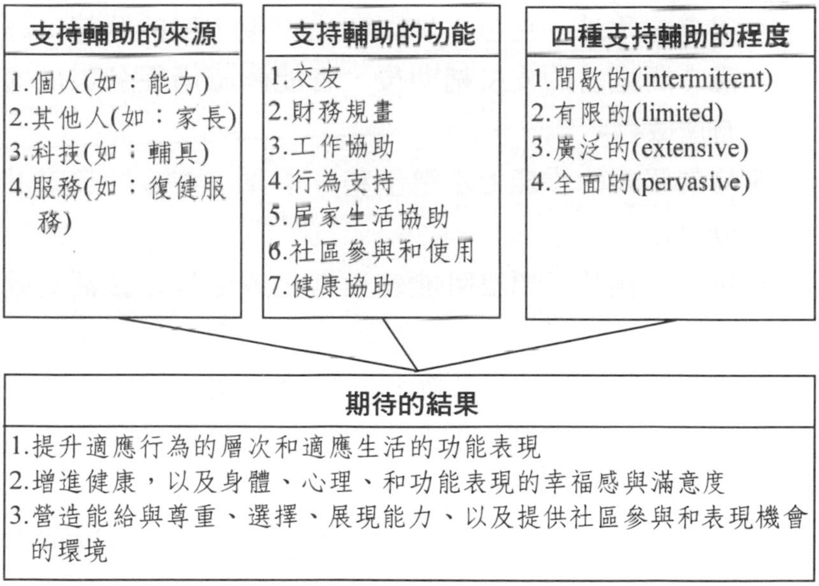

支持輔助的來源	支持輔助的功能	四種支持輔助的程度
1.個人(如：能力) 2.其他人(如：家長) 3.科技(如：輔具) 4.服務(如：復健服務)	1.交友 2.財務規畫 3.工作協助 4.行為支持 5.居家生活協助 6.社區參與和使用 7.健康協助	1.間歇的(intermittent) 2.有限的(limited) 3.廣泛的(extensive) 4.全面的(pervasive)

期待的結果
1.提升適應行為的層次和適應生活的功能表現
2.增進健康，以及身體、心理、和功能表現的幸福感與滿意度
3.營造能給與尊重、選擇、展現能力、以及提供社區參與和表現機會的環境

圖 1-2　美國一九九二年智能障礙定義之「支持輔助」內涵
(修正自 Luckasson et al., 1992, p. 102)

　　這個定義的特點，及對啟智教育發展的啟示分點敘述如下
(財團法人雙溪啟智文教基金會，民 85；Luckasson et al., 1992)：
　　1.繼續主張智能障礙的認定必須同時兼具「智能表現」與

「適應行為」兩項要件，所不同的是它強調「**環境**」和
「**能力**」互動的重要性。

2. 這個定義與過去的定義所不同的是它將適應行為的概念
　從整體而概括的敘述擴展到十項明確適應行為的限制。

3. 此定義摒棄過去以智力水準為基礎的分類系統，改採以
　「**支持模式**」為基礎的分類系統，每個學生所需的教育
　服務或支持輔助是依據「個人的能力」作決定，而不是
　以智力水準的分類標記來作決定，由此可看出新的定義
　暗示一種沒有標記且不分類的教育安置。

4. 強調智能障礙並非整體能力的損傷，而只是某些能力的
　損傷。此外，它也不是固有或終生不變的狀態，經過一
　段時間適當的支持輔助後，智能障礙者在各方面通常會
　有所改善。

5. 強調個人的「能力水準」和「優點」在設計教育計畫的
　重要性。

6. 新的定義暗示要盡可能在正常化或個體所生活的社區環
　境中進行教學。

7. 強調對學生能力的診斷和評量應定期且持續地進行。

8. 強調教學方案必須是個別化的，且能幫助學生學習日常
　生活所需的技能和適應社區生活。

9. 強調教育服務必須是適合學生生理年齡(chronological
　age-appropriate)的。

(六)第十版智能障礙協會定義(Luckasson et al., 2002)

　　美國智能障礙協會於二〇〇二年，再次修正第九版的定
義，形成第十版的定義，以下探討此定義的內容、理論模式、
源起、與一九九二年定義之異同處、應用以及意涵六個部分。

1.內容

　　Luckasson 等人(2002, p. 1)提出：「智能障礙係指在智力功能和適應行為上存有顯著之限制而表現出的一種障礙，所謂適應行為指的是概念(conceptual)、社會(social)、和應用(practical)三方面的技能，智能障礙發生於十八歲之前。」此定義有五項重要假說，除保留第九版定義的四項假定，多增加了一項假定，即「描述個體智力功能和適應行為上的限制，其主要目的是發展個別化支持輔助系統」。

　　診斷智能障礙時，須採取有效的評量工具和程序，使用標準化的智力測驗和適應行為量表，加上評量小組的觀察和臨床判斷，以作綜合的研判。至於臨床判斷的原則包括以下十項：(1)依據目的選擇評量方法和工具；(2)檢核評量工具的信效度和對個體的適合度(考慮文化、語言、溝通方式、性別、感官和動作的限制等)；(3)考慮評量者的資格、特徵和可能有的偏見；(4)使用評量工具時，須依據它們的指導說明去實施；(5)遵守專業標準和倫理守則；(6)選擇熟悉個體和能提供可信且有效資料的報導者；(7)在解釋評量結果時，須注意個體被提供參與機會的有無和過去參與經驗等因素；(8)在解釋評量結果時，須注意個體的身體和心理健康，這些會影響其行為表現；(9)使用跨專業的評量小組；(10)遵循其他評量智力和適應行為須遵守的規範。

　　此外，分類系統依據定義被運用的不同功能(如：診斷、分類、或計畫支持輔助系統)，以及個體和其家庭之需求等因素，而可以採取智力、適應行為、需要支持輔助的程度、病源、心理健康等不同的方式作分類。

2.理論模式

　　二○○二年智能障礙定義的理論模式呈現在圖 1-3。圖 1-3

顯示**智力；適應行為；參與、互動、和社會角色；健康；以及情境這五個診斷向度**會影響個人功能表現，個人功能表現關乎教學人員設計「支持輔助系統」的範圍和程度，在經過一段時間支持輔助後，智能障礙者之障礙狀況通常會有所改善。至於這五個診斷向度和支持輔助系統的內涵，筆者進一步說明如下。

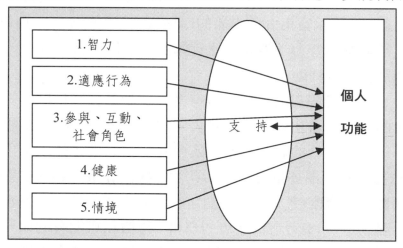

圖 1-3 美國二○○二年智能障礙定義的理論模式

(Luckasson et al., 2002, p. 10, 經過 **American Association**

on Mental Retardation 同意授權使用)

(1)五個診斷向度

a.向度一：智力

　智力是一般心理能力，包括推理、計畫、解決問題、抽象思考、理解複雜觀念、快速學習、以及從經驗學習的能力。我們在檢視個體智力限制的同時，也要考慮其他四個向度。所謂智力功能的限制是指個體在標準化智力測驗上的表現，至少低於平均數兩個標準差以下，而且要考慮測量標準誤，以及工具的優點和限制。

b.向度二：適應行為

適應行為是指概念、社會、和應用三方面的技能，它的限制會影響個體的日常生活運作，進而造成其生活適應上的困難。其中「概念」包括了語言(接受性和表達性語言)、讀和寫、金錢概念、和自我指導；「社會」包含了人際、自尊、負責任、遵循規則、遵守法律、自我保護、了解社交規範、免於被欺騙或受操控；「應用」涵蓋了一般日常活動(飲食、穿衣、如廁、行走)、工具性日常活動(準備餐點、居家清潔、交通、吃藥、金錢管理、使用電話)、職業技能、以及維持環境安全(Luckasson et al., 2002, p. 42)。我們在檢視個體適應行為限制的同時，也要考慮其他四個向度。所謂適應行為有顯著的限制是指在標準化評量工具上，概念、社會、和應用三方面適應行為領域至少有一項，或是三項的總分低於平均數兩個標準差以下。

c.向度三：參與、互動、和社會角色

參與和互動是指個體參與物理和社會環境的範圍和互動的情形，這最好透過直接觀察的方式作評量。社會角色是指個體在其所扮演的角色(例如：學生、兄弟姐妹)上，是否表現出符合對同年齡者的角色行為期待。外在環境是否給與個體參與和互動的機會將影響其表現，參與和互動機會的缺乏會進而影響個體的社會角色，這是我們在評量時須注意的。

d.向度四：健康(身體健康、心理健康、病源)

健康包括了身體健康、心理健康、和病源，它會影響個體在其他四個向度上的表現。病源包括了生理(如：染色體異常、營養失衡)、社會(如：文化刺激不夠、經濟不利)、行為(例如：母親在懷孕期間，從事危險或具傷害性的活動、濫用藥物)、教育(例如：教育機會和協助不足)四方面的因素。

e.向度五：情境(環境、文化)

情境包括了個體所處的環境(例如：家庭、學校、社區等)，以及交織於其中的文化(例如：價值、信念等)。

(2)支持輔助系統

支持輔助系統是提昇個人功能表現所使用的資源和策略，圖 1-4 呈現支持輔助的領域和功能、期待能提昇的個體表現、需要支持輔助之程度、支持輔助來源、以及評鑑支持輔助系統。接著我們要擬訂支持輔助計畫，包括了四個步驟：第一步驟為界定相關的支持輔助領域(如圖 1-4 顯示有個人發展、工作、教學與教育等領域)；第二步驟乃為每一項支持輔助領域界定相關的支持輔助活動，須考慮個體的興趣和喜好、以及個體實際和最有可能參與的活動和情境；第三步驟為評鑑需要支持輔助的程度，可從頻率、每日需要支持輔助的時間、和支持輔助的型態三方面來界定；第四步驟為撰寫個別化支持輔助計畫，須考慮個體的興趣和喜好，說明需要支持輔助的領域和活動、個體實際和最有可能參與的活動和情境、個體需求的支持輔助功能、負責提供支持輔助計畫的人員、期待能提昇的個體表現、檢核支持輔助計畫提供情形和結果的監控計畫，並且強調自然支持(Luckasson et al., 2002, p. 155)。從這些步驟中，我們可以發現支持輔助系統的本質是社區本位和個別化的，主要在提昇個體的功能和參與度，以及增進自我決定能力。

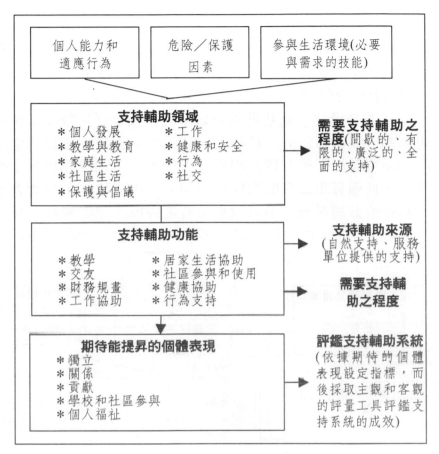

圖 1-4　美國二○○二年智能障礙定義的支持模式

(修正自 Luckasson et al., 2002, p. 148)

3.源起

　　二○○二年智能障礙定義主要源起於這段時間以來，一些學者對一九九二年定義，適應行為、智力水準、和分類系統三方面的批判如下。

(1)對適應行為的批判

　　將適應行為分成十項技能沒有實證研究作基礎，而且這些技能彼此也不全然獨立。另外，具有良好信效度的評量工具較為不足。

(2)對智力水準的批判

以智商七十或七十五以下作為決定智力水準限制的切截點，造成大量少數種族的學生被界定為智能障礙。

(3)對分類系統的批判

以「支持模式」為基礎的分類系統，被批評是較不正確和不可信的，沒有適當的工具評量支持輔助的程度；它也忽略了輕度和重度智能障礙在特徵和病源上的不同，而且在實施上有困難，因此僅有少部分的州採行。另外，由於取消了以智力水準為基礎的分類系統，造成對輕度智能障礙、學習障礙、低功能正常學生鑑別上的困難。總括來說，其定義的架構如圖 1-5。

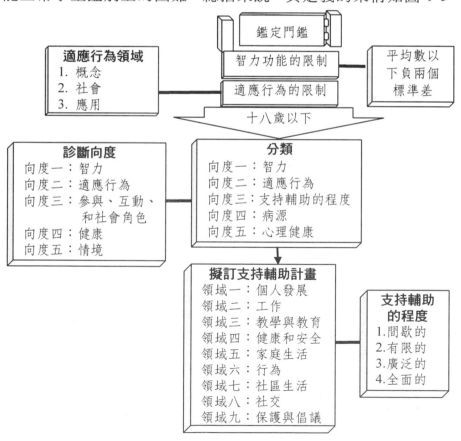

圖 1-5　美國二○○二年智能障礙定義的架構

4.應用

應用智能障礙定義的功能是多元的，它包括了診斷、分類、和計畫支持輔助系統，而每一種功能之下又有一些目的，我們宜依據功能和目的選擇適當的評量方法和工具，例如診斷的目的在建立智能障礙的鑑定標準，以取得服務、福利、和合法保障，這時就需要用到智力測驗和適應行為量表，並且考慮發生的年齡。分類的目的在提供服務、研究、或溝通該智能障礙者的特徵，則需要用到支持輔助程度量表、環境的評量、病源的評量、心理健康的評量等方法。計畫支持輔助系統的目的在提昇個體那些方面的表現(如：獨立、關係、貢獻、學校和社區參與、個人福祉)，那麼就需要使用個人中心的計畫工具、自我評鑑、日常生活狀況的評量工具、支持輔助程度量表、個人所需的計畫(例如：個別化家庭服務計畫、個別化教育計畫、個別化轉銜計畫等)。另外，在作評量時，還須注意以下幾個原則：(1)依據目的搭配選擇評量的方式和工具；(2)評量工具的信效度；(3)對個體的適合度(文化、語言、溝通方式、性別、感官和動作的限制等)；(4)評量者的資格；(5)評量者的特徵和可能有的偏見；(6)與專業標準和實務一致；(7)選擇提供評量資料的報導者；(8)個體所處的環境；(9)社會角色、參與和互動；(10)機會／經驗；(11)臨床和社會歷史；(12)身體和心理因素；(13)在評量過程中個體的行為表現；(14)個人目標；(15)評量小組的看法(Luckasson et al., 2002, p. 12)。

5.與一九九二年定義異同處

(1)相同處

二○○二年定義和一九九二年定義有下列五點相同處：第一，保留智能障礙的名稱；第二，保留一九九二年定義的基本

特徵，即生態和功能取向的特徵；第三，維持診斷標準的三要素，即智力、適應行為、和發生年齡；第四，保留「需要支持輔助的程度」為分類系統的主要依據；第五，維持「臨床判斷」在診斷、分類、和計畫支持輔助系統中扮演的角色。

(2)相異處

　　二○○二年定義和一九九二年定義有下列七點相異處：第一，將適應行為界定為概念、社會、和應用三方面的技能。第二，增加一項假定，即描述個體智力功能和適應行為上的限制，其主要目的是發展個別化支持輔助系統。第三，將智商七十或七十五以下作為決定智力水準限制的切截點，改成個體在標準化智力測驗上的表現，至少低於平均數兩個標準差以下，而且要考慮測量標準誤，以及工具的優點和限制。第四，將以「支持模式」為基礎的分類系統，改為多元的分類系統，可以根據智力、適應行為、需要支持輔助的程度、病源、心理健康等向度來作分類。第五，將一九九二年定義的四個向度診斷模式，改為五個向度的診斷模式，增加了「參與、互動、和社會角色」這個向度。第六，將一九九二年定義的七項支持輔助功能改為八項，增加了「教學」這項功能；另外加入了支持輔助計畫的擬訂步驟，使得支持輔助計畫的發展更具體。第七，增加對「臨床判斷」原則的具體說明。

6.意涵

(1)多向度的診斷模式

　　二○○二年智能障礙定義採取多向度的診斷模式，包括了智力；適應行為；參與、互動、和社會角色；健康；以及情境這五個向度。它呈現了下列四點意涵：第一，智力和適應行為是平行的；第二，健康和病源因素在診斷、分類、和計畫支持

輔助系統過程中是重要的;第三,分析環境是必需的;第四,
須將期待的個體表現融入支持模式中。

(2)生態取向

　　二〇〇二年智能障礙定義和一九九二年定義同樣包括個
人、環境、和支持三個要素,採取生態觀點,強調「環境」和
「個人能力」互動的重要性,它著眼於個體在其所處環境功能
表現的情形。就此觀點而言,智能障礙是對現有功能或能力的
一種描述,而不是先天或一成不變的狀態。另外,它強調建立
一套「支持模式」的重要性,經過一段時間適當的支持輔助後,
智能障礙者各方面的功能通常會有所改善。

(3)評量須考慮功能和目的

　　評量智能障礙時須考慮其功能和目的,是診斷、分類、或
計畫支持輔助系統的功能;提供服務、研究、溝通其特徵、或
其他目的,我們宜依據功能和目的選擇適當的評量方式和工具。

(4)將支持輔助系統融入特殊教育和復健服務中

　　此定義強調支持輔助計畫的擬訂須融入特殊教育和復健服
務中,它呈現了下列五點意涵:第一,特殊教育和復健服務的
提供者須了解所有的支持輔助功能該如何進行,並扮演支持輔
助的角色,這些角色可能是計畫者、整合和提供資源者、被諮
詢者、以及輔具的發掘者。第二,強調支持輔助計畫必須是個
別化的,且能幫助個體學習日常生活所需的技能和適應社區生
活。第三,要盡可能在正常化或個體所生活的社區環境中提供
教學與支持。第四,經過一段時間適當的支持輔助後,智能障
礙者在各方面通常會有所改善。第五,支持輔助的程度並不等
同於智力水準,重度智能障礙者在各方面需要支持輔助的程度
不一定比輕度智能障礙者來得深,它和以智力水準為基礎的分

類系統是不同的，一個最大的差別在於它乃根據個體在五個診斷向度上的「優勢」和「限制」來設定需要支持輔助的程度；而以智力水準為基礎的分類系統只根據個體在智力和適應行為上的表現，通常只以智力水準來作分類。此外，需要支持輔助的程度會隨著支持輔助計畫的提供而改變，意即當個體的能力提昇後，他需要的支持輔助程度將變得比較淺。

(5)修正研究取向和設計

研究取向和設計受到支持、融合(inclusion)、授權(empowerment)等觀念的影響，開始強調讓消費者參與研究的設計、實施、和結果的評量，以環境和支持輔助內容／策略作為介入變項，採取量和質的研究方法來評量介入對個體的成效。

(6)以需求為基礎的鑑定標準

二○○二年智能障礙的鑑定標準是以個體的需求為基礎，這樣的鑑定標準可以反應在後續提供的支持和服務；而以智力水準為基礎的分類系統無法具體地呈現個體的需求，如輕度智能障礙者在各方面的需求不見得都是少量的。過去常被忽略的輕度智能障礙者，在二○○二年的定義下，其需求能夠被重視，依據個別化支持輔助計畫的內容，其所需要的服務能夠被提供。

(7)以需求為基礎的經費補助和法定措施

如同上點所述，二○○二年智能障礙的鑑定標準是以個體的需求為基礎，經費補助將以個體的需求為基礎，依據個別化支持輔助計畫的內容來提供。同樣地，一些法定措施也將依據個別化支持輔助計畫的內容被授與。

貳、我國對智能障礙的名稱和定義

我國對智能障礙的名稱最早出現在《論語》裡，孔子曾使

用愚、魯、下愚與中人以下等術語來概稱那些資質較差、行為表現較遲緩、或是較木訥的人。之後，我國社會福利法(民 62 年)第十六條用「低能兒童」一詞，來稱呼智能發展遲緩的人。接著，民國五十一年，台北市中山國小成立第一所智能不足兒童特殊班，當時即用「智能不足」一詞；民國五十七年初公佈實施的九年國民教育實施條例，此乃我國教育法令上正式使用「智能不足」之開端。「智能不足」這個名詞沿用了很長的一段時間，一直到民國七十九年修正公佈之殘障福利法中，為了讓障礙類別的名詞統一，將智能不足者改稱為「智能障礙者」，一般又簡稱為「智障者」，爾後一直沿用至今(陳榮華，民 84)。

　　根據教育部民國七十六年所公佈的特殊教育法施行細則：「智能不足係指依標準化適應行為量表上之評量結果，與相同實足年齡正常學生之常模相對照，其任何一個分量表之得分，低於百分等級二十五以下，且個別智力測驗之結果，未達平均數負兩個標準差者。前項智能不足，依個別智力測驗之結果，分為輕度智能不足、中度智能不足及重度智能不足等三類。」這個定義乃受到美國智能障礙協會一九八三年定義之影響，著重智力與適應行為兩項條件。

　　我國教育部(民 91)公佈之「身心障礙及資賦優異學生鑑定標準」所稱智能障礙是：「個人之智能發展較同年齡者明顯遲緩，且在學習及生活適應能力表現上有嚴重困難者；其鑑定基準如下：(1)心智功能明顯低下或個別智力測驗結果未達平均數負二個標準差；(2)學生在自我照顧、動作、溝通、社會情緒或學科學習等表現上較同年齡者有顯著困難情形。」這個定義乃受到美國智能障礙協會二○○二年定義之影響，呈現適應行為可能包含的項目，且不再提出智力水準為基礎的分類系統。

第二節　智能障礙的分類

　　一般說來，智能障礙可依照四種向度來分類：第一，從「**智力水準**」來分類，而分成輕度(mild)智能障礙、中度(moderate)智能障礙、重度(severe)智能障礙、極重度(profound)智能障礙。第二，依照「**適應行為**」來分類，由重度至輕度，分成第一級、第二級、第三級和第四級(何華國，民 85)。

　　第三，依照「**醫學上的診斷**」來分類，Grossman(1977)將智能障礙的病源分成十類，即由於(1)疾病感染和中毒之後所造成的症候群(如先天性麻疹、先天性梅毒等所造成的智能障礙)；(2)外界原因所造成的傷害(如產前受傷、出生時因擠壓受傷或短暫窒息、或是出生後外傷所引起的智能障礙)；(3)新陳代謝障礙或營養失調所造成的症候群(如苯酮尿症、半乳醣血症、或營養失調等)；(4)與產後發生的大腦疾病有關的症候群(如腦結節性硬化症、或頭顱內的腫瘤等)；(5)與不明產前原因引起的疾病和狀況有關的症候群(如無腦畸形、小頭症、或水腦症等)；(6)與染色體異常有關的症候群(如唐氏症)；(7)與其他懷孕期有關的異常(如母親在懷孕期間喝酒或喝咖啡因量過高的飲料、早產等)；(8)伴隨精神異常有關的症候群；(9)受環境因素影響有關的狀況(如：早期發展經驗被剝奪、營養不良、文化語言上的差異、和教育機會的缺乏等)；(10)與其他狀況有關(何華國，民 85；Beirne-Smith et al., 1994)。

　　第四、依照「**需要支持輔助的程度**」來分類，可分成：(1)間歇的支持，這是一種零星、因需要而定的支持輔助。這類智能障礙者並非經常需要支持，有可能只是在關鍵時段需要短期

的輔助(如失業或面臨緊急病況時)；(2)有限的支持，所需要的支持是經常性且有時間限制的，但並非間歇性的，和所需支持輔助的程度較高者相比，它所需的支持人力較少，成本也較低，如短期的就業訓練，或從學校轉銜到成人就業階段的支持輔助等；(3)廣泛的支持，在某些環境(如職場或家庭中)需要持續性(如每天)的支持，且沒有時間的限制，例如長期居家生活的支持；(4)全面的支持，所需要的支持輔助具有恆常、高深度、各種環境的普遍性、且可能終身需要之特性，這種支持通常比廣泛或有限的支持需要更多的人力與強制介入(何華國，民 85；Luckasson et al., 1992)。

第三節　智能障礙者的特徵

以下從生理／動作、認知／學習、語言、人格／情緒／行為四方面說明智能障礙者的特徵。

壹、生理／動作方面的特徵

智能障礙者的生理成長，可能較同年齡者遲緩，而且附帶障礙之出現率較高。尤其是障礙程度愈重者，生理發展可能與一般人之差異愈為明顯，而且常伴隨有身體或健康問題，如大肌肉和小肌肉運動機能的發展遲滯、生長損傷、癲癇、呼吸、進食、脊椎側彎等問題(Beirne-Smith et al., 1994; Drew, Hardman, & Logan, 1996)。林偉仁(民 87)調查彰化啟智學校學生體適能現況發現：該校學生之心肺耐力、肌力／肌耐力、柔軟度極待加強。

此外，智能障礙者在粗大動作和精細動作的發展較為遲

滯，有姿勢不良、感官知覺、平衡協調方面的問題。感官知覺的問題呈現在空間方位的辨識有困難、對身體位置缺乏知覺能力，對自身和環境間的關係缺乏洞察力、難以把握物體的完整性、形象背景關係模糊，對於比較物體的差異有困難，障礙程度愈重者愈是明顯(曹淑珊，民 85)。曹淑珊調查雲林縣國小啟智班學生常見知覺動作問題，受檢核的五十五名學生以感官知覺領域的表現為最差，精細動作領域之表現次之，粗大動作領域之表現最好。

貳、認知／學習方面的特徵

一、認知發展方面

對智能障礙者的認知發展，有兩派觀點：一派是**發展論**(the developmental position)；另一派是**差異論**(the difference position)。發展論者(如：Zigler, 1969)認為智能障礙者與一般人的認知發展有量的差異，亦即發展速度較慢，以及最後達到的階段不同。依據 Inhelder(1968)的看法，若參照 Piaget 的認知發展理論，輕度智能障礙者可能會達到具體運思期，中度智能障礙者則不會超過前操作期，而重度或極重度智能障礙者則停留在感覺動作期。發展論者主張教育方案須依照學生的心理年齡來擬訂(Beirne-Smith et al., 1994; Mercer & Snell, 1977)。

差異論者(如：Ellis, 1969)認為智能障礙者與一般人的認知發展有質的差異，亦即智能障礙者在處理刺激的方式不同。因此，差異論者主張要運用特殊的教材教法來幫助智能障礙者克服或減少這樣的差異所造成的影響(Beirne-Smith et al., 1994; Mercer & Snell, 1977)。

二、注意力方面

綜合相關資料(Krupski, 1986; Patton, Payne, Payne, & Polloway, 1989)，注意力可包含以下幾個層面：注意廣度、注意的焦點(attention focus)、注意力的持續時間 (attention span)、選擇性注意力(selective attention)、和轉移性(或彈性)。綜合相關研究(Beirne-Smith et al., 1994; Bergen & Mosley, 1994; Crane, 2002; Merrill, 1992)，智能障礙者在注意力方面具有下述幾項特徵：

(一)注意廣度狹窄，不能同時注意較多的事物。

(二)注意力持續的時間較短。

(三)注意力較不容易集中與維持，易受周圍聲、光、物之刺激所影響。

(四)有注意力分配的問題，不善於選擇性地注意相關的刺激；也較不會隨著注意焦點的轉變，而調整其注意力，可能會一直停留在注意前面的刺激。

三、記憶力方面

Crane(2002)整理相關文獻發現智能障礙者至少在兩方面的記憶過程有困難，即程序記憶(procedural memory)(過程步驟的記憶)和陳述記憶(declarative memory)(記憶新的字詞和知識)；另外，他們在保留所學的內容上有困難，也就是有短期記憶能力的限制(Beirne-Smith et al., 1994; Drew et al., 1996)，尤其是在愈複雜的材料上(Schultz, 1983)。造成智能障礙者記憶能力困難的原因被歸納成兩方面：一為中樞神經功能的缺陷；另一為策略使用的限制，例如智能障礙者較不會運用記憶策略(如複述、聯想、將記憶的材料作組織分類…等技巧)來記住學習材料

(Beirne-Smith et al., 1994; Mercer & Snell, 1977)。

四、在學習能力方面

學習牽涉到注意、記憶和理解(Crane, 2002)，這三方面的表現均和學習能力有關。綜合相關研究，智能障礙者在學習能力方面具有下述幾項特徵：

(一)對刺激的接收能力較為緩慢和薄弱，尤其是強度較弱或吸引力較低的刺激，更不容易引起智能障礙者的反應，即使勉強引起，其持續時間也是短暫的(Mercer & Snell, 1977)。

(二)智能障礙者辨認學習能力較為薄弱，他們本身知覺、注意力、認知等方面的限制；加上刺激的數量、種類、和呈現方式過於複雜，以及環境有干擾等都是導致此現象的可能因素(Beirne-Smith et al., 1994; Zeaman & House, 1979)。

(三)思考、理解及抽象化能力較低，在概念的歸納、統整、推理、分類、應用、與評鑑上有困難(Crane, 2002; Kirk, Gallagher, & Anastasiow, 1993)。

(四)與一般人相較，智能障礙者較不會運用有效的策略來學習，例如較不擅於組織學習材料，較不會使用複習策略(如口頭複誦)來學習(Beirne-Smith et al., 1994)。

(五)偶發學習(incidental learning)與解決問題之能力較差(Westling & Fox, 1995)。偶發學習是指學生未接受直接教學而學習到的成果，而智能障礙者較無法從偶發學習中習得技能，如案例 1-1 所示智能障礙學生無法因應例外的狀況。例如趙芝瑩(民 80)的研究顯示：三十名五、六年級輕度智能障礙學生在日常生活問題解決能力上，

顯著低於各三十名五年級普通學生,和二年級普通學生。

【案例 1-1】教師在教室中教過「在馬路上行走」的活動,之後帶學生到真實的馬路上行走,經過第二個紅綠燈時,號誌燈壞了,一直閃黃燈,結果學生都停在路口,不敢往前進,問他們為什麼不走,他們回答:「沒有綠燈啊!」

(六)智能障礙者的時間管理與個人規畫活動之能力較為缺乏
　　(Davies, Stock, & Wehmeyer, 2002b),由於如此,再加上
　　本身生理／動作、語言、適應行為等限制,外在環境如
　　果又沒有提供豐富的生活經驗,則他們將不易習得休閒
　　技能,和規畫休閒活動,其休閒生活素質將受影響。

(七)學習類化(generalization)或遷移(transfer)的能力較為薄
　　弱,意即較不會舉一反三(Drew et al., 1996; Langone,
　　1990;林惠芬,民 89),Langone 指出智能障礙者的生活
　　經驗愈是侷限,發展類化能力則會愈加困難。

五、在學習態度方面

　　在學習態度方面,智能障礙者可能受之前失敗經驗的影響,對學習常有失敗預期(expectancy of failure)或習得的無助(learned helplessness),學習動機與意願較低,較容易依賴他人來解決問題,較缺乏自我導向的學習態度(Beirne-Smith et al., 1994; Haring & McCormick, 1986;洪榮照,民 90)。Bybee 和 Zigler(1999)指出對於那些很少被提供選擇與嘗試機會的智能障礙者,這種「外在導向」(outer-directedness)尤其普遍。

參、語言方面的特徵

一、在聽覺理解方面

　　Facon、Facon-Bollengier 和 Grubar(2002)的研究發現：智能障礙者無論在聽音辨別、或是了解字詞語句上的能力都明顯較一般人差，障礙程度愈重者愈是明顯。張正芬(民 76)以國語文能力測驗為工具，對國中啟智班輕度智能障礙學生進行研究，發現其語言能力較同年級一般學生落後三至六個年級，其中尤以聽覺記憶與注音能力最差。林寶貴、張正芬、黃玉枝(民 81)比較不同智能障礙程度學生的語言理解能力顯示：無法了解他人口語訊息的重點、對同音異義字欠缺區辨能力等問題，常隨著智能障礙程度之加重而愈形顯著，而重度智能障礙者對抽象訊息及指令的理解更是有限。

二、在口語表達方面

　　智能障礙者在句型發展上較一般兒童遲緩，句子的結構簡單、複雜度較小，在應用各種句型結構時的錯誤率高於一般人；詞類變化較少，詞彙較為貧乏，常用同一個詞表達很多不同的概念與事物，且平均句長較短，這些現象會隨著智能障礙程度的加重而更見顯著(Merrill & Jackson, 1992; Rondal & Edwards, 1997)。除此，Oetting 和 Rice(1991)的研究發現智能障礙者在社會情境中適當運用語言的能力較差，尤其是在複雜的情境中。曾怡惇(民 82)也發現我國國小中度智能障礙兒童在口語表達上，無論詞彙數量或內容、語句長度、措詞能力與深度等方面皆較普通兒童為差。綜合國內相關研究(梁秋月，民 79；莊妙芬，民 86、89；陳榮華、林坤燦，民 86；蔡阿鶴，民 78)發現：智

能障礙兒童常出現的語言特徵有：使用娃娃語；常只是單字、片語，較不會連結成句子；運用具體性而較少抽象性的詞彙；語意的範圍狹窄，較不會使用形容詞、助詞、所有格、受詞、連接詞和否定詞等。運用語言呈現的功能較偏向要求實物／活動、或尋求協助等工具性(instrumental)功能，而較少主動問候、表達意見(如：自白澄清)等社會性(social)功能。

　　部分智能障礙者有口語溝通障礙的問題，林寶貴(民 81)指出：構音障礙是智能障礙兒童最常見的語言問題，例如有替代音、省略音、贅加音、和歪曲音等，或是有語暢不順，以及反覆的口語行為(repetitive speech)，此種現象直接影響其社交互動的品質。此外，隨著智能障礙程度的加重，智能障礙者的口語行為愈少，非口語行為愈多，重度智能障礙者在溝通時對於手勢及肢體語言的依賴更勝於口語。

三、在閱讀理解方面

　　Crossland(1981)比較智能障礙學生和一般學生的閱讀能力，結果發現智能障礙學生在閱讀有文意脈絡的文章時，顯著比一般學生困難，表現出漏讀字的情形，比較無法像一般人，即使遇到不會讀的字，會使用同義且文法正確的字來替代。林寶貴(民 81)指出輕度智能障礙兒童通常能具有約國小五年級的閱讀能力，也能在未來成年生活中運用這些能力；中度智能障礙兒童的閱讀能力則較難超過國小一年級的程度，但他們仍能成功地學會辨認自己名字，和一些用來保護自己的單字或片語，以及社區中常見的符號或標誌。林淑芬(民 91)研究發現國中三年級輕度智能障礙學生句型閱讀理解的表現比同年齡一般學生差，尤其在「判斷句」句型，以及家庭與職場相關語句之理解上較為困難。

四、在書寫能力方面

相關研究(Frankel, Simmons, & Richey, 1987; Jones, 1992)發現，相較於一般兒童而言，智能障礙學生在寫作方面除了內容貧乏外，語句結構(如：文法、段落組織和銜接等)亦常出現混淆的現象。Cox、Holden 和 Pickett(1997)指出造成輕度智能障礙學生書寫表達困難的原因，一方面來自於他們本身負向的態度；另外一方面來自於缺乏寫作的環境。國內林千惠(民 90)指出智能障礙兒童由於本身注意力不足、記憶力欠佳、類化困難、不會使用有效策略等認知能力上的問題，加上精細動作、視動協調等知覺動作能力的問題，而導致看字不仔細、寫字不專心等不良書寫習慣，因而增加了智能障礙學生許多習寫國字的問題。林千惠及何素華(民 86)檢核國中啟智班新生的功能性讀寫能力發現：智能障礙學生由於欠缺書寫動作與心像的事先計畫，常容易一開始就寫錯方向，造成整篇文章重複類似的錯誤。

肆、人格／情緒／行為方面的特徵

智能障礙者的鑑定中提及適應行為的限制，他們在適應行為上的困難，常會影響個人學習、人際關係與生活適應的狀況。盧台華(民 82)以新修訂的文蘭適應行為量表與魏氏兒童智力量表為研究工具，比較三百六十八名國中小智能障礙學生與五百四十一名國中小一般學生之適應行為，結果發現：(1)智能障礙學生的適應行為側面圖不同於一般學生，其最顯著之缺陷領域為溝通，次領域為書寫；(2)智能障礙學生的適應行為顯著低於一般學生，中度智能障礙者的適應行為顯著低於輕度智能障礙者；(3)智能障礙學生的智力與適應行為有輕至中度之相關存在；(4)如僅用智力為鑑定標準，約百分之八的學生被誤診為智

能障礙。綜合相關研究，智能障礙者在人格／情緒／行為能力方面具有下述幾項特徵：

(一)智能障礙者在依循特定情境、決定適宜的行為表現常會出現困難，分辨情況的能力較為有限，因而表現出不適當的情緒表達和社會行為，如案例 1-2 所示，小明無法區辨適合打招呼的情境。另外，McAlpine(1991)的研究顯示智能障礙者較無法辨識他人的臉部表情，較無法察覺他人的情緒，智能障礙程度愈重者愈為明顯。

【案例 1-2】王老師教學生打招呼這項技能，結果小明在任何地點看到老師，都跟老師打招呼，例如：老師講電話、上廁所的時候，他也打招呼，而且要老師回應他，結果造成老師的困擾。

(二)智能障礙者因其人格與行為特質的限制，加上較少與一般人互動，智能障礙者的社交網絡較為狹窄，較常出現社會適應的問題(Zetlin & Murtaugh, 1988)。

(三)較缺乏信心、自我觀念較為消極(Hallahan & Kauffman, 1991)，因此在面對挑戰性高的工作時，較無法持續嘗試和完成。例如 Kozub、Porretta 和 Hodge(2000)研究三十一位九至十三歲的智能障礙者和一般人，在面對兩項具挑戰性的動作作業之態度，結果發現智能障礙者的持續度較低。

(四)表現出的行為較固執刻板，欠缺彈性與應變的能力(Horvath, Hoernicke, & Kallam, 1993)。馮淑慧(民 89)的研究發現：國小輕度智能障礙兒童和相近心理年齡的普通兒童，在人際問題情境中所使用的策略類別層次較低且負向，比較不利於良好人際關係的互動，而相近生理年齡的普通兒童所使用的策略類別層次較高且正向，較

利於良好的人際關係互動。

(五)對接納與讚許的需求較高(如案例 1-3 所示)，較為外控 (external locus of control)，自我規範(self-regulation)能力較弱，如較不能自我節制衝動的情緒(Whitman, 1990b)，和自我管理自己的生活和行為(Copeland & Hughes, 2002)。

【案例 1-3】老師在休閒教育課教幾何圖形貼畫，阿志貼完一部分就會拿給老師看。有一回老師正在指導小華，阿志照慣例拿他做完的一部分給老師看，老師看了一下，無暇回應，阿志站在原地，一直說：「我做好了」，老師叫他回座位繼續做，他不聽，並表示：「你沒說我好棒！」

(六)智能障礙者伴隨精神疾病的比例較一般人高(Fletcher, 2000)，也較容易出現行為問題(例如：攻擊、退縮、其他不適當的行為)(Dudley, Ahlgrim-Delzell, & Calhoun, 1999)，適應新環境和新事物的能力較差。

上述特徵的描述，只是取樣部分智能障礙者所做的調查發現，不見得所有的智能障礙者都是如此，他們之間還是有很大的個別差異，Prater (1999)提醒我們不要因為這些特徵而對智能障礙者產生刻板印象。況且了解智能障礙者的特徵，重點不在於研究他們有何種缺陷，或是比較他們和一般人有什麼樣的差異；而是研究和發現有效的課程內容和教學方法，以提昇智能障礙者的學習成效。雖然智能障礙者有上述特徵或限制，但他們也有長處或優勢，即使非常重度的智能障礙者也有，我們要找出他們的優勢能力(如案例 1-4 所示)。

【案例 1-4】就讀國中啓智班的阿吉，被鑑定為中度智能障礙者，他雖然很多能力不佳，但他每天笑口常開，樂於助人，所以人緣奇佳，甚至有普通班的同學下課會來找他，人際智力是他的優勢。

依據 Gardner(1983)的「多元智力理論」(the theory of multiple intelligences，簡稱 MI 理論)，人有八種智力，這些智力是平等的，包括了語言智力(linguistic intelligence，即運用書寫及口語語言來協助記憶、解決問題、和學習新事物的能力)、邏輯數學智力(logical-mathematical intelligence，即使用數學和邏輯推理概念來解決問題的能力)、空間智力(spatial intelligence，即運用視覺圖像和空間推理的能力)、身體動作智力(bodily-kinesthetic intelligence，即使用部分或全部的身體以完成作品的能力)、音樂智力(musical intelligence，即分辨和產生音樂的能力)、人際智力(interpersonal intelligence，即了解和因應他人行為和動機的能力)、內省智力(intrapersonal intelligence，即了解自己的感覺、動機、優勢及風格的能力)、和自然觀察智力(naturalist intelligence，即欣賞自然萬物、培育動植物，辨識並分類物種的能力)。我們對智能障礙者特徵的檢視也不只看其弱勢，也須注意其優勢能力。

《總結》

本章探討智能障礙名稱和定義的發展，智能障礙的分類，以及智能障礙者的特徵。由名稱和定義的發展來看，從強調智能障礙是先天能力的缺陷，轉變到智能障礙是在其能力和所處環境互動之下，現有的功能表現，而不是先天或一成不變的狀態，經過一段時間適當的支持輔助後，智能障礙者各方面的功能通常會有所改善，新的定義具有生態、功能取向和支持派典

的特徵，而診斷和分類系統也趨向多元，對智能障礙者特徵的
檢視也不只看其弱勢，也須注意其優勢能力。

第二章

啟智教育課程與教學的理論基礎

課程設計就如同旅遊路線的安排，

而教學則實際帶領學生經歷這趟旅程。

第一節　課程與教學的理論基礎

第二節　啓智教育課程與教學的發展

第三節　啓智教育課程綱要

第四節　啓智教育課程的類型

第五節　啓智教育課程與教學設計的流程

導讀問題

1.何謂課程？課程具有那些要素？
2.啓智教育課程發展的脈絡爲何？
3.何謂發展性、功能性和生態課程？這三種課程之間的相同處和相異處爲何？
4.啓智教育課程與教學設計的流程爲何？

　　前一章已介紹智能障礙者的定義、分類與特徵，本章進一步探討啟智教育課程與教學的理論基礎，首先呈現課程與教學的理論基礎，接著討論啟智教育課程的發展，由此發展脈絡引導出我國新修訂啟智教育課程綱要的內涵，進而說明啟智教育課程的類型，最後呈現啟智教育課程與教學設計的流程，作為未來詳述啟智教育課程與教學設計實務的前導。

第一節　課程與教學的理論基礎

　　在探討啟智教育課程與教學的理論與實務之前，首先我們來說明課程與教學的理論基礎，筆者將從課程的意義，與課程有關概念之釐清、以及課程之結構三方面來討論。

壹、課程的意義

　　課程原有「跑道」的意思，引申為「學習的路程」，即為達到教育目的、學生學習所必須遵循的途徑(黃政傑，民 80；Beane, Toepfer, & Alessi, 1986)。Snell(1987)指出課程應包括：(1)希望學生學習到什麼樣的學習結果；(2)學生需要學習什麼樣的技能以達到上述的學習結果；(3)這些技能要如何教？被誰教？在那裡教？(4)課程如何被評量。由此可看出課程的要素包括**目標、內容、組織**、和**過程**四個層面。內容告訴教師「教什麼」，它又受目標所指引，規畫目標時讓我們思考「為何教」；組織是指要如何組織這些課程內容，能為學生所接受；而過程則是指透過什麼樣的過程，將課程內容傳遞給學生，包括「如何教、何時教、被誰教、在那裡教、如何評量」等，例如計畫透過什麼教學方法，那些教具之操作，在什麼時間和地點教，

以掌握課程內容，進而達到教育目標。課程之具體形式，有的以課程綱要的方式呈現，有的課程內容完整，不但有給學生閱讀的教材，還包括給教師的課程計畫、評量表等，方便教師使用。課程設計須規畫目標、內容、組織、和過程四個要素，就如同旅遊路線的安排，教師就是嚮導，規畫旅遊的目標、沿路的景點、行走的路線、帶領的方式等，和引領整趟旅程。

貳、與課程有關概念之釐清

與課程有關的概念還包括了教材(teaching materials)、教具(teaching manipulatives)、個別化教育計畫(Individualized Education Program，簡寫為 IEP)、與教學，筆者一一釐清它們的意義，以及與課程之間的關係。

教材是課程的重要成分，是課程的具體內容，凡是教師用來協助學生學習的各種材料，如：教科書、教學輔助材料、作業單(worksheets)等，都屬教材。教材絕非僅限於教科書，教科書只是教材的一部分(吳清基，民 79)。

教具是學生學習課程內容的媒介物，教學時教師透過教具之操作過程，掌握教學內容，進而達到教育目標。教具在教學過程中的呈現，可以輔助教學技巧，以實現教育目標。

個別化教育計畫是**指運用專業團隊合作方式，針對身心障礙學生個別特性所擬訂之特殊教育及相關服務計畫**(教育部，民 91)，它為每一位學生擬訂學年和學期教育目標，我們應依據學生的個別化教育計畫來設計課程。

教學是將課程付諸實施的一種活動，課程和教學有相互依賴的關係(王文科，民 83)，Oliva(1988)提出連結模式(interlocking model)來說明課程與教學之間的關係，其中重疊處為課程四要

素中之「過程」部分，也就是課程乃計畫內容的傳遞過程；而教學則將此過程付諸實現，它牽涉到教師的溝通表達，以及對學習氣氛、行為管理、教學時間、與不同教學型態的掌握與運用等。Oliva 又指出循環模式(cyclical model)說明課程與教學循環的關係，意即教學受課程的指引，課程也會受教學的影響，其間呈現動態互動的關係，筆者綜合連結模式和循環模式，提出課程與教學間的關係如圖 2-1。

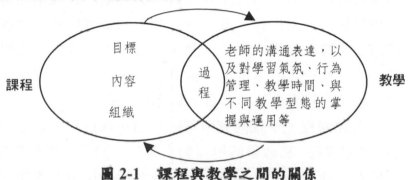

圖 2-1　課程與教學之間的關係

　　整體來說，課程、教材、教具、個別化教育計畫、和教學在整個課程與教學設計過程之關係如圖 2-2。

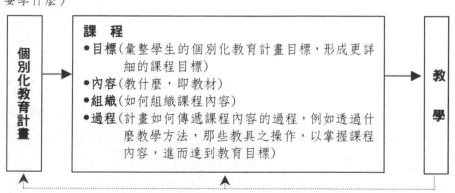

圖 2-2　課程、教材、教具、個別化教育計畫、和教學之間的關係

參、課程之結構

綜合黃政傑(民 80)和歐用生(民 81)的看法，學校課程包括了**外顯課程** (explicit curriculum) 和**潛在課程** (implicit curriculum)，而**正式課程**(formal curriculum)和**非正式課程**(informal curriculum)都是顯而易見的，可稱為外顯課程。正式課程即學校中名列出來的日課表、科目或領域、課程單元等。另外，學校除正式課程外，還有許多計畫的學習經驗，例如校慶、園遊會、校外教學、露營活動等，這些學習經驗的提供，都有其教育目的存在，事實上，啟智教育中非正式課程扮演很重要的角色，它對學生的影響實不稍遜於正式課程。

除了外顯課程，學校尚有所謂的「潛在課程」，是指學生與教師、外顯課程、和教學情境互動之後產生的潛在學習經驗，例如「境教」及「身教」，境教是指教師透過環境的安排，使學生學習到的經驗；身教則是透過教師表現出來的行為舉止，引導學生模仿學習。這些潛在課程中，可能是有意或無意的設計，而學生學到的經驗有可能是正面的或負面的，端賴於學校和教師如何安排，以及是否時常省察這些潛在的影響(黃政傑，民 80)。總之，啟智教育教師須善加安排與運用外顯課程和潛在課程來引導學生學習。

不論是正式課程、非正式課程或潛在課程，都是學校內實際的存在，總稱「實有課程」，以別於 Eisner(1979)所指出的**空無課程**(null curriculum)。空無課程的概念，則在探討學校「不教什麼」或「缺乏什麼」，且是缺乏而重要的內容，產生了什麼結果。空無課程是相對性，而不是絕對性的概念，其內涵端視實有課程包含的內容而定。空無課程幫助教師不但從「有什

麼」的角度觀察課程內容，也從反面的角度「缺乏什麼」來思考，並且探討缺乏的原因何在。可能的原因有疏忽，故意不教，或是無法因應社會變遷所造成的。課程設計基本上是個選擇和決定的過程，都會遭遇知識無窮、時間有限的兩難。因此教師須權衡那些目標對學生是最重要的，而在實有和空無課程之間作調整。

第二節　啓智教育課程與教學的發展

從歷史的觀點來看整個啟智教育課程的發展，我們可以發現一九六○至一九七○年之間強調「如何教」，「行為學派」在當時是全盛期，以行為學派為基礎的系統性教學被提出。一九七○年代強調「教什麼」，一九七五年 94-142 公法要求學校必須對每位身心障礙兒童發展一套個別化教育計畫及執行之。Bricker 和 Bricker (1974)主張「以發展為基礎的介入方案」，即發展性課程(developmental curriculum)；之後 Brown、Nietupski 和 Hamre-Nietupski (1976)提出「終極功能標準」(criterion of ultimate functioning)，讓啟智教育教師思考到底我們教學的內容對智能障礙者的終極功能為何，是否促使他們擁有更好的成人生活和社會適應；Guess 等人(1978)更進一步為文討論教學目標的功能性，促使功能性課程(functional curriculum)的產生。

Wolf(1978)和 Van Houten(1979)進一步提出「社會效度」(social validity)的概念，主張目標的擬訂必須符合社會需求，考慮學生相關重要他人對課程目標和內容的看法。Brown、Branston-Mclean、Hamre-Nietupski 等人(1979)發展「個別化生態課程模式(individualized ecological curriculum model)」，Vincent 等人(1980) 提出「下一個環境的標準」(criteria of the next environment)，對學齡前的兒童修正終極功能標準為教導學生轉銜至下一個環境具有功能性的技能，由此發現課程設計開始強調生態環境的重要性，生態課程(ecological curriculum)萌芽。Baumgart 等人(1982)提出「**部分參與的原則**」(principle of partial participation)，以澄清終極功能的標準，意即即使有些符合生理年齡的活動學生無法獨立從事，但也能在某種支持輔助下部分參與。

　　Sailor 和 Guess (1983) 為協助教師決定課程目標的優先順序，提出目標的**關鍵性功能**(critical functions)；Certo (1983) 進一步整合過去學者所提的原則，以**最少量標準**(minimum criteria)來實踐最好的教育實務，包括課程目標在增加獨立性、教導功能性和符合生理年齡的技能、部分參與的原則、有計畫地提供統合(integration)的經驗等。Guess 和 Siegel-Causey (1984)提出以**學生的自發行為**來設計教育方案，之後他們兩位與 Benson 於一九八五年又提出**選擇與自主**的概念，強調設計課程時須給與學生表達喜好和選擇的機會。

　　之後，Falvey (1985)提出「**社區本位教學**」(community-based instruction)，擴展教學地點從教室至社區；Guess 和 Helmstetter(1986)進一步提出「**分散練習**」(distributed practice)的概念，主張教學最好能在社區、真實情境中進行，並且教導完整的活動，而不是孤立的技能，將這些活動分散在自然時間和真實情境中練習，其效果會比大量集中式的練習(mass practice)來得好。Will(1986)提出以「**普通教育為首**」(regular education initiative)；一九九○年以後許多學者主張「融合」，提議以更融合的方式，將學生安置於普通教育環境中，在單一融合的教育系統中，傳遞教育服務給所有的學生，並增加特殊

教育與普通教育教師的合作，以共同計畫、協同教學(cooperative teaching)等方式來進行。這些均呈現**一九八○年至今**，強調「**在那裡教**」，「**正常化原則**」(normalization principle)、「**社區本位教學**」、「**融合**」等觀念被提出(Holowach, 1989)。之後 Luckasson 等人(1992)修改一九八四年智能障礙的舊定義，將**功能性、生態、和支持派典**等觀念放進新定義的思維中，而二○○二年的智能障礙定義，繼續強調這些觀念。綜合相關資料 (Brimer, 1990; Horner, Snell, & Flannery, 1993; Meyer, Eichinger, & Park-Lee, 1987)，啟智教育課程與教學的歷史發展被整理在表 2-1。

表 2-1　啟智教育課程與教學的歷史發展

年　代	觀　點	內　涵
1960-1970	行為學派	以行為學派為基礎的系統性教學
Bricker & Bricker (1974)	以發展為基礎的介入方案	發展性課程
Federal Register (1975)	94-142 公法	擬訂個別化教育計畫 最少限制的環境
Brown, Nietupski & Hamre-Nietupski (1976)	終極功能標準	成人及社區統合的標準
Guess et al. (1978)	教學目標的功能性	功能性課程
Wolf (1978) Van Houten (1979)	社會效度	教學目標是否符合社會需求
Brown et al. (1979)	個別化生態課程模式	生態課程
Vincent et al. (1980)	下一個環境的標準	對學齡前的兒童修正終極功能標準
Baumgart et al. (1982)	部分參與的原則	澄清終極功能標準
Certo (1983)	最少量標準	實踐最好的教育實務之標準(教學目標在增加獨立性、教導功能性和符合實齡的技能、部分參與的原則、有計畫地提供統合的經驗)

(續)表 2-1 啟智教育課程與教學的歷史發展

年　代	觀　點	結　　果
Sailor & Guess (1983)	教學目標的關鍵性功能	發展課程目標的優先順序
Guess & Siegel- Causey (1984)	以學生的自發行為來設計教育方案	學生中心的教育方案
Guess, Siegel- Causey, & Benson (1985)	選擇與自主	給學生機會表達喜好和選擇
Falvey (1985)	社區本位教學	擴展教學地點從教室至社區
Guess & Helmstetter (1986)	分散練習	教學最好能在社區、真實情境中進行，並且教導完整的活動，而不是孤立的技能，將這些活動分散在自然時間和真實情境中練習，其效果會比集中式的練習來得好。
Will(1986)	以普通教育為首	重新組合特殊教育和普通教育系統，以降低特殊教育經費支出，並且提昇普通教育的品質，以減少特殊教育需求學生的人數。
1990 年以後	融合	主張以更融合的方式，將學生安置於普通教育環境中，在單一融合的教育系統中，傳遞教育服務給所有的學生，並增加特殊教育教師與普通教育教師的合作，以共同計畫、協同合作教學等方式來進行。
Luckasson et al. (1992)	智能障礙協會第九版的智能障礙定義	智能障礙的界定強調「環境」和「能力」互動的重要性，主張智能障礙者並非整體能力的損傷，而只是某些能力的損傷；它也不是固有或終生不變的狀態，經過一段時間適當的支持輔助後，他們在各方面通常會有所改善。此定義具有生態、功能取向和支持派典的特徵。
Luckasson et al. (2002)	智能障礙協會第十版的智能障礙定義	保留智能障礙名稱，生態、功能取向和支持派典的特徵；以及維持診斷標準三要素，即智力、適應行為、和發生年齡；與「臨床判斷」扮演的角色。使用多元的分類系統，增加「臨床判斷」原則的具體說明，以及支持輔助計畫的擬訂步驟。

　　而這樣的轉變，其實有一種根本的思維模式在影響，即特殊教育的典範(paradigm)從缺陷(deficit)改變至**成長**(growth)**的典範**(Armstrong, 1994)，從探討智能障礙者功能的限制，課程規畫強調其心理年齡，使用許多特殊化的補救策略來彌補缺陷；轉變到探討特殊兒童的潛能，課程規畫考慮學生的生理年齡，和其所處生態環境，重視家長參與，並做個別化的教學決定，教師透過各種真實情境中之活動和事件，來協助學生成長和學習。這種典範的改變也反應在美國智能障礙協會一九九二和二〇〇二年智能障礙定義，以及啟智教育的其他層面(如：評量、鑑定、安置等)中(邱上真，民 85)，如表 2-2。Polloway、Smith、Patton 和 Smith (1996)即指出本世紀關於智能障礙和發展障礙觀點的改變有機構為基礎(facility-based)、服務為基礎(services-based)、支持為基礎(support-based)、以及授權或自我倡議(self-advocacy)四個階段。

表 2-2　啟智教育之原觀念與新觀念之比較

層面	原　觀　念	新　觀　念
思維模式	● 「缺陷」的思維模式 ● 探討「缺陷」	● 「成長」的思維模式 ● 強調「潛能」和「優點」
評量	● 使用靜態評量或標準化的測驗工具來診斷個體的缺陷和目前發展水準 ● 著重評量個體之能力 ● 強調錯誤、弱點和短處之診斷	● 使用真實的評量取向(例如：實作評量)，在自然的情境下，評量個體的需求和最大發展空間，這樣的評量資料可作為發展介入方案的基礎 ● 不只在評量個體，也評量環境(例如：生態評量) ● 強調長處和優點之評量
鑑定	● 使用標記：根據個體的障礙或損傷來標記	● 避免標記：視人為完整而獨特的個體，只是有一些特殊需求
	● 強調從「能力」的觀點來定義智能障礙	● 強調從「能力和環境間之互動」的觀點來定義智能障礙
	● 以「智力水準」和「教育的可能性」作為分類的依據	● 以所需「支持輔助」之「時間長短」與「範圍多寡」作為分類的依據

(續)表 2-2 啟智教育之原觀念與新觀念之比較

層面	原　觀　念	新　觀　念
安置	● 隔離的安置	● 融合的安置
課程	● 「學科」取向	● 「領域」取向：整個課程內容的架構必須反應成人生活的各個領域，如居家生活、職業／教育、身體／情緒健康、個人責任與社會關係、社區參與、休閒生活等
	● 「發展性」課程：心理年齡	● 「功能性」課程：課程規畫時須考慮生活時間，意即考慮智能障礙者的生理年齡，並重視「轉銜」 ● 「生態課程」：規畫課程時須考慮智能障礙者的生活空間，意即他們所處的生態環境，有家長參與，並做個別化的教學決定
教學	● 使用許多特殊化的處理策略,這些策略常常脫離真實生活情境 ● 強調「起點行為」：訓練先備技能 ● 使用人工或模擬的情境，訓練孤立的技能 ● 使用「行為目標」	● 與生活情境配合，使用真實的材料，進行有意義且完整的活動(零推論的策略) ● 使用「活動目錄」 ● 採取「部分參與原則」 ● 設計「調整或修正」的策略，提供支持輔助
職業訓練	● 訓練→安置→輔導	● 安置→訓練→支持(支持性就業)
行為輔導	● 行為改變 (behavior modification)：強調使用後果處理策略來改變個體的行為。	● 行為支持(behavior support)：對個體抱持一種正向的態度，視行為問題具有某種功能；因此，對行為問題所設立的終極目標在於教導個體發展適當的行為，以取代不適當行為；在處理過程中採用多重而個別化的處理策略，含預防、教導、和反應三類處理策略。

第三節　啓智教育課程綱要

　　舊的啟智教育課程綱要是在民國七十七年公佈，目標在養成自立自主的國民，課程則採學科的架構呈現(見圖2-3)。

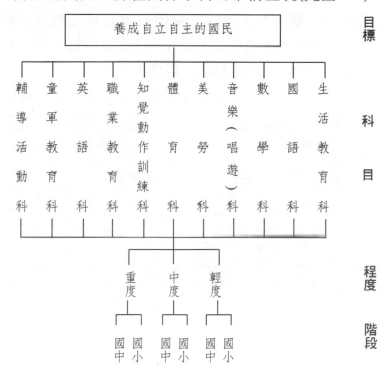

圖 2-3　舊的啟智教育課程組織架構(教育部，民 77)

　　而新的課程綱要是在民國八十六年公佈，修訂的方向主要以**領域導向**取代學科導向，本課程綱要依人類自然成長和生活的需要，提供統整性的課程，並隨其心智、生理、社區生活的增長而逐漸加重其分化學習的課程，務必使學生能逐步獲致各項能力，以立足社會，其修訂內涵詳如表 2-3，國中小階段啟智學校〈班〉課程修訂綱要架構見圖 2-4，詳細的內容見附錄一；

高職階段啟智學校(班)課程修訂綱要架構見圖 2-5 所示,詳細的內容見附錄二。普通高職特殊教育班則包含農業職能學程(園藝科、農場經營科)、工業職能學程(汽車科)、商業職能學程(文書事務科、資料處理科)、家事職能學程(家政科、食品加工科、美容科)、服務職能學程(餐飲服務科、水產製造科)。教育部社會教育司出版了國民教育階段智能障礙課程單元教學活動設計(民 89c),和課程教學指引(民 89b),以及高中職教育階段智能障礙課程綱要教師手冊(民 89a),可供參考。

表 2-3　民國八十六年新的啟智教育課程綱要修訂內涵

修訂的向度	國中小階段啟智學校(班)課程綱要修訂的內涵	高職階段啟智學校(班)課程綱要修訂的內涵
修訂原則	●均衡性、發展性、統整性、彈性、以及實用性	●均衡性、發展性、統整性、彈性、以及實用性
形式架構	●以領域導向取代學科導向,包括生活教育、休閒教育、社會適應、職業生活、實用語文、實用數學	●以領域導向取代學科導向,包括職業生活的能力、家庭與個人生活的能力、社區生活的能力
課程目標	●以生活經驗為中心,透過適性教學,以達成「生活適應」的目標: (1)了解自我、鍛鍊強健體魄、養成良好生活習慣,以達到個人及家庭生活適應。 (2)認識環境、適應社會變遷、養成互助合作精神,以達到學校及社區生活適應。 (3)培養職業能力及服務人群熱誠,以達到職業及獨立生活適應。	●衝接國民教育階段,並以職業教育為核心,生活適應能力為重點,各領域之教學與日常生活經驗相配合,進而培養職業生活的能力、家庭與個人生活的能力、社區生活的能力,以適應社會的需求: (1)鍛鍊身心,充實生活知能,發展健全人格,以提昇個人及家庭生活適應能力。 (2)了解環境,順應社會變遷,擴展人際關係,以培養學校及社區生活適應能力。 (3)認識職業,培養職業道德,建立工作技能,以增進就業及社會服務能力。

(續)表 2-3　民國八十六年新的啟智教育課程綱要修訂內涵

修訂的向度	國中小階段啟智學校(班)課程綱要修訂的內涵	高職階段啟智學校(班)課程綱要修訂的內涵
教學時數	●較具彈性化	●較具彈性化
教學評量	●結合傳統行為目標導向的評量與新近發展的生態評量	●結合傳統行為目標導向的評量與新近發展的生態評量
課程編製和教材編選	●發展、統整、融合、功能性、興趣、彈性、社區化原則	●社區本位、功能性課程設計、課程轉銜、職群設計、彈性時數、生態評量、統整教學、重要活動原則
教學原則	●個別化、類化、安全、實作、啟發、增強、協同原則	●個別化、協同、診療、實作、增強、多元化活動、合作、支持性就業原則

圖 2-4　國中小階段啟智學校(班)課程修訂綱要架構圖

目標	領域	綱　要	項　　　　　　　目

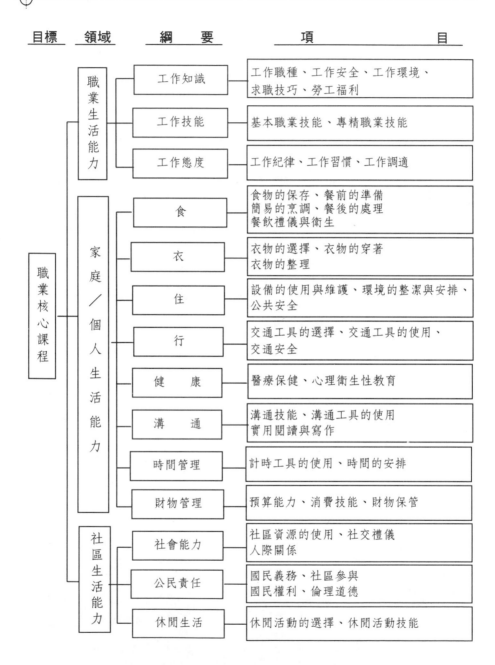

		工作知識	工作職種、工作安全、工作環境、求職技巧、勞工福利
職業生活能力		工作技能	基本職業技能、專精職業技能
		工作態度	工作紀律、工作習慣、工作調適
職業核心課程	家庭／個人生活能力	食	食物的保存、餐前的準備 簡易的烹調、餐後的處理 餐飲禮儀與衛生
		衣	衣物的選擇、衣物的穿著 衣物的整理
		住	設備的使用與維護、環境的整潔與安排、公共安全
		行	交通工具的選擇、交通工具的使用、交通安全
		健　康	醫療保健、心理衛生性教育
		溝　通	溝通技能、溝通工具的使用 實用閱讀與寫作
		時間管理	計時工具的使用、時間的安排
		財物管理	預算能力、消費技能、財物保管
	社區生活能力	社會能力	社區資源的使用、社交禮儀 人際關係
		公民責任	國民義務、社區參與 國民權利、倫理道德
		休閒生活	休閒活動的選擇、休閒活動技能

**圖 2-5　特殊教育學校高中職教育階段智能障礙類課程綱要結構圖
(教育部社會教育司，民 86a)**

　　至於學前階段的學童並未分類別，統稱為發展遲緩，因此整合為特殊教育課程綱要，由王天苗(民 89)發展，綱要內容分成兩大部分，即一般發展課程和特殊訓練課程。一般發展課程是以一般幼兒發展順序編寫的課程，內容架構包括：感官知覺能力、粗動作能力、精細動作能力、認知能力、溝通能力、社會情緒能力、自理及居家生活能力等七項領域。特殊訓練課程乃針對視、聽障幼兒特殊狀況所需要的特別訓練課程，內容架構包括：定向行動訓練及聽讀與說話訓練兩項領域。

第四節　啓智教育課程的類型

　　從如何決定課程目標和內容來看，啟智教育課程可分成發展性、功能性、和生態課程，詳細敘述如下。

壹、發展性課程

　　發展性課程主張智能障礙兒童之心智發展階段和一般孩子一樣，只是發展的速度較慢，發展的極限較偏低而已。因此智能障礙兒童之課程內容和組織應根據普通兒童之發展序階來安排。其課程內容通常包含動作、知覺、語言、社會及生活自理等兒童發展的主要領域。學生則由目前發展階段開始，學習較高序階之發展項目(何素華，民 84c；Ryndak & Alper, 1996)。國內目前現有課程中，有些是屬於發展性的課程，例如：心智能障礙礙兒童個別化課程(施展川、李寶珍，民 74)以及 Portage 早期教育指導手冊(財團法人雙溪啟智文教基金會，民 76)。發展性課程也許適合輕度或年幼的智能障礙者，但不適合年齡較長的智能障礙者；因為它強調依照發展序階來設計課程目標，未

考慮學生的生理年齡，對年長者可能擴大其與一般人之差異。一位已十八歲的智能障礙者，如果還一直學習五歲小孩所學習的活動，如堆積木、排形板、唱兒歌等，那麼他會更難融合於一般人的生活中。

貳、功能性課程

功能性課程主張教導智能障礙者實際生活中重要而必備的活動與技能，使其能參與多樣性的社會生活(Falvey, 1989)。如何判斷這項活動或技能是否具有功能性呢？簡單地說，如果這位智能障礙者離開學校後，沒有學習到這項活動或技能，是不是必須有人幫他做？如果「是」的話，便具功能性(黃金源，民82；Fredericks & Brodsky, 1994)。譬如一位智障者不會刷牙，便一定要有人幫他刷牙，因此，刷牙便是功能性的活動。在學校裡教學生堆積木，畢業後他不需要堆積木，也不用別人幫他做，所以它就是非功能性的活動。功能性課程是由發展評量，找出重要、具功能性、且適合生理年齡的課程目標和內容，以及透過獨立生活技能的標準參照評量，了解學生目前的表現水準，將課程領域分為語言、生活自理、家事、社區活動、職業、社會及休閒娛樂等幾個領域(Rainforth, York, & Macdonald, 1992)。

Hickson、Blackman 與 Reis(1995)指出功能性課程有三項要素：**功能性的活動與技能、自然情境、符合生理年齡**；而活動與技能是否具功能性取決於其效用，若該活動與技能幫助智能障礙者更加獨立、更具生產性、更為同儕所接受、更容易被照顧，則該活動與技能的功能性愈高。功能性課程具有以下幾個特徵：(1)幫助教師思考學習的活動與技能要用在什麼情境？為

什麼要學習這些活動與技能？何時需要這些活動與技能？(2)考慮學生的生理年齡；(3)功能性課程的內容與生活情境完全整合，教導學生完成有意義而完整的活動，而非孤立技能的學習；(4)強調轉銜功能，幫助學生能成功地由學校轉銜進入社會過成人生活；(5)在教學方面，功能性課程主張使用真實的材料，並且盡量在社區自然情境中進行，重視從事活動的自然後果(natural consequences)，例如剝完柚子，就有柚子可吃；必要時作適當的調整或修正(adaptation)，協助學生即使無法獨立參與，也能部分參與社區生活，不必等到具備某項先備技能才訓練(Neel & Billingsley, 1989; Ryndak & Alper, 1996)。例如有的腦性麻痺學生旋轉水龍頭有困難，則可採用拉桿式或感應式水龍頭；手無法握牙刷，可以做個套子套在手上；無法刷牙，可以用電動牙刷。又比方有些學生不認識錢幣，可為其設計一種輔助板，教學生用配對的方法將錢幣套入板上之圓洞，就可使用正確數值之錢幣乘車、購物。

綜合多位學者(邱上真，民 86；Neel & Billingsley, 1989; Valletutti, Bender, & Sims-Tucker, 1996; Wilcox & Bellamy, 1987)的資料，非功能性教學與功能性教學的對照見表 2-4。

表 2-4　非功能性教學與功能性教學的對照

項目	非功能性教學	功能性教學
特徵	教導孤立的技能、或不完整的活動；課程內容與生活情境無關。	1.幫助教師思考活動與技能之功能性，何時、何地、何種情境會用到？為什麼要學習這項活動與技能？ 2.考慮學生的生理年齡。 3.與生活情境完全整合，教導學生完成有意義而完整的活動，而非孤立技能的學習。 4.強調轉銜功能。 5.主張使用真實材料，並且盡量在自然情境中教學，重視從事活動的自然後果，必要時作適當的調整或修正。

(續)表 2-4　非功能性教學與功能性教學的對照

項目	非功能性教學	功能性教學
精細動作	1.使用剪刀 2.開瓶蓋 3.穿珠 4.穿洞、插洞板	1.使用剪刀完成貼畫、使用剪刀將包裝剪開 2.打開瓶子拿東西吃 3.打開熱水瓶倒水 4.使用鑰匙開門鎖 5.將吸管插入飲料杯中
粗大動作	1.走平衡板 2.穿越教室走廊	1.走進餐廳或雜貨店 2.走進公園或電影院
認知／學科	1.堆積木 2.分類幾何圖形型板 　(如：三角形、圓形等)	1.分類衣服(如：長褲、短褲、裙子、上衣、長袖、短袖等) 2.擺碗筷準備用餐
溝通能力	1.從圖片中指出食物名稱 2.作發音練習	1.使用點餐用語在速食店點餐 2.使用購物用語在雜貨店買東西
自理能力	1.從圖片中指出衣服名稱 2.設計模擬情境，要學生摸各種溫度	1.上體育課前換體育服裝 2.能感覺天氣冷需要穿外套、天氣熱需要脫衣服

　　近年來許多強調生活技能訓練，以及幫助學生轉銜進入社區、成人生活的課程都是功能性課程，例如：美國馬利蘭州生活教育課程(Maryland life skills curriculum)(Haign, 1986)、生活中心生涯教育課程(life centered career education curriculum)(Brolin, 1992)、給中重度智能障礙學生的功能性課程(被稱作 IMPACT 課程，Neel & Billingsley, 1989)、身心障礙兒童功能性課程(Valletutti et al., 1996)。我國目前的啟智教育課程中也有一些是功能性課程，例如：財團法人第一兒童發展文教基金會(民 81)所編的中重度智能障礙者功能性教學綱要、林寶貴與錡寶香(民 78)主編的生活中心生涯教育活動設計、國立高雄師範大學特殊教育中心(民 82)編製的國民中小學功能性數學教材、以及台北縣國民教育輔導團(民 84)所編的啟智班生活化語文教材。

參、生態課程

一、生態課程的源起

Ryndak 和 Alper(1996)指出生態課程源起於下列四點：

(一)考慮重度障礙者的學習特徵

重度智能障礙者的學習特徵有四項：(1)學習速度較正常同儕慢；(2)維持習得的技能有困難；(3)有類化和遷移的困難；(4)對統整在不同情境和時間習得的技能有困難。因此，對於重度智能障礙者之教育主張零推論的策略(zero-degree inference strategy)，它有三層意思：第一，所有教學活動不可以只在模擬情境下教學(simulated instruction)，一定要在真實或自然情境下教學(naturalistic instruction)，而且使用真實的材料，因為真實情境中有很多狀況是無法模擬的，如走在十字路口紅綠燈壞掉了，這時便可增進智能障礙學生遇到偶發狀況，解決問題的能力；第二，要有社會效度，就是學生所學會的東西在他目前或將來的生活中派得上用場；第三，考慮學生所處的生活環境和使用的材料，譬如我們教學生使用洗衣機，如果沒有考慮他家裡的洗衣機型式，只教他使用雙槽的洗衣機，而他家裡的洗衣機如果是單槽的，那麼他在家裡就不會使用，如此學校的教學就沒有發揮功能了。又譬如我們教學生打電話，如果你沒有依特定場所去思考，只教他用投幣式的電話機，而在工廠都是插卡的，那麼他便不會使用電話。所以一切教學活動要根據學生的生態環境，他現在或未來可能會參與什麼活動來設計。

(二)發展性和功能性課程取向的缺失

依據一些學者的看法(Rainforth et al., 1992; Ryndak & Alper, 1996; Thomas, 1996)，發展性課程的缺點為未能考慮學生

個別環境上的需求,所訂的目標沒有實用性;此外,發展性課程未考慮學生的生理年齡,對年長者可能擴大其與一般人之差異。一位已十八歲的智能障礙者,便不應該一直學習五歲小孩所學習的活動,為了達到融合的目的,學習的內容應是同年齡非障礙者學習的內容,譬如十八歲青少年以看電影為休閒活動,智能障礙者便要學習看電影,如此才能參與一般人的生活。大家可能會疑惑:十八歲的智能障礙者要學同年齡青少年所做的活動(例如:打電話),可能嗎?即使這位智能障礙者不認識數字,生態課程主張使用調整或修正的策略,讓他能夠部分參與,所以只要他會說:「先生,我要打電話,請你幫我撥」;或拿寫著電話號碼的卡片請人代撥,這樣就可以使用電話了。

　　另外,功能性課程也被批判,如果家長沒有參與整個選擇課程目標和內容的過程,有時候會流於教師所認為的功能性技能,學生可能學會一些確實對一般人有用的技能,但對其目前或未來的生活卻只有少許或根本沒有任何作用。例如案例 2-1 中,教師認為教導學生煎蛋是很功能性的活動,但對某一位學生來說,他的父母幾乎不開火,這樣的活動對其目前家庭生態來說就不具功能性,可能教他如何在社區餐廳用餐會較具功能性。因此,對某一位學生具功能性的活動,可能對另一位學生就不具功能性,它是一種個別化的決定。

【案例 2-1】一位家長抱怨道:「教師在學校教孩子煎蛋,孩子回來每天吵著要煎蛋,我先生和我每天工作忙碌,都是外食,居家附近自助餐廳、飲食店、路邊小吃一堆,要吃什麼都有,孩子這樣吵,讓我很困擾。」

(三)智能障礙者畢業後的職業適應和生活適應不佳

　　在一九七〇和八〇年代間,美國大量的追蹤研究顯示有高比例的中學智能障礙者在畢業後未能得到工作安置,即使有工

作的智能障礙者，多數也呈現職業適應和生活適應不佳的問題。由於這些智能障礙的教育成果呈現不佳之現象，因此促使大家思考到為他們設定的教育目標到底有沒有功能性，是否考慮到現在和未來所處環境的需求，生態課程便應運而生(Ryndak & Alper, 1996)。

(四)目標未能反應成人生活的指標

以往在擬訂個別化教育計畫時，大多採發展性課程的觀點，強調先備技能的訓練而忽略重要的成人活動，強調部分技能的訓練，而非整體活動的完成，所訂的目標未能反應成人生活的指標；因此，許多學者提出生態課程的概念，強調整個課程架構必須反應成人生活的各個領域，如居家生活、職業／教育、身體／情緒健康、個人責任與社會關係、社區參與、休閒生活等，規畫時須考慮生活時間(life-span)和生活空間(life-space)，意即學生的生理年齡和所處環境(Cronin & Patton, 1993; Giangreco, Cloninger, & Iverson, 1993)。

二、生態課程的意義

在了解生態課程的意義之前，首先須探討何謂生態。根據生態模式的觀點，我們每一個人都是我們所賴以生存的生態體系中不可分的一部分，環境因素會影響個人；同樣的，個人因素也會影響環境。總括相關資料(陳靜江，民 84；Walker & Shea, 1991)，生態體系中有四個重要向度，包含：第一，**個體的特質與觀點**，特質是指個體的生理狀況、智力水準、情緒／人格特質、學習能力與動機、先前經驗等，觀點是指個體本身對學習目標的看法與態度等。第二，**生態體系的特性與重要他人的觀點**，生態體系由內而外，層層相扣，包括了微視體系(microsystem)、居間體系(mesosystem)、外圍體系(exosystem)、

和鉅視體系(macrosystem)四種。微視體系是最接近個體之體系，每位個體都隸屬於幾個微視體系，如家庭、學校等。居間體系是指個體所處微視體系之間的關聯性，如學校－家庭、父母－教師之間的關係等，其間之聯結愈強，對個體的影響力愈大。外圍體系是微視和居間體系所存在的較大體系，如鄰里、社區、和其中的設施(如交通、休閒等設施)，它會影響微視和居間體系，進而影響個體。鉅視體系是指外圍體系所存在的較大體系，如社會和交織於其中的制度、文化、價值、信念等，會間接影響個體，如社會對智能障礙者的態度會影響其生活和社會角色。此外，這些體系中重要他人(如：家長、教師及同儕)對個體的期待與態度也是我們須了解的。第三，**生態體系與個體間互動的特性與品質**，例如在家庭中的親子關係、學校中的師生關係、同儕關係。第四，**不同生態體系間互動的特性與品質**，如學校－家庭、家庭－社區之間的關係，這四個生態向度都是我們在設計生態課程時須了解的，生態體系的向度圖見圖2-6(其中雙向箭頭代表個體與生態體系互動，交互影響)。

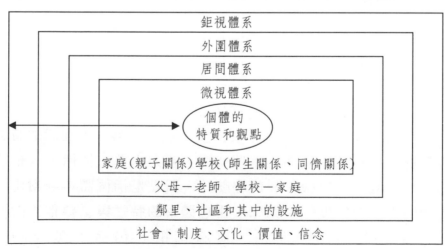

圖2-6　生態體系的向度圖

生態課程的目標在使智能障礙者適應正常化的環境，並且獨立地生活。生態課程主張採取**生態評量**(ecological inventory)的方法(**生態評量的實施方法和步驟詳見第三章**)，了解學生所處生態的四個向度(這些生態環境也許是獨特的)；強調邀請家長，如果適當的話，甚至邀請學生，參與選擇課程目標和內容的過程，發展出符合個別和環境需求的課程。生態課程適合任何年齡及障礙程度的學生，尤其是年長及重度障礙者。

三、生態課程之發展步驟

生態課程之發展步驟主要包括生態評量，以及發展和實施生態課程兩個階段，見圖 2-7。

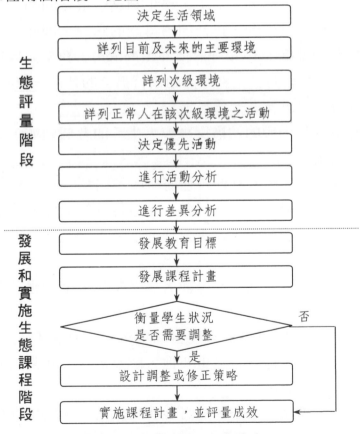

圖 2-7　生態課程的發展步驟

四、生態課程之特點

Holowach(1989) 、Ryndak 和 Alper(1996)、以及 Snell 和 Brown(2000)指出生態課程的特點包括下列各項，這些特點已反應了多位學者(何素華，民 84a；Brown, Helmstetter, & Guess, 1992; Neel & Billingsley, 1989; Rainforth et al., 1992; Wilcox & Bellamy, 1987)所指對智能障礙者(尤其是中重度智能障礙者)有效的課程指標(如表 2-5)。

(一)考慮重度障礙者的學習特徵，強調教導在其生態環境中符合功能性、生理年齡之活動與技能。

(二)注意到在真實的生活中，學生須結合很多的知識和技能來從事日常活動，以及因應可能的狀況，因此採取**活動本位的教學**(activity-based instruction)，教學內容以功能性、有意義而且完整的活動代替孤立的技能(**活動的意義與分析詳見第三章第二節**)。

(三)整個課程內容的結構反應成人生活的各個領域，並且重視轉銜。

(四)社區本位，因其社區特性而有所不同。

(五)教導與一般人相同的活動，可以促進智能障礙者被接納的程度，和提昇其他人對他的期待；並且促進與一般人互動的機會。

(六)促使教學人員及主要照顧者思考學生未來適應社會的需求。

(七)鼓勵家長參與決定課程目標與內容，使其具有社會效度，意即選擇學生之重要他人認為需求性非常高的目標來進行教學。

(八)採取零推論的策略，盡可能在真實情境，使用真實材料

來進行教學，意即直接就可以運用在自然情境中，學生不需要再作類化或推論，以因應智能障礙者類化困難的問題。

表 2-5　對智能障礙者有效與無效的課程指標之比較

無效的課程指標	有效的課程指標
1.重視發展性,而忽略功能性：強調先備技能的訓練而忽略重要的成人活動。	1.教學活動以有意義而且完整的活動代替孤立的技能
	2.整個課程內容的結構必須反應成人生活的各個領域
	3.家長參與課程的決定
	4.重視科技整合
2.強調部分技能的訓練,而非整體活動的完成。	5.重視轉銜
	6.以功能性為原則
	7.考慮學生的生理年齡
3.為未來準備,而不是為今日的生活作訓練。	8.教學與評量結合
	9.重視真實情境的教學
	10.盡可能使用真實材料來進行教學
4.沒有因應學生的困難,設計調整或修正的策略。	11.有機會與一般人接觸

五、生態課程的例子

(一)個別化重要技能模式(Holowach, 1989)

　　個別化重要技能模式(The Individualized Critical Skills Model)具有以下幾個特點(Holowach, 1989；李淑貞譯，民 86)：(1)針對學生需求設計個別化且相關的課程；(2)做生態評量了解學生所處的生態環境，而非只做個人能力的評量(考慮配合同儕的現今表現)；(3)實用(居家生活、學校生活、社區生活、休閒生活、職業生活等方面用得到的)，使學生能參與現在與未來的生活情境；(4)闡述符合生理年齡的重要活動；(5)整個課程內容的結構涵蓋生活的各領域；(6)考慮每一位學生的個別需求和學習特性；(7)教學活動以有意義而且完整的活動代替孤立的技

能；(8)零推論策略，在真實情境中教學；(9)強調「部分參與」的原則，使用調整或修正的策略(李淑貞將之譯為替代／輔助性策略)，來確保學生有更大的參與層面；(10)重視轉銜；(11)在教導重要技能時，強調使用自然提示(natural prompts，也有人稱作自然刺激)、自然後果與自然時間表(自然提示和自然時間表的說明詳見第六章第三、四節)；(12)有計畫的運用類化技能至各種活動與環境；(13)以學生在各種不同環境的表現來評量教學效益；(14)家長全程參與系統化設計、執行、與評量教學過程；(15)與個別化教育計畫過程息息相關。至於詳細的內容，讀者可參閱李淑貞翻譯的《中重度障礙者有效教學法》一書。

　　Holowach(1989)的個別化重要技能模式包括下列九個階段(引自李淑貞譯，民86，17頁)：(1)訪談重要他人，以找出目前或未來環境中有那些重要活動是他們要學生學習的；(2)決定會使學生更獨立及參與更多環境的重要活動；(3)評量學生在重要目標活動中的表現水準；(4)發展參與重要活動的替代／輔助性策略；(5)發展年度與教學目標；(6)發展教學課程和評量系統；(7)排定所有學生的課程表並實施課程；(8)回顧、評量與修正教學課程和替代／輔助性策略；(9)評量學生整體性的進展，以及是否達到學生與重要人員的需求。

(二)個別化生態課程模式

　　Brown 等人(1979)提出個別化生態課程模式，包括以下幾步驟(見圖 2-8)：(1)組織計畫小組，成員可能包括相關任課教師、家長、特殊教育相關專業人員、學生本身、和其他重要人員等；(2)為學生規畫一個想要的未來，也就是思考他轉銜的方向，作此規畫時，要考慮學生的興趣、特質、能力，以及環境的特性、需求、和條件等；(3)使用生態評量，界定所要參與的

環境和它的需求；(4)決定優先參與的環境；(5)決定優先活動和技能，教學的優先順序來自個人及其環境；(6)界定橫跨所有環境所需的技能，以進一步協助學生學習這些技能，表 2-6 呈現例子以茲說明。

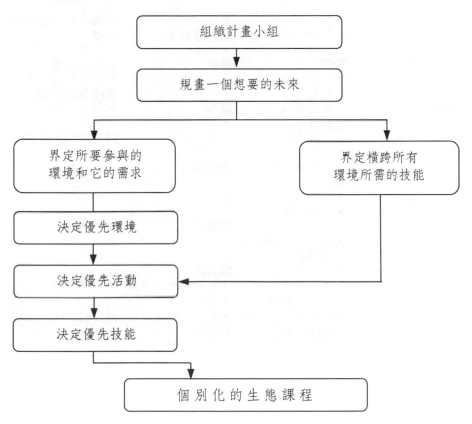

圖 2-8　設計個別化生態課程之步驟(修正自 Brown et al., 1979, p. 408)

表 2-6　一位智能障礙學生的重要教學活動表
(修正自 York & Vandercook, 1991, p. 26)

生活領域：環境、活動、和例行作息

家裡	學校	社區	休閒
臥室	**公車**	**醫院、診所**	**社區中心／游泳池**
• 選衣服	• 不需父母陪伴去	**髮型設計室**	**大廳**
• 尋求協助	旅遊	• 合作	• 選擇飲料
• 穿衣服	**走廊**	**教會**	• 選擇活動
• 選故事書	• 走進大樓	• 與其他朋友互動	• 選擇夥伴／團體
• 聽故事	• 找到體育館	• 參與主日學活動	**放學後的運動**
浴室	• 找到餐廳	**廁所**	• 與別人打招呼
• 拉下／拉起褲子	**遊戲區**	• 拉下／拉起褲子	• 游泳
• 使用馬桶	• 選擇遊戲的材料	• 使用廁所	**錄影帶出租店／**
• 洗手	• 玩玩具	• 洗手	**MTV**
• 洗澡	• 與同學互動	**速食店**	• 表達需求
廚房	**廁所**	• 表達需求或喜好	• 選擇點心
• 拿沒有扶手的茶	• 拉下／拉起褲子	• 使用「還要」、	• 操作自動販賣機
杯	• 使用廁所	「夠了」的詞彙	
• 表達需求或喜好	• 洗手	**圖書館**	
• 使用「還要」、	**美術、音樂教室、**	• 選故事書	
「夠了」的詞彙	**和圖書館**	• 遵守規則	
後院	• 轉移活動地點	**雜貨店**	
• 自己玩	• 遵守常規	• 選擇想買的東西	
• 跟妹妹玩	• 與其他教師合作	• 遵守規則	
• 發展社會性的遊	• 聽故事	• 走到付錢處	
戲活動(例如：玩	• 遵守指示	**YMCA**	
橄欖球)	• 取用／放回用具	• 遵守規則	
	或材料	• 與別人一起游泳	
	• 清潔	• 穿脫衣服	
	體育館		
	• 遵守團體規則		
	• 和同學一起玩		
	• 執行特定的動作		

橫跨所有環境所需的技能

動　作	溝　通	社　會	其　他
• 行走不會跌	• 表達需求	• 輪流玩遊戲和其他社會	• 玩玩具
倒	• 作選擇	性的活動	• 功能性地使用物體
• 爬樓梯			
• 握鉗子			
• 起身站立			

(三)給與孩子選擇和調整的課程(Giangreco et al., 1993)

Giangreco 等人(1993)提出「給與孩子選擇和調整的課程」(Choosing Options and Accommodations for Children，簡稱 COACH)，它是一個以家庭為中心，使用生態評量界定在融合安置下的身心障礙學生所需的課程內容，強調家長參與、團隊合作、和問題解決策略在設計有效課程所扮演的角色，如圖 2-9。

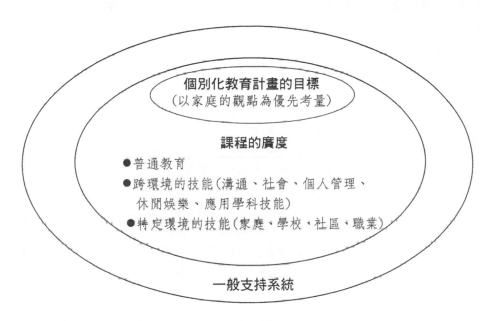

圖 2-9　COACH 課程內容(修正自 Giangreco et al., 1993, p. 12)

(四)活動課程目錄(Wilcox & Bellamy, 1987)

Wilcox 與 Bellamy(1987)發展活動目錄來取代傳統的行為目標，包括休閒、自我管理、和工作三個領域。活動目錄課程之教學包括三個步驟：首先針對教學範圍界定出活動，以及活動表現的時間與環境；接著進行活動分析(activity analysis)，細分成數項個體需反應的行為，而後界定出每一行為中刺激(即人、事、物等刺激)與反應變項的範圍(活動分析的步驟詳見第三

章第二節)；最後選擇教學與評量範例，以進行教學與評量，被選擇之教學範例需涵蓋所有必要之刺激與反應變項，使學生能在不同的環境中都能從事此活動。茲舉「自我管理」領域中的部分例子如表 2-7。

表 2-7　活動課程目錄舉例(修正自 Wilcox & Bellamy, 1987, p. 24)

領　域	項　目	活　　　　動
自我照顧	飲　食	1.在家用餐 2.到速食店用餐 3.到自助餐廳用餐 4.到小吃店吃宵夜 5.參加宴會 6.使用販賣機購物 7.自己準備餐飲
	穿　著	1.依據場合和氣候穿衣服
	個人衛生	1.如廁 2.完成每日上午起床後的例行個人清潔工作 (刷牙、洗臉、刮鬍子、化妝、梳頭) 3.完成每日傍晚例行個人清潔工作 (刷牙、洗臉、洗澡、洗頭) 4.完成定期例行個人清潔工作 (修剪指甲、處理月事、理髮、燙髮)

陳台瓊(民 89)以 Wilcox 與 Bellamy(1987)的活動目錄為架構，探討活動目錄課程(包含休閒、自我生活管理、工作三領域中共九項活動)對四位國中中重度智能障礙學生之學習成效，結果發現：四位學生獨立生活能力普遍提昇，其中以自我管理(包含洗便當、刷牙、摺衣服三項活動)與工作領域(包含倒垃圾、掃地、擦黑板三項活動)之能力進步最多。休閒領域方面，四名學生於剪貼、玩球、玩黏土三項活動表現有明顯進步，維持期亦呈現學習保留效果，唯學生對不同活動之喜好程度確實會影響

活動之表現。

(五)智能障礙學生生態課程(Tse, Chiu, & Ho, 1992)

　　香港學者 Tse 等人(1992)為智能障礙學生發展一套生態課程，茲舉一例說明如表 2-8。

表 2-8　智能障礙學生生態課程舉例(修正自 Tse et al., 1992, p. 10)

項　　目	內　　容
領域	學業
環境	學校
次級環境	教室
活動	進入教室
步驟	1.跟著隊伍進入教室 2.找到自己的位置 3.將袋子放抽屜 4.坐下 5.拿出書本 6.準備上課材料
所需認知技能	記得課程主題
所需字彙或詞彙	1.抽屜 2.文具
所需社會技能	1.在教師進來前保持安靜 2.在沒有干擾其他人的情況下安靜地進教室
注意事項	提示學生注意當天的功課表

　　總之，生態課程結合功能性課程的特點，更強調家長和學生(如果適當的話)參與整個選擇課程目標和內容的過程，考慮學生的生理年齡和其所處生態環境，以發展個別化的課程內容。其課程目標和內容是透過生態評量的方式，分析學生目前及未來環境所需的技能，將課程領域分為居家生活、學校生活、社區生活、休閒生活、和職業生活，然後分析每個課程領域學生

可能參與的環境，並分析在此環境中一般成人可能做的活動有那些，最後再分析出完成此活動必要的成份與技能，作為選擇課程目標的依據。生態課程和發展性、功能性課程之比較如表2-9。

表 2-9　三種課程取向之比較

向度	發展性課程	功能性課程	生態課程
目標	使智能障礙者能趕上一般人的發展	使智能障礙者適應正常化的環境，並且獨立地生活	使智能障礙者適應正常化的環境，並且獨立地生活
決定課程內容之方法	發展評量：找出合乎發展順序的課程目標和內容	1.發展評量：找出重要的、具功能性、且適合生理年齡的課程目標和內容 2.獨立生活技能的標準參照評量	1.生態評量 2.強調家長和學生(如果適當的話)參與整個選擇課程目標和內容的過程 3.強調考慮學生的生態環境，發展個別化的課程目標和內容
適用對象	年幼或輕度智能障礙者	適合任何年齡及障礙程度，尤其是年長及重度障礙者	適合任何年齡及障礙程度，尤其是年長及重度障礙者
課程領域	1.語言 2.知覺／精細動作 3.社會／情緒 4.認知 5.自理能力 6.粗大動作	1.語言／溝通 2.生活自理 3.家事 4.社區活動 5.職業／職前訓練 6.休閒／娛樂 7.與一般人互動	1.居家生活 2.學校生活 3.社區生活 4.職業生活

(續)表 2-9　三種課程取向之比較

向度	發展性課程	功能性課程	生態課程
優點	所選擇之目標較能符合學生能力水準，較易學習	實用性高，注重學生目前與未來生活環境之需求	實用性高，注重個別學生目前與未來生活環境之需求
缺點	1.未能考慮學生個別環境上的需求，所訂的目標恐無功能性 2.未考慮學生生理年齡，對年長者可能擴大其與一般人之差異	如果家長沒有參與選擇課程目標和內容的過程，有時候會流於教師所認為的功能性技能，但對學生目前或未來的生活卻只有少許或根本沒有任何幫助	由於需做生態評量，較費時間，而且對環境的掌握較不易
例子	1.Portage 早期教育指導手冊(財團法人雙溪啟智文教基金會，民 76) 2.心智能障礙兒童個別化課程(財團法人雙溪啟智文教基金會，民 74) 3.學前特殊教育課程(王天苗，民 89)	1.中重度智能障礙者功能性教學綱要(財團法人第一兒童發展文教基金會，民 81) 2.國民中小學功能性數學(高師大特教中心，民 82) 3.啟智班生活化語文教材(台北縣國民教育輔導團，民 84) 4.生活中心生涯教育課程(彰化師大特教中心，民 81) 5.美國馬利蘭州的生活技能課程(Haign, 1986) 6.IMPACT 課程(Neel & Billingsley, 1989) 7.身心障礙兒童功能性課程(Valletutti et al., 1996)	1.個別化生態課程模式(Brown et al., 1979) 2.社區本位課程(Falvey, 1989) 3.社區本位教學方案(Ford et al., 1989) 4.活動課程目錄(Wilcox & Bellamy, 1987) 5.個別化重要技能模式(Holowach, 1989) 6.COACH 課程(Giangreco et al., 1993) 7.智能障礙學生生態課程(Tse et al., 1992)

第五節　啓智教育課程與教學設計的流程

參考李寶珍(民 83b)、何素華(民 84d)、以及 Dever 和 Knapezyk(1997)的資料加以修正，筆者提出啓智教育課程與教學設計的流程包括教學前評量、計畫、教學、和教學後評量四大階段，作為舖陳後續幾章的基礎。見圖 2-10，詳述如下：

壹、教學前評量階段

教學前評量階段主要在評量學生和環境的需要，以作為擬訂目標和設計課程的基礎。這個部分將在第三章作詳細探討。

貳、計畫階段

計畫階段主要在計畫為何教、教什麼、如何教、何時教、在那裡教、被誰教、如何評量等項目，包括了決定教育目標、擬訂個別化教育計畫、發展課程、和調整課程四個部分，將在第四、五、六、七章作討論。

參、教學階段

所謂教學，要言之，乃是將所設計的「個別化教育計畫」和「課程」付之實施，如無教學，個別化教育計畫和課程仍只是項書面作業，惟有透過實際的「教學」行動，個別化教育計畫的理想才得以實現。因此，教學所產生的功能主要有二：一為實現個別化教育計畫和課程，二為驗證個別化教育計畫的可行性和課程設計的適切性，使未來的個別化教育計畫和課程設計得以更臻完美，於第八章再詳細探討。

肆、教學後評量階段

　　教學後評量是對學生學習表現情形做有系統的評量，同時對整個教學前評量、計畫、和教學等階段做全面的檢討。因此教學後評量階段具有檢核和回應的功能，主要目的有二：一為收集學生學習表現的資料，以了解學生達成目標的程度；二為檢討整個個別化教育計畫和課程設計的內容是否妥當，教學過程的實施是否有效，能否達到預定的目標，作為修訂或擬訂下一階段個別化教育計畫和課程設計的參考。總之，教學後評量的目的乃在提供訊息作為決定的參考，評量的結果可以回應到前面的教學前評量、計畫、和教學等階段，以便對先前所做的決定和作法，做必要的修正，於第九章再詳細探討。

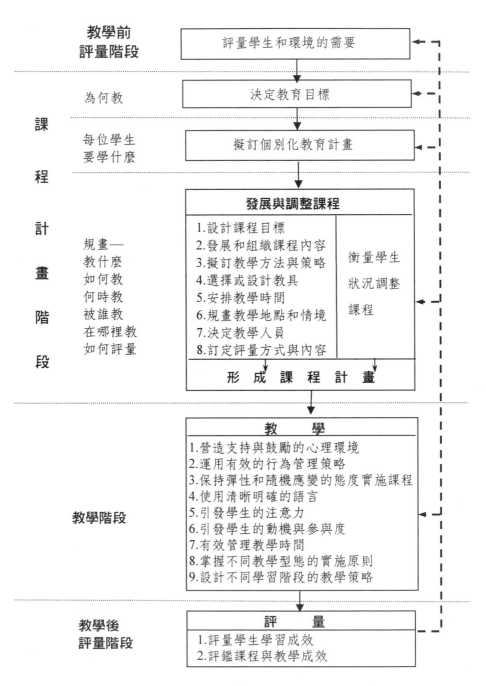

圖 2-10　啟智教育課程與教學設計之流程圖

《總結》

　　本章探討啟智教育課程與教學的理論基礎，課程的要素包括目標、內容、組織、和過程四個層面，而課程設計就如同旅遊路線的安排，教學則實際帶領學生經歷這趟旅程。回顧啟智教育課程的發展歷史發現：有一種根本的思維模式在影響，即特殊教育從缺陷改變至成長的典範，從探討智能障礙者功能的限制，轉變到發現其潛能，課程規畫考慮學生的生理年齡，和其所處生態環境，重視家長參與，並做個別化的教學決定，這種典範的改變也反應在美國智能障礙協會二○○二年的新定義。我國民國八十六年公佈的啟智教育新課程綱要，修訂的方向主要以領域導向取代學科導向，而此修訂同樣地呈現出這樣的思潮。從如何決定課程目標和內容來分，啟智教育課程可分成發展性、功能性、和生態課程三種類型。啟智教育課程與教學設計的流程包括教學前評量、計畫、教學、和教學後評量四大階段。

第二篇　課程／教學篇

```
┌─────────────────────────────────┐
│              基礎篇              │
├─────────────────────────────────┤
│ 1.智能障礙的名稱、定義與特徵     │
│                                  │
│ 2.啟智教育課程與教學的理論基礎   │
│                                  │
└─────────────────────────────────┘
                 │
                 ▼
┌─────────────────────────────────┐
│            課程／教學篇          │
├─────────────────────────────────┤
│ 1.如何進行教學前評量             │
│ 2.如何決定教育目標               │
│ 3.如何擬訂個別化教育計畫         │
│ 4.如何發展課程                   │
│ 5.如何調整課程                   │
│ 6.如何進行教學                   │
│ 7.如何進行教學後評量             │
└─────────────────────────────────┘
                 │
                 ▼
┌─────────────────────────────────┐
│              應用篇              │
├─────────────────────────────────┤
│        啟智教育六大領域的        │
│          課程與教學              │
└─────────────────────────────────┘
```

第三章　如何進行教學前的評量

第四章　如何決定教育目標

第五章　如何擬訂個別化教育計畫

第六章　如何發展課程

第七章　如何調整課程

第八章　如何進行教學

第九章　如何進行教學後評量

第三章

啟智教育課程與教學設計(一)：
如何進行教學前評量

與學生站在同樣的高度，
從其視野來看他們的能力，
或許會發現原來他們在帶領我們
漫步於其花園中，
品味每一株生命。

第一節　教學前評量的內容

第二節　教學前評量的方法

導讀問題

1.對於智能障礙者，教學前評量的內容可包括那些？

2.教學前評量的方法有那些？

在擬訂目標和設計課程之前，我們須先進行評量，以了解學生和其所處環境的需要。本章將從教學前評量的內容和教學前評量的方法兩方面來探討。

第一節　教學前評量的內容

教學前評量的內容包括評量學生和評量環境兩部分，評量學生包含了解學生的身體健康狀況、感官與知覺動作能力、認知／功能性學業能力、語言／溝通能力、居家和社區生活的能力、休閒能力、職業能力、社會／情緒／行為狀況、學習特質、喜惡情形、優勢能力、轉銜需求、以及輔助性科技(assistive technology)需求評估等十三方面。評量環境則在了解學生目前的生態環境(家庭環境和鄰里／社區生態)，以及未來的生態環境，詳述如下。

壹、評量學生

一、身體健康狀況

在身體健康狀況方面，我們可以了解以下幾點：

(一)健康情形如何？是否有生理或健康上的問題(例如：氣喘、癲癇等病症)？是否曾有一段時間生病或住院？有沒有什麼活動的限制(例如：不能作太激烈運動)？

(二)是否有服用藥物？如果有，是那種藥物？乃針對何種問題服用此藥物？多久服用一次？

(三)飲食情況如何，有沒有什麼食物的限制？

(四)體力狀況如何，在設計活動須注意些什麼？

二、感官與知覺動作能力

感官能力主要在了解學生是否有視覺、聽覺等感官上的問題，至於知覺動作能力，參考相關資料(張世彗、藍瑋琛，民 92；Orelove & Sobsey, 1996)，可從下列幾方面來了解：

(一)視知覺(如：形象背景知覺)、聽知覺(如：聽覺區辨、聲音位置區辨)、觸知覺(如：觸覺辨識)、嗅知覺(如：嗅覺辨識)、味知覺(如：味覺辨識)、運動知覺(如：身體知覺、兩側感和方向感)的表現如何？

(二)肌肉張力如何？是否正常，抑或是高張力或低張力？

(三)關節活動度如何？

(四)姿勢控制、轉位、移位的表現如何？

(五)骨骼構造是否正常？

(六)粗大動作(如：走路、跑步、上下樓梯)的表現如何？

(七)平衡協調方面的表現如何？

(八)體適能(如：身體組成、肌力、柔軟度)的表現如何？

(九)感覺整合(如：姿勢機制、兩側協調、空間概念、手眼協調、計畫動作、左右區辨)的表現如何？

(十)在一些功能性活動(如：拿筆、吃飯、拿筷子等)上的精細動作表現如何？

三、認知／功能性學業能力

認知能力大致可包括注意、記憶、思考、推理、判斷等。其中注意能力關乎學生接收學習材料的情形，非常重要，我們可以了解學生之注意廣度、注意力集中、注意力持續時間、選擇性注意力的情形如何？是否能隨著教師講述主題的轉變，轉移其注意力在新的主題上？記憶能力攸關學習保留的狀況，我

們可以了解學生聽覺記憶、視覺記憶、短期記憶、長期記憶的情形如何？思考、推理、和判斷的能力則維繫著訊息處理的表現，我們可以提供一些日常生活情境中常會碰到的問題，了解學生這些能力的表現。另外，在功能性學業能力方面，我們可以了解學生在聽、說、讀、寫等實用語文，以及實用數學的能力表現如何？在第十四章和十五章，列出了一些功能性的語文與數學技能，可以作為評量的內容。

四、語言／溝通能力

參考相關資料(Browder, 1991; Downing, 1999; O'Neill, Horner, Albin, Storey, & Sprague, 1997; Sternberg, 1992)，加上筆者的看法，評量智障者的溝通能力，可從下列幾方面來了解：

(一)他是否有自發性的溝通行為？如果是，在何種情境下，他會有自發性的溝通行為？

(二)如果他有自發性的溝通行為，他用什麼方式與別人溝通？是口語或非口語的方式？如果是口語的方式，是完整的口語、部分的口語(不成句)、或是口出聲音但無語言？慣用的語言為何，是國語、閩南語、客家語或其他？構音是否清晰？說話之音質、音調、音量或共鳴狀況是否適切？語言的流暢度如何？在語意、語彙、語法、和語用上的掌握如何？

(三)如果是非口語的方式，是採取手勢／手語、實物／符號(含實物、圖卡、照片、字卡等)、動作、或臉部表情的那一種方式？

(四)在不同的情況下，他的溝通行為是否有不同，例如：

　　1.在想要獲得注意時，他的溝通行為為何？

　　2.喜歡或想要得到某樣事物時，他的溝通行為為何？

3.在問問題、尋求指示或協助時,他的溝通行為為何?

4.不喜歡某樣事物時,他的溝通行為為何?

5.感覺不舒服時,他的溝通行為為何?

6.作選擇或表達喜好時,他的溝通行為為何?

7.想要與別人交談時,他的溝通行為和交談的話題為何?

(五)別人跟他說話時,他是否有回應?如果是,在何種情境下,他會有回應?他用什麼方式回應?

(六)他表達溝通行為的功能主要在那些方面?屬工具性功能(如:要求別人的注意或協助;要求喜愛的食物、東西、活動;要求許可;表達喜好或選擇;問問題以獲得資訊;拒絕不喜歡的食物、東西、活動)、社會性功能(如:打招呼或問候;回應別人的問候和詢問;與他人交談、交換訊息或感受和想法)、或個人性功能(如:表示正面或負面的情緒和感受)呢?

(七)在與人溝通時,他的非口語行為(如:姿勢、動作、臉部表情)表現如何?例如他會不會看著對方、配合交談的主題而有適切的臉部表情?

(八)他是否會用不適當的行為來溝通某些意圖?如果是,他用什麼樣的行為來溝通其什麼意圖?

(九)環境中的人理解他的溝通行為嗎?環境中的人如何與他互動?環境中的人是否提供他表現溝通行為的機會?

(十)他對別人的口語內容,理解情形如何,能理解多長的句子,能理解什麼樣的語彙?對別人的非口語行為,如手勢/手語、動作、臉部表情等肢體語言,理解情形如何?

五、居家和社區生活的能力

在居家和社區生活能力方面,我們可以了解學生在飲食(飲

食能力和習慣)、穿著(穿著能力、衣著整飾)、個人衛生(如廁、
盥洗、儀容整飾)、身體保健、家事處理(食物、衣物、和廢物處
理,以及環境整理)、使用社區資源(例如:社區資源的使用頻率、
前往方式、有無他人作伴、表現情形)、行動等方面的能力如何?

六、休閒能力

　　在休閒能力方面,我們可以了解學生會主動從事休閒活動
嗎?在休閒時間都做些什麼?會使用家庭和社區中的休閒器材
或設施嗎?使用休閒器材或設施和休閒活動上的表現如何?是
否會參與家人從事的休閒活動?

七、職業能力

　　在職業能力方面,我們可以了解學生的職業性向、職業知
識(如:工作資訊、工作安全、求職技巧)、職業態度(如:工作
倫理、工作習慣、工作態度),以及在職前技能(如:體力負荷、
清潔整理、組合包裝、接待服務)、特定職業技能(如:體力類、
整理類、生產類、服務類)上的表現如何?這部分的了解不是每
個階段都需要,而是在須轉銜至職場就業時才需要。

八、社會／情緒／行為狀況

　　評量智能障礙者的社會／情緒／行為狀況,可從下列幾方
面來了解:
　　(一)他在社會技能(例如:打招呼、服從指令、輪流)上的表
　　　　現如何?
　　(二)他會不會和鄰居或親友家的同儕一起做活動或玩遊戲?
　　　　與他們互動的狀況如何?
　　(三)他和父母、兄弟姊妹間的相處情形如何?

(四)他和教師、班上同學間互動的狀況如何？

(五)他的情緒狀態如何？是否穩定？他是否有不適當的行
　　為？那些人在場、何種時間和地點、從事什麼樣的活動、
　　或什麼樣的情況下，會讓他情緒不穩定，或出現不適當
　　的行為？

九、學習特質

　　我們可以了解學生的學習態度，例如是主動或被動，對於
不會的地方，會不會主動詢問？喜歡用什麼方式來學習，例如
喜歡聽老師講故事、放錄影帶、或是合作學習、自己操作等方
式？會不會使用一些策略來幫助自己學習，如果會，是使用什
麼樣的學習策略(如記憶策略)？(學習策略詳見第六章第三節)

十、喜惡情形

　　在喜惡情形方面，我們可以了解以下幾方面：

(一)他最喜歡吃什麼(如：巧克力、餅乾)？最不喜歡吃什麼？

(二)他最喜歡喝什麼(如：可樂、牛奶)？最不喜歡喝什麼？

(三)他最喜歡擁有或玩的是什麼東西(如：洋娃娃、玩具火
　　車)？最不喜歡擁有或玩的是什麼東西？

(四)他最喜歡做什麼活動(如：打籃球、溜直排輪)？最不喜
　　歡做什麼活動？

(五)他最喜歡獲得那些口頭的鼓勵(如：好棒、很好)？最不
　　喜歡獲得那些口頭的鼓勵？

(六)他最喜歡獲得那些身體上的接觸(如：擁抱、拍肩)？最
　　不喜歡獲得那些身體上的接觸？

　　藉著以下四種方法可評量學生的喜好或增強物：(1)增強物
選單檢核表；(2)觀察日常活動，如觀察個體下課時間從事的活

動或接觸的物品；(3)讓個體選擇增強物；(4)訪談重要他人。

十一、優勢能力

　　在優勢能力方面，我們可以運用多元智力的觀點(第一章第三節探討過多元智力)，了解學生的智能優勢在那裡？在上述居家和社區生活能力、休閒能力、職業能力、認知／學業等方面的優勢或長處在那裡？了解學生的優勢能力，可以幫助我們設計調整或修正的策略，藉著學生的優勢切入其困難處進行教學。

十二、轉銜需求評估

　　轉銜有「轉換」和「銜接」的意思，意即「從一種狀態轉換並銜接到另一種狀態」。每個人的一生經歷很多轉銜的階段，這可能是從國小到國中，從國中到高中，或是工作的轉換等；總之，從生涯發展的觀點，「轉銜」係指人的一生中各階段在生活角色、型態及環境的轉換過程；在此轉換過程中，會面臨許多議題，因此，教師須了解學生的轉銜需求，以為其擬訂轉銜計畫。轉銜關注升學、職業、獨立生活、社區參與、以及滿意的社會和人際關係等五個個議題。例如從國小轉銜至國中，國中轉銜至高中(職)階段，會面臨就學和接受何種職業教育等議題，我們須評估何種教育安置較適合該生，以及他需要的就學、生活和心理輔導，與福利措施和相關專業服務。從高中(職)轉銜至成人階段，會面臨就業、獨立生活、社區參與等議題，我們須評估何種職業安置較適合該生，以及他需要的居家和休閒生活輔導、社區參與的協助、以及福利服務等。

十三、輔助性科技需求評估

　　根據美國一九九〇年身心障礙個體教育法案(即 101-476 公

法)，輔助性科技被界定為「任何物品或裝備，不論是現成或經過修正的，高科技或低科技的，電子或非電子產品，只要能增加、維持、或改進身心障礙者功能者皆可謂之」(引自 Lewis, 1993, p. 4)。輔助性科技具有以下功能：(1)增進肌力、耐力和正常動作的學習；(2)預防傷害；(3)減輕照顧者的負擔；(4)提昇個體的功能表現，如增加行動和溝通能力，提昇工作表現、幫助就業，掌控環境和使用資源等；(5)增加個體的自信心(Dykes & Lee, 1994)。輔助性科技需求評估主要在了解學生於休閒、工作、行走、溝通、自理、飲食等方面，是否需要輔助性科技的協助？如果是，需要什麼樣的輔助性科技？輔助性科技就像是身心障礙者的另一隻手，教師在作需求評估時，可請求特殊教育相關專業人員，或身心障礙專業團隊的協助。

貳、評量環境

一、目前的生態環境

(一)了解家庭環境

綜合相關資料(Browder, 1991; Tylor, 1997)，加上筆者的看法，了解家庭環境可從以下幾方面著手：

1. 了解家庭的基本資料(例如：地址、電話、家中的人口組成、家中每一個成員扮演的角色和責任、家長的職業、宗教信仰、家中的經濟狀況等)。
2. 了解居家環境，是大樓、公寓、三合院房子、或其他？家中有那些次級環境(如：客廳、浴室、廚房等)？
3. 了解家庭生活作息，平常一天和週末例假日的生活作息為何？從事那些活動？
4. 了解家中使用的語言，家庭成員的互動情形，以及這位

智能障礙孩子對家庭成員互動產生的影響。

5.了解家中有那些電器用品、休閒器材？

6.了解家長對孩子的管教態度為何？平常會不會要求小孩幫忙做家事，或整理自己的房間、東西？小孩平常由誰負責管教？在家中和誰的相處時間最長？

7.了解家人在家裡或社區裡從事什麼休閒活動？是否會帶孩子一起從事此休閒活動？

8.了解家長的期望及其他需要協助事項，例如：家長對學校教師、課程安排、和相關服務的期待為何？家長在那些方面需要學校和教師的協助？如果孩子在學校突然生病或出現緊急狀況，家長會希望學校如何處理？

(二)了解鄰里／社區生態

在鄰里方面，我們可以了解家庭較常來往的鄰居和親戚（如：祖父母、阿姨）有那些？在社區生態方面，我們可以了解學生住家附近有那些主要的休閒設施、消費場所、服務單位等，在這些設施中可從事那些活動，以及主要的運輸工具為何。

二、未來的生態環境

了解學生下一階段可能將轉銜的環境，例如高職畢業後，計畫可能轉銜的職場或職業訓練場所；或是國中畢業後，計畫可能轉銜的學校等。我們可以評量這些環境的次級環境，有那些設備、材料、人員、和要求等。

第二節　教學前評量的方法

教學前評量的方法包括正式的評量(formal assessment)和非正式的評量(informal assessment)兩種，分述如下。

壹、正式的評量

正式的評量是指經過標準化程序所形成的評量方式或工具,包括了常模參照測驗和標準參照測驗(Hickson et al., 1995)。常模參照測驗是指拿個體的測驗分數與他人(即常模)做比較,以了解其表現在團體中所占的位置;而標準參照測驗是指依據某些已建立的標準來解釋個體的表現。針對智能障礙者的正式評量工具,就目前國內已有的,分成認知、適應行為、知覺動作、功能性學業、以及職業能力五方面來說明。

一、認知能力方面

在作智能障礙鑑定時,一般都會作智力測驗,我們可以分析智力測驗的結果,以了解學生的認知能力。如以魏氏兒童智力量表第三版為例,其分測驗所測量的能力如表 3-1 所示,由學生在這些分測驗表現的情形,可了解其能力的優弱勢(陳榮華,民 86)。

表 3-1 魏氏兒童智力量表第三版分測驗所測量的能力

分測驗	獨特的能力
語文量表	
常識(information)	事實知識的範圍
類同(similarities)	了解兩個詞間共同元素的能力。測量在具體、功能、或抽象方面邏輯思考的能力
算術(arithmetic)	數學心算和推理方面的解決能力
詞彙(vocabulary)	字彙的知識
理解(comprehension)	能夠評估社會情境,並具有實際、適當判斷的能力
記憶廣度(digit Span)	短期聽覺記憶

(續)表 3-1 魏氏兒童智力量表第三版分測驗所測量的能力

分測驗	獨特的能力
作業量表	
圖畫補充 (picture completion)	視覺辨識重要和不重要的細節
符號替代(coding)	能將無意義的符號再製造的能力
連環圖系(picture arrangement)	能將有時間次序的圖片,排成因果關係的能力
圖形設計(block design)	空間的視覺化:能夠分析或整合設計,然後將圖形再次呈現的能力
物型配置(object assembly)	對熟悉物品的部分到全部,能夠了解並建構的能力
符號尋找(symbol search)	能夠尋找與目標組相同符號的能力
迷津(maze)	根據視覺圖案去計畫,並用知覺來組織的能力

其他認知方面的測驗包括修訂畢保德圖畫詞彙測驗(陸莉、劉鴻香,民 87)、兒童認知發展測驗(林寶貴、杞昭安,民 85)、綜合心理能力測驗(林幸台等,民 89)、聽覺記憶測驗(陳美芳,民 88)、多向度注意力測驗(周台傑、邱上真、宋淑慧,民 82)、兒童認知功能綜合測驗(陳振宇等,民 85)等。

二、適應行為部分

在適應行為的評量方面,我們可以使用徐享良(民 91)的中華適應行為量表,它分為兩部分:第一部分之架構依據美國智能障礙協會第九次修訂智能障礙定義、分類及支持系統(Luckasson et al., 1992),將適應行為分為十個領域,並以其名作為分量表的名稱。第一部分有兩百題,分為十個分量表(溝通能力、自理能力、居家生活、社會技能、社區活動、自我指導、安全衛生、實用知識、休閒活動、職業活動),每個分量表各有二十題,用來評量一般兒童及青少年在家庭、學校、社區、工

作場所等日常生活情境中應具備的獨立、自主、溝通、和社會能力,再細分為三十七個特定能力群;第二部分之架構,則參照國內外有關適應行為評量的工具,加入有關人格和行為偏差的不良適應行為,作為檢核學生有無偏差行為的參考。第二部分有五十題,分為兩個分量表,一為獨處不良適應有十五題,二為人際不良適應有三十五題,用來評量一般兒童及青少年的偏差行為或異常行為(徐享良,民 91)。

除了中華適應行為量表外,還可以使用王天苗(民 82)的生活適應能力檢核表;吳武典、張正芬、盧台華、邱紹春(民 92)的修訂文蘭適應行為量表(評量五至十二歲,包含溝通、日常生活技巧、社會化、和動作技巧四個領域的適應功能);盧台華、鄭雪珠、史習樂、林燕玲(民 92)的社會適應表現檢核表(評量五至十五歲,包含自我照顧、學科學習、社會情緒、溝通、和動作五個領域的適應功能)來評量適應行為。

三、知覺動作方面

在知覺動作方面,我們可以運用簡明知覺動作測驗(周台傑,民 83)來了解,內容包括了書寫技能、認知與仿畫圖形、認知手掌上的字形、追視技能、模仿聲音組型、用手指指觸鼻尖、用手指按成圓圈、同時觸摸手和臉、迅速翻轉手掌動作、伸展四肢、腳跟緊靠腳尖行走、單腳站立、交換跳、辨別左右、異常行為等十五項分測驗。

四、功能性學業能力方面

(一)語文部分

我們可以採用林千惠、林惠芬(民 92)根據國內外文獻及課程綱要對實用語文內容的說明,編制而成的「實用語文能力診

斷測驗」，研究對象為國中及高中職階段之輕度與中度智能障礙學生。該測驗共分為聽覺理解、口語表達、閱讀理解、書寫四個分測驗，每個分測驗又依據試題的難易度分為「基礎版」與「進階版」兩個版本，其中聽覺理解有二十四題、口語表達有三十一題、閱讀理解有六十六題、書寫有十八題，總計一百三十九題。

(二)數學部分

我們可以採用林月仙、吳裕益(民 88)發展的「國民小學中低年級數學診斷測驗」，包含紙筆測驗和實作評量兩大部分，適用對象為國小三年級以上的學生，測驗內容涵蓋數與計算、量與測量、圖形與空間、統計圖表、以及數量關係。

五、職業能力方面

(一)智能障礙者職業適應能力檢核手冊

楊元亨、李靜芬、邱秀玉、林兆忠與林淑玟(民 84)發展了「智能障礙者職業適應能力檢核手冊」，針對智障者之「工作人格」、「職業能力」及「社區獨立生活技能」加以評估，並將結果與四十二種職類所需之能力與基本標準進行檢核與配對，以了解較適合個體的工作有那些。

(二)智障者一般就業技能評量表

張萬烽(民 91)發展了智障者一般就業技能評量表，內容包括了工作表現、工作態度、工作社會能力、個人社會能力、以及功能性學科能力五個分量表，共三十三題。

(三)工作人格側面圖

Rossler 和 Bolton(1985)發現有十一個與工作情境有關的行為，包括：接納工作角色、有效接受指導或糾正、工作堅持性、

工作容忍性、督導需要量、尋求督導的協助、與督導相處時自在舒坦的程度、個人與督導間關係的適當性、團隊工作情形、和同事社交的能力、及人際溝通的能力，這些行為並成為他們所發展的「工作人格側面圖」(Work Personality Profile，簡稱WPP)之分量表，共有五十八個題項(陳靜江、胡若瑩、李崇信，民 84)。本量表在國內已由陳靜江(民 85b)修訂，他以國內二百九十四位身心障礙者為對象，以 WPP 評量他們在真實或模擬情境內的工作表現，根據所收集到的資料進行因素分析，結果亦得到五個因素，因而分別將其命名為工作技能、基本溝通技能、與督導／同事相處的能力、工作角色表現、團隊合作能力。WPP的 α 係數在.87 至.97 之間，表示本量表的內部一致性很高。WPP的評量由對個體工作狀況非常了解的人來進行，採用很好(4)、尚可(3)、有一點困難(2)、很有困難(1)，四點量表的方式來評量身心障礙者與工作適應有關的功能性職業能力。

貳、非正式的評量

非正式的評量是指未經過標準化程序所形成的評量方式或工具，也未建立常模和參照標準，但其真實而彈性的本質非常適合智能障礙者。以下介紹生態評量、課程本位評量(curriculum-based assessment)、訪談(interview)、觀察(observation)、檢核表(checklist)、評定量表(rating scale)、問卷(questionnaire)、實作評量(performance-based assessment)、功能評量(functional assessment)、社會計量法(sociometry)等方法。

一、生態評量

正式的評量主要以標準化、常模參照的測驗來評量個體的某些特質(如：興趣、性向、智力及人格特質)在群體中的相對位

置，以達到診斷、分類、安置，並決定個體學習目標的功能。
這種發展性、短時間且靜態的評量方式，往往使智能障礙者，
尤其是中重度智能障礙者的表現在和一般的常模比較下，被認
為無法學習符合生理年齡的技能，以及不能勝任競爭性的工
作。正式的評量無法有效預測中重度智能障礙者的潛能，因此，
須代之以較具功能性、形成性且連續性的「生態評量」。

　　所謂生態評量，乃觀察與分析生態的四個向度(已於第二章
第四節詳述)，以了解個體、環境、以及個體與環境互動的情形，
以設計符合個體和其所處環境需求的生態課程。生態評量的實
施步驟如下(Snell & Grigg, 1987)：

(一)決定生活領域

　　生活領域按個體所處的生態環境，可能包括居家生活、學
校生活、社區生活、職業生活，但也有學者把學校包含於社區
之中，不獨立出來。

(二)詳列目前及未來的主要環境

　　接下來在上述課程領域中，詳列目前及未來的主要環境，
如圖 3-1 居家生活領域目前的環境為自己的家，未來的環境可
能為社區公寓；社區生活領域目前的環境為速食餐廳、便利商
店等，未來的環境可能為醫院、公車站等。

(三)詳列次級環境

　　在目前和未來主要環境列出來後，緊接著詳列次級環境，
如圖 3-1 自己的家中之次級環境可能有客廳、浴室、廚房等；
速食餐廳中之次級環境可能有點餐區、用餐區等。

(四)詳列一般人在該次級環境之活動

何謂活動？活動具有三個特徵：(1)**在自然情境下一連串的行為**，而不像行為目標一樣，通常只包含一個反應；(2)**與生活情境配合**，而且有**自然後果**；(3)對個體具有**功能性**(Wilcox & Bellamy, 1987)。依據 Brown、Evans、Weed 和 Owen(1987)，以及 Brown(1987)的看法，活動的形式有兩種，一種是固定的，一種是可替代的，例如與朋友共度休閒時間這項活動，可以用很多替代的方式進行，如一起打保齡球、或一起聽音樂等，只要適合個體所處的環境，且為他人所接受即可。而固定的活動是指無法用其他替代的方式進行，如許多生活自理的活動，如洗臉、洗澡等即是。從時距來看，有每日進行的活動，如刷牙、洗臉等；有間歇進行的活動，如到醫院看病等。活動通常可大可小，而所需要花費的時間與所涉及的一系列行為之多寡與複雜度亦有相當大的差異，例如刷牙和到電影院去看電影，兩個活動所需花費的時間和行為的複雜度並不相同。

Wilcox 和 Bellamy(1987)指出使用活動，而不用孤立技能或行為目標作為個別化教育計畫中的內容有下列三項優點：(1)對個體生活素質的提昇有明顯正面的影響，而且可以促進個體的學習與動機；(2)可在社區內進行；(3)可使用調整或修正策略達成個別化教育的目標。在詳列次級環境之後，我們詳列一般人在該次級環境之活動，例如圖 3-1 顯示在臥室中一般人從事的活動有穿衣服、整理頭髮等。

(五)決定優先活動

在選擇重要活動時，我們所要思考的是此活動在學生所處生態環境的功能性，是否有助於他現在及未來的生活，增進其人際關係、與社區的融合，並且提昇其生活素質。在決定重要

活動時，須考慮學生、家長、教師、其他重要他人的看法(**這部分在第四章第二節會有詳細說明**)。例如圖 3-1 臥室中的優先活動有穿衣服、整理頭髮等。

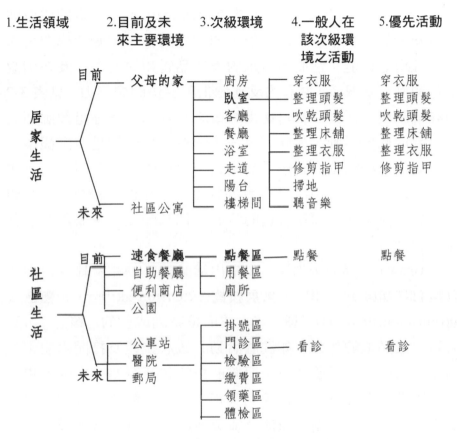

1.生活領域	2.目前及未來主要環境	3.次級環境	4.一般人在該次級環境之活動	5.優先活動

居家生活
目前——父母的家——
廚房——穿衣服——穿衣服
臥室——整理頭髮——整理頭髮
客廳——吹乾頭髮——吹乾頭髮
餐廳——整理床舖——整理床舖
浴室——整理衣服——整理衣服
走道——修剪指甲——修剪指甲
陽台——掃地
樓梯間——聽音樂
未來——社區公寓

社區生活
目前——**速食餐廳**——**點餐區**——點餐——點餐
自助餐廳——用餐區
便利商店——廁所
公園
公車站——掛號區
醫院————門診區——看診——看診
未來——郵局——檢驗區
繳費區
領藥區
體檢區

註：甲生現年十五歲，與父母同住。

圖 3-1　生態評量舉例

(六)進行活動分析

在決定優先活動之後，接著我們要進行活動分析，Rainforth 等人(1992)指出活動分析可說是一種擴展的工作分析(extensive task analysis)。參考 Brown 等人(1987)和 Rainforth 等人的資料，

加上筆者的修正意見，活動的成份包括了**系列的成份**(sequential components)和**交織的成份**(interwoven components)兩大項。系列的成份是指活動涵蓋一連串的行為，從**開始**(initiation)、**準備**(preparation)、**核心**(core)、至**結束**(termination)。交織的成份則包含交織於活動中所需的技能，如知覺動作、認知與學業、溝通、社會等技能；活動所要求的表現品質和速度；以及在刺激變化和例外狀況時，該有的反應變化和解決問題能力，見表 3-2 的詳細說明。活動分析可使用的策略有兩種，一種是教師個人親自完成此項活動，如此有第一手資料；另一種是教師觀察一般人從事此項活動。茲舉「到速食店用餐的活動分析」為例作說明，如表 3-3。其中「本活動在速度上要求的一般標準」為觀察一般人在每一步驟所花費的時間，作為監控學生表現此活動速度的參考。

Brown 等人(1987)進一步指出活動的系列和交織成份中，有**核心技能**(core skills)、**擴展技能**(extension skills)、和**豐富技能**(enrichment skills)三種。核心技能是系列成份的「核心」，為活動中最必須的部分，如洗臉活動的核心技能為打開水龍頭、沾溼毛巾…至擦拭臉部等；而擴展技能包括開始、準備、和結束，以及在進行過程中監控品質和速度，與解決突發的問題。以洗臉活動為例，擴展技能為知道何時要洗臉，會準備毛巾和肥皂，花費適當的時間，洗得乾淨，碰到肥皂掉在地上等問題時知道如何因應，洗完後會把毛巾掛好等。豐富技能則可以提昇從事此活動的品質，例如增加愉悅感和被社會接納的程度，包括溝通、社會行為、和喜好等，如以洗臉活動為例，豐富技能則是選用自己喜歡的肥皂、保持洗臉檯的清潔等，見圖 3-2。

表 3-2 活動成份分析(修正自 Rainforth et al, 1992, p. 85)

成份	內 涵
系列的成份	**1.開始** ●溝通從事該活動的需要、意圖和想法 ●尋求活動的許可 ●對執行活動的自然提示產生反應 **2.準備** ●收集材料,走到活動的地點 **3.核心** ●執行活動的核心部分 **4.結束** ●顯示活動的結束 ●將材料放回原處,清理現場
交織的成份	**1.知覺動作技能** ●知覺能力(如:視知覺、聽知覺、觸知覺、嗅知覺、味知覺等能力,像是辨識氣味、辨識聲音的來源) ●粗大動作技能(如:姿勢的控制,移動能力) ●精細動作技能(如:材料的操控能力) **2.認知與學業技能** ●認知技能(如:注意、記憶、思考、推理、判斷) ●學業技能(如:數學、語文的能力,像是閱讀標誌、文字,使用金錢等能力) **3.溝通技能** ●口語或非口語溝通(如:對參與者、活動、材料、事件、和喜好的溝通,眼神接觸,傾聽與回應) **4.社會技能** ●基本禮儀(如:用餐禮儀) ●社交技能(如:打招呼、分享、輪流、協助) ●情緒管理等 **5.問題解決** ●可能的刺激變化和反應變化 ●例外處理 **6.表現的品質** ●完整性、正確性、持續度、需要協助的情形 **7.表現的速度** ●完成活動所需的時間 ●在一段時間內完成工作／作業的比例

表 3-3 「到速食店用餐」之活動成份分析

系列成份分析 ╲ 本活動的速度和相關技能分析	本活動在速度上要求的一般標準	本活動需要的知覺動作技能	本活動需要的溝通與社會技能	本活動需要的認知與學業技能
(開始)1.在自然提示(如:肚子餓了、用餐時間到了)下,知道要進行用餐的活動	當下	1.行走 2.端餐盤	1.能理解櫃台服務員的詢問	1.認識餐廳的標誌和餐點的名稱
(準備)2.準備足夠的金錢	3 分			
3.準備適合的交通工具,到達社區的速食店	不定		2.會使用點餐用語	2.使用金錢
(核心)4.當櫃台服務員詢問:「這裡用或帶走?」,會回答「這裡用。」	1 分		3.一般用餐禮儀	
5.當櫃台服務員遞上點菜單時,會告訴服務員點餐內容(或查看櫃臺上方列出的菜單,並告訴服務員點餐內容)	3 分			
6.取錢結帳	2 分			
7.取統一發票、找錢、餐點及其他所需要的東西(如吸管)	1 分			
8.找尋無人座位坐下	1 分			
9.用餐	不定			
(結束)10.用餐完畢,收拾桌面並將垃圾丟入垃圾桶中	1 分			
11.椅子歸位,拿好自己隨身所帶的物品並離去	10 秒			
相關刺激與反應變化或例外處理	1.有人在櫃台前時,會排隊等候。			
	2.遇有點餐問題時,知道如何向服務員請求協助			

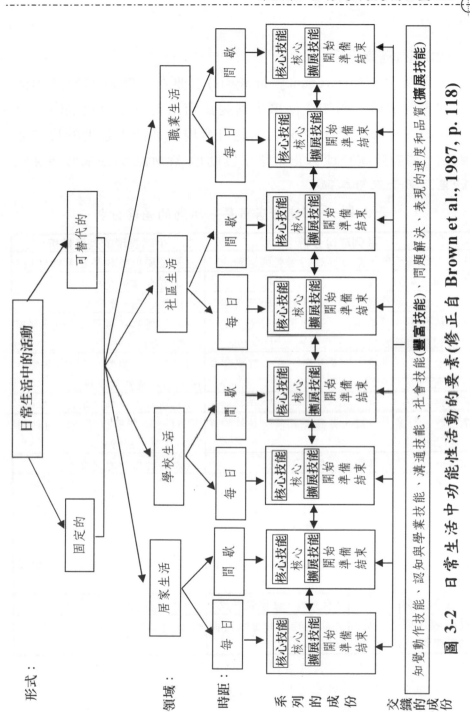

圖 3-2　日常生活中功能性活動的要素（修正自 Brown et al., 1987, p. 118）

(七)進行差異分析

差異分析(discrepancy analysis)主要在了解個體於該項活動的表現情形，例如在從事「到速食店用餐」這個活動時，小明表現的差異分析如表 3-4，由此可發現溝通能力是他的最主要限制，須設計調整或修正策略來協助他(詳細的調整策略和課程計畫見第七章第二節)。

表 3-4　「到速食店用餐」活動的差異分析

系列成份分析	小明表現的差異分析
1.在自然提示下，知道要進行用餐的活動	＋(知道要用餐和麥當勞的標誌)
2.準備足夠的金錢	一(沒有金錢概念)
3.準備適合的交通工具，到達社區的速食店	會走路，但不會搭車
4.當櫃台服務員詢問:「這裡用或帶走?」，會回答「這裡用。」	一(無法理解這裡用或帶走，沒有口語能力)
5.當櫃台服務員遞上點菜單時，會告訴服務員點餐內容	一(沒有口語能力，不認識餐點名稱，不知道如何反應)
6.取錢結帳	一(無法拿出正確錢數)
7.取統一發票、找錢、餐點及其他所需要的東西(如吸管)	＋一(有時需要口語提示才能做到，且速度緩慢)
8.端餐盤，並找尋無人座位坐下	＋(知覺動作能力沒問題)
9.用餐	＋一(張口咀嚼食物，且發出很大的聲音)
10.用餐完畢，收拾桌面並將垃圾丟入垃圾桶中	＋一(有時需要口語提示才能做到)
11.椅子歸位，拿好自己隨身所帶的物品並離去	＋一(有時需要口語提示才能做到)
相關刺激與反應變化或例外處理 1.有人在櫃台前時，會排隊等候。	一(手足無措)
2.遇有點餐問題時，知道如何向服務員請求協助	一(沒有口語能力)

註:「＋」表示該生能獨立表現出該項動作或行為;「＋一」表示該生偶而能獨立表現該項動作或行為;「一」表示該生無法獨立表現出該項動作或行為。

　　值得注意的是個體的生態環境有可能會改變，因此生態評量並非一次事件，須持續進行。要實施生態評量，Holowach(1989)指出很重要的方法是訪談、觀察和社區生態調查。訪談和觀察在下面會做進一步描述，筆者發展「生態評量表」來了解學生所處的生態環境，見附錄三。此評量表針對居家生活和社區生活兩個重要的領域，分析一般人生活的主要環境、次級環境、和活動。接著請學生的相關重要他人評量這些活動的重要性，並且進行差異分析，評量該生在這些活動上的表現情形。

二、課程本位評量

　　課程本位的評量係根據學生學習的課程內容，評量學生的起點行為和學習結果。它有以下幾個特點：(1)測驗材料來自學生學習的課程；(2)可以經常性地施測；(3)評量結果即可作教學決策；(4)可鎖定特定能力來作評量；(5)可將教學前中後的結果以圖示方式呈現，以了解學生進步的情形，這樣的評量結果容易為別人所了解；(6)可靈敏反應學生學習情形；(7)省錢省時(林素貞，民 88)。例如教育部社會教育司(民 89d)出版之特殊教育學校(班)國民教育階段智能障礙類課程學習目標檢核手冊；國立嘉義大學特殊教育中心(民 89)依據特殊學校(班)國民教育階段智能障礙課程綱要，發展學習評量工具，包括評量手冊、作業單、和圖卡，都是屬於課程本位評量。

三、訪談

　　訪談有兩種形式，一種是電話訪談，一種是面對面訪談。生態評量主張在學生及其家庭環境中面對面訪談，並且可從中觀察。我們可以藉著家訪了解學生的學習能力和特質，以及家長對孩子的期待。家訪的內容除了訪談狀況記錄外，可包括：

(1)孩子和家庭的背景資料;(2)孩子健康和發展方面的資料;(3)孩子的教育資料;(4)孩子家庭作息和居家狀況摘要資料;(5)孩子人際互動和溝通行為;(6)孩子喜惡情形;(7)孩子的休閒活動資料;(8)家用電器、用具及用品資料;(9)家長管教態度資料;(10)家長的期望及其他需要協助事項等,詳見表 3-5。例如高雄市立高雄啟智學校發展了一份完整的家訪記錄表,有興趣的讀者可向該校詢問。除了訪談家長外,還可以訪談曾經教導過該生的老師,或其他重要他人。

　　訪談須注意以下幾項原則:第一,訪談前先聯絡時間、地點、和告知訪談目的,以及準備訪談的內容。第二,在訪談過程中,須注意訪談用語,如使用受訪者可以理解的語言形式和語彙;保持專注、誠懇、禮貌的態度,主動的傾聽和同理的了解;避免對受訪者的談話內容作價值判斷,以及要尊重受訪者,例如:當受訪者不想回答某個問題時,不要強迫他回答;訪談結束,摘要談話的內容,表達感謝,和說明後續的安排。案例 3-1 中,老師一開始就向家長抱怨孩子的許多問題,並且批判他的管教方式,如此將造成家長很大的壓力,也會破壞親師間的關係。老師在與家長溝通時,須注意不要只告訴他孩子有問題的地方,也要告訴家長孩子好的表現或進步的地方。

【案例 3-1】小明的媽媽說道:「老師第一次作家訪時,一直說小明在學校的行為問題,問我有沒有帶他給醫生看,在家怎麼管教他,老師批判我太放縱他,但是我有一些困難老師並不了解,現在我每天都很害怕電話響,很怕老師打電話來告訴我小明在學校又闖了什麼禍…。」

表3-5　家訪內容舉隅

家訪向度	家 訪 內 容
訪談狀況記錄	1.訪談的時間、地點、和方式(家訪或電話訪談) 2.訪談者 3.被訪談者的姓名、和小孩的關係 4.被訪談者的態度 5.訪談過程中發生的特殊狀況
背景資料	1.小孩的姓名、性別、出生年月日、地址、電話、學校、和年級 2.父母的姓名和職業 3.其他兄弟姊妹 4.其他親戚，例如祖父母、叔叔、舅舅、阿姨等
健康和發展方面的資料	1.母親懷孕時的情形如何？是否有異常狀況？ 2.小孩出生時是否早產？是否難產？是否有特別或異常狀況？ 3.小孩的健康情形如何？是否有一段時間生病或住院？ 4.是否曾經懷疑小孩的視力或聽力不好？是否曾經帶小孩接受檢驗？檢查結果如何？ 5.小孩什麼時候開始會坐？會爬？會走路？和同年齡的小孩比起來如何？ 6.小孩在肢體動作、協調方面是否有問題？例如小孩的走路、坐姿、拿筆、吃飯、拿筷子。 7.小孩什麼時候開始會說第一個字？第一句話？是否說話有困難？ 8.小孩會不會特別害怕什麼東西？極度沮喪？焦慮？或亂發脾氣？ 9.小孩會不會坐不住？容易分心？
教育資料	1.小孩幾歲開始上學？是否曾經上過托兒所、幼稚園？ 2.小孩是否曾經留級？ 3.小孩是否經常搬家？轉學？或換教師？ 4.小孩是否曾經請過家教？或接受特別教導、治療？ 5.學校教師對小孩的評語如何？ 6.小孩對學校的態度如何？喜不喜歡上學？
家庭作息和居家狀況摘要資料	1.平常一天、和週末例假日時間從事的活動；從事活動的環境、時間、和表現情形等。 2.孩子居家狀況表現摘要，以及是否急需列入教學等。

(續)表 3-5　家訪內容舉隅

家訪向度	家　訪　內　容
人際互動和社會行為資料	1.小孩會不會和鄰居或親友家的同儕一起做活動或玩遊戲？與他們互動的狀況如何？ 2.小孩和兄弟姊妹間的相處情形如何？ 3.他用什麼方式與別人溝通？ 　＊想要獲得注意時 　＊想要得到某樣東西時 　＊不喜歡某樣事物，或不舒服時 　＊作選擇或表達喜好時 4.環境中的人如何與他溝通？ 5.在何種情境下他會有自發性的溝通行為出現？ 6.在何種情境下他會與他人互動？ 7.他是否有機會表現溝通行為？ 8.小孩有那些家長頗感困擾的行為問題？
喜惡情形	1.小孩特別喜歡吃、喝什麼東西？討厭吃、喝什麼東西？ 2.小孩特別喜歡從事什麼活動？討厭從事什麼活動？ 3.小孩特別喜歡什麼樣的玩具？討厭什麼樣的玩具？
休閒活動資料	1.目前在您家中能獲得什麼休閒活動和材料？ 2.什麼材料或活動是您目前沒有而您會想獲得的？ 3.您的孩子在休閒時間都做些什麼？ 4.您認為您的孩子會喜歡下列的休閒活動嗎？(列出幾個並逐個詢問) 5.您的家庭成員在社區裡參與什麼休閒活動？ 6.在家裡或社區裡的那些活動是您希望孩子參與的？ 7.那些家庭成員是樂於和您的孩子一起玩的？ 8.您願意帶您的孩子到社區裡從事休閒活動嗎？ 9.您願意在我們的協助下，幫助孩子學習家庭和社區的休閒活動嗎？
家用電器、用具及用品資料	1.家中有那些電器、用具及用品？孩子使用和表現的情形如何？ 2.您願意在我們的協助下，幫助您的孩子學習這些電器、用具及用品的使用嗎？

(續)表 3-5　家訪內容舉隅

家訪向度	家　訪　內　容
家長管教態度資料	1.家長對小孩的管教態度為何？ 2.平常會不會要求小孩幫忙做家事？或整理自己的房間、東西？ 3.小孩平常由誰負責管教？在家中和誰的相處時間最長？
家長的期望及其他需要協助事項	1.家長對學校教師、課程安排、和相關服務的期待為何？ 2.家長在那些方面需要學校和教師的協助？ 3.如果孩子在學校突然生病或出現緊急狀況，家長會希望學校如何處理？

四、觀察

　　觀察的優點是：觀察者能探索正在進行中的行為，並將其特徵作成記錄或錄影；觀察行為的期間較運用其他方法為長，可從中發現趨勢，並能指出偶而與經常發生事件間所存在的差異。觀察的限制是：這是一種比其他方法耗時且耗力的評量方法，且所收集的資料廣度是有限的，只能對此時此地的狀況作觀察(王文科，民 80)。

　　從觀察內容的結構程度來看，可分成非結構性、半結構性、和結構性的觀察。非結構性的觀察未明確界定出要觀察的內容，而結構性的觀察則非常明確界定出要觀察的項目，並且對這些觀察項目下操作性定義。從觀察的情境來看，觀察方式可分為：自然情境的觀察(in-vivo observation)和模擬情境的觀察(analogue observation)。自然情境的觀察是最有效且可信的方法，這也是最常用來了解個體的方法。而模擬情境的觀察則是用來觀察一些發生次數不多(如：需要道歉、說謝謝的行為)，或一些比較私密的行為。為了評量這些行為，我們可以用角色扮演的方式，製造所要觀察的事件情境，再從旁觀察(Browder,

1991)。這種方法的好處是可以觀察到教師想觀察的行為，缺點是可能較無法反應出在真實情境中所表現的行為(Schloss & Smith, 1998)。例如我們可針對學生在校(包括上下課)、和在家的行為作觀察，表 3-6 是屬於自然情境的觀察記錄表，而且是非結構性的觀察。表 3-7 屬模擬情境的觀察記錄表，觀察者設計一些需要溝通的情境，觀察學生的溝通行為表現，是結構性的觀察。D'Zurilla 和 Goldfried(1971)運用觀察的方式，分析特定的社會／人際問題情境中，問題的本質和頻率，以及個體的反應方式，因而形成所謂情境分析(situational analysis)。

表 3-6　自然情境觀察記錄表

學生姓名：＿＿＿＿＿＿＿　　觀察者：＿＿＿＿＿＿＿　　觀察情境：＿＿＿＿＿

觀察日期	時間	觀察內容具體描述	評價

表 3-7　模擬情境觀察記錄表

學生姓名：＿＿＿＿＿＿　　觀察者：＿＿＿＿＿＿＿　　觀察情境：＿＿＿＿＿

觀察日期	時間	觀察的向度	安排的情境	學生的反應
		要求協助	給學生一個裝有他喜歡物品之容器，但打不開。	
		要求注意	給學生一項簡短的工作讓他做，當他完成時，教師並沒有靠近他和給與注意。	
		要求物品	在學生面前吃他喜歡的東西，或從事一項他喜歡的活動。	
		表達拒絕	給學生他不喜歡的食物或工作	
		中止活動	給學生一項冗長和重複性的工作	

五、檢核表

　　檢核表是用以評量行為或特質的一種最簡單的方法，列出一些具體的行為或特質，然後根據觀察的結果，記錄那些行為或特質是否出現，通常用勾選的方式呈現(郭生玉，民 74)。檢核表的好處是快速方便，限制是它乃封閉的評量方式，可能會遺漏掉某些重要的行為或特質。例如我們能夠使用筆者修正自 O'Neill 等人(1997)的溝通行為檢核表(見附錄四)以了解學生使用何種溝通行為(如口語、手語／手勢、動作、臉部表情、實物／符號等)來表達其溝通的功能(如：要求喜愛的食物、東西、活動等)。

六、評定量表

　　評定量表和檢核表所不同的是，其目的不在記錄行為或特質是否出現，而在評定行為或特質的品質。一般常用的評定量表有三種：數字評定量表(numerical rating scale，如給與一至五的評分)、圖示評定量表(graphic rating scale，以圖示的方式呈現文字描述，例如： 很好／尚可／有一點困難／很有困難，評量者在線上勾選)和分類的評定量表(categorical rating scale，提供一些類別的文字描述，以作判斷) (Hickson, 1995)。例如為了解個體的轉銜需求，作為擬訂轉銜計畫的基礎，筆者參考 Clark 和 Patton (1997)的轉銜計畫清單(Transition Planning Inventory，簡稱 TPI)加以改編，即是一種評定量表，見附錄五。它評量雇用、進一步的教育／訓練、日常生活技能、休閒活動、社區參與、健康、自我決定、溝通、人際關係九個向度。

七、問卷

　　藉由問卷可以收集相關人士對個體身心狀況的多元資料，

問卷的形式有開放性、閉鎖性、或是結合二者的問卷。例如附錄六的增強物調查問卷即可被用來訪談家長或其他重要他人，了解學生的喜惡情形。

八、實作評量

　　實作評量係要求學生在真實情境中完成一個活動，或製作一個作品以了解其知識與技能，強調做而不僅是知道，兼顧過程與結果(李坤崇，民 88)。實作評量可運用在評量溝通能力、動作技能、概念獲得、和情意評量等方面，它有三種型式，即實作作業(performance tasks)、實作考試(performance exams)、和檔案評量(portfolio assessment)。實作作業和實作考試是給學生一項作業或工作，根據學生實際操作之過程與成果予以評量，兩者的差異在於實作作業是日常教學活動的一部分，在實際教學情境中進行；實作考試比較偏向在特定時間和地點進行評量；檔案評量則是將學生平日代表性實作成品收集並加以整理(林月仙，民 89)。例如讓學生作口頭報告，可以幫助教師了解學生的肢體表達、口語表達、和文字表達能力等；讓學生完成實作作業或實作考試後，可進行工作樣本分析(work sample analysis)，以了解學生的工作品質、工作速度等，進而作錯誤分析(error analysis)，茲舉掃地工作樣本分析如表 3-8。

表 3-8　掃地工作樣本分析

向度	題項	檢核 是	否	錯誤分析
工作知識	1.是否知道何時要做清掃工作？	☐	☐	
	2.是否能辨別垃圾的種類？	☐	☐	
	3.是否知道掃地須使用的工具？	☐	☐	
工作流程	4.是否能準備掃地用具？	☐	☐	
	5.是否能拿取掃地用具？	☐	☐	
	6.是否能移開桌椅？	☐	☐	
	7.是否能將地上的垃圾掃成堆？	☐	☐	
	8.是否能用手將畚箕放在垃圾旁？	☐	☐	
	9.另一手是否能握住掃把？	☐	☐	
	10.是否能將垃圾掃入畚箕？	☐	☐	
	11.是否能將畚箕中的垃圾倒入垃圾桶？	☐	☐	
	12.是否能將椅子歸位？	☐	☐	
	13.是否能將掃地用具歸位？	☐	☐	
工作態度	14.是否能能準時開始掃地工作？	☐	☐	
	15.是否能在工作時段穩定地工作？	☐	☐	
	16.注意力和持續力是否足夠？	☐	☐	
	17.是否能在不需要直接督導的情況下完成工作？	☐	☐	
	18.是否能遵守教師或雇主所訂的規則？	☐	☐	
	19.是否能愛惜掃地用具？	☐	☐	
	20.在掃地時是否能注意自身的安全？	☐	☐	
工作行為	21.掃把的使用方式是否正確？	☐	☐	
	22.畚箕的使用方式是否正確？	☐	☐	
	23.掃地的力道是否適中？	☐	☐	
	24.畚箕的垃圾滿時，是否知道要拿去倒？	☐	☐	
	25.遇到困難時是否能尋求協助？	☐	☐	
	26.遇到障礙物是否會適當地處理？	☐	☐	
	27.是否能處理突發的狀況？	☐	☐	
工作品質	28.是否清掃乾淨並注意死角？	☐	☐	
	29.是否知道什麼東西該掃，什麼東西不該掃？	☐	☐	
工作速度	30.能否在指定時間內完成指定範圍？	☐	☐	
	31.是否能適當地分配每個步驟的工作時間？	☐	☐	

九、功能評量

O'Neill 等人(1997)指出：功能評量是一種分析行為問題與個體和環境因素之間關係的方法，以進一步了解行為問題的功能與目的。功能評量扮演兩個主要的角色：一為診斷行為問題原因，預測何種情境或條件下行為會或不會發生；二為擬訂行為處理方案。對有嚴重行為問題的個體實施功能評量甚至已成為一項專業準則，美國一九九七年身心障礙個體教育修正法案(Individuals with Disabilities Education Act Amendments，即105-17 公法)，便明確指出功能評量的重要性，該法案中強調將學生進一步地轉介到其他學校或機構之前，學校必須實施功能評量，並依其結果發展處理方案，而後執行之(張正芬，民 86；鈕文英，民 90)。O'Neill 等人提出三種功能評量的方法，包括收集相關人士所提供的資料(informant methods)、直接觀察(direct observation)和功能分析(functional analysis)，這裡所指的功能分析為使用實驗操弄的方式了解和驗證行為問題的功能。附錄七呈現用直接觀察的方式作功能評量，即行為前後事件觀察記錄表。

十、社會計量法

社會計量法係用以評定個人在團體中被接納及排斥的程度，及發現團體內個體間的互動關係和團體內部結構的一種評量方式。社會計量法有好幾種方式，最常使用的方式有以下四種：第一種是同儕提名法(peer nomination)，是請團體成員根據某種特定的概念來選擇同儕，例如：「你喜歡的同學是那一位？」，「如果我們要辦聚餐活動，你希望跟誰坐在一起？」等，由此可得知個體被同儕接納或拒絕的程度。第二種是評定

量表法(rating scale)，是採用點量表的方式來評定所有的團體成員，由此可得知每位個體被同儕評價的情形。第三種是配對比較技術(paired comparison technique)，這種方式是對個體呈現團體中所有同儕的可能配對圖形，並根據所提供的情境來選擇適合的配對；第四種為猜是誰技術(guess who technique)，意即用描述各種行為特質的語句，要求個體寫下最適合每一個描述句的同儕姓名(郭生玉，民 74)。

十一、其他

除了上述評量方式，還包括醫學檢查；收集學生的檔案、文件、和求學資料等方式。

《總結》

教學前評量是擬訂目標和設計課程之基礎，本章探討教學前評量的內容和教學前評量的方法。教學前評量的內容包括評量學生和評量環境，教學前評量的方法則包含正式和非正式評量兩種方式。在進行評量時，教師最好能與學生站在同樣的高度，從其視野來看他們的能力，或許會發現原來他們在帶領我們漫步於其花園中，品味每一株生命。

第四章

啟智教育課程與教學設計(二)：
如何決定教育目標

啟智教育工作的動人之處在於：

從看似有限的學生智能中
去創造無限。

第一節　教育目標的種類

第二節　教育目標的決定方式與指標

導讀問題

1. 教育目標有那些不同的分類方式？
2. 決定教育目標的資料來源包括那些？
3. 如何決定教育目標的優先順序？

以前一章教學前的評量資料作基礎，接下來我們決定「教什麼」，即教育目標，同時也思考「為何教」，這讓教師思考教學目標是否適切。本章將探討教育目標的種類、以及教育目標的決定方式與指標。

第一節　教育目標的種類

教育目標從不同的角度來看有不同的分類，如依目標之來源來分，可分成國家教育目標、學校教育目標、課程目標和學生個別化教育目標。國家教育目標是指為所有國民設定的教育宗旨與政策，學校教育目標是指為學校所有學生設定的目標，課程目標是指某項課程的一般目標、課程各單元的目標等，而學生個別化教育目標指的是為學生個人設定的教育目標。依學習者分，可分成個別目標和團體目標，個別目標是指符合學生個別需求之目標；團體目標是指符合一組學生共同需求之目標(鄒啟蓉、李寶珍，民 84)。

依目標之類型來分，可分成活動本位目標(activity-based goals and objectives)和行為目標(behavioral objectives)，活動本位目標描述的目標是日常生活中功能性，且盡可能是符合學生生理年齡的活動，並能被觀察和測量(Ferguson & Wilcox, 1988)；而行為目標描述的目標是單一且具體的行為或動作。依目標之完成期限來看，可分成長期目標(long-term goals)和短期目標(short-term objectives)，長期目標是指某段較長的學習期間，學習之方向及重點；而短期目標乃陳述達到長期目標之階段性具體表現，而這些長、短期目標都是要達到最終的教育目的(aim)。

　　至於目標之內容，依據 Bloom 的看法，可分成三大類：認知(cognitive domain)、情意(affective domain)、和動作技能領域(psychomotor domain)。其中認知領域指的是知識、分析、思考等能力，包括知識、理解、應用、分析、綜合和評鑑六個層次；情意領域的目標是指學習某項知識和技能的情感、人格反應和表現態度，包含接受、反應、價值判斷、價值之組織及價值之性格化五個層次；動作技能領域是指有關操作技巧、肌肉協調等動作技能的學習行為，依 Saylor 的修訂，分類系統有知覺、準備狀態、模仿、機械、複雜的反應和創造六個層次(郭生玉，民 74)。茲舉不同層次的認知、情意、和技能領域目標為例作說明，詳見表 4-1。

表 4-1　不同層次的認知、情意、和技能領域目標舉例

領域	目　標　舉　例	目　標　層　次
認知領域	1.能認讀郵局的標誌	知識
	2.能舉例說明郵局的功能	理解
	3.能使用郵局進行存提款的活動	應用
	4.能分辨郵局和銀行功能之異同	分析
	5.能籌畫如何運用郵局管理自己的金錢	綜合
	6.能評鑑同學使用郵局進行存提款活動的正確性	評鑑
情意領域	1.能注意到行走的交通安全問題	接受
	2.能遵守交通規則	反應
	3.喜歡遵守交通規則的人	價值判斷
	4.能指出他人不遵守交通規則之處	價值之組織
	5.能影響那些不遵守交通規則的人	價值之性格化
動作領域	1.能複誦錄放影機的操作步驟	知覺
	2.能指出錄放影機的按鍵位置	準備狀態
	3.依照示範能使用錄放影機放映錄影帶	模仿
	4.能正確操作錄放影機放映錄影帶	機械
	5.能熟練操作錄放影機放映錄影帶的步驟	複雜的反應
	6.能改正同學操作錄放影機放映錄影帶的錯誤	創造

從學習階段來看，依據 Evans、Evans 和 Schmid(1989)的說法，可分成獲得(acquisition)、流暢(fluency)、精熟(proficiency)、維持(maintenance)、類化、和調整(adaptation)六個階段，如階梯般逐步向上，每個階段有不同的目標，如圖 4-1(如何教導學生維持與類化所學的結果見第八章第二節)，這些目標的分類和意義綜合在表 4-2。

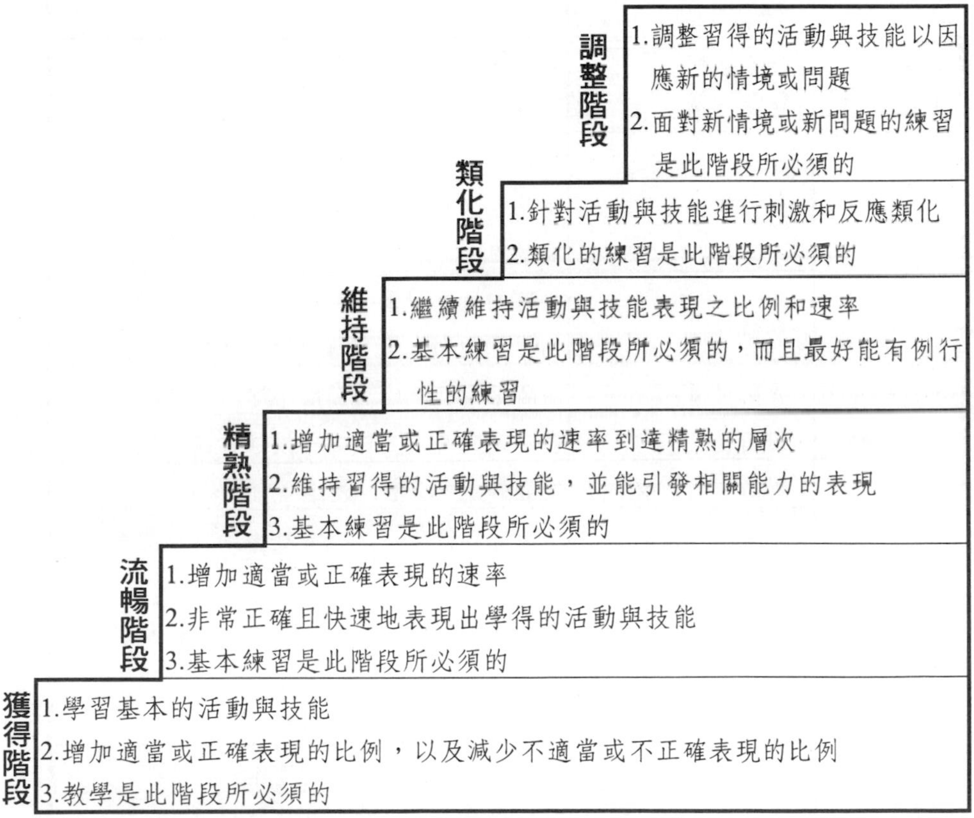

圖 4-1 學習的階段(修正自 Evans et al., 1989, p. 266)

表 4-2　「教育目標」之種類

類　別	目　標	意　義
依目標之來源分	1.國家教育目標	為所有國民設定的教育宗旨與政策
	2.學校教育目標	為學校所有學生設定的目標
	3.課程目標	某項課程的一般目標、課程各單元的目標等
	4.學生個別化教育目標	為學生個人設定的教育目標
依學習者分	1.個別目標	符合學生個別需求之目標
	2.團體目標	符合一組學生共同需求之目標
依目標之型分	1.活動本位目標	描述的目標是日常生活中功能性，且盡可能是符合學生生理年齡的活動，並能被觀察和測量
	2.行為目標	描述的目標是單一且具體的行為或動作，包括目標行為、學習情境及通過標準三項要素
依目標完成之期限分	1.長期目標	陳述某段較長學習期間，學習之方向及重點
	2.短期目標	敘述達到長期目標之階段性具體表現
依目標之內容分	1.認知領域目標	有關知識、分析、思考等能力
	2.技能領域目標	有關操作技巧、肌肉協調等動作技能的學習行為
	3.情意領域目標	學習某項知識和技能的情感、人格反應和表現態度
依學習階段分	1.獲得階段的目標	剛開始學習新行為之目標
	2.流暢階段的目標	增加適當或正確行為的速率
	3.精熟階段的目標	將已學會之行為練習至精熟程度
	4.維持階段的目標	一段時間之後，仍能維持已學會之行為
	5.類化階段的目標	將已學會之行為在不同的刺激中類化，並能達到反應類化
	6.調整階段的目標	調整習得的技能以因應新的情境或問題

第二節 教育目標的決定方式與指標

在決定教育目標時,我們所要思考的是學生是否能學到足夠的活動和技能來享受或提昇其生活素質。決定教育目標的資料來源包括從家長、其他重要他人、教師或其他教學人員、相關服務人員、由前一章教學前評量中收集到有關學生需要、目前能力水準、與環境需求的資料。教師彙整了適合學生學習的活動和技能後,可依客觀標準來排列重要活動和技能之教學優先順序。這個客觀標準,Nietupski 和 Hamre-Nietupski (1987)指出可從學生、家長、教師之意願、出現或使用頻率、健康或安全影響、社會之價值這些方向來考量;Kregel(1997)提出功能性、可行性、和學生的喜好三項指標作為決定的依據;而Holowach(1989)則主張從家長期望、學生興趣、符合生理年齡、功能性、易學、使用頻率、以及對學生和家長的幫助情形,如增加學生的獨立性、擴大其參與環境和與一般人互動的機會、以及減輕家長生活照顧上的負擔等這些指標來決定教育目標的優先順序。

Cooke-Johnson(1982)則提出:(1)學生喜歡嗎;(2)學生是否能在目前和未來環境中使用該活動和技能;(3)是否在很多不同的環境中皆須使用該活動和技能;(4)學生使用該活動和技能的頻率;(5)是否能運用學生現有優點;(6)是否有助於其他領域的發展;(7)是否與安全、健康或生理需求有關;(8)是否符合學生之生理年齡;(9)是否能增進學生被社會接納的程度;(10)是否能增進學生之生活素質、獨立性、及自主權;(11)是否能增進學生在較少限制的環境中生活;(12)是否為日後學習之先備技能;

(13)是否能補救現有之問題(如克服感官或動作之障礙等)；(14)是否能在真實的環境中，使用真實的材料指導。案例 4-1 顯示安安目前最需要學的是「在沒有紅綠燈的情況下過馬路」，而看紅綠燈過馬路也許未來才用得到。

【案例 4-1】安安就讀台東偏遠村莊的國小啓智班，老師在教室教他們練習看紅綠燈過馬路，安安的媽媽說：「我們住的社區那有什麼紅綠燈，看到沒車就走過去了，安安現在吵著說沒有綠燈亮，不能過馬路，老師教的東西在市區才用得到。」

筆者綜合相關資料(Brown & Snell, 2000; Cooke-Johnson, 1982; Nietupski & Hamre-Nietupski, 1987; Holowach, 1989; Kregel, 1997)的看法，整理出一個決定優先活動的評量表如表 4-3 可供使用。

表 4-3　決定優先活動之評量表

學生：＿＿＿＿＿＿＿＿＿＿＿＿＿　　日期：＿＿＿＿＿＿＿＿＿

◎說明：在下列每個領域中寫下家長或其他重要他人選出之最重要活動，在每項問題欄中評分，10 分最高，5 分中間，1 分最低。再依總分列出每個領域中每項活動的教學順序。分數愈高，為愈優先教學之活動。

領域 這個 活動 活動…	家庭			休閒			職業			社區		
1.學生喜歡嗎？												
2.是否為家長所期待的？												
3.是否為多數教師所期待的？												
4.是否符合學生之生理年齡？												

(續)表 4-3　決定優先活動之評量表

領域 / 這個活動…	家庭			休閒			職業			社區		
5.是否能被應用在目前的生活環境中？												
6.是否能被應用在將來的生活環境中？												
7.是否能被使用在很多不同的環境中？												
8.被使用的頻率是否很高？												
9.是否與安全、健康或生理需求有關？												
10.是否為日後學習之先備能力？												
11.是否能減輕家長生活照顧上的負擔？												
12.是否能運用學生現有優點？												
13.是否能藉著或不需調整或修正的策略，在教導一段時間後學會？												

(續)表 4-3　決定優先活動之評量表

領域　　　　　　活動 這個 活動…	家庭			休閒			職業			社區		
14.是否能補救現有之問題(如克服感官或動作之障礙等)？												
15.是否能使學生變得較獨立？												
16.是否能擴大學生參與的環境？												
17.是否能增加與一般人互動的機會？												
18.是否能增進被社會接納的程度？												
19.衡量現有的資源與條件，是否有可能被教導？												
總　　計：												
順　　位：												

《總結》

　　本章探討教育目標的種類、以及教育目標的決定方式與指標。教育目標從不同的角度來看有不同的分類，在決定教育目標時，我們所要思考的是學生是否能學到足夠的活動和技能來享受或提昇其生活素質。教育目標的決定方式可參考前一章評量的資料，這些資料透露了學生的需要、學生目前能力水準、和環境需求等訊息。彙整了這些資料後，可能無法全數在一學

期內全部教完，因此須排列目標之教學優先順序，而決定優先性的指標可包括學生和重要他人之意願、在環境使用情形和頻率、適合實齡、功能性、助益性、易學、可行性等。雖然智能障礙者的能力在外人看起來似乎有限，但他們仍擁有待開發的豐富潛能，而啟智教育工作的動人之處在於：從看似有限的學生智能中去創造無限，我們須積極地為他們擬訂適合他們的教育目標。

第五章

啟智教育課程與教學設計(三)：
如何擬訂個別化教育計畫

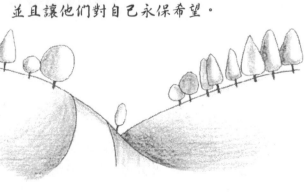

生命會回應給你每一件你曾做過的事，
如果老師用限制教導智能障礙的學生，
他們就會學到限制；
如果老師用希望教導他們，
你會發現他們的潛能，
並且讓他們對自己永保希望。

第一節　個別化教育計畫之意義與功能

第二節　個別化教育計畫之法規依據

第三節　個別化教育計畫之擬訂流程

第四節　個別化教育計畫內容之擬訂

第五節　個別化教育計畫內涵之釐清

導讀問題

1.個別化教育計畫之意義與功能為何？
2.依據我國特殊教育法規，有關個別化教育計畫之規定有那些？
3.個別化教育計畫之擬訂流程為何？
4.擬訂個別化教育計畫時，湏注意那些原則？

　　在決定目標之後，我們可以將這些目標設計在學生的個別化教育計畫中，本章將從個別化教育計畫之意義與功能、個別化教育計畫之法規依據、個別化教育計畫之擬訂流程、個別化教育計畫內容之擬訂、以及個別化教育計畫內涵之釐清這五方面來探討如何擬訂個別化教育計畫。

第一節　個別化教育計畫之意義與功能

　　個別化教育計畫是為每一位已鑑定為特殊學生所擬訂之文件。其目的乃是根據特殊學生之學習特質與需要，提供最適當之教育服務，一方面可作為教學之方向，另一方面可作為教學成效評鑑之依據。因此，個別化教育計畫不僅是教育計畫，更是一種教學管理的工具，旨在確保每位特殊學生都能接受適切的教育服務並確實執行。

　　個別化教育計畫之擬訂，有助於達成以下四項功能：(1)促進有效率、有組織的教學，使教學活動不致散漫無章；(2)作為教學管理的工具，以作自我考核或被考核，甚至不同教師間、或不同教育階段間轉銜學生資料之客觀依據；(3)讓家長成為與教學人員平行的計畫參與者和監督者；(4)整合教師及家長對學生之評量及期望，擬訂統整及全面性的課程計畫，促進彼此的溝通(何華國、何東墀，民 82)。

　　依據 Bateman(1992)，個別化教育計畫的三大功能包括**適當性**、**合法性**、和**有效性**，意即個別化教育計畫是法令規定要做的事，它能確保學生獲得適當的特殊教育服務，並且評鑑這樣的服務是否有效地被實施。

第二節　個別化教育計畫之法規依據

壹、美國個別化教育計畫之法規依據

一、身心障礙兒童教育法案(1975)

在美國特殊教育史上佔有重要地位的身心障礙兒童教育法案(即 94-142 公法，1975)，提出六項原則性的規定，個別化教育計畫的執行乃是其中一項實施特殊教育應有的工作，此六項規定分述如下(Turnbull, 1993)：

(一)零拒絕

零拒絕(zero reject，簡稱 ZR)是指提供所有特殊兒童一種免費、適當的公共教育，不使任何一位特殊兒童被拒絕。

(二)非歧視性的評量

非歧視性的評量(nondiscriminatory evaluation，簡稱 NE)是指身心障礙兒童在接受特殊教育安置之前，必須接受一個完全個別化的評量，而評量的程序是在決定兒童的身心障礙程序，及兒童所需要特殊教育和相關服務之本質和內容，不應有任何標記或歧視。

(三)免費而適當的公立教育

免費而適當的公立教育(free appropriate public education，簡稱 FAPE)為確保所提供的教育真正適合身心障礙兒童的需要，公法要求學校必須對每位身心障礙兒童發展一套個別化教育計畫及執行之。

(四)最少限制的環境

最少限制的環境(least restrictive environment，簡稱 LRE)是指特殊兒童依其需要，盡可能地在普通班級與非障礙兒童一

起接受教育，避免在隔離的環境裡接受特殊服務。

(五)合法程序

　　合法程序(procedural due process，簡稱 PDP)是指建立一套法定的程序以保障兒童和家長的權利，藉此可證實專家和父母所做的決定是否公平或合法。合法程序包括四方面：(1)在合理的時間前通知父母評量、鑑定和安置的實施或改變(notice to parents)；(2)孩子的評量和特殊教育安置必須經過父母的同意(parental consent)；(3)父母有權看孩子所有的教育記錄(records)；(4)父母對孩子的評量、鑑定、安置和個別化教育計畫如果有意見的話，有權舉辦聽證會(hearing)。

(六)父母的參與

　　事實上在 94-142 公法所定的前五項原則中，或多或少都和父母的參與(parental participation，簡稱 PP)有直接或間接的關係。特殊兒童的父母主要的權利和責任，除了記錄兒童的教育經驗及收集資料等工作外，還要參與個別化教育計畫的擬訂。

　　關於個別化教育計畫，94-142 公法中規定，凡六到二十一歲之身心障礙兒童，政府均應提供適當的教育，在鑑定後一個月內由父母、教師、學區代表等設立委員會共同研擬個別化教育計畫，經由家長同意簽字後實施。個別化教育計畫不但是教師及特殊教育相關專業人員教育的藍圖，更是教學管理工具，針對每位身心障礙兒童的個別需要及彼此差異，給與適切的教育服務，並徹底執行。個別化教育計畫至少一年檢查一次，必要時亦可隨時修正(Turnbull, 1993)。

　　個別化教育計畫是一項經由協議而擬訂的書面教育文件，以符合身心障礙兒童需要而設計之教育計畫，其內容包括兩部分，一是個別化教育計畫委員會，另一是個別化教育計畫的書

面資料。個別化教育計畫委員會包含地方教育主管機關代表、執行個別化教育計畫的教師、特殊教育相關專業人員、學生的家長、必要時學生本人也可參與、評量人員、其他由教育機構或家長所要求出席的人員等。個別化教育計畫書面資料的內容則包括：(1)有關該兒童現有教育程度之描述和基本資料；(2)可提供的教育措施與相關服務，和在最少限制環境下能接受普通教育的最大範圍；(3)實施服務項目的起迄日期和進度；(4)年度教育目標和短期目標；(5)此計畫的評量方式、標準和結果(林素貞，民 88；Turnbull, 1993)。

二、身心障礙兒童教育修正法案(1986)

身心障礙兒童教育修正法案(Education for All Handicapped Children Act Amendments，即 99-457 公法，1986)是身心障礙兒童教育法案的第一次修正法案，主要是將法案中所定義之六到二十一歲的特殊教育受益年齡向下延伸，包含了三至五歲的學前階段和出生到兩歲的嬰幼兒期。此修訂法中，對於零到五歲的身心障礙兒童則是要求實施「**個別化家庭服務計畫**」(Individualized Family Service Plan, 簡稱 IFSP)，即是根據早期介入的原則，對零到五歲階段身心障礙兒童的本身、父母和其他家庭成員，亦提供與此身心障礙嬰幼兒發展有關的支持服務(林素貞，民 88；Strickland & Turnbull, 1990)。

在特殊教育領域中，個別化教育計畫已廣為所有特殊教育教師、以及家長所熟悉，但是在學齡前這個領域中，家庭扮演相當重要的角色，如果單憑教育單位的服務與醫療單位的治療，而家庭無法配合的話，那麼其成效是有限的，所以在原有的個別化教育計畫之中加入了家庭所需的服務，便發展成個別化家庭服務計畫。個別化家庭服務計畫的特點包括(Trohanis,

1989；引自傅秀媚，民 87)：(1)多重領域的評量，包含語言、認知、社會行為、生活自理等，並且訂出最適當的服務方式；(2)個別化家庭服務計畫由多重領域的專業人員，例如語言治療師、職能治療師、特教教師、物理治療師等來共同編寫，並經家長的同意；(3)所提供的早期介入服務重視實用與價值性；考慮經常性、嚴謹性，以及所提供之服務內容和方式是治療與教育並重；(4)涵蓋各個領域，訂定具體教育目標，明白指出對家庭與幼兒的預期成果；(5)時間明確，包括指出計畫預定實施日期、開始時間與持續時間，以及回歸主流的時間；(6)指出由學前轉銜至國小階段所需注意事項。

三、身心障礙個體教育法案(1990)

身心障礙個體教育法案(即 101-476 公法，1990)是身心障礙兒童教育法案的第二次修正法案，將法案名稱更動，更強調尊重障礙者為獨立的個體，並且要求學校負責訂定**個別化轉銜計畫**(Individualized Transition Planning，簡稱 ITP)。個別化轉銜計畫必須在學生十六歲前被決定，且每年訂定。此外，如果學生情況允許，教師可以提早在該生十四歲時，或更早為其訂定此計畫。轉銜服務包括了多方面的結果，如職業訓練、就業、社區參與、升學、和其他成人生活的目標。教師可與學生、家長、學校其他行政人員、雇主、以及校外其他輔導機構的人員共同合作，且必須考慮學生的需要和興趣，學生和其父母對未來的期待，以訂定和實施生涯轉銜計畫(Turnbull, 1993)。

四、身心障礙個體教育修正法案(1997)

身心障礙個體教育修正法案(即 105-17 公法，1997)是身心障礙兒童教育法案的第三次修正法案，個別化教育計畫在此次

修訂中的兩點主要改變是：(1)個別化教育計畫的書面文件將更具實用性和強調教育成效；(2)強調讓身心障礙學生參與在完全融合之普通教育的教學情境之中。此修訂的七點特色是：(1)加強父母在個別化教育計畫中的份量；(2)強調採用普通教育課程或做調整；(3)盡量減少教師不必要的書面文件作業，而著重在實際的教學過程；(4)協助教育機構降低因增加特殊教育和相關服務的經費成本；(5)加強預防由於種族、語言之差異所造成不當之鑑定和標記；(6)確保學校是一個安全且富於學習的場所；(7)鼓勵家長和教育人員以非敵對方式來共謀身心障礙者的教育福祉(引自林素貞，民 88，13 頁)。

根據 Texas Education Agency (1999)和林素貞(民 88)的資料，在 105-17 公法中，個別化教育計畫必須達到下列六項要求：第一，敘述學生的障礙如何影響到其參與普通教育課程的情形，以及學前階段兒童，其障礙狀況如何影響其接受應有發展性活動的情形。第二，加強行政支持與長期教育目標達成的合作關係。第三，盡量讓身心障礙學生也接受各州或學區內，普通教育學生必須接受的學科評量，但是必須在試題或答題方式上作調整；此外，倘若個別化教育計畫委員會決定該生不需要參加此類評量，則必須提出不克參加的理由或其他替代方案。第四，個別化教育計畫委員會在設計學生之個別化教育計畫時需考量以下五方面：(1)該生之長處和其父母對此學生的期望；(2)該生最初或最近期內所做過的教育評量或診斷結果；(3)如果該生的行為會妨礙其學習，則針對此行為的輔導策略必須列入該生之個別化教育計畫中；(4)如果該生的母語不是英語，而影響其使用英語的能力，則英語的語文訓練也必須列入該生之個別化教育計畫中；(5)對於視覺障礙、全盲或聽覺障礙的學生，

個別化教育計畫應該考慮盡量提供該生與非障礙者互動機會與學習環境，此外也應評估該生是否需要輔助性科技或他人的協助服務。第五，身心障礙兒童的父母要定期收到其子女進步狀況的通知書。第六，從十四歲開始，在國中階段的個別化教育計畫，就必須開始列入轉銜服務的規畫，以促使十六歲以後的轉銜服務更易見成效；而如果轉銜服務的規畫中，非教育體系的其他機構無法配合，導致轉銜服務的目標無法達成時，地方教育主管機關須重新召開個別化教育計畫會議，尋求替代方案以達到相同目標。

　　總之，美國藉著個別化家庭服務計畫、個別化教育計畫、個別化轉銜計畫、和個人未來生活計畫(personal future planning)的擬訂來確保身心障礙者生活素質的達成(Full Citizenship Inc., 1995)，如圖 5-1。

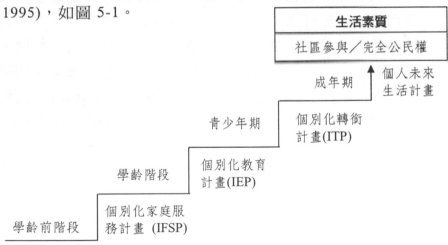

圖 5-1　達成身心障礙者生活素質的服務計畫
(修正自 Full Citizenship Inc., 1995, p. 2)

貳、我國個別化教育計畫之法規依據

一、特殊教育法修正法案(民86)

　　民國八十六年修正通過的特殊教育法第二十七條規定:「各級學校應對每位身心障礙學生擬訂個別化教育計畫,並應邀請身心障礙學生家長參與其擬訂與教育安置。」

二、特殊教育法施行細則修正法案(民87)

　　民國八十七年修正通過的「特殊教育法施行細則」第十八、十九條都在規定個別化教育計畫的撰寫。

(一)第十八條

　　個別化教育計畫指**運用專業團隊合作方式,針對身心障礙學生個別特性所擬訂之特殊教育及相關服務計畫**,其內容應包括下列事項:(1)學生認知能力、溝通能力、行動能力、情緒、人際關係、感官功能、健康狀況、生活自理能力、國文、數學等學業能力之現況;(2)學生家庭狀況;(3)學生身心障礙狀況對其在普通班上課及生活之影響;(4)適合學生的評量方式;(5)學生因行為問題而影響學習者,其行政支持及處理方式;(6)學年教育目標及學期教育目標;(7)學生所需要的特殊教育及相關專業服務;(8)參與普通學校(班)之時間及項目;(9)學期教育目標是否達成之評量日期與標準;(10)學前教育大班、國小六年級、國中三年級、及高中(職)三年級學生之轉銜服務內容。

　　前項第十款所稱轉銜服務,應依據各教育階段之需要,包括升學輔導、生活、就業、心理輔導、福利服務及其他相關專業服務等項目。

　　參與擬訂個別化教育計畫之人員,應包括學校行政人員、

教師、學生家長、相關專業人員等，並得邀請學生參與；必要時，學生家長得邀請相關人員陪同。

(二)第十九條

前條個別化教育計畫，學校應於身心障礙學生**開學後一個月內訂定**，每學期至少檢討一次。

第三節　個別化教育計畫之擬訂流程

參考 Strickland 和 Turnbull(1990)、鄒啟蓉和李寶珍(民 83)的資料，筆者整理出個別化教育計畫之擬訂流程如圖 5-2。

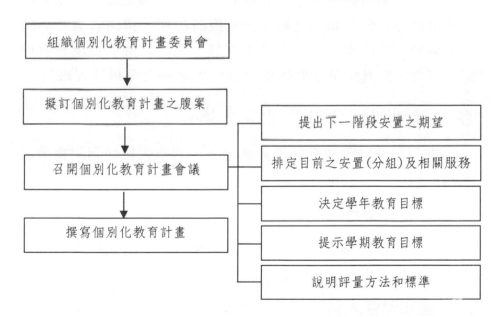

圖 5-2 個別化教育計畫之擬訂流程

壹、組織個別化教育計畫委員會

組織個別化教育計畫委員會包括確定委員會的成員、任務和實施步驟。根據林素貞(民 88)的說法,「個別化教育計畫委員會」的成員組合基本上視學生獨特之考量組合,所以即使是安置在同一班級的學生,甲生和乙生的委員會成員也不一定相同。

貳、擬訂個別化教育計畫之腹案

自本流程開始進入個別化教育計畫之擬訂工作。個別化教育計畫通常需透過會議之形式擬訂,為達會議之效率,教師可事先根據綜合分析研判之結果報告擬訂腹案,提請討論。個別化教育計畫之腹案,只提出基本構想,係由教師依據現有資料歸納而來,而其中最主要係依評量結果之綜合分析研判報告。

參、召開個別化教育計畫會議

在召開個別化教育計畫會議之前,須預先做好召開會議之準備,如:

一、排定會議時間

視需要擬訂個別化教育計畫之學生人數,訂出會議日期,使平均每位學生有充分之討論時間。

二、通知與會人員

通知與會人員,如行政人員、普通班教師、特殊班教師、評量人員、相關服務人員等,尤其家長(如果可能的話,學生也包括在內),應讓他們能在會議日期內挑選方便之時間,以促進

出席之意願。

三、準備相關資料

準備相關資料如評量報告，個別化教育計畫之腹案，及會議議程等。藉由會議之討論，確定下述事項：

(一)提出下一階段安置之期望

下一階段安置之期望即離開現學校或機構後可能之去處，以朝向正常化之原則看，下一階段應選擇較本學校或機構之限制更少；適應上之預期困難可以解決；以及符合家長和學生之期望者。

(二)排定目前之安置及相關服務

目前之安置及相關服務包括了：(1)新學期之安置是指學生將在那個班級或是組別；(2)相關服務是指為學生另外安排之支持性或補救性措施，包括校內、校外服務等。

(三)決定學年教育目標

學年教育目標即長期目標，是一個學年學生應發展之範圍、重點或方向，可依課程領域來撰寫。

(四)提示學期教育目標

學期教育目標即短期目標，係學年教育目標細目或具體表現，指為達到學年教育目標，學生需有之具體能力；它需在學年教育目標確定後才能敘寫。學年教育目標和學期教育目標的撰寫在第四節中再詳述。

(五)說明評量方法和標準

教師根據學生的現況，訂定適當的評量方法和標準。

肆、撰寫個別化教育計畫

在撰寫個別化教育計畫時,除依照個別化教育計畫會議中討論之結果,也可參閱課程綱要,而後填入學校或機構設計好之個別化教育計畫表格,各領域任課教師填寫各領域之學年和學期目標、以及評量方法和標準等;導師協助填寫其他部分(含學生基本資料、家庭狀況、現況描述、學生身心障礙狀況對其在普通班上課及生活之影響、行為問題的行政支持及處理方式、特殊教育及相關專業服務、學生能參與普通學校(班)之時間及項目、轉銜服務內容等)。全份計畫撰寫好後,最好由特教組長或導師再全盤審核,確定計畫內容之完整性、適切性等,使計畫更具品質。完成之計畫表,應再經過行政主管、家長及教師的認可,並且有他們的簽名。最後將計畫表複印給相關教師、特殊教育相關專業人員及家長。

第四節　個別化教育計畫內容之擬訂

依據我國民國八十七年修正通過的「特殊教育法施行細則」,所提的十項個別化教育計畫內容,詳述其意義與撰寫方式如下。

壹、學生現況描述

個別化教育計畫之擬訂是根據學生之各種實際狀況,因此對學生之深入了解是有絕對的必要,否則個別化教育計畫之設計就不切實際了,也會成為教師的累贅負擔,因此於設計個別化教育計畫之前,對學生之現況與起點行為應有所了解,這些

包括了學生認知能力、溝通能力、行動能力、情緒、人際關係、感官功能、健康狀況、生活自理能力、國文、數學等學業能力之現況。現況描述必須和最初轉介的原因有關，敘述宜具體明確，而且直接銜接到特殊教育和相關服務的提供，及學年教育目標的擬訂，舉部分例子如下。

【學生現況描述的撰寫示例】

領　域	現　況　描　述
實用數學	1.不會看時鐘。 2.會 10 以內之加減法，10 以上則不會。 3.可以辨認大中小。 4.不會使用磅秤測重量。 5.無法辨識錢幣和使用金錢。

貳、學生家庭狀況

　　我們可以藉著訪談了解學生家庭狀況，包括家庭成員、居住狀況、父母婚姻狀況、個案的主要照顧者、父母的教養態度、家庭經濟狀況、家人主要休閒活動、家庭需求等。另外，我們也可以作社區生態的調查，以了解學生住家附近與經常利用的特定環境之有關資料。

參、學生身心障礙狀況對其在普通班上課及生活之影響

　　這項主要是希望計畫人員考慮學生的特殊需求與普通班情境不能配合的地方何在，以便老師在作班級經營時，能針對其需求作調整，提供必要的協助，舉例如下。

【學生身心障礙狀況對其在普通班上課及生活之影響的撰寫示例】

學生身心障礙狀況對其在普通班上課及生活之影響	由於該生智能障礙,認知和理解能力較差,加上較容易分心,在普通班上課時會跟不上進度,因此建議將座位安排在教師容易監控與指導,或同學容易協助,以及不易分心或受干擾的位置,還有降低環境的複雜度,使他容易取得和使用。另外,在課程方面,建議調整課程目標;在作業方面,則建議調整作業的份量和方式。

肆、適合學生的評量方式

在評量學生的學習成效時,最好能經常性地評量學生的進步程度,可以使用多種評量方式,且評量方式須與評量目的和內涵相適配。依據邱上真(民 89),在決定用何種方法評量時,應審慎思考:(1)配合不同學科領域的學習本質;(2)配合不同學生的特質;(3)配合不同學習歷程或成份;(4)配合不同學習階段;(5)配合不同學習目標;以及(6)配合不同學習情境。評量方式可從**評量內容的呈現時間、情境和方式**,以及**學生反應的方式**兩個向度來思考(邱上真,民 91;蘇芳柳,民 90)。關於評量內容的呈現方式,包括了以口述、書面、和實物的方式呈現評量內容。以口述的方式呈現評量內容適合聽力和聽覺理解能力較好的學生,但須注意口述的內容和速度宜配合學生能接收的範圍和速度。以書面的方式呈現評量內容不單指文字,也包括圖片、照片、幻燈片等,適合視覺和閱讀理解能力較好的學生;但呈現時須注意書面內容的大小和難度,也可以將關鍵字詞標示出來,例如:假使學生閱讀時容易跳字和跳行,可將文字的字距和行距拉大;或是學生有閱讀理解之困難,評量內容應盡量以簡單的文字呈現,或使用圖片、照片等。以實物的方式呈現評量內容則較適合重度智能障礙的學生,能讓他們看到和觸

摸到具體的東西，甚至聽到這樣東西發出的聲音。當然也可兼採兩種以上的呈現方式，例如：用錄影帶呈現評量內容則兼採口述和書面兩種方式。

評量內容的呈現時間要考慮學生需多少時間反應評量內容，必要時可以允許評量時間延長或作彈性安排(如：分段評量)；至於評量內容的呈現情境則可以是在個別、小組、或沒有干擾的情境中作評量，這須考量學生狀況，以及評量內容的呈現方式，以及是否會干擾其他同學接受評量，例如：用錄音帶呈現評量內容時，須在沒有噪音干擾，且不會影響他人接受評量的情境中實施。而學生反應的方式，可包括紙筆、口頭、指認、實作(如實際操作錄影機的使用步驟)、和其他(如：使用電腦文書處理、利用溝通板、點字、手語)等。在紙筆評量部分，可因應學生的需要，將作答的空格加大，以利書寫。

【適合學生的評量方式之撰寫示例】

適合學生的評量方式	該生沒有口語能力，也無法握筆書寫，因此適合該生的評量方式為「指認、實作、利用溝通板」等。

伍、學生因行為問題而影響學習者，其行政支援及處理方式

在一般的教學情境中，如果身心障礙學生發生了嚴重的情緒或行為問題，任課教師往往會措手不及或有不知如何處理的狀況，因此事前擬訂應變措施，和行政支援及處理方式，使教師將有所依循。例如：

【學校對學生行為問題的行政支援及處理方式之撰寫示例】

學校對學生行為問題的行政支援及處理方式	行為問題：有嚴重自傷行為(拍打胸部)，情緒不穩時會跑離開教室或攻擊他人學校對學生行為問題的行政支援及處理方式： 1.這個班級的每節課均安排協同教學人員 2.語言治療師配合其班級教師建立其溝通系統 3.與家長討論藥物的使用相關問題 4.減少會引起行為問題的前事，增加會引發他適當行為的前事，而當他沒有行為問題時，立即給與社會增強 5.當他跑離開教室，警衛配合注意他的行蹤，防備他跑離開學校

陸、學年教育目標及學期教育目標

一、學年教育目標的意義與撰寫

　　學年教育目標是學生一學年應發展的範圍、重點或方向，乃長期目標，個別化教育計畫委員會根據課程領域、學生的興趣和現況、學習能力、目前和未來環境的需求等資料，來決定一學年後，期待學生可以達到之教育目標。在說明如何撰寫學年教育目標之前，首先探討何謂目標如下。

　　第一，目標是敘述我們預期學習者所作的改變，因此目標的撰寫應以**學生為導向**，而不是以教師導向，下面第二個例子才是以學習者為導向來寫目標。

【目標之撰寫示例一】

◎培養學生認識郵局的標誌──教師導向。
◎能指認出郵局的標誌──學生導向。

　　第二，目標指的是**學習結果**，而非學習活動，下面第二個例子才是以學習結果來寫目標。

【目標之撰寫示例二】

◎練習速食店點餐的活動──學習活動。
◎能在速食店完成點餐的活動──學習結果。

　　第三，目標的內容通常涵蓋認知、情意、和技能三方面，且有層次性(**已在第四章第一節詳述**)，至於一份學生的個別化教育計畫中，要涵蓋多少比例的認知、情意、和技能目標，以及目標層次性的高低，要視學生的能力和需求來作決定。

　　而學年教育目標的範圍較大，其敘寫方式為**一個具體的行為、動作**，以及**行為所完成之結果或內容**兩個部分，例如：能使用金錢、能完成三項身體清潔活動。

二、學期教育目標的意義與撰寫

　　學期教育目標為學年教育目標的細目或具體表現，它的擬訂除了應考量上述撰寫目標的基本原則外，綜合相關資料(鄒啟蓉、李寶珍，民 83；Hickson et al., 1995; Schloss & Smith, 1998)，還須注意下列原則：

　　第一，配合學年教育目標來擬訂，學期教育目標和學年教育目標彼此有邏輯關聯性。

　　第二，學期教育目標的內容須符合功能性之需求，在擬訂目標時，我們要同時思考為何教，如考慮此目標是否為該年齡層一般學生所做的活動之一，是否為轉銜上的需求，是否為相關重要他人優先選擇的，以及是否能增加該生的獨立性和參與度等。

　　第三，學期教育目標的撰寫要符合**清楚具體，且可評量的要求**，它至少需包含一個具體的行為、動作，以及行為所完成之結果或內容兩項，這兩項合在一起即為**目標行為**；另外再加上學生、目標行為出現之情境或條件、和通過標準將會更完整，學生通常被省略，而通過標準有人另立一欄「評量標準」中去敘寫。至於**目標行為出現之情境或條件**，指的是我們期待目標行為發生的**時間**、**地點**、**環境狀況**(舉例如表 5-1)、被提供什麼

樣的**材料**(例如：在被提供五題兩位數加一位數的題目下)，或**協
助**(例如：在教師或父母協助倒適量清潔劑的情況下)。

表 5-1　「過馬路」活動可能發生的條件或情境(修正自 Kregel, 1997, p. 23)

條　件	描　　述
何時	顛峰時間的交通 非顛峰時間的交通
何地	熟悉的街道 不熟悉的街道 靠近學校 靠近家裡
環境狀況	有無號誌燈 有無人行道 有無父母或成人在場 有無交通警察在場

【目標之撰寫示例三】

◎能清洗碗盤
　目標行為
◎在教師或父母協助倒適量清潔劑，學生能在三十分鐘內，洗完六個碗，
　　目標行為出現之情境　　　　**學生**　**通過標準**　　**目標行為**
　連續五次通過。
　　通過標準
◎在被提供五題兩位數加一位數的題目下，能使用計算機做出加法的計算，
　　目標行為出現之情境　　　　　　　　　　**目標行為**
　達到 80% 的正確率。
　　通過標準

　　第四，**一個學期教育目標最好只包含一個學習結果**，避免
在同一個學期教育目標中包含數項學習結果，否則會增加評量
的困難。

　　第五，不同課程領域間所訂的**目標最好能彼此聯繫**，例如，要完成超商購物的目標，涉及諸多步驟與相關技能，包括閱讀標籤、使用期限、價格與使用錢幣等技能，若學生普遍在這方面能力太弱，則需要實用語文與實用數學課來支持有關的認知與溝通技能。例如社會適應領域的目標為能完成用餐活動，實用語文領域則配合教能閱讀速食店的標誌和點餐用語；而實用數學則教使用金錢。

　　生態課程強調撰寫活動本位的目標，Holowach(1989)進一步主張用統合目標(infused objectives)的方式來敘寫。統合目標是相對於平行目標(parallel objectives)而言，平行目標強調學習某一目標的準備狀態，將每個目標當作孤立的技能來撰寫並進行教學，且沒有協助學生統整所學的孤立技能；而統合目標著重在教導自然情境中的重要活動，不強調準備狀態，技能被統合在活動中來訓練，強調自然表現標準，且納入需要的替代／輔助性策略，為了使學生表現出功能性的統合反應(functionally integrated response)。Holowach 認為統合目標比較能達到學生的學習需求，讓他們參與多樣環境的活動。Holowach 舉一例說明統合目標的寫法：「在一九九○年三月前，藉由溝通圖卡、附有圖畫的字卡，以及大人的協助，麥克會在速食餐廳進食，他會點菜、付帳、選定桌位，在半小時的休息時間內用完餐。統合：用餐禮儀、飲食衛生、使用廁所」(修正自李淑貞譯，民 86)。

　　Rainforth 等人(1992)另外提出兩種生態課程目標的撰寫方式，筆者將之改寫如下。取向一的例子，把上一段統合目標實例中之統合的技能放在短期目標，而把其他資料放在起訖日期、評量標準的欄位中，如此較容易作評量，但要注意的是這些目標要整合起來被教導。

(一)取向一

- 長期目標：界定重要而優先的環境和活動
- 短期目標：界定活動內容和技能成份

【生態課程目標之撰寫示例一】

⊙課程領域：社會適應
⊙長期目標：能完成在家中和社區餐飲場所中的用餐活動
⊙短期目標：1.能在家中用餐
　　　　　　2.能在社區速食店用餐
　　　　　　3.能在社區自助餐廳用餐
　　　　　　4.能使用販賣機
　　　　　　5.能表現適當的用餐禮儀
　　　　　　6.用餐時，能檢視出食物的衛生狀況
　　　　　　7.能使用社區餐廳中的廁所

(二)取向二

- 長期目標：界定重要而優先的技能
- 短期目標：界定表現的情境(如環境和活動)

【生態課程目標之撰寫示例二】

⊙課程領域：生活教育
⊙長期目標：A生將增進視覺掃瞄的能力，並且使用此能力幫助他在每日的例
　　　　　　行活動中作出選擇和表達選擇。
⊙短期目標：當A生的頭被固定，且坐在椅子上，在其眼前，給他兩樣東西，
　　　　　　他能看每樣東西一秒，並且集中線在他所喜歡的東西五秒鐘，
　　　　　　在下列每一個環境或活動中，連續三天，四次當中有三次完成。
　　　　　　1.吃飯時間(選擇什麼食物和飲料)
　　　　　　2.自由活動時間(選擇什麼玩具)
　　　　　　3.梳洗時間(選擇毛巾、牙刷、和髮刷的順序)

⊙課程領域：實用數學
⊙長期目標：能正確使用金錢
⊙短期目標：在下列每一個環境或活動中，能正確使用金錢購買物品，五次中
　　　　　　有四次完成。
　　　　　　1.在餐廳點餐
　　　　　　2.在便利商店購物

茲以一位國一學生之個別化教育計畫為例見表 5-2。

表 5-2　一位啟智學校國一學生之個別化教育計畫舉例

領 域	學 年 教 育 目 標	學 期 教 育 目 標
生活教育	1.能完成在家中五項身體清潔活動	1-1.能修剪指甲 1-2.能處理月經 1-3.能使用正確的方式刷牙 1-4.在被提供洗頭頭罩的情況下,能清洗頭髮 1-5.能梳理頭髮
	2.能完成廚房中的三項清潔活動	2-1.在被提供一個小瓶以裝適量清潔劑的情況下,能清洗碗盤 2-2.能擦拭餐桌 2-3.能處理廚餘和垃圾
	3.在三種重要情境中能表現適當的禮儀	3-1.能表現適當的作客禮儀 3-2.能表現適當的招待客人的禮儀 3-3.能表現適當的用餐禮儀
	4.能注意飲食衛生	4-1.能分辨食物是否新鮮 4-2.能分辨食物是否過期 4-3.能表現出適當的飲食衛生習慣
社會適應	1.認識我所處的環境	1-1.能介紹我的家 1-2.能說出我的學校 1-3.能說出我的班級 1-4.能說出我班級教師的名字 1-5.能說出我同班同學的名字
	2.能完成與人交誼的活動	2-1.能完成到教師和同學家作客的活動 2-2.能完成招待客人的活動
	3.能完成三項在社區中的用餐活動	3-1.能在速食店完成用餐活動 3-2.能在自助餐廳完成用餐活動 3-3.能使用自動販賣機購物
	4.能到三種商店購買物品	4-1.能到便利商店購買物品 4-2.能到雜貨店購買物品 4-3.能到大賣場購買物品
休閒教育	1.能使用三種家庭休閒設施	1-1.能使用家中的錄放影機看錄影帶 1-2.能使用家中的收音機聽廣播 1-3.能使用家中的 CD 播放機聽 CD
	2.能進行三種社區休閒活動	2-1.能安排班級同學在速食店進行的聚餐活動 2-2.能安排在公園中的烤肉活動 2-3.能使用公園中的休閒設施

(續)表 5-2　一位啟智學校國一學生之個別化教育計畫舉例

領域	學 年 教 育 目 標	學 期 教 育 目 標
職業生活	1.認識三種職業的工作內容	1-1.能說出清潔人員的工作內容 1-2.能說出餐廳店員的工作內容 1-3.能說出便利商店店員的工作內容
	2.能完成班級中的三項清潔工作	2-1.能掃地 2-2.能拖地 2-3.能擦拭桌子
實用語文	1.認識履歷表或基本資料表中之個人基本資料	1-1.能說出自己的姓名 1-2.能說出自己的性別 1-3.能說出自己的年齡 1-4.能說出自己的生日 1-5.能說出自己家的地址 1-6.能說出自己家的電話
	2.能正確使用與人交誼的用語	2-1.能正確使用招待客人用語 2-2.能正確使用到別人家作客的用語
	3.能認讀社區中三種重要場所的標誌	3-1.能認讀速食店的標誌 3-2.能認讀速食店的內部標誌 3-3.能認讀便利商店的標誌 3-4.能認讀便利商店的內部標誌 3-5.能認讀大賣場的標誌 3-6.能認讀大賣場的內部標誌
	4.能認讀食品類的商品名稱	4-1.能認讀速食店內商品的名稱 4-2.能認讀便利商店內食品區的五種商品名稱 4-3.能認讀大賣場內食品區的五種商品名稱
	5.能使用正確用語購買物品	5-1.在點餐情境中，能正確使用點餐用語 5-2.在購物情境中，能正確使用購物用語
實用數學	1.能使用金錢	1-1.能辨認錢幣 1-2.在點餐情境中能正確使用金錢購買餐點 1-3.在購物情境中能正確使用金錢購買物品
	2.能認識日期和商品的保存期限	2-1.能說出日曆上呈現的日期 2-2.在購物情境中能辨識商品的保存期限

柒、學生所需要的特殊教育及相關服務

如果學生身心障礙狀況不適合安置在普通班上課及生活，那就要描述提供適合該生之特殊教育及相關服務項目，及負責人員，舉例如下。

【學生所需要的特殊教育及相關服務之撰寫示例】

教育安置型　態	☐普通班　　☐巡迴班　　☐資源教室　■自足式特殊班 ☐特殊學校　☐在家教育班　☐其他			
相關服務類別	服務方式	時數(週／時)	負責人員／機構	備註
物理治療	由家長或教師或個案管理員，陪同至長庚醫院作治療	每週2小時	高雄市身心障礙教育專業團隊和專業團隊簽約的長庚醫院	
職能治療	同上	每週2小時	同上	
語言治療	同上	每週2小時	同上	

捌、參與普通學校(班)之時間及項目

我國民八十六年修訂通過的特殊教育法已揭示最少限制環境的精神，因此為了讓學生盡可能有機會與普通學生一起學習，所以希望特別在個別化教育計畫中清楚的寫出，在學校生活中，有那些時候可以與一般學生在一起，舉例如下。

【學生能參與普通學校(班)的時間及項目之撰寫示例】

學生能參與普通學校(班)的時間及項目	每週上課節數：　2　　　科目：聯課活動 其他活動時數：1天戶外郊遊、2天露營 活動項目：全校的戶外郊遊活動、露營活動

玖、學期教育目標是否達成之評量日期與標準

一、評量標準

我們可以依據學生的能力現況，以及該項目標在標準上的要求，來訂定適當的評量標準，例如以「能夠看號誌燈過馬路」這項目標來說，就需要較高的標準，甚至正確率達百分之百，因為它關乎生命安全。標準的設定可以從獨立完成的程度；達成的正確性；達成的精熟度；以及完成的份量、品質或速度四個角度來敘寫。

(一)獨立完成的程度

獨立完成的程度是依照給與的提示(prompting)量來擬訂評量標準，如果學生在自然提示下就能夠表現出正確反應，即獨立完成；如果需要教學提示(instructional prompts)，按照提示量的多寡，從少(第一層)至多(第五層)如表 5-3(Westling & Fox, 1995)(至於提示策略的應用說明見第六章第三節)：

表 5-3　提示的型態與層次

提示的型態	提示的層次
能在手勢提示下完成	第一層
能在間接口語提示下完成 能在直接口語提示下完成	第二層，其中間接口語提示的提示量較少
能在視覺提示下完成	第三層
能在示範動作下完成	第四層
能在部分身體提示下完成 能在完全身體提示下完成	第五層，其中部分身體提示的提示量較少

(二)達成的正確性

達成的正確性是指目標表現的正確情形，通常用幾次中有幾次通過，答對的百分比兩種方式呈現，舉例如下。

【評量標準之撰寫示例一】

學 期 教 育 目 標	評量標準
1-1. 能修剪指甲	五次中有四次通過
1-2. 會用適當的口語請求他人的協助	一個星期需請求他人協助的機會中，有80%能做到

(三)達成的精熟度

達成的精熟度是指目標表現的精熟和穩定情形，我們可以用連續幾次通過來表示，舉例如下。

【評量標準之撰寫示例二】

學 期 教 育 目 標	評量標準
1-1.能處理月經	連續五次通過

(四)完成的份量、品質或速度

完成的份量、品質或速度是指目標表現的數量多少、品質高低、和速度快慢，舉例如下。

【評量標準之撰寫示例三】

目標：能清洗碗盤
標準：1.能在三十分鐘內獨立洗完六個碗和六個盤子，五次中有三次通過
　　　　(對學生 A)
　　　　獨立完成的程度；完成的份量和速度；達成的百分比
　　　2.能獨立洗完六個碗和六個盤子，且清洗乾淨(即碗盤上不能留有殘渣、
　　　　清潔劑、油漬等)(對學生 B)
　　　　獨立完成的程度；完成的份量：完成的品質
　　　3.在口語提示下洗完六個碗和六個盤子，五次中有三次通過(對學生 C)
　　　　獨立完成的程度；完成的份量；達成的百分比

二、評量日期和評量結果

評量日期是在目標執行後所作評量的年月日，評量之後，可描述評量的結果，描述的方式可以配合評量標準說明有無通過；如沒通過，再從獨立完成的程度、達成的正確性、精熟度，或是完成的份量、品質或速度四個角度作補充敘述，舉例如下。

【評量日期和評量結果之撰寫示例】

學期教育目標	評量標準	評量日期	評量結果
1.能修剪指甲	五次中有四次通過	91.10.5	通過
2.能清洗碗盤	在三十分鐘內，獨立洗完六個碗和六個盤子，五次中有三次通過	91.12.30	沒通過，無法達成速度的要求，花費四十分鐘才完成

拾、轉銜服務內容

轉銜服務應依據各教育階段之需要，包括升學輔導、生活、就業、心理輔導、福利服務及其他相關專業服務等項目。例如：在與該生本人和其重要他人討論過轉銜目標之後，目前高中職三年級的學生，對他的就業輔導可放在認識擬安置的就業型態，作職業評量和職業訓練等(如例一)；而目前國中三年級的學生，對他的升學輔導可放在認識本縣市普通高職特殊教育班，如學校環境、職業類科、甄選方式等(如例二)。

【轉銜服務之撰寫示例一】

就讀年級階段	□學前大班　□國小六年級　□國中三年級　■高中職三年級	
將來擬安置的學校或單位：經由支持性就業安置方式，能從事清潔工作		
轉銜小組成員：○○○、○○○、○○○		
轉銜服務內容		
領域	轉銜計畫	負責人
福利服務	由於案家為低收入戶，加上該生有癲癇的問題，建議家長可向社會局申請就醫和就業的補助。	○○○
就業輔導	1.教導該生認識清潔工作的項目和內容。 2.作職業評量，了解該生在清潔工作項目的表現情形，進行差異分析。 3.依據上述差異分析的結果，對該生作職業訓練，並協助他經由支持性就業安置方式，能從事下列任何一項清潔工作：工友、洗車工、清潔工、或洗衣工等。	○○○ ○○○
生活輔導	1.教導學生能獨立進行至少三項室外的休閒活動和三項室內的休閒活動。 2.教導學生於家人不在的時候，能獨立至社區的自助餐廳完成點餐和用餐的活動。 3.教導學生能獨立搭公車至戶外休閒活動的場所和未來可能擬就業的地點。	○○○

【轉銜服務之撰寫示例二】

就讀年級階段	□學前大班　□國小六年級　■國中三年級　□高中職三年級	
將來擬安置的學校或單位：擬進入普通高職特殊教育班		
轉銜小組成員：○○○、○○○、○○○○○、○○○		
轉銜服務內容		
領域	轉銜計畫	負責人
升學輔導	1.協助學生認識設有特教班的普通高職及其訓練科別。 2.協助學生認識普通高職特殊教育班的招生方式。 3.協助學生準備普通高職特殊教育班的招生考試。	○○○ ○○○
心理輔導	該生在適應新環境上較為困難，常需要較長的時間調適，因此計畫帶領該生到本市設有特殊教育班的普通高職參觀，了解其環境和作息，並且教他如何結交新同學，以及如何尋求協助，使其心理上有所準備。	○○○

　　另外，個別化教育計畫的生效日期與結束日期都應詳細註明，尤其是學年一定不能遺漏，才能完整不中斷。當然，時空之變換、個體之成長、以及特殊狀況之發生，往往影響學生學習過程的表現；因此個別化教育計畫編寫實施之後，往往不是一成不變的，有時會修訂以符合實情，達成預期的目的。然而，個別化教育計畫之修訂也須透過個別化教育計畫委員會，並經過父母的同意才行。至於個別化教育計畫沒有統一的格式，只要涵蓋法規的十項要素，教師方便填寫即可，筆者參考多個單位(如屏果縣教育局)的表格，設計個別化教育計畫空白表格如附錄八以供參考。

第五節　個別化教育計畫內涵之釐清

壹、釐清對個別化教育計畫之迷思

　　依據筆者過去的評鑑經驗，發現部分老師對個別化教育計畫有一些迷思，將之整理在表 5-4，並且進一步釐清這些迷思。由此可知，個別化教育計畫是提供身心障礙學生適當教育的大方向，而非精細的課程計畫或教學計畫。其擬訂強調：(1)對學生的能力及其環境作評量；(2)因應學生的現況和需要，可能是個別化之目標、評量方法、評量標準等；(3)團隊合作；以及(4)家長參與。並且在執行上，也應以學生的需求為中心，不要為了達成個別化教育計畫的目標而趕進度。

表 5-4　對個別化教育計畫之迷思和正思

迷　　思	正　　思
將個別化教育計畫變成個別化教學計畫或是課程計畫。	個別化教育計畫是針對身心障礙學生個別特性所擬訂之特殊教育及相關服務計畫，它是提供身心障礙學生適當教育的大方向，而非精細的課程計畫或教學計畫。
以為個別化教育計畫就是個別教學。	即使每位學生的個別化教育計畫不相同，但並不等於個別教學，可能是同一個課程主題，但目標的內涵、層次、和通過標準不相同。
為了達成個別化教育計畫的目標而趕進度。	個別化教育計畫的擬訂和執行應以學生的需求為中心，而非以教師或學校的進度為中心。
大家各做各的個別化教育計畫，並未溝通討論。	個別化教育計畫的擬訂強調專業團隊合作。
為每一位學生寫的個別化教育計畫內容完全相同，沒有差異。	個別化教育計畫的擬訂和執行應以學生的需求為中心，可能是個別化之目標、評量方法、和評量標準等。
為評鑑而寫個別化教育計畫，並未與教學相結合。	個別化教育計畫的目的乃是根據特殊學生之學習特質與需要，提供最適當之教育服務，一方面可作為教學之依據，另一方面可作為教學成效考核之依據，因此需與教學相結合。
未寫現況描述，直接就寫學年和學期教育目標；或是目標並沒有依據學生的現況或需求而訂。	學年和學期教育目標必須依據學生的現況或需求而擬訂。
沒有家長的參與和同意。	個別化教育計畫的擬訂強調身心障礙學生家長的參與。
評量標準固定。	評量標準應視學生的現況訂定，保持彈性。

貳、釐清個別化教育計畫擬訂上之問題

依據筆者多年評鑑與指導老師和學生撰寫個別化教育計畫的經驗，從現況描述、目標、評量方法和標準的撰寫三方面，整理出一些常出現的問題，藉以釐清個別化教育計畫宜如何敘寫較適切。

一、在現況描述的撰寫方面

在案例 5-1 裡，現況描述不具體明確，宜明確敘述該生具備那些認知能力，和表現出什麼樣的具體行為而被描述為輕微自閉。

【案例 5-1】

項　　　目	現　況　描　述
認知能力	認知能力尚可
社會情緒能力	輕微自閉

二、在目標的撰寫方面

在案例 5-2 裡，園藝種植是學習項目，而非目標的寫法，宜改成「能以盆栽從事種植花木的活動」。目標 2-1 一個目標中有兩個學習結果，宜分開。另外，2-2 這個目標是學習活動，而非學習結果，宜改成「能書寫自己的名字」；2-3 這個目標從教師的角度敘寫目標，宜改成從學生的角度敘寫目標，即「能清洗碗盤」。

【案例 5-2】

學年教育目標	學　期　教　育　目　標
一、能進行三項室內休閒活動	1-1.園藝種植 　　（其他目標省略）
二、能認識自己的基本資料	2-1.能聽辨自己的姓名和性別 2-2.練習寫自己的名字 2-3.增進學生寫家裡地址的能力

　　案例 5-3 中，「能認讀生活中常用字詞」這個目標撰寫得不夠具體，最好能具體描述何種情境常用的字詞，如改成「能認讀郵局中常用字詞」會較明確。「能閱讀國小國文課本第一課到第二課」這個目標撰寫得不夠具體，並不清楚指的是那一種版本和第幾冊的國文課本，最好能具體指出。「能認識樂器」這個目標的範圍太大，既然學年教育目標是能合奏打擊樂，所以可縮小範圍在「能認識打擊樂器」。目標 4-1 所指能在提示下擦拭桌子，指的是何種提示，宜具體指出，如直接口語提示等。第五個學年教育目標只包含一個學期教育目標，而且學期教育目標的敘寫沒有更具體，一個學年教育目標宜包含一個以上的學期教育目標，例如可具體擬訂期待學生習得什麼樣的工作態度。

【案例 5-3】

學年教育目標	學期教育目標
一、認識和使用生活中常用詞彙	1-1.能認讀生活中常用字詞 　　（其他目標省略）
二、能閱讀國小國文課本第一課到第二課	2-1.能閱讀國小國文課本第一課 2-2.能閱讀國小國文課本第二課
三、能合奏打擊樂	3-1.能認識樂器 　　（其他目標省略）
四、能進行教室清潔的工作	4-1.能在提示下擦拭桌子 4-2.能獨立擦拭桌子
五、能建立良好的工作態度	5-1.能具備良好的工作態度 　　（僅有一個學期教育目標）

　　案例 5-4 顯示所訂的學年教育目標和現況描述不搭配，現況描述中提及該生無法刷牙、無法處理月經，但在學年教育目標中卻未符合這兩項需求。另外，學期教育目標 1-3 沒有和學年教育目標搭配，擦桌子不屬於清洗餐具，宜修改使短期和學

年教育目標相搭配。

【案例 5-4】

現　況　描　述	學年教育目標	學期教育目標
一、生活自理能力方面	1.能清洗餐具	1-1.能洗碗
1.能洗臉，但無法刷牙		1-2.能洗盤子
2.能自行上廁所大小便，但無法擦拭乾淨		1-3.能擦桌子
3.無法處理月經	2.能洗澡	(其他目標省略)
二、知覺動作能力	3.能獨立上廁所	
1.手眼協調能力有困難	4.能插洞洞板	
2.行動緩慢	5.能使用剪刀	

　　在案例 5-5 中，學期教育目標只需要寫 1.會上廁所解小便；2.會上廁所解大便，不需要再列出活動分析的內容，也不用列出教學資源，它們是放在課程計畫或教學計畫中再撰寫，因為個別化教育計畫須在開學後一個月內完成，要在此段時間把所有目標的活動分析和教學資源都擬訂出來較不容易。

【案例 5-5】

學年教育目標	學期教育目標	教學資源
一、能完成如廁活動	1.會上廁所解小便	1.上廁所的活動圖卡
	1-1 能辨識女廁所	2.廁所的標示圖卡
	1-2 入廁所會敲門	3.衛生紙
	1-3 入廁所會鎖門	
	1-4 會拉下褲子至膝蓋	
	1-5 會安坐於馬桶上解尿	
	1-6 會拉起褲子	
	1-7 會沖水	
	1-8 會至洗手台洗淨雙手	
	1-9 會擦乾雙手	
	2.會上廁所解大便	
	2-1(其他目標省略)	

三、在評量方法和標準的撰寫方面

在案例 5-6 中，評量方法均寫觀察，是從教師的角度敘寫，意即老師觀察學生實作或閱讀的表現；然而以教師的角度敘寫評量方法，看不出學生的反應方式。在個別化教育計畫中，要寫的是「適合學生的評量方式為何」，意即從評量內容的呈現時間、情境和方式，以及學生反應的方式兩個向度來敘寫。評量標準寫 80%通過，不具體，如果改成五次中有四次通過，會比較清楚。在提示下完成指的是何種提示，宜具體指出，如視覺提示等。流暢這個評量標準並不清楚，最好能具體說明，例如：在讀出每一個字音時，停頓的時間沒有超過三秒鐘等；還有除了流暢外，是否需要考慮正確性。

【案例 5-6】

學年教育目標	學期教育目標	評量	
		方法	標準
一	1-1.能開門	觀察	80%通過
	1-2.能掃地	觀察	在提示下完成
二	2-1.能認讀廁所標示	觀察	80%通過
三	3-1.能閱讀康軒版國小國文第一冊第一課課文(其他目標省略)	觀察	能流暢地讀出

筆者根據國內特殊教育法施行細則對個別化教育計畫的規定，以及相關參考資料(Dickson & Costa, 1982; Hayden, Vance, & Irvin,1982; Hoehle, 1993; Smith, 1990；林千惠，民 86)，將個別化教育計畫檢核表修訂如附錄九，檢核的向度包括個別化教育計畫要素的完整性、適宜性、均衡性、和內部一致性；以及個別化教育計畫擬訂、執行和評鑑的合法性和有效性。

《總結》

　　依據上一章決定好之目標，本章探討如何為智能障礙學生擬訂個別化教育計畫。個別化教育計畫的目的在於根據學生之學習特質與需要，提供最適當之教育服務，一方面可作為教學管理的工具，另一方面可作為教學人員之間、以及教學人員與家長之間溝通合作的媒介。個別化教育計畫的內容包括學生能力之現況；學生家庭狀況；學生身心障礙狀況對其在普通班上課及生活之影響；適合學生的評量方式；學生因行為問題而影響學習者，其行政支持及處理方式；學年及學期教育目標；學生所需要的特殊教育及相關專業服務；參與普通學校(班)之時間及項目；學期教育目標是否達成之評量日期與標準；以及轉銜服務內容十項。在為每一位學生擬訂個別化教育計畫，以及與家長溝通孩子的教育目標時，要讓學生和家長看到「希望」。生命會回應給你每一件你曾做過的事，如果老師用限制教導智能障礙的學生，他們就會學到限制；如果老師用希望教導他們，你會發現他們的潛能，並且讓他們對自己永保希望。

第六章

啟智教育課程與教學設計(四)： 如何發展課程

啟智教育即生活的教育，
這其中人人是教育對象，
時時是教育良機，
事事是教育題材，
處處是教育場所。

第一節　設計課程目標

第二節　發展和組織課程內容

第三節　擬訂教學方法與策略

第四節　選擇或設計教具

第五節　安排教學時間

第六節　規畫教學地點與情境

第七節　決定教學人員

第八節　訂定評量方式與內容

導讀問題

1.發展和組織啓智教育課程內容時宜考慮那些原則？
2.有那些教學模式和策略可以被用來教導智能障礙學生？
3.選擇或設計教具宜注意那些原則？
4.如何安排教學時間？
5.教師之間如何進行協同教學？
6.如何規畫教學地點與環境？

　　個別化教育計畫以學生個別需求為基礎，決定出學年和學期教育目標，接下來教師須彙整學生所有的個別化教育計畫目標，發展課程以達到這些目標。特殊教育法(民 86)第五條第一項指出：「特殊教育之課程、教材及教法，應保持彈性，適合學生身心特性與需要。」特殊教育課程教材教法實施辦法(民 88)進一步指出：「學校實施身心障礙教育，應依課程綱要，擬訂學生個別化教育計畫進行教學，且應彈性運用教材及教法。學校辦理特殊教育得依學生之個別需要，彈性調整課程、科目(或領域)及教學時數。」由上述的特殊教育課程發展之法令依據，我們可發現非常強調**彈性**和**個別化**，適合學生身心特性與需要，這是我們在發展啟智課程須謹記在心的。

　　Wehman(1997)指出在發展課程時須注意**個別化**、**功能性**、**調整**和**生態取向**這四項原則，這些原則正是啟智教育課程與教學設計的基礎。本章將說明如何發展課程，包含目標、內容、組織和過程四個要素的發展，即計畫教什麼、如何教、何時教、在那裡教、被誰教、如何評量等項目，筆者將從設計課程目標、發展和組織課程內容、擬訂教學方法與策略、選擇或設計教具、安排教學時間、規畫教學地點與情境、決定教學人員、以及訂定評量方式與內容八方面來探討。

第一節　設計課程目標

　　擬訂好學生個別化教育計畫之後，我們可以綜合班級大多數學生的需要，擬訂出一些課程主題，發展課程來教導這些主題；然而，少數學生的需要也須被考慮，我們可以思考這些少數學生的目標，是否可放在為多數學生擬訂的課程主題下進行

教學，如果可以的話，我們只須調整課程以因應其需要，例如在「製作簡易餐點」此課程主題下，教導甲生「餐前和餐後處理的活動」。如果無法放在為多數學生擬訂的課程主題下進行教學的話，則考慮採取協同教學(如果有協同教學人員)；沒有協同教學人員，則採取分組教學或同儕教學，或是運用個別教學時間、情境教學時間(例如在搭電梯的情境中，教導乙生搭電梯的技能)個別指導，也可以請家長配合教學，以達到個別化教育計畫中的目標，整個設計課程目標的過程如圖 6-1。課程目標指引著課程發展的範圍與方向，因此在彙整成班級課程主題和目標時，須注意目標的敘寫要清楚而明確，並且與學生個別化教育計畫的目標相搭配，考慮每一位學生的需求。(**至於調整課程的方法見下一章**)。

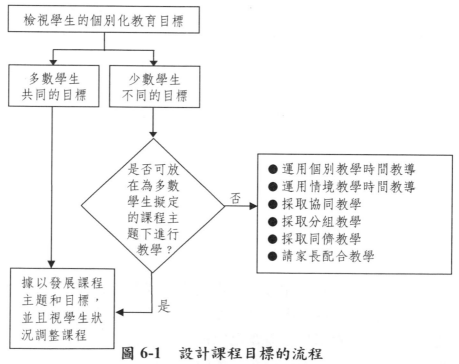

圖 6-1　設計課程目標的流程

第二節　發展和組織課程內容

　　確定課程目標之後，接下來發展和組織課程內容，以下從教材編選的來源，及教材的呈現型式與編選原則兩方面，來探討如何發展課程內容，之後討論如何組織課程內容。

壹、如何發展課程內容

一、教材編選的來源

　　教材編選的來源除了教師本身的專長與經驗外，也可以從活動分析與行為觀察、現有的課程或教材和國內外文獻資料、以及有經驗的教師或學者專家三方面取材。

(一)作活動分析與實地觀察

　　從生態評量中，我們決定了優先的活動，並作活動分析(已於第三章第二節中詳述)，而在活動分析的過程中，我們可以作廣泛的行為觀察，了解一般人在從事此活動的流程為何，有那些要求等，例如針對高職階段智能障礙學生，教導他們在超市將貨物上貨架的活動，我們即可到一些超市觀察此活動的流程，並訪談雇主對這項活動的要求為何，這些活動分析的結果即可作為課程的內容。又例如要教導學生「認識標示」，我們可以到社區購物場所中，實地觀察可能會出現的標示。

(二)參考現有的課程或教材和國內外文獻資料

　　我們可以收集和參考現有的課程或教材，收集的來源包括教育行政單位(如教育部、各縣市教育局等)、學術單位(如各師範院校特殊教育中心等)、縣市特殊教育資源中心、專業書局、同業學校或機構、圖書館、書報期刊等(李寶珍，民 83a)；之後

評鑑其內容是否適合課程主題和班級學生，如果適合，可以參考，再視狀況作部分修改。筆者參考國立彰化師大特殊教育中心(民 80)出版的特殊教育教材資源手冊，和民國八十五年出版的特殊教育優良教材彙編，以及何素華(民 84d)、林寶貴(民 84)、林千惠(民 85b)的資料，加上筆者的收集，整理出現有啟智教育課程與教材目錄如附錄十。

課程或教材評鑑除了評鑑其內容是否適合課程主題和班級學生外，資料收集的範圍可包括以下四方面：(1)課程或教材的發展過程(含人員、程序、實驗與修改過程等)；(2)課程或教材本身(含課程編輯說明、物理特性、及課程形式、材料和內涵等，最後綜合整理出該課程的優點和限制)；(3)課程或教材的實施(含推廣與採用情形等)；(4)其他周邊因素(如出版時間等)。筆者並綜合何素華(民 84d)、林寶貴(民 84)、林千惠(民 85b)、和李寶珍(民 83a)的資料，以及自己的看法，據以設計成啟智教育課程或教材評鑑表如附錄十一。

此外，我們也可以參考國內外文獻資料，了解別人是如何設計此課程主題的教材，作為自己設計課程內容的基礎。

(三)詢問有經驗的教師或學者專家

我們也可以詢問有經驗的教師或學者專家，請他們提供發展此課程主題的相關資源與想法，作為自己設計課程內容的參考。

二、教材的呈現型式與編選原則

整體來說，教材編選時宜注意須與目標有關聯，配合學生的生理年齡、能力、需求、和興趣，考慮學生所處的生態環境，選擇具功能性的學習內容。而在教材呈現的型式上，可以是給學生的文本或作業單兩種型式，其編選原則討論如下。

(一)如為給學生的文本

1. 傳達正確的概念與知識，這些概念與知識會隨著時代變遷而產生變化，因此課程內容不會完全一成不變，它是動態的，教師必須有調整課程的概念。

2. 文本的呈現須考慮學生的語言接收情況，例如字體大小、間距、以及文字敘述方式(語彙內容、語句長短)要考慮學生的閱讀能力；假使學生無法閱讀文字，則須多使用照片、插圖、圖表等，而且最好是色彩鮮明的，如此更能引起學生的注意。

3. 使用照片、圖片當成文本內容時，須注意照片和圖片拍攝的焦點要清楚明確，配合課程主題，例如要學生認識水果，教師在水果攤拍攝一些照片，這時焦點在水果，而非旁邊的人群。如果拍攝的焦點非常小且不易清楚呈現時，則可考慮另外加註說明，例如教導學生認識保存期限，教師拍攝許多貨品的保存期限位置，但不易清楚呈現內文，於是用箭頭拉出加註說明。附錄十二提供一些課程的相關網站資源，其中也包括圖片搜尋和輔助性科技資源。

4. 提取學生的先前知識和經驗，以與課程內容相連接，例如教師之前教過學生使用自動販賣機，這次教「使用售票機買車票」，在設計教材時，教師就可以把自動販賣機的學習經驗帶進來，一方面有複習的作用，一方面有縱向聯繫的功能。另外，多提供具體的實例，以協助學生理解。

5. 教材保持彈性，因人、時、地而異動，例如適應學生的個別差異，提供延伸教材(給與程度較好的學生與主題相

關的參考資料)或補救教材(給與有困難的學生修正過的教材)等;又例如內容注重與時令、生態環境、及時事現況等的配合。

6.內容的呈現具備趣味性,能提高學生的學習動機,例如學生喜歡哈姆太郎,在呈現購物主題的教材時,我們可以哈姆太郎為故事主角,帶著一群人(把學生的名字寫進去)逛家樂福,進而帶出家樂福的各區域。

7.給與提示重點和幫助學生記憶的設計,例如教導學生燙傷的處理,最後可提示學生「沖、脫、泡、蓋、送」的五字訣,以幫助學生掌握和記憶重點。

8.在教材結構方面,將文本中的標題或是重要概念,以粗體字、不同顏色或放大凸顯出來,讓學生閱讀時可以經由視覺線索分辨重點。另外,在文字的排列或圖文的配置上最好前後一致,便於學生閱讀。

(二)如為給學生的作業單

作業單具有練習和評量的功能,作業單的型式若從學生的反應上可包括:勾選(給是非題或選擇題讓學生勾選答案)、連連看、填空、畫出、圈出、抄寫、檢核、觀察記錄(以上均屬紙筆型式的作業單)、口頭發表(口頭型式的作業單)、剪貼、配對、收集、製作或設計、活動(以上均屬操作型式的作業單)等,例如教師準備許多資源垃圾,像是紙張、保特瓶、玻璃瓶等,並準備三個貼有「紙類」、「塑膠類」、「玻璃類」文字和相關實物照片的垃圾桶,讓學生練習丟入適當的桶內即屬於操作型式的作業單。至於選擇何種型式,須考慮學生的能力和課程單元目標,另外,須注意以下幾個原則。

1.如同給學生的文本,文字敘述方式要考慮學生的閱讀能

力；假使學生無法閱讀文字，則須多使用照片、插圖、圖表等。案例 6-1 顯示作業單題目的敘述方式太過複雜，學生不易理解，宜簡化。

【案例 6-1】老師教導人際互動的禮儀，之後出了一張作業單讓學生練習，作業單是以是非題的方式呈現，其中有一題問道：「說髒話是沒有禮貌的行為」，結果學生回答「×」，其實口頭問他們：「說髒話是對或錯」，他們可以回答正確。

2.因應學生的能力設計適合的作業單，包括簡化、明示步驟、提供線索和協助等。另外，作業單的反應方式宜考慮學生的能力，並且讓學生清楚如何完成作業單，最好能給與範例。例如教師出一份認識錢幣的作業單，給學生十元和一百元的圖片，要其圈出那一個是一百元的圖片，結果學生反應錯誤(圈十元的圖片)；但是如果換成在圖片下方畫一個框要他勾選出，他就能正確反應出。案例 6-2 中教師設計的「資源回收作業單」反應方式太過複雜，小潔不易作答，宜簡化成配對資源垃圾的圖片和資源回收桶；另外在寫地址的作業單中，如果能夠給小潔一個書寫範例，或許就不會發生這樣的問題了。

【案例 6-2】教師針對輕度智障的小潔設計了一張書寫其家裡地址的作業單，為了引導他能掌握字體的結構來書寫，教師用電腦打了外框字，要其寫在框架裡面，結果小潔直接描繪外框，教師當場傻眼。另外一次，教師在上完「資源回收」這個主題之後，設計了一張作業單，要評量其學習效果，內容是將許多資源垃圾的圖片，要小潔用「○」代表要放進「紙類」、「△」代表要放進「鐵鋁罐類」、「□」表示要放進「塑膠類」，結果小潔反應不過來。

3.題目和要學生回答的選項或內容最好能呈現在同一頁上。

4.使用作業單讓學生練習時，為避免學生產生固著反應，

　　教師宜變化作業單內容的位置，例如要學生上下配對數字和呈現的物品量，不要固定放相同的位置；同樣地，要學生填寫履歷表的內容，可變化性別、年齡等填寫的位置，以確定學生是真的會，而不是記憶固定位置才會。

貳、如何組織課程內容

　　課程內容之組織應注意順序性、聯繫性、和統整性，分述如下：

一、順序性

　　順序性即課程的垂直組織，基本上是課程內容先後的問題，那些該先教，那些後教，如何安排以利於學生學習。課程設計者在組織課程時，宜注意學習內容的邏輯組織和學生的心理感受，綜合相關資料(何素華，民 84d；林千惠，民 85b；林寶貴，民 74；黃光雄、蔡清田，民 88；黃馨瑩，民 84；楊文凱，民 84)，加上筆者的看法，下列幾項原則可供參考：

　　(一)注意**課程內容的邏輯性**，例如教導「情緒智慧」這個主題，課程內容呈現的順序宜從「覺知情緒」開始，最後才到「面對和因應他人的情緒」，如圖 6-2。

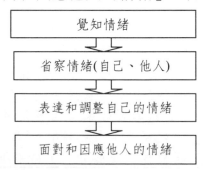

圖 6-2　「情緒智慧」之課程組織系統

(二)注意**課程內容的關聯性或活動的完整性**，有關聯的和屬
完整活動的部分就應放在一起教。例如教導「衣物的處
理」這個主題，將相關聯的活動依照衣物處理的先後順
序來排列，如圖 6-3。

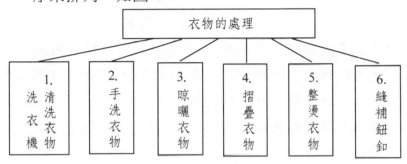

圖 6-3　「衣物的處理」之課程組織系統

(三)**由易而難，從單純到複雜**，例如教學生烹煮簡易餐點，
可從步驟單純的先教，如泡麵、熱包子，而後再到複雜的項目。
又例如課程的主題為「清潔服務」，清潔活動之教學順序是依
據難易度來安排，由簡單至困難；而相關技能則搭配於各項清
潔活動中呈現，如圖 6-4。

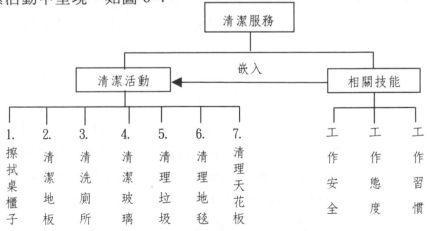

圖 6-4　「清潔服務」之課程組織系統

(四)**由熟悉到不熟悉**，例如在呈現「高雄市重要景點」課程內容的順序上，須考慮從學生居住社區附近的景點開始安排，因為這是他們最熟悉的，而後再擴展至其他景點。

(五)**由具體到抽象**，課程內容的安排宜由可具體觀察或感覺的部分開始，而後及於半具體，最後才至抽象的層次。

(六)考慮**學生的特性和興趣**，如果學生對食物有興趣，我們就可以教學生投幣使用自動販賣機，之後再教他投幣買車票，可能學生就比較能接受。

(七)考慮**內容的重要性**(由重要到次要)，可依據表 4-3 決定重要教育目標的指標來安排。

(八)**由整體到部分到整體**，如教導學生休閒活動，可先整體告訴學生休閒活動的種類，而後再針對每一類選取重要的活動來作細部說明，最後再整體作歸納。

二、聯繫性

聯繫性包括**縱向聯繫**和**橫向聯繫**(Connelly & Clandinin, 1988)。縱向聯繫係指課程中包含的內容在不同年級、學習階段、或同一課程中的不同主題間予以銜接、關聯、或重複，例如連接學生的先前知識，或先前與現在學習的課程單元。像是國立高雄師範大學特殊教育中心(民 76)編的「國中小國語文教材」，其文本的編排方式即屬於累加的方式呈現，如第一課教基本資料中的姓名，第二課則教姓名和地址，課文內容則逐漸加長。縱向聯繫提醒我們注意不同課程主題或活動間的轉換不要太快，最好彼此有關聯性，而且教師先作預告，讓學生有所準備。例如教導學生製作簡易餐點，首先教烤土司，而後教烤土司夾起士，再來教烤土司夾蛋等。

橫向聯繫即相關性，是指各學科或領域中的不同課程單元

間予以銜接、關聯、或重複，可以採取兩種方式：一種是兩個以上的學科或領域，在維持其原有的課程主題下，教師在教學時予以關聯，即**相關課程**的組織型態(黃政傑，民 80)；另一種是以一個學科或領域為核心，其他學科或領域依存於此核心來設計課程內容。另外，也可以以一個主題為核心，教師圍繞此主題來設計學科或領域的課程內容，即黃政傑所提**核心課程**的組織型態，這時所有任課教師須一起就需要相互支持之部分達成共識。例如社會適應領域的課程主題是點餐活動，實用語文領域則配合教能認讀速食店的標誌和點餐用語；而實用數學則教使用金錢，如表 6-1。又例如課程核心主題是「搭車」，其組織系統如圖 6-5。核心課程可擴大課程內容聯繫的範圍，但在使用時要注意如果某些學科或領域無法統整進入此主題或學科中，那就不要強拉進來，筆者曾經看過一份個別化教育計畫，所有課程領域的長期目標均寫性教育，而其中休閒教育領域的學期教育目標寫「能拍球」，感覺上拍球和性教育沒有關聯性，且長期目標寫成教學主題，而非目標。

表 6-1　以「餐飲」為主題之核心課程實例

領　域	單　元　名　稱
社會適應	在餐廳用餐
生活教育	1.用餐禮儀 2.飲食衛生
休閒教育	聚餐活動的規畫
實用語文	1.餐廳的文字與標誌 2.餐廳內食物的名稱 3.點餐用語
實用數學	金錢的使用
職業生活	餐飲服務業的認識

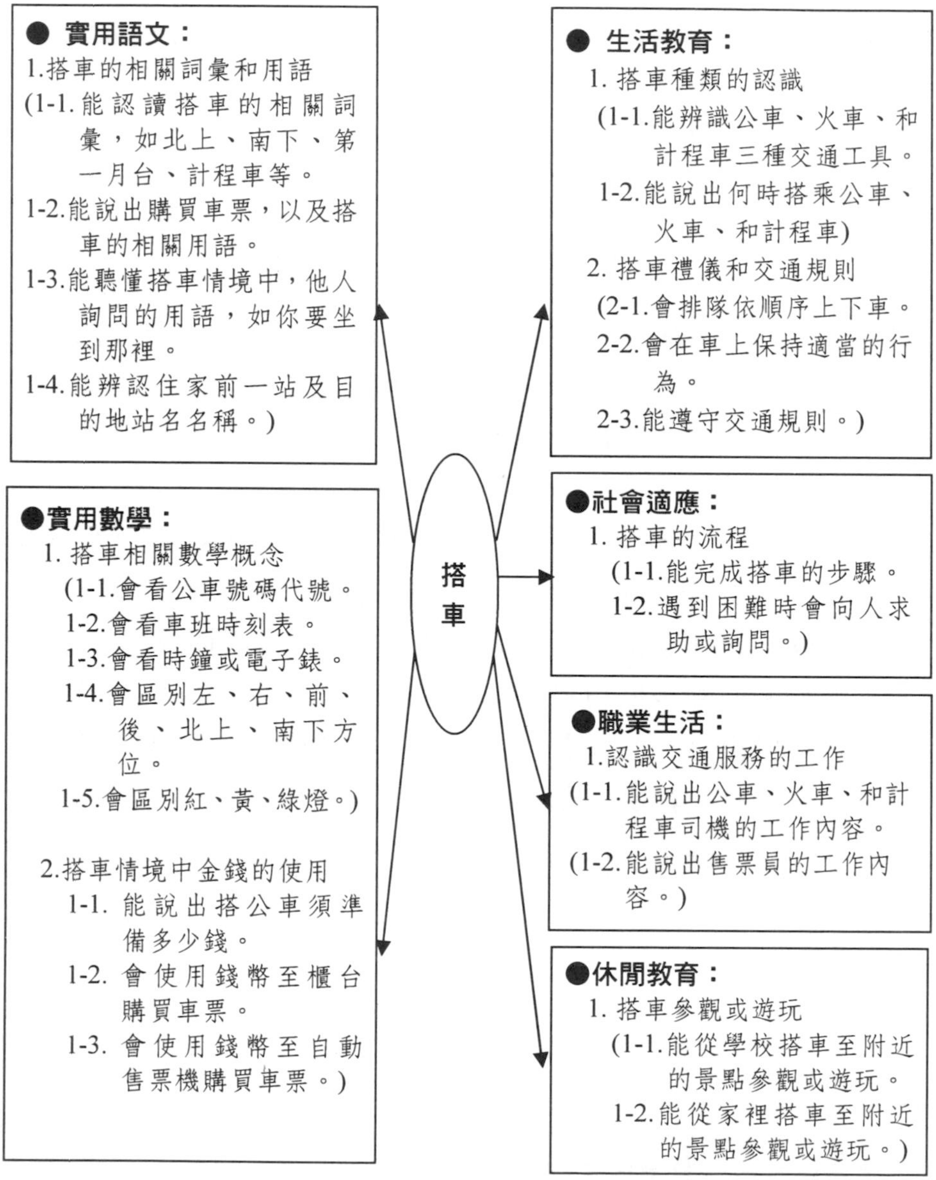

● 實用語文：
1.搭車的相關詞彙和用語
(1-1.能認讀搭車的相關詞
　　彙，如北上、南下、第
　　一月台、計程車等。
1-2.能說出購買車票，以及搭
　　車的相關用語。
1-3.能聽懂搭車情境中，他人
　　詢問的用語，如你要坐
　　到那裡。
1-4.能辨認住家前一站及目
　　的地站名名稱。)

●實用數學：
1.搭車相關數學概念
　(1-1.會看公車號碼代號。
　1-2.會看車班時刻表。
　1-3.會看時鐘或電子錶。
　1-4.會區別左、右、前、
　　　後、北上、南下方
　　　位。
　1-5.會區別紅、黃、綠燈。)

2.搭車情境中金錢的使用
　1-1.能說出搭公車須準
　　　備多少錢。
　1-2.會使用錢幣至櫃台
　　　購買車票。
　1-3.會使用錢幣至自動
　　　售票機購買車票。)

搭
車

● 生活教育：
　1.搭車種類的認識
　　(1-1.能辨識公車、火車、和
　　　　計程車三種交通工具。
　　1-2.能說出何時搭乘公車、
　　　　火車、和計程車)
　2.搭車禮儀和交通規則
　　(2-1.會排隊依順序上下車。
　　2-2.會在車上保持適當的行
　　　　為。
　　2-3.能遵守交通規則。)

●社會適應：
　1.搭車的流程
　　(1-1.能完成搭車的步驟。
　　1-2.遇到困難時會向人求
　　　　助或詢問。)

●職業生活：
　1.認識交通服務的工作
　(1-1.能說出公車、火車、和計
　　　程車司機的工作內容。
　(1-2.能說出售票員的工作內
　　　容。)

●休閒教育：
　1.搭車參觀或遊玩
　　(1-1.能從學校搭車至附近
　　　　的景點參觀或遊玩。
　　1-2.能從家裡搭車至附近
　　　　的景點參觀或遊玩。)

圖 6-5　「搭車」之課程組織系統

三、統整性

　　統整性擴展了順序性和聯繫性的原則，係指將課程內容合

成一體或關聯起來，旨在整合學生分割的學習經驗，讓各領域的學習得以關聯起來，增加學習的意義性、應用度，也提昇學習的效率。統整的內涵包括五個方面：第一、**使課程內容中「認知」、「情意」、和「技能」的成份整合起來**，讓學生在學到的知識、態度和行動間有一致的表現。第二、統整在同一和不同學科或領域中所學到的知識，即**知識的統整**(黃政傑，民 80)。第三、使學生的舊經驗與新經驗產生聯結，這就是黃政傑所提**經驗的統整**。第四、**使課程內容與學生產生聯結**，讓學生了解課程內容對其生活或生命的意義，功能性課程即強調此概念；並且考慮學生的興趣、特質、能力、和經驗等，甚至讓學生參與課程內容的安排，我們觀察發現某生平常生活中喜歡從事看電視(尤其是棒球比賽)和廟會活動，於是以這兩個活動為主軸來設計課程內容，如教他如何看懂球賽、球賽的規則、分數如何計算、球賽和廟會活動的相關語詞等。第五、**使課程內容與學生所處的生態環境產生聯結**，這就是黃政傑所提**社會的統整**，生態課程即具有此概念。

第三節　擬訂教學方法與策略

教學模式包括行為(behavioral)、認知(cognitive)／認知行為(cognitive-behavioral)、社會生態、和自然(naturalistic)取向，以及多元智力教學五種，它們的代表人物、對學習者和教學者角色、學習之意義或教育目標、以及教學方式與過程的觀點整理如表 6-2。其中有學者(如 A. Ellis, D. H. Meichenbaum)結合認知和行為取向的教學模式而成認知行為模式，起始於行為取向學者對於認知重組的重視，及認知取向學者漸漸承認行為取向在

方法學上的優勢所致，以下對每一種模式作深入討論。

表 6-2 行為、認知、社會生態、自然和多元智力五種教學模式之比較

論題	行為取向	認知取向	社會生態取向	自然取向	多元智力的教學
代表人物	B. F. Skinner, E.L. Thordike, R. M. Gagne 等人	J. Piaget, J. S. Bruner, D. H. Meichenbaum 等人	L. S. Vygotsky 等人	A. P. Kaiser, M. A. Falvey 等人	H. Gardner, T. Armstrong 等人
學習者的角色	被動的接收者	主動參與者	主動參與者	主動參與者	主動參與者
教學者的角色	指導者、灌輸者	促發者、催化者	互動者、支持者、引領者	促發者、催化者、互動者、回應者	發掘者、引領者
學習的意義或教育的目標	學習是一種刺激反應被動的聯結過程。	學習是一種主動建構知識的歷程，而非僅僅被動地吸收知識。	學習引導發展，學習是一種共享的活動，是學習者與教學者共同建構對他們有意義的教育情境。	學習到日常生活中功能性的活動與技能，使其能參與社會，與他人溝通互動，進而能與一般人融合。	教育最主要的目的，不只是在知識的傳授，更是在發掘和引領多元智力的發展。
教學的方式與過程	直接傳遞知識、技能、和價值給學生，不重互動和啓發。	注意學習者的認知、動機、情緒、先前知識、以及社會文化背景。透過促發學習者和課程的對話，來幫助其建構知識；並且把握舊知識與新知識有意義的關聯。	採取鷹架教學，教學者透過溝通的方式，與學習者達成對教學目標的共識；教學者給與學生溫暖而正面的回應，並在其近側發展區內提供支持，與其一起解決問題。	主張自然情境才是學習的最佳環境，教學發生於學校、居家或社區的日常生活情境。	從學習者專長的智力切入補救有困難的項目，並使用多元智力的教學方法。

壹、行為取向教學模式

　　行為取向教學模式主張學習是一種「刺激－反應」被動的聯結過程，學習者扮演被動的角色，教學者直接傳遞知識、技能、和價值給學生，不注重互動和啟發。以下探討應用行為分析教學法(applied behavior analysis)、工作分析教學法(task analysis)、直接教學法(Direct Instruction，簡稱 DI)、通例課程方案(general case programming)、結構化教學法(structured teaching)五種屬於行為取向教學模式的教學方法。(**有關這五種教學方法在智能障礙者教學上應用之實徵性研究見第十章至第十五章**)。

一、應用行為分析教學法

(一)塑造

　　塑造(shaping)也被翻譯成逐步養成，有兩種型式，一為**行為塑造**(behavioral shaping)，另一為**刺激塑造**(stimulus shaping)。行為塑造意指藉由增強及提示增加個體成功的機會，用以發展新的技能。它是逐步增強與終點行為最為接近或最小梯級的一連串反應，而不是僅增強終點行為本身(Martin & Pear, 1996)，茲舉一例說明如圖 6-6。

　　參考相關文獻(陳榮華，民 75；Martin & Pear, 1996; Schloss & Smith, 1998)，行為塑造應注意的原則有：(1)須先指明終點目標，並清楚完整地陳述目標；(2)了解起點行為；(3)選定塑造步驟須適合學生能力，不能操之過急；(4)遵照步驟逐一移動，只有前一個目標已達到，才能轉移到下一個目標；(5)建立增強及提示系統；(6)針對個體說明過程及教學目標；(7)當所有目標均已達成，應結合褪除(fading)策略，逐步提示及增強(**提示和褪除**

策略於本節第四和第六點詳述);(8)鼓勵個體在各種情境練習新習得的技能;(9)假如行為塑造失敗,應檢討可能原因。

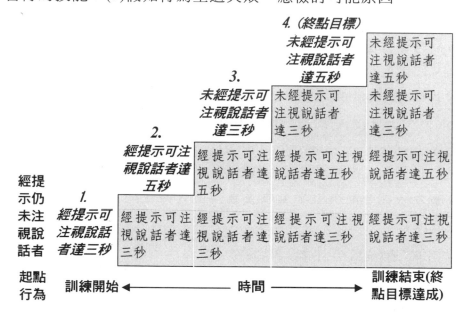

註:斜體字為階段預定目標,陰影部分為個體已達成的目標

圖 6-6 行為塑造的例子

　　刺激塑造的目的是協助個體認讀目標刺激(如:物品、實用性詞彙、標示),剛開始讓個體逐步辨識刺激的重要屬性,直到其能指認,而後逐漸加進一些不相同的刺激(如:其他的物品、詞彙、標示),要其辨認出目標刺激,這些不相同的刺激包括了屬性完全不相同和部分屬性相同的刺激,安排方式則由與目標刺激差異最大的開始,而後到差異最小的,逐步讓個體辨認目標刺激(Huguenin, Weidenman, & Mulick, 1991)。

(二)連鎖

　　所謂連鎖(chaining)係指運用增強使多個「刺激－反應」的環節連成一個熟練的複雜行為。其中每一個環節均由一項區別

性刺激(discriminant stimulus，簡稱 S^D)引發某一特定反應，再由此一反應引發下一個環節，如 $S^D_1 \rightarrow R_1 \rightarrow S^D_2 \rightarrow R_2 \rightarrow \cdots \rightarrow S^D_{15} \rightarrow R_{15} \rightarrow S^+$ (林坤燦，民 85)。先就訓練程序而言，有**整體工作呈現法**(total task presentation)、**倒向連鎖**(backward chaining)及**前向連鎖**(forward chaining)；另就反應型態而言，則有同質連鎖 (homogeneous chaining) 及異質連鎖 (heterogeneous chaining)(Alberto & Troutman, 1999)。整體工作呈現法是指個體在每次練習時，都要從頭至尾做一次，持續練習直到精熟所有的步驟。倒向連鎖指訓練程序是由後面步驟往前面步驟推進，例如教導智能障礙者煮飯，先教最後一個步驟按下開關，熟練後接著訓練倒數第二個步驟插上插頭，而後合併這兩個步驟，以此類推直到所有步驟熟練完成。前向連鎖指訓練程序是由前面步驟往後面步驟推進，以教導智能障礙者穿襪子的八個步驟為例，這三種連鎖方式的實例見圖 6-7 所示。同質連鎖是指每一環節的反應具有相同的特質，如訓練一位兒童拿出四種不同顏色的卡片；反之，異質連鎖是指每一環節的反應具有不同的特質，如訓練一位兒童整理床舖。

整體工作呈現法

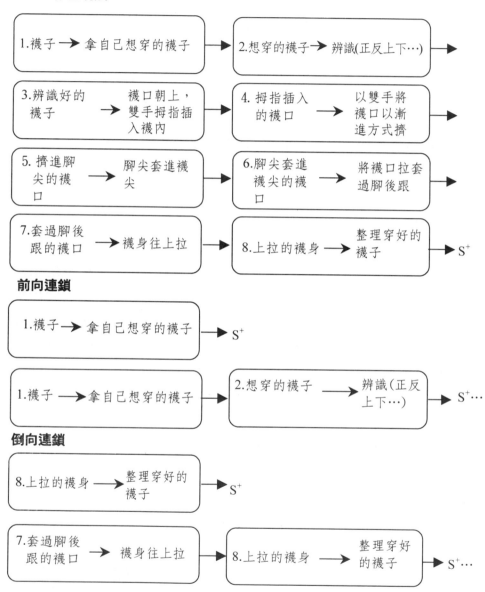

前向連鎖

倒向連鎖

註：S⁺表示正增強，…表示下面步驟以此類推。

圖 6-7　三種主要連鎖方式的舉例圖解

(三)口語或行為演練

在訓練一項新行為時，除了使用連鎖、行為塑造等方法外，我們也會使用口語演練(verbal rehearsal)或行為演練(behavior rehearsal)。口語演練是指說出我們希望他表現的行為步驟；而行為演練，是指讓個體實際演練我們希望他表現的行為，包括**模擬情境的行為演練**(analogue behavior rehearsal)，即安排模擬情境讓個體角色扮演，和**真實情境(或自然情境)的行為演練**(in-vivo behavior rehearsal)(Schloss & Smith, 1998)。使用行為演練宜注意的原則如下：(1)清楚界定欲演練的行為；(2)找出行為的自然提示；(3)找出行為的自然後果；(4)使用真實情境行為演練時，應找出自然提示和自然後果都會出現的行為演練時間；(5)使用模擬情境的行為演練時，應盡可能安排與自然情境相似的模擬情境；(6)建立行為演練計畫，配合使用提示、行為塑造、和增強等策略；(7)當行為養成後，可逐步褪除行為演練計畫中使用的其他策略(Schloss & Smith, 1998)。

(四)提示

提示意指影響正向行為發生的刺激因素，可分為**自然提示**和**人為提示**(artificial prompts)(Schloss & Smith, 1998)或**教學提示**(Snell & Brown, 2000)。生態課程強調在教學時，要引進自然提示，告訴學生何種情境要從事此活動或表現此技能，如要從教室至五樓餐飲教室，或從百貨公司的五樓至地下一樓超市時，須搭電梯。若能善加運用自然時間表，或情境教學時間來教學(**本章第五節會詳述教學時間的安排**)，如在上完體能課後，教學生洗臉、換衣服等，自然提示就很容易被帶進來。如果自然提示未出現，教師也可以營造，如教學生操作錄音機音量控制按鈕，教師可在學生放錄音帶進入卡匣之前，先把音量控制按鈕調至大聲的位置，等學生播放時發現太大聲，而在此時教

導操作音量控制按鈕。

人為提示又包括**刺激提示**(stimulus prompts)和**反應提示** (response prompts)兩種,刺激提示是指提供刺激一些額外的線索,以協助學生產生正確的反應,例如刺激之內的提示(within stimulus prompts),有兩種呈現方式,一種是**刺激添加**(stimulus superimposition),將已知的刺激添加在未知的刺激之上(Snell & Brown, 2000),如教導學生認讀實用性詞彙,將圖片添加在該詞彙之上;另外一種是**刺激整合**(stimulus integration),意即將字詞整合於添加的刺激中,最常被使用的是將字詞整合於圖畫中,即圖畫整合(picture integration)的策略,以加強這個字詞的視覺效果,提昇學生理解和記憶(Conners, 1992),如圖 6-8 最右邊的例子,教導學生辨識飲水機和熱水器上「熱」這個字,將之整合於紅色火焰中。這兩種方式都可結合褪除策略,逐漸褪除添加的刺激,最後使學生認讀實用性詞彙。Conners(1992)回顧一些研究發現:兩種方式對認讀字詞均能產生良好的效果,但刺激整合的效果比刺激添加來得好。不過,部分學者(如:Singh 和 Solman)持不同的看法,他們認為添加圖像於字詞的作法不見得比沒有圖像來得好,它可能造成干擾和分心,關鍵點在於圖片放的位置,有研究指出圖片放在詞彙中的效果要比圖片放在詞彙外來得好(Conners, 1992),如圖 6-8 的例子。不過,圖片對認讀實用性詞彙的效果尚須進一步研究。

圖 6-8 使用兩種刺激添加和圖畫整合策略教導實用性詞彙的例子

反應提示是指在學生反應前，或是反應錯誤之後，教師給與的提示，為了增加學生正確的反應，反應提示包括以下六種類型：

1.口語提示

口語提示(verbal prompts)是指教師藉著口語指導的方式協助學生完成指定的動作，有兩種型態，一為**直接的口語提示**，意即教師直接告訴學生要完成的動作為何(例如：打開窗戶)；另一為**間接的口語提示**(例如：教室是不是很熱？)，意即教師並不直接告訴學生要完成的動作為何，而是以暗示性的口語，或是只提供依循的規則、部分步驟、和給與選項擇其一(Wolery, Ault, & Doyle, 1992)。

2.手勢提示

手勢提示(gestural prompts)是指教師藉著手勢(如指出)、表情、姿勢(如點頭)等方式，以協助學生完成指定的動作。

3.身體提示

身體提示(physical prompts)是指教師藉著肢體接觸，引導學生產生正確反應，有兩種型態，一為**部分身體提示**(partial physical prompts)，意即教師只給與部分肢體的接觸，如將手放在學生的左手，部分引導他穿進外套的左衣袖裡；另一為**完全身體提示**(full physical prompts)，意即教師直接用手全程帶領學生完成指定的動作。

4.示範動作

示範動作(modeling prompt)是指教師示範指定的動作給學生觀察和模仿，根據 Schloss 和 Smith(1998)的看法，有**自然示範**(in-vivo modeling)、**模擬示範**(analogue modeling)、和**工具示**

範(symbolic modeling)三種，茲比較其意義與優缺點如表 6-3。

表 6-3　三種示範的比較

類型	意義	優　　　點	缺　　　點
自然示範	拿自然情境中的典範作為個體模仿的對象。	較容易獲得信賴並接受典範，並能從自然情境中獲得相關線索及增強。	無法預期典範的行為反應。
模擬示範	拿模擬情境中的典範作為個體模仿的對象。	可確定典範的行為反應，教師可以控制學生觀摩學習的品質，且可以視需要中斷角色扮演。	因為是在非自然情境，個體可能會覺得不可信。
工具示範	使用書籍、錄影帶中的人物作為典範，讓個體模仿。	可事先準備與訓練主題有關的示範，且可重複使用。	無法像自然示範一樣獲得個體的信賴和接受。

5.視覺提示

視覺提示(visual prompt)是指教師以視覺型態展示資料，例如：文字、照片或圖畫等，以協助學生完成指定的動作。

6.混合的提示

混合的提示(mixed prompts)是指混合兩種以上的提示，以引導學生產生正確反應，例如結合口語提示和示範動作、結合口語提示和身體提示等。這些刺激和反應提示的優缺點如表 6-4(Holowach, 1989；李淑貞譯，民 86)。

表 6-4 各種提示的優缺點(修正自李淑貞,民 86,153 頁)

提示	型　態	優　點	缺　點
身體提示	肢體接觸-移動學生,例如教師將手完全放在小文的手上,帶著他穿外套(完全身體提示)。又教師輕拍小英的左手,部分引導穿進外套的左衣袖裡(部分身體提示)。	1.有益於: • 運動項目 2.有益於下列學生: • 表現外向行為的學生 • 視覺或聽覺易分心的學生 • 語言理解能力差的學生	1.可能會被烙上不好的形象。 2.對觸覺防衛高的學生較為不利。
視覺提示	以視覺型態展示資料,例如:文字或圖畫教學,例如以系列圖畫呈現煮飯的流程。	1.有益於: • 有順序的工作 2.有益於下列學生: • 語言理解能力差的學生 3.不需要教師接近或在場	1.需要社交覺知能力 2.需要敏銳的視覺 3.可能不易了解
示範動作	表演並解釋技能,示範並說明穿衣服的步驟。	1.有益於: • 組合或有順序的工作 2.有益於下列學生: • 觸覺防衛高的學生 • 語言理解能力差的學生 3.對一群學生進行教學,不需接近學生	1.需要模仿能力
手勢提示	指出正確反應的行動,例如指向地上的紙屑,提示學生撿起來。	1.有益於: • 無社交活動 • 單一技能工作 2.有益於下列學生: • 語言理解能力差的學生 • 觸覺差的學生 3.容易褪除	1.需要社交認知能力 2.需要敏銳的視覺 3.可能不易了解
口語提示	口語指導,例如「打開窗戶」(直接口語提示);「教室是不是很熱?」(間接口語提示)	1.有益於: • 口語的工作 • 社會的工作 2.有益於下列學生: • 以聽覺學習的學生 • 語言理解能力佳的學生 3.不需接近學生	1.需要良好語言能力 2.需要專注能力 3.可能不易褪除
刺激之內的提示	提供刺激一些額外的線索,例如在量杯上貼一段膠帶,標示出要倒多少清潔劑。	1.有益於: • 需要判斷的工作 2.有益於下列學生: • 以視覺學習的學生 • 容易依賴提示的學生 • 不需教師的接近	1.較少運用於社交活動

綜合相關文獻(Holowach, 1989; Martin & Pear, 1996; Schloss & Smith, 1998)，使用提示應注意的原則包括：(1)經由評量學生在重要活動中目前的表現水準來決定那一種提示可能有用；(2)所有的人為提示應該是精心設計安排的，如此這些提示才能漸近褪除；(3)建立最少量之提示系統(a system of least prompts，簡稱 SLP)；(4)協助的型態與量應該逐漸減少，直到學生不再接受任何的人為提示，而能對自然提示產生反應，做出活動的每一個步驟；(5)一致地使用提示；(6)只給一次提示，意即在學生做出反應(或不反應)與下一個測試開始之前，不要一再重複提示，並且給與學生反應的時間；(7)可配合使用時間延宕策略(time-delay strategy)(於下一段落描述)；(8)如果使用直接或間接的口語提示，教學人員宜變化所說的話，如此學生才不會將不相關的刺激與反應聯結在一起，例如：將「做下一個步驟」改成「下一個步驟是什麼？」，或「接下來要做什麼？」；(9)如果學生反應正確，使用人為增強或自然後果當作增強物。

此外，教師在給與提示時，須注意提示的份量不要超過能促使學生產生正確反應的量，否則會增加學生的依賴性。因此，教師可以利用學生前一個步驟的表現來決定提示的方法、種類、和份量，而且應視學生的反應，漸漸減少提示的份量。在建立最少量之提示系統方面，可以有兩種呈現方式，一種是**從最少量至最多量的提示**(已呈現在第五章第四節中)；一種是**從最多量至最少量的提示**，即**逐漸改變的身體協助**(graduated guidance)，它結合身體提示與褪除策略，例如教導穿脫衣服，從完全身體協助(用全部的手)到部分身體協助(只用拇指和食指)，再到觸碰式的協助(只用一隻手)；也可以透過倒向連鎖的方式，逐步褪除身體協助，逐漸改變的身體協助常被用來教導

重度智障學生自我照顧技能(Farlow & Snell, 2000)。

　　茲舉教「當交通號誌燈轉成綠色時，學生會過馬路」這項學習目標為例，呈現如何運用最少量至最多量的提示系統在教學中(見圖 6-9)。

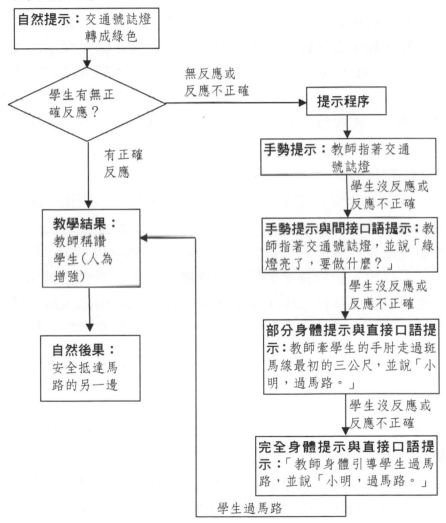

圖 6-9　運用提示策略教導學生過馬路(修正自李淑貞譯，民 86，174 頁)

(五)時間延宕策略

時間延宕策略是指在刺激呈現和給與提示之間加入多少的時間，剛開始是零秒，意即刺激和提示同時呈現，而後拉長時間。拉長的時間如果均保持固定，則為**固定時間延宕策略**(constant time delay strategy)，例如均固定五秒，刺激呈現後等待五秒，如果五秒鐘到學生尚無反應，教師才給與提示；而拉長的時間如果採累進的方式，則為**漸進時間延宕策略**(progressive time delay strategy)，例如從零秒累進至一秒，做過幾次練習，而後從一秒累進至兩秒，再做幾次練習，以此類推(Westling & Fox, 1995)。

(六)褪除

所謂褪除係指逐漸改變引發某項特定反應的刺激，最後使部分改變或完全新的刺激也能引起該項特定反應，這是要讓個體最後能在自然情境下獨立表現(Martin & Pear, 1996)。在方式上，可採取「**褪除提示的型態和程度**」，從人為提示褪除至自然提示；在人為提示中，由最多量的提示逐漸褪除至最少量的提示，如從身體提示褪除至口語提示，從完全身體提示褪除至部分身體提示；以及「**逐漸褪除刺激提示的程度**」，即刺激褪除策略，如逐漸褪除突出點、逐漸褪除圖片的提供、逐漸褪除描紅(如描紅的顏色變淡)或虛線的突出點(如虛線的緊密度變鬆)，以協助個體寫字等。另外，我們可以「**延宕給與提示的時間**」，意即將給與提示的時距拉長。

使用褪除策略宜注意的原則如下：(1)在使用褪除策略前，必須先確定學到的技能是否穩定或精熟；(2)使用褪除策略須考量是否有足夠時間，使個體發展出自然提示與行為後果之間的聯結關係；(3)在褪除的同時，逐步協助個體發展自我控制的策

略；(4)褪除須循序漸進，不可操之過急；(5)提供足夠的機會在自然情境中練習(Schloss & Smith, 1998)。

二、工作分析教學法

根據 White(1983)的定義，工作分析是以學生現階段的能力為準，將欲達成之教學目標中各項行為作有系統且詳細的描述。工作分析可以將複雜的工作內容分析成較精簡，而且易於執行的步驟，近年來它常應用於為身心障礙者(特別是重度障礙者)設計各種教學策略上，能促使教學目標更易具體及系統化(Buckley, Mank, & Sandow, 1990；林千惠，民 84a)。目前更進一步擴展工作分析為「活動分析」(Rainforth et al., 1992)。

採用工作分析的教學方式，便稱為「工作分析教學法」，它有兩個主要的概念：(1)以學生現階段能力為考量的起點；(2)必須與系統化教學的流程密切配合，系統化教學是個別化教學的具體表現，即為「診斷→教學→評量→再教學」的過程。工作分析教學法有四個優點：(1)有助於學生學習成效之提昇；(2)促進技能類化與維持；(3)適用於不同類型的學生；(4)有助於評量與記錄學生的學習表現，以及教學人員採用的訓練策略成效，進而作教學上之溝通(林千惠，民 82)。成功的工作分析教學法除了工作分析之外，尚須兼顧教學內容的系統設計，有效教學技能的應用，以及教學評量的確實執行。工作分析教學法的過程大致可分為：(1)設計工作分析步驟，(2)執行工作分析教學，以及(3)執行教學評量等三個階段(林千惠，民 84a, b)。

三、直接教學法

(一)意義與特徵

直接教學法有很多種，其中以 Carnine、Silbert 和

Kameenui(1990)所發展的直接教學法最適合智能障礙者。它強調透過訂定系統的課程計畫,仔細地選擇教學目標,編選組織精密、層次分明的教材,和運用有效的教學方法來進行教學。而教學內容則必須涵蓋所欲評量的範圍,並且注意學生是否專注於課業上的學習,而且強調教學要與課程密切配合,以及重視評量的及時性,其主要目的在於提高學生的學習表現(邱上真,民91)。直接教學法具有以下幾項特徵:

1. 以教師為中心的教學,訂定系統的課程計畫,仔細地選擇教學目標,使用結構性強與細步而排序明確的教材,運用有效的教學方法來進行教學,注意學生的專注度和學習動機,教師隨時監控學生的進步情形,以及重視評量與教學的配合等。

2. 強調分散式和小步驟的教學,每節課均包含新教、練習與複習等教學活動,每項活動均不超過十至十五分鐘。此種設計可避免學生注意力分散及過度學習的缺失,並可提昇學生的辨別力及長期記憶力。

3. 教學生認識一樣東西或一個概念時,如錢幣、車子,宜提供**充足的範例**(sufficient exemplars),甚至**多元的範例**(multiple exemplars),而且宜提供**正例**(即正確的例子)和**負例**(即不正確的例子)。**正例的選擇著重差異愈大愈好**,如將所有的錢幣都拿給學生看,以免推論不足,並可增強其應用力;而**負例的選擇則強調差異愈小愈好**,如拿假的錢幣給學生看,以突顯真的錢幣之最重要屬性,以避免過度推論。

4. 強調錯誤修正、診斷補救的方法,以及擁有先備技巧的重要性。

5.提供清楚明確的教學呈現技術，包括精密分組、同聲反
　應、反應訊號、座位安排、督導、錯誤修正、診斷補救、
　與引發動機的方法。

6.強調充分練習與累積複習的重要性，並提供可行的方式。

7.強調形成性的評量，對學生的進步情形與學習成果給與
　立即的回饋(feedback)。

(二)教學程序

根據 Rosenshine 和 Stevens (1986)，直接教學法的程序有
下列六個部分：

1.每日複習與作業檢查

每日均複習之前所學，並檢查前一天回家作業執行的情形。

2.教學

在教學時，首先說明本堂課的學習目標，學習的主要內容
或大綱(須具有結構性)；而後進行小步驟但不拖拉的教學步調。
在教學過程中，教師提供充足的圖解和具體的例子，以及示範
操作的過程，並利用問問題的方式，檢查學生是否真的了解；
如果不了解，再將重要概念或重點強調一遍，如果必要的話，
可提供較詳細的解說以及重複教學與舉例。

3.引導練習

在教師的指導下，學生開始做練習，而且所有的學生都要
有機會參與。從學生的練習和反應中，檢查學生是否真的理解。
在必要的地方，教師會給與額外的說明、提供回饋以及反覆的
解釋。練習時，教師要提供協助，並且讓每位學生都有充分練
習的機會，直到學生的學習已相當穩固，或是能獨立作業為止。

4.給與回饋

　　回饋意指將評量的訊息提供給個體，如此可以促使個體維持正向行為，或自我修正不佳的行為表現，以符合他人期望。對於學生正確的反應，給與**正向回饋**(positive feedback，即讚許)；對於學生遲疑的反應，給與適當的協助；而對於學生錯誤的反應，則要注意偵測學生的錯誤反應，並給與**矯正性的回饋**(corrective feedback)。

　　在給與矯正性的回饋時，我們須了解學生出現錯誤發生的時間(是在開始、結束、或任何時間)、錯誤的型態(是偶發的，或經常性、重複的錯誤)，以及發生原因，是學生本身的問題(如：注意力不集中、不了解教師所傳達的訊息、或是不知道該如何反應)、環境的因素(如：太吵雜，以至於學生錯誤解讀教師傳達的訊息)、還是教師的問題(如：說得太快、太慢，在學生還沒準備好的時候就傳達訊息)(Dever & Knapczyk, 1997; Young, West, & Macfarlane, 1994)。針對不同的原因，我們可以利用拉回學生注意力；改善環境的干擾因素；換個地點，再重新傳達訊息；再進行教學；讓他回憶步驟或再嘗試；以及簡化問題、提供線索／解釋等方法來矯正學生的錯誤。

　　綜合相關文獻(陳滿樺譯，民 84；Schloss & Smith, 1998)，使用回饋應注意的原則有：(1)回饋應具體、清楚、特定；(2)立即回饋；(3)經常性的回饋；(4)以現階段行為反應為準；(5)回饋具一致性；(6)正向回饋宜與矯正性回饋相平衡；(7)除了給與個人回饋外，也要給與團體回饋，以增進團隊合作的精神；(8)運用公開的圖表，並且把結果圖表化。

5.再練習

　　在回饋之後，再提供學生充分練習的機會，直到學生的學

習已相當穩固，或是能獨立作業為止。

6.週複習與月複習

系統性地複習過去學過的教材，或是提供具有複習性質的家庭作業，持續性的評量。如發現有任何重要的教材遺漏時，則需要再教學。

以上所列之教學程序，並非每一堂課、每一個步驟皆要進行，而且使用的教學策略也沒有一定的限制。換言之，各種教學策略皆可彈性應用。

四、通例課程方案

通例課程方案是 Englemann 和 Carnine (1982)所提出，他們將學習類化視為「通例行為學習」(general case learning)。根據他們的定義，「當學生會某類行為中的某些工作後，則此類行為中的其他任何類似的工作，都能正確的反應，他就學會了通例行為」。近年來，這種課程設計的原則，已成功地被應用到教導智能障礙兒童技能的學習和類化上(何素華，民 76)；Halle、Chadsey-Rusch 和 Collet-Klingenberg(1993)指出也可結合通例課程方案的特徵與日常生活作息，以教導智能障礙者溝通技能。參考 Steere(1997)和何素華的看法，加上筆者的整理，茲將其課程設計的步驟列成表 6-5，並舉例說明。

表 6-5　通例課程方案舉隅

步　驟	舉　例(教智能障礙者煮東西)
1.分析教學步驟並界定教學範圍	I.**教學步驟**： (1)鍋子裝水；(2)把鍋子放在爐子上；(3)點火； (4)把東西放入鍋內；(5)煮。 II.**教學範圍**： (1)考慮煮什麼東西要用什麼鍋煮。 (2)考慮不同食物煮之前的處理方式。 (3)考慮不同食物的烹煮時間....等。
2.分析刺激與反應中的共同特質及變化情形	I.**共同特質**： 　(1)鍋子裝水；(2)把鍋子放在爐子上； 　(3)點火；(4)把東西放入鍋內；(5)煮。 II.**變化情形**： 　(1)**刺激的變化**－＊鍋子的大小；＊瓦斯爐點火器的樣式；＊食物的種類和份量等。 　(2)**反應的變化**－＊量水的方法(用量杯量或目測)；＊點火的方法；＊煮以前是否需要處理(洗、切、削皮)；＊食物入鍋的時間；＊火候的大小；＊加蓋與否；＊烹調的時間等。
3.選擇教學及評量範例	這套教學範例必須能代表教學範圍中不同的變化，例如：(1)安排需要用大鍋或小鍋煮的不同食物份量；(2)安排不同烹煮時間的食物；(3)安排煮之前處理方式不同的食物。
4.安排範例順序	安排範例順序宜從刺激與反應中的共同特質先教，而後再教變化情形；變化的教學也宜從最小的變化至最大的變化，甚至例外的情形。例如範例順序安排如下，而變化的範圍和程序視學生的能力、需要、和學習狀況而有不同。 (1)煮一人份的泡麵(共同特質) (2)煮二人份的泡麵(食物份量不同 ▶ 水量有變化) (3)煮四人份的泡麵(食物份量不同 ▶ 水量和鍋子大小有變化) (4)煮四人份的青菜豆腐湯(食物份量和食物種類不同 ▶ 　　煮以前需要處理，水量和鍋子大小有變化) (5)煮四人份的綠豆湯(食物份量和食物種類不同 ▶ 　　煮以前需要處理，水量和鍋子大小有變化，烹煮的時間須較長)
5.教學	在教學過程中可視學生的需要加入提示系統。
6.評量並偵測類化情形	宜隨時評量和記錄學生的表現情形。

五、結構化教學法

　　結構化教學法是由 Schopler 等人，在其「自閉症及有溝通障礙兒童的治療與教育」(Treatment and Education of Autistic and related Communication Handicapped Children，簡稱 TEACCH) 專案中所提出。結構化教學法源起於自閉症兒童利用視覺多於其他感官，所以視覺策略是教導自閉症兒童的其中一個有效方法。在接收資料方面，視覺策略能幫助建立及維持兒童的專注力，使他們容易接收和明白資料；且能把抽象的概念具體化，使指令表現完整、清晰和統一，減少重複提示的次數等。在組織環境資訊方面，使用視覺策略能使自閉症兒童的生活更有組織和更有安全感，能幫助他們記憶和自我提示 (Schopler, Reichler, & Lansing, 1980)。

　　根據協康會(民 86)，以及王大延在結構化教學法錄影帶的口述(國立教育資料館，民 89)，結構化教學法就是運用視覺提示的設計，有組織、有系統地安排教學環境、材料及程序，讓學生從中學習，它包括了**環境、程序／時間、教材教具、和個人工作系統的結構化**。環境的結構化包括教室結構化分區、活動轉換區的設立、工作籃的安排等。程序／時間的結構化則是指時間表和工作順序的建立等；在編排時間表方面，因為自閉症兒童缺乏組織及順序的能力，所以按兒童個別能力讓他們預知當日活動的安排是非常重要的，如此可培養自閉症兒童順序工作的習慣，從而增強其專注力和獨立性。教材教具的結構化乃運用視覺線索將教材教具有系統地組織起來，讓學生易於了解。而個人工作系統的結構化也是應用視覺結構化的原理，將自閉症兒童例行的工作項目呈現出來，如圖 6-10 呈現小嘉的個人工作系統，這個工作系統中有六個步驟，全部以照片的方式

呈現，如果完成了這個步驟，則將插棒從未完成的紙袋中移至已完成的紙袋中，這是一種視覺提示。

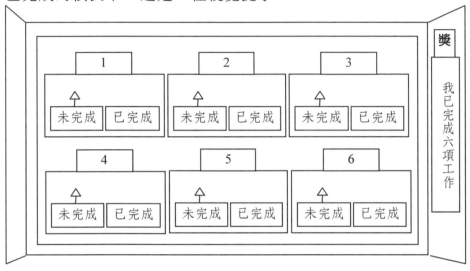

圖 6-10　個人工作系統

由上述可知，結構化教學法具有下列優點：(1)能把相關聯的資料預先整理，讓學生易於掌握其中的意義及概念；(2)能鼓勵學生將注意力集中在重要部分，避免他們注意不相關的刺激；(3)幫助學生安定情緒；(4)能提高學生的獨立能力。雖然結構化教學法原先是為自閉症及有溝通障礙兒童設計的，但其有組織、有系統的特質對智能障礙學生也非常適用，因此在啟智教育中也可運用。國內有兩份運用結構化教學法所編輯的教材，見王文珊、陳芊如(民 90)和李莉淳(民 90)。

楊碧桃(民 89)參考 TEACCH 之結構要項，針對智障學生的特性，提出啟智班教學的結構要項，包括週課表、工作卡、獨立作業練習、個人時間表、代幣制等五大項。其中若學生可以認字，則工作卡及個人時間表可合併成每週教學進度表。陳冠

杏、石美鳳(民 89)探討結構化教學法在啟智班班級經營之應用，他們把啟智班教學結構分為五大方向：第一，日課表的安排，訓練學生對每日作息有規律感，使學生對學校作息有預期感，降低由於對環境和活動不熟悉所引起的情緒困擾。有規律作息的成效是學生的大小便從不固定到時間固定，教師不再浪費時間幫學生換褲子。第二，結構化的空間安排，利用櫃子區分出個別教學區及團體教學區，此種安排的成效是學生清楚地知道自己的上課區域及位子。第三，視覺提示，把教學活動做成照片來呈現，學生熟悉後，就可以達到教學的成效。第四，個別工作制度，設計學生每人一套教材，主要實施在實用語文及實用數學，加強學生的認知及表達能力，其成效是學生能主動的工作，不會亂跑。第五，班級常規，把班級每天的活動程序安排在一張表格上，使學生能依流程來遵守，其成效相當好，學生皆有進步。他們總結結構化教學法應用於啟智班級經營中，可以使學生的情緒穩定、學習參與度提高、願意主動坐下來上課、知道上課流程、學習效果增加。

貳、認知與認知行為取向

認知取向主張學習是一種主動建構知識的歷程，而非僅僅被動地吸收知識。學習者扮演主動的角色，教學者應注意學生的認知、動機、情緒、先前知識、以及個人與社會文化背景，透過促發學生和課程的對話，把握舊知識與新知識有意義的關聯，來幫助學生建構和重組自己的知識體系。之後，有學者(如：A. Ellis, D. H. Meichenbaum)結合認知和行為取向的優點而成認知行為模式，起始於行為取向學者對於認知重組的重視，及認知取向學者漸漸承認行為取向在方法上的優勢所致。以下介紹

過程本位教學(process-based instruction，簡稱 PBI)和自我管理策略教學(self-management strategies)兩種方法。(有關這兩種教學方法在智能障礙者教學上應用之實徵性研究見第十章至第十五章)。

一、過程本位教學

　　過程本位教學係由 Ashman 在一九八○年代建立，過程本位教學以認知理論為基礎，強調學習發生在過程中，以計畫和作計畫為核心概念，教師透過協助學生作計畫的過程，發展學生作決定、問題解決、以及擬訂、使用和修正計畫的能力，並且訓練學生將「計畫」模式應用至生活情境中。過程本位教學包含了**介紹**(introduction)、**建立**(establishment)、**鞏固**(consolidation)和**整合**(incorporation)等四個教學階段，而每個階段也都使用定向(orientation)、獲得、和應用(application)三種教與學的循環策略，以確定學生習得計畫的概念和技能。此外，所有計畫的擬訂都必須包含**提示**、**行動**(acting)、**監控**(monitoring)、**驗證**(verifying)四個要素，藉由運作計畫的要素，培養學生有效管理、修正、和監督自己計畫的能力。由此可發現：過程本位教學重視學生的參與，期待學生成為一個主動學習的角色(Ashman & Conway, 1993；陳志宏，民 91；簡華慧，民 91)。茲舉「聚餐慶生」的計畫內容與分析為例，說明過程本位教學如 6-6。

表 6-6　「聚餐慶生」的計畫內容與分析

計畫步驟	計畫要素分析
1.計畫要到那裡聚餐慶生	提示
2.計畫要怎麼去	提示
3.計畫要準備什麼	提示
4.安排大家負責的工作(如：誰負責訂位、誰負責買蛋糕等)	行動
5.檢查行前準備工作	監控
6.去餐廳	行動
7.看菜單	提示
8.檢查錢夠不夠	提示、監控
9.點想要吃的內容	行動
10.檢查有沒有給錯	提示、監控
11.付錢	行動
12.檢查找的零錢	提示、監控
13.找位置坐下	行動
14.檢核本次計畫的準備和實施狀況	驗證

　　過程本位教學的概念後來也被應用在教導社會技能或社會技能上，形成**認知過程取向**(cognitive-process approach)的社會技能教學，它有別於行為取向著重在特定社會技能的教學，主張教導智障者如何產生適當社會技能的普遍性歷程(generative process)，採取**解碼、決定、表現、評量**和**統整**五個步驟(Soto, Toro-Zambrana, & Belfiore, 1994)，意即教導個體辨識情境的各層面(也就是解碼的步驟，例如：什麼人在場、發生什麼事)，而後決定採取什麼行為會比較適當，接著表現該行為，教師並教導在表現上須注意之處，最後協助學生統整所學的概念和方法。行為取向的教學策略對於特定社會技能的訓練是很有效的方式，但是如果要類化至不同情境時，認知過程取向可能會比較有利。

二、自我管理策略教學

自我管理是指透過內在的認知過程，影響外在的行為表現(Whitman, 1990a)。依據 White 以及 Copeland 和 Hughes(2002) 的資料，有以下幾種自我管理策略教學，茲分別敘述如下。

(一)自我規畫

自我規畫(self-scheduling)是指由個體自己建立每日生活作息的流程，如幾點起床、幾點上學…等，或是規畫休閒活動，讓他參與自己生活的安排。

(二)自我教導

自我教導(self-instruction)係由認知行為改變論者 D. Meichenbaum 所提出，他認為內在語言是自我指導與行為改變的基礎，Meichenbaum 使用自我教導訓練來增進個體正向的內在語言，使自我面臨某種工作或問題情境時，立即能用發自於內在的話語，指導自我表現行為與解決問題。自我教導訓練主要採行下述五個步驟：(1)**認知示範**(cognitive modeling)，教學人員操作並示範正確的自我教導內容，包括達成目標的步驟、正向的內在語言內容、以及對良好表現所作的自我增強話語等，以引導個體表現所欲訓練的行為；(2)**外顯引導**(external guidance)，個體在教學人員口語示範的引導下，先大聲複誦正確的內在語言；(3)**外顯的自我引導**(overt self-guidance)，讓個體大聲地以自我教導的口語，指導自己表現正確的行為；(4)**逐漸褪除外顯的自我引導**(faded, overt self-guidance)，個體輕聲地反覆練習以口語指導自己的行為；(5)**內隱的自我指導**(covert self-instruction)，個體以內隱的內在語言(如默念、點頭的方式)，引導自己表現正確的行為 (廖鳳池，民 79；Meichenbaum, 1977)。例如一位智能障礙學生會重複擦同一片玻璃，不會換擦

另一片玻璃，於是教師教導他使用自我語言「1、2、3、4、5，換面」來形成正向的行為。除此，自我教導策略也被運用在訓練社會技能，和培養自我控制和解決問題的能力上(Bambara & Gomez, 2001)，如將技能成份步驟口語化，並採用關鍵字，建立內在自我教導的過程，如教學生參與同儕的活動，包括「走近、看、問」三個步驟；教導學生面對問題情境時，採取「停、想、選、做」四個步驟，選擇經過思考之後，適當的解決方法去因應。

Agran 與 Moore(1994)以及 Browder 與 Minarovic(2000)，建議的自我教導策略有三個工作步驟(Did-Next-Now)：(1)我已經完成了什麼項目？(Did)(2)下一步該做什麼？(Next)(3)現在該做什麼？(Now)例如教師指著「洗餐盤」的圖卡示範說：「現在我要去洗餐盤」，並讓學生練習說一遍；當學生完成洗餐盤的動作後，教師指著「工作檢核表」中「洗餐盤」的圖片示範說：「我已經洗完餐盤，我可以打勾」，並讓學生練習說和做一遍；接著教師指著「擦桌子」的圖卡示範說：「下一步我要擦桌子」，而後讓學生練習說一遍，以此類推自我教導完成工作項目。

(三)自我決定

自我決定(self-determination)包括三方面：第一、自我決定表現的內容，如要學習什麼技能，或要改變什麼行為；第二、自我決定表現的標準；第三、自我選擇行為正向或負向後果的內容和數量。

(四)自我監控

自我監控(self-monitoring)係指觀察及記錄自己的行為表現，根據 Schloss 和 Smith(1998)，教導學生使用自我監控策略的程序包括下列五個步驟：(1)清楚地界定自我監控的行為或項

目；(2)解釋自我監控的目的；(3)示範觀察記錄的程序；(4)行為演練觀察記錄的程序；(5)練習對提示產生反應。Allen、White和 Test (1992)認為如果學生無法看懂文字，可藉著圖畫或照片的方式呈現要監控的項目，記錄的方式也要考慮學生的能力，採取他最能表現的方式作記錄。例如要學生準備洗車使用的工具或材料時，教師設計一張畫有這些工具或材料的圖片，圖片旁邊有一空格，如果學生已準備了這項工具或材料，則在空格中打勾。此外，自我監控策略也被有效地運用來協助學生維持對學習的注意力(Kapadia & Fantuzzo, 1988)。

(五)自我評鑑

自我評鑑(self-evaluation)係指根據自我監控及自我教導所得的個人資料，與自我決定的表現標準相比較，其結果作為提供自我獎懲或修改目標之參考。剛開始為確定個體自我評鑑的結果是否正確，教師核對他和個體之間評量結果的一致性，而後再逐漸褪除核對的動作。

(六)自我執行

自我執行(self-administration)是指在行為產生後，根據自我評鑑的結果，和自我選擇的行為後果，對自己進行自我增強或自我處罰，這當中要強調執行的確實性。

(七)目標設定

Copeland 和 Hughes(2002)指出目標設定(goal setting)包括了五個步驟：(1)選擇適合的目標；(2)設定表現的標準；(3)發展達到標準的計畫；(4)藉著與預先設定的標準作比較，以監控自己的表現；(5)如果有必要，調整他們的行為以達到目標。由此可發現目標設定涵蓋了自我規畫、自我決定、自我評鑑和自我監控四項成分。

三、學習策略的教學

　　第一章在探討智能障礙者的特徵時，曾提及部分學者表示智能障礙者不是沒有能力學習，而是不知道如何使用策略來學習，因此主張要教導智能障礙者學習策略，即教導他們「學習如何學習」，進而達到主動而有效的學習。Butler、Miller、Lee 和 Pierce(2001)回顧教導輕、中度智能障礙學生數學技能的相關研究發現：教導他們使用認知與學習策略可以促進其數學技能的學習。Forness 和 Kavale(1993)回顧兩百六十八篇研究也顯示教導智能障礙者記憶的策略確實能幫助他們學習與記憶。教導智能障礙者的學習策略可以包括認知策略(含記憶和理解策略)、其他支援性學習策略等。

(一)認知策略

1.記憶策略

　　有三種記憶策略，我們可以教導智能障礙者使用(邱上真，民 81)：第一種是**反覆處理或複習策略**(rehearsal)，是指用各種感官一而再、再而三地處理接收進來的訊息，如使用視覺的方式(例如：反覆地看)、聽覺的方式(例如：口頭複誦)、動作的方式(例如：反覆抄寫)。第二種是**精進策略**(elaboration)，包括利用**視覺線索**，例如心像法(把記憶的材料在腦中浮現一形象)、位置記憶法(意即把要記憶的材料與自己很熟悉的場所，以心像的方式產聯結，藉著依序回憶場所中的每一個位置來提取記憶的材料)等；或是提供**語意的線索**，例如使用諧音、聯想(如聯想 1 像棍子；教學生想像：「ㄇ像帽子；ㄩ像魚缸；ㄈ像魚缸打翻了」，以區辨三個注音符號)、關鍵字(如教導學生燙傷處理的關鍵字－沖、脫、泡、蓋、送)、首字法等方式來幫助學生記憶。其中使用聯想法時，須注意聯想的圖像須是學生熟悉且時常可

以看到的，例如聯想 4 像帆船，就不如聯想 4 像鼻子(可搭配人臉側面的圖畫)來得熟悉且常見。

第三種是**組織策略**(organization)，包括教導學生使用構圖、列表、大綱、或類聚(如記電話號碼時，將前三碼和後四碼分開成兩組)等方式來組織學習材料，以便於記憶。林淑貞(民80)使用圖畫心像策略(即提供圖畫引發學生產生視覺心像)教導國中輕度智能障礙學生記憶文章，結果發現它確實能增進其記憶；黃雪慧(民 79)的研究也呈現圖片與心像對語句記憶的效果；胡永崇(民 74)的研究同樣顯示運用心像中介策略能增進學生語文配對聯想學習。

2.理解策略

我們可以教導學生增進自己理解所學內容的策略，例如使用**自我問答法**(self-questioning)，回答自己設計的問題，以檢查自己理解和記憶的程度，研究顯示自我問答法可以增進學生的閱讀理解(林惠芬，民 86)。我們也可以教導學生摘要學習內容的重點，而後用自己的話說出來，即**複述法**(paraphrasing)(邱上真，民 81)。另外，在教導學生認讀實用性詞彙時，Nietupski、Williams 和 York(1979)提出**字彙分析的策略**(word analysis strategy)，可以從**語音**(phonetic)、**結構**(structural)、或**語意**(contextual)三方面去做分析，以增進學生的理解和記憶。字彙分析策略也可運用在中國字的教學，例如中國字的形聲字(江、何)，在教導時即可從語音、結構、和語意上去分析。又例如中國字的組成是由基本字，再加部首，而部首有表義的功能，比方「肥」這個字的部首是肉部，它的組成是指「下巴有很多肉」，這是從結構和語意上去分析。Conners(1992)回顧一些智能障礙者閱讀教學的研究發現：字彙分析策略能提昇智能障礙者認讀

實用性詞彙,並且能減少錯誤發生。

(二)其他支援性學習策略

我們可以教導智能障礙者的其他支援性學習策略包括:組織策略、資源使用策略等。三項重要的組織策略可以被教導,第一種是**經營學習或活動時間**,即規畫學習或日常活動的時間;第二種是**整理學習或生活空間**,如讀書或做作業時,規畫書桌的擺設,不會讓無關的東西干擾自己的專注力;或是整理自己房間的擺設,便於找到需要的東西。第三種是**整理學習材料**,如整理教師給的教材、作業單、或自己的作品等。至於資源使用策略則是教導學生使用圖書館、工具書(如:電子字典)、網路、或是詢問相關人員等方式來獲得資訊。

參、社會生態取向的教學模式

社會生態取向教學模式是以 L. S. Vygotsky(1978)的「社會建構論」(social constructivism)為基礎,他提出「學習引導發展」的觀點,認為學習扮演引導發展的主要角色,當學生在他們的「近側發展區」(zone of proximal development,意即給學生難度稍微高出其能獨立完成的學習內容)內進行活動時,若能得到教師的協助,則學習可引導發展向前進。換言之,Vygotsky 對兒童與社會環境的看法是:發展之所以能發生,在於「主動的兒童」與「積極的社會環境」彼此合作之故(邱上真,民 91)。

Vygotsky 主張鷹架教學(scaffolding teaching),它有以下幾個特徵:(1)學習乃眾人之事,它是一種共享的活動;(2)學習是教學者與學習者共同建構對他們有意義的教育情境,教學者透過溝通的方式與學習者達成對教學目標的共識;(3)給與學習者溫暖而正面的反應,並與學習者一起解決問題;(4)教學者的支

持必須在學習者的「近側發展區」內；(5)必須同時提昇學習者的自我規範能力(谷瑞勉譯，民 88；邱上真，民 91)。社會生態取向的教學策略有同儕教學 (peer-tutoring) 和合作學習 (cooperative learning)。

一、同儕教學

同儕教學是指同儕來擔任小老師，它是個可以創造三贏(教師、小老師、被教者)局面的教學方法，除被教者受益外，教師經由有效時間的運用，可落實個別化教學與重視個別差異，而小老師也可從教學中獲益，因為要把別人教懂之前，自己要先充分理解，而在教學的同時也可檢驗自己是否真理解了。Clark 和 Starr(1986)的研究即指出學生的記憶量因下列情況有所差異：能記住其「讀到」的百分之十；能記住其「聽到」的百分之二十；能記住其「看到」的百分之三十；能記住其「聽到及看到」的百分之五十；能記住其「說過」的百分之七十；能記住其「說過並做過」的百分之九十。由此可知讓學生說出來，甚至做出來的學習保留效果最好，而同儕教學就有這個好處。

同儕教學可以兩個人一組(一位小老師與一位被教者)，也可以多人一組(一位小老師與多位被教者)(邱上真，民 91)。實施同儕教學時，要慎選小老師，而且要對小老師施以訓練或提供實際演練的機會，另外也要鼓勵小教師適當的協助行為，並且要隨時評量和檢討協助的效果。

二、合作學習

(一)意義與特質

　　合作學習並不只是將學生置於小組中學習，更重要的是組織合作小組，促進小組的合作學習。合作學習並不是讓學生圍坐在一起，讓每個學生做作業而已；合作學習也不是由一個學生完成工作或作業，其他學生搭便車簽名而已。要成為真正的合作學習，小組中的每一個成員必須是休戚相關的，都應負起學習責任，分享資源，相互幫助，且每個成員都應有成功的學習表現(黃政傑、林佩璇，民 84；Johnson & Johnson, 1990)。合作學習與傳統學習不同之處如表 6-7：

表 6-7　合作學習與傳統學習不同之處
(修正自黃政傑、林佩璇，民 84，21 頁)

傳　統　學　習	合　作　學　習
●同質分組或隨意分組。	●異質分組。
●低度互賴，成員只為自己的學習負責；焦點只在個人表現。	●高度互賴，成員負責自己和他人的學習；焦點在於聯合表現。
●只重個人績效。	●團體和個人績效均重。
●成員各做各的，很少顧及他人的學習情形。	●成員相互促進學習的成功，真正一起工作，彼此支持和協助。
●忽視小組工作技巧，領導者指揮成員的參與。	●重視小組工作技巧，教導成員運用社會技巧，領導地位由成員分享。
●不運用團體歷程反省工作品質；獎勵個人成就。	●運用團體歷程反省工作品質和小組工作效能；強調持續的改進。

　　合作學習包括四個步驟：(1)教學前的準備，涵蓋決定小組人數、進行學生分組、分配組內角色、安排教室空間、準備教材等;(2)教學的實施，涵括說明學習任務、完成或成功的標準(如指出期許的合作行為、設計個別和團體績效評鑑的標準)、建立積極互賴性、進行合作學習教學、提供學習任務和小組工作技

巧的協助等；(3)參習評鑑與表揚，涵蓋追蹤學生的行為、評鑑學習結果、進行表揚等；(4)團體歷程與教學反省，如反省團體的功能，反省及改進整個教學過程等(黃政傑、林佩璇，民 84；Johnson & Johnson, 1990)。例如一個班級有十名學生，採異質分組，分成兩大組，一組各五位學生，分別完成兩間廁所的清潔，小組每一位成員依據其能力完成不同的工作項目。

肆、自然取向的教學模式

　　自然取向的教學模式有鑑於過去的教學以教師為主導，脫離自然情境，學生維持和類化成效有限，因此主張自然情境才是學習的最佳環境，教學發生於學校、居家或社區的日常生活情境，社區本位教學和自然取向的語言教學(naturalistic language teaching)是自然取向教學模式中最常被應用於智能障礙者的，以下作詳細說明。

一、社區本位教學

(一)社區本位教學的源起

　　社區本位教學是發展在「統合」的基礎上，它根源於「正常化原則」的思想。「正常化原則」自從丹麥 Bank-Mikkelsen 在一九七○年代提出後，再經由瑞典 Nirje 及美國的 Wolfensberger 兩位大師的極力倡導，特別強調身心障礙者的「個別性」(individuality)和「公民權」(citizenship)。在正常化的原則下，提供各種服務使身心障礙者與一般人不但有相處的機會，更使他們能在被接納下參與社會(黃金源，民 82；Falvey, 1989)。

(二)社區本位教學的意義與特徵

　　社區本位教學認為智能障礙者的最終歸宿是社區，所以啟

智教育應當注重轉銜，銜接學校生活與社區生活，教導智能障礙者能夠在社區中生活(使用社區資源、參與社區活動)，並與一般人統合在一起。因此，智能障礙者的教學地點強調零推論的策略，少部分在教室內，大部分時間走出教室，到社區的菜市場、超市、郵局等一般人生活的社區。另外，社區本位教學強調功能性原則，教學的內容要配合生理年齡，教導智能障礙者實際生活中重要而必備的活動與技能，使其能參與多樣性的社區生活。對於他們有困難之處，教師利用修正與支持的策略，以達到部分參與的原則(黃金源，民 82；陳靜江，民 85a；Falvey, 1989)。

(三)社區本位教學的優點

綜合相關資料(張勝成、王明泉，民 88；Ford et al., 1989; Belfior, Browder, & Mace, 1993)，社區本位教學使用在智能障礙者身上，具有下列優點：(1)能增進其社區生活能力；(2)能幫助他們統整所學的能力；(3)能提昇其類化能力；(4)能因應他們抽象學習能力較差的特徵，藉著真實而具體的材料來幫助其學習；(5)能提高其學習動機和興趣；(6)能促進他們偶發學習和問題解決的能力；(7)能增加他們與一般人接觸的機會，並有助於消除社會人士對他們的排斥。

(四)社區本位教學的實施過程

綜合相關資料(張勝成、王明泉，民 88；Ford et al., 1989; Falvey, 1989)，社區本位教學的實施過程包括以下幾個步驟：(1)發展合適的目標：決定要學習的活動；(2)決定學習此活動的社區環境；(3)勘察進行此活動的社區環境，了解環境的要求，並尋求環境的配合；(4)進行活動分析；(5)分析學習此活動所必備的技能；(6)選擇教學場所(可包括模擬和自然情境)；(7)收集學

生起點行為的資料；(8)決定評量標準；(9)排列教學次序；(10)選擇教學策略；(11)設計調整或修正策略，以及提示系統；(12)設計增強與矯正錯誤的方式與程序；(13)發展評量系統；(14)教學(可包括模擬和自然情境的教學)；(15)評量學生學習效果：可包括訓練和維持期的評量；(16)如果學生學習效果不佳，必要時修正課程計畫。

(五)社區本位教學的實施原則

綜合相關資料(張勝成、王明泉，民 88；鄭麗月，民 89；Ford et al., 1989; Falvey, 1989; Sailor et al., 1986)，加上筆者的看法，社區本位教學的實施原則如下：

1.教學前

(1)先確認目標，決定要學習的活動和技能，而教導的活動或技能必須是功能性的，意即對學生現在和未來社區生活是有幫助的。另外，可根據學生能力的差異，在活動參與的範圍、表現的方式等作調整或修正。

(2)選擇用來教學的社區環境必須注意以下幾個原則：第一，與目標相配合；第二，考慮學生的年齡，他或其家庭的生活經驗、習慣、意願與喜好；第三，此環境是學生或其家庭現在和未來常會使用的；第四，此環境在學生非上學時間也能被使用；第五，此環境所需要的技能在其他許多社區環境都用得上。

(3)活動的安排可配合自然時間表，例如走路走累了，到公園休息；口渴了，去便利商店買飲料；午餐時間進入社區餐廳用餐。

(4)教學前須作有組織地安排，如規畫目標和地點；勘察進行活動的環境，了解其中的次級環境、設備(廁所、逃生

門)、以及要求，並通知地點負責人，尋求環境的配合；安排到達地點的方式(如：走路、使用何種交通工具)、隊形(如：高組和低組學生兩兩一組)、和移動路線；讓學生作行前準備等。

(5)教導學生社區本位教學須注意的事項，例如：交通安全、參觀或使用社區環境須注意的地方等。

(6)通知學校行政單位，填寫「戶外教學申請表」。

(7)通知父母，與他們討論實施社區本位教學所需的費用，並且可以邀請他們的參與。

(8)如果剛開始實施社區本位教學，且教師人手不足時，教學時間宜選擇在車流量少、人潮較不擁擠的時候。

(11)出發前，教師宜注意學生的生理和心理狀態。

(12)為避免學生走失，可讓學生佩帶名牌，或服裝統一。

(13)準備易於攜帶的急救箱。

(14)對於某些肢體動作能力不佳的學生，可採用適當的輔助性科技(如：護腕、護膝)。

(15)注意天氣，如果天氣有變化，須準備備案。

2.教學中

(1)須注意學生的安全。

(2)可配合情況，實施隨機教學。

(3)利用數位相機、照片或攝影機記錄下活動的過程。

(4)教學中讓學生參與，且引進自然後果，並注意學生秩序和行為的管理等。

(5)盡可能安排與一般人互動的機會。

(6)教導學生如何面對別人可能會有的異樣態度。

3.教學後

　　(1)協助父母如何配合進行教學。

　　(2)分享和整理學習結果、評量學生表現、檢討教學活動成
　　　效等。

　　McDonnell、Hardman、Hightower、Keifer-O'Donnell 和
Drew(1993)使用社區本位教學，教導三十四位高中階段的中度
至極重度的智能障礙學生，結果發現他們在適應行為量表四個
分量表中有三個，即社會和溝通、個人生活與社區生活，後測
的分數均顯著優於前測，只有動作分量表未達顯著進步。

二、自然取向的語言教學

　　自然取向的語言教學有鑑於過去的語言教學以教師為主
導，脫離自然情境，學生維持和類化成效有限，因此主張自然
情境才是語言發展的最佳環境，以學生此時此刻注意的焦點或
興趣的活動為依據，透過自然發生的活動或互動情境，創造語
言學習機會。其中**自然環境教學法或環境教學法**(milieu teaching)
為自然取向語言教學最具代表性的，它有以下幾個特徵(倪志
琳，民 86；劉麗容，民 84；Alpet & Kaiser, 1992; Hemmeter &
Kaiser, 1994; Kaiser, 2000; Koegel, O'Dell, & Koegel, 1987;
Sigafoos & Reichle, 1993)：

　　(一)提倡功能性溝通，重視語意和語用，視語言為溝通的工
　　　　具，將溝通能力作為主要的教學目標，並且重視雙向溝
　　　　通。

　　(二)教學發生於學校、居家或社區的日常生活情境，並考慮
　　　　社會文化背景的差異。

　　(三)安排能促進個體溝通的環境，以確保學生擁有足夠的機

會使用語言，促進個體溝通的環境安排策略如下：

1. 安排個體感興趣的教材或活動，這些教材或活動可變化輪替，以增進個體的興趣，而在他從事這些活動時，與其互動。
2. 教材擺在個體看得見卻拿不到的地方。
3. 提供個體需要協助才能使用的教材或教具。
4. 提供不當比例的物品或材料，使個體要求其他部分，如吃點心時，只給一些果汁或一小片餅乾。
5. 只提供部分物品或材料，如畫圖時只提供圖畫紙，喝綠豆湯時只提供湯匙；此項策略的前提是個體已具有察覺差異的能力，運用此策略時應小心避免造成個體太大的挫折感。
6. 在他吃得很飽的時候，繼續拿東西給他吃，以教他拒絕的語言。
7. 做個體不希望你做的事，如坐他的位子。
8. 製造可笑不合期待的事，如假裝穿個體的衣服，故意拿漢堡模型給他吃等，此項策略的前提是個體對日常作息有基本的認識與期待。
9. 提供個體選擇的機會，可用口語或非口語的方式讓個體做選擇，通常在其喜歡與不喜歡物品間，個體最有可能做選擇。

(四)以對個體感興趣的事物或活動做回應為教學的時機。
(五)溝通意圖能引發自然後果，亦即以個體喜好的材料、物品、或活動等作為獎勵的增強物。
(六)教師扮演的角色為促發學生溝通表達的協助者，有別於過去語言教學教師扮演主控者的角色。

環境教學法要有效實施，須具備五項要素(Kaiser, 2000)：第一、使用示範、隨機教學法(incidental teaching)、指令－示範(mand-model)、時間延宕四種教學策略；第二、作教學前的評量、計畫和教學後的評鑑；第三、安排能促發溝通的環境；第四、教學人員採取回應和對話的型態與個體溝通；第五、在教室中能有效地做行為管理，以確保有足夠的時間、空間和機會作溝通，如圖 6-11。

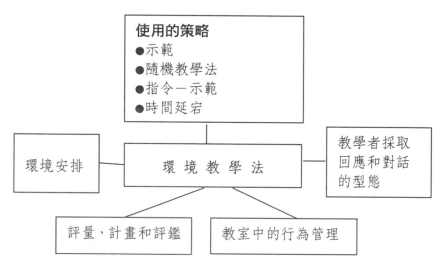

圖 6-11 實施環境教學法的有效要素(修正自 Kaiser, 2000, p. 456)

Kaiser(2000)回顧使用環境教學法所做的研究，結果發現它能增進個體的溝通能力(如開啟與人的對話、作回應、提出要求)，甚至提昇整體的語言發展。然而，在日常生活中，如何有效把握時機，敏銳的解讀個體的行為訊息，適時的給與多次的學習機會，這對運用環境教學法是一大考驗。

伍、多元智力的教學模式

Gardner(1993)指出多元智力的教學其實不是什麼新概念，

許多教學模式基本上是運用不同術語的多元智力教學，如多感官教學(multi-sensory teaching)或多通道教學(multi-modal teaching)、全語言教學(whole-language instruction)等，只是多元智力的教學更廣泛而系統地運用多元的教學方法，這些方法與個體的智力有關聯，並且強調運用個體的優勢智力來切入其有困難的學習項目。以下從多元智力理論與特殊教育、以及多元智力的教學方法兩方面作深入探討。

一、多元智力理論與特殊教育

一九八三年，Gardner 提出「多元智力理論」，企圖打破以往對人類智力的刻板印象，而將人類的心智能力分為至少八種，即語言、邏輯－數學、空間、身體動作、音樂、人際、內省和自然觀察八種智力。Gardner 堅稱這些是「智力」，而不是才能或性向，並且這些智力是平等的，不分軒輕的；另外它們是複數的，意即各種能力的組合。他認為在人的一生中，這些智力不斷受先天及後天的影響開啟或關閉，而教育最主要的目的，不只是在知識的傳授，更是在發掘和引領這些智力的發展。根據 Armstrong(1994)和 Gardner(1993)的研究，多元智力理論對特殊教育的啟示如下：

(一)以寬廣的角度來看障礙

根據 Armstrong (1994)的看法，多元智力理論對於特殊教育有著深遠的意義，它把能力的定義放寬，以寬廣的角度來看障礙，用全人的角度來看待有特殊需求的學生，視他們在很多智力領域具有優點。

(二)改變特殊教育的派典

Armstrong (1994)指出過去特殊教育採取缺陷派典，把有特殊需求的學生看作是具有缺陷、異常、疾病等問題，而多元智

力理論提供了一個成長派典，以幫助在學校中有特殊需求的學生。它不否認障礙的存在，但是對於那些有特殊需求的學生，基本上是以健康的個體來看待他們的。

(三)強調界定學生的長處或優點，並從這些長處來進行教學

Gardner (1983)指出教師必須發現有特殊需求學生的「多元智力長處」，進而運用替代的方式學習，以擺脫那些造成其學習困難的障礙，開發他們更高度發展的智能，這也就是「另闢蹊徑、順勢操作、優勢學習、擷長補短」的教學概念。換句話說，一個孩子如果某個學科表現不行，我們應從他專長的智力項目切入補救有困難的項目，而不是用他比較弱的智力項目去改進他已落後的技能，這樣事倍功半，只會增加學生的挫敗感，最後甚至讓他的學習興趣消失，進而也增加教師教學的無力感。

(四)使用多元智力理論在個別化教育計畫的擬訂中

在為特殊需求學生擬訂個別化教育計畫時，我們常忽略他們最優勢的智力，而去專注他們最弱的那一方面。多元智力理論能夠協助教師辨別學生的優勢智力和所喜歡的學習方式，而這些訊息可以作為擬訂個別化教育計畫的基礎。

二、多元智力的教學方法

多元智力理論為教學方法開闢了一條寬廣的道路，它認為沒有任何一種教學方法在所有的時期，對所有的學生都適合；也就是說，所有的學生在八項智力中有不同的傾向，因此任何一種方法很可能對某些學生有效，然而對另外一些學生就不太有效(李平譯，民 86；Armstrong, 1994)。由於學生的個別差異，Gardner(1993)建議教師對學生最好運用多元的教學方法，一旦教師變換強調不同智力的教學方式，學生將會更有興趣，且在一堂課或一天中，學生總是有機會發揮他的智力優勢來學習

的。每項智力的教學方法使用不同的方式來達成教學目標，值得一提的是，每項智力的某些教學方法並非專屬那項智力，而可能是運用多項智力的，如此的呈現只是為了便於介紹。綜合Armstrong、李平，以及郭俊賢、陳淑惠譯(民 87)的資料，筆者整理出每項智力的教學方法如下。

(一)語言智力

教師在使用語言智力的教學方法時，思考的問題是「我如何使用口頭或文字語言來教學？」，使用的教學策略有講故事、腦力激盪、寫日記、錄音、出版、問問題尋求答案、小組討論、交流時間、演講、辯論、朗讀、寫作活動、文字遊戲、使用電腦文書處理系統等。

(二)邏輯數學智力

教師在使用邏輯數學智力的教學方法時,思考的問題是「我如何將數字、計算、分類或邏輯思維等引進課堂？」，使用的教學策略有計算與定量、分類與分等、猜謎和遊戲、問題解決練習等。

(三)空間智力

教師在使用空間智力的教學方法時，思考的問題是「我如何運用視覺輔助教材、想像、色彩、藝術或比喻來教學？」，使用的教學策略有影像立體呈現、彩色記號、圖解符號、圖畫比喻、思維素描、概念圖、拼組和連圖等。

(四)身體動作智力

教師在使用身體動作智力的教學方法時,思考的問題是「我如何運用整個身體或動手操作來教學？」，使用的教學策略有運用肢體語言回答問題、概念動作化、肢體圖、操作練習、課堂劇場、競賽性與合作性的遊戲、創造性運動、實地參觀、模

擬表演、手工製作等。例如教導數量概念時,可以進行「搶救哈姆太郎」的活動,教師說明「現在哈姆太郎有困難,需要你們的幫助,請拿八枝鉛筆、五個杯子…等」。

(五)音樂智力

教師在使用音樂智力的教學方法時,思考的問題是「如何引進音樂、環境音響或把教學重點放在有節奏或有旋律的曲調內?」,使用的教學策略有心情音樂、概念音樂化、歌曲和吟唱、播放音樂呈現主題等。例如將教學的重點設計在學生熟悉且喜歡的歌曲中,使用唱歌的方式來學習。

(六)人際智力

教師在使用人際智力的教學方法時,思考的問題是「如何運用同伴分享、合作學習、或團體模擬活動來教學?」,使用的教學策略有人群雕像、同伴分享、同儕教學、合作學習、模擬、參與社區活動、和使用電腦互動軟體等。例如教導錄音機的按鍵,使用人群雕像呈現要拼寫的 PLAY(每位學生拿一個字母)。

(七)內省智力

教師在使用內省智力的教學方法時,思考的問題是「如何喚起個人感覺、記憶或給學生選擇的時間?」,使用的教學策略有一分鐘內省期、個人經歷的聯繫、選擇、制定目標、規畫個人學習空間和時間、安排適性且符合其興趣的課程等。例如學生如果對汽車有興趣,則可教其從認識汽車品牌(如:TOYOTA)來學習英文字母。

(八)自然觀察智力

教師在使用自然觀察智力的教學方法時,思考的問題是「如何運用觀察來教學?」,使用的教學策略有田野觀察、察覺關

係、創造一個教室博物館、製作收藏品、栽種觀察、認養一棵樹作觀察等。

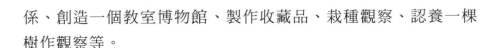

第四節　選擇或設計教具

在教學過程中如欲達到理想的教學目標，則教具在教學過程中的呈現，具有輔助教學技巧以及發揮教學功能的作用。教具可由教師從生活情境中收集或自製，抑或由學校採購，以下討論教具的意義和類型、功能、以及選擇或設計教具須注意的原則。

壹、教具的意義和類型

教具是指學生學習教材的媒介物，教學時教師透過教具之操作，或是學生亦可共用操作，以使學生更容易在透過教具的操作過程，掌握教材的內容，進而達成教學目標。教具可包括以下幾種類型：

一、實物類：各種具體物如鈕扣、水果、球、飲料、石頭等均是。

二、標本(模型)類：各種動植物和礦物標本、人體模型等。

三、多媒體類：如錄影帶、幻燈片、投影片等。

四、圖表和相片類：可替代實物的如相片、圖片等，方便呈現。

五、文字和符號卡片類：各種數字卡、注音符號卡、文字卡等。

這些教具類型若從具體程度，可分成具體(如實物)、半具體(依據半具體的程度可包括：實物的標本或模型、拍攝實物的錄

影帶／幻燈片／投影片／照片、手繪的圖片／投影片等)、抽象
(文字和符號卡片等)。

貳、教具的功能

綜合相關資料(國立彰化啟智學校，民 84；Dever &
Knapczyk, 1997; Hickson et al., 1995)，教具有下列幾項功能：(1)
呈現多重刺激，能提高學生學習興趣，誘發學習動機；(2)增進
學生的記憶力、專注力、和持久力；(3)透過教具的操作，能協
助學生習得抽象概念；(4)藉著教具能充實學生生活經驗；(5)
能擴充學生思考的範圍，增進解決問題的能力；(6)能訓練學生
自我操作，獨立學習的能力；(7)可達到反覆學習和練習的目的；
(8)可以節省教師教的時間，及學生學的時間；(9)促使教學多樣
化和生動化。

參、選擇或設計教具須注意的原則

綜合相關資料(吳谷忠，民 85；盧台華、呂翠華，民 84；
Dever & Knapczyk, 1997)，加上筆者的經驗，選擇或設計教具須
注意以下幾點原則：

一、將家庭、學校、社區視為教具的來源，依教學所需，教
　　師應隨時留意生活中可用的教具，例如：書報、雜誌、
　　廣告單等，廣為收集，妥善運用。

二、教具本身不是目的，應配合課程目標來安排，且可因應
　　目標的層次性而作系統的安排，如要教學生區辨兩樣東
　　西或兩種概念時，宜從最大的變化至最小的變化。如案
　　例 6-3 所示，教學生分辨削過皮和沒有削過皮的，宜先
　　從削蘋果等有明顯差異的材料開始，而不是削紅蘿蔔這

種差異不明顯的材料。待學生能分辨後，再提供差異不
明顯的材料。

【案例 6-3】教師在上「打果菜汁」這個單元時，教學生使用刨刀，
先為蔬菜水果削皮，並且分辨何謂削過皮和沒有削過皮的。教師
拿了紅蘿蔔來做例子，結果學生把紅蘿蔔愈削愈小。

三、盡量選擇生活情境中的真實材料作為教具，如實物、信
　　封、廣告單等，即教具也應具有功能性，最好不要使用
　　模擬的教具。另外，也要注意這樣教具在學生生態環境
　　中是否有，是否常見到或用到，例如教師使用量杯教學
　　生倒適量的蜂蜜至果汁機中製作木瓜牛奶，我們須考慮
　　學生的環境中有無此量杯，如果沒有，可使用學生的杯
　　子作量杯。

四、使用可同時達到多項教學目標，有助於培養學生多項能
　　力，以及適應不同程度學生的教具。

五、使用能運用視覺、觸覺、聽覺、動覺等多重感官，並能
　　符合學生興趣的教具。

六、教具最好能具有指正或調整錯誤的作用，學生在操作中
　　即能達到對自我作評量和修正的目的，如一些電腦輔助
　　軟體即有此功能。

七、教具宜經濟耐用，在生活中就地取材、廢物利用，並經
　　得起反覆使用，如護貝過的圖卡則較為耐用。

八、教具的大小最好合宜，方便取用、收藏、和保管。此外，
　　宜選用具安全性的材質，可用安全的代用品，如以透明
　　壓克力代替玻璃，或以電池代替插頭等。製作完後應檢
　　查是否會刮手，直角、邊等是否有磨圓。還有教具宜具
　　有良好的視覺感，如字體宜正楷清晰、大小合度，圖片

真實清楚等。

九、教具的設計宜保持彈性，讓教師可變換重複使用，如設計貼有魔鬼氈、可拆卸式的圖卡和字卡，讓教師可以變換圖卡的位置，如此可避免學生固著的反應，例如圖6-12教導錄音機按鍵的教具，便是可拆卸式的圖卡和字卡。另外，教具的製作和呈現要注意是否過於雜亂，使用上是否方便，例如製作木瓜牛奶的流程，將文字和照片全部寫在海報紙上，就不如將文字製作成文字條，且護貝起來，逐步呈現。又例如要學生使用大賣場的廣告單購物，刺激過多，最好剪下要購買的東西之圖片，而後分區貼在白紙上，作成購物單，如此較簡單明瞭。

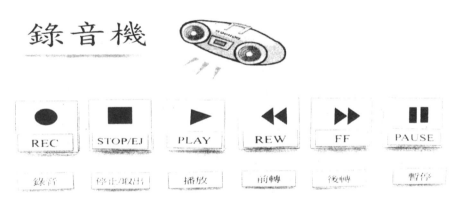

圖 6-12　教導錄音機按鍵的教具

十、使用能符合學生能力的教具，如煮泡麵的流程用數字標示出步驟，須考慮學生是否了解數字的意義，如果無法，則可使用箭頭。又例如教學生認識和使用錢幣時，教師設計三種教具給認知功能低中高的學生，如圖6-13，其中飲料圖卡和價錢標籤是可拆卸的，因此可重

複使用，低組學生有真實錢幣的提示；中低組有拓印的錢幣圖片作提示；中高組有錢幣大小的提示；高組則完全沒有提示。

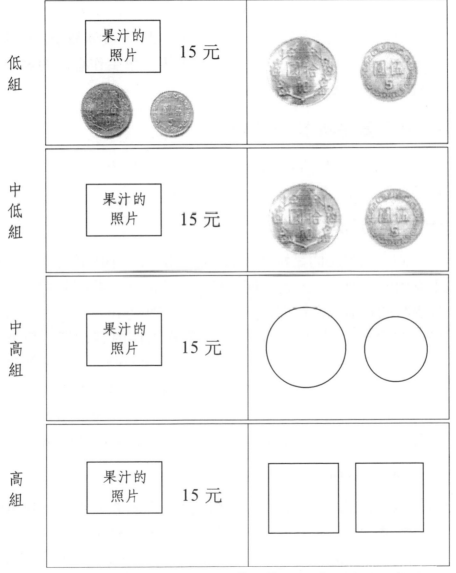

圖 6-13　因應學生不同能力的「錢幣之認識和使用」教具

第五節　安排教學時間

　　要安排教學時間，首先須了解有那些可以運用的教學時間，而且要妥善地安排。之後，我們再據以發展課表／學生作息時間表，以及配合個別化教育計畫的目標，發展教學進度表。以下討論妥善安排教學時間、發展課表／學生作息時間表，以及發展教學進度表三個部分。

壹、妥善安排教學時間

　　有四種教學時間，即單元教學、情境教學、例行教學、和個別教學時間，我們須了解並妥善安排。

一、單元教學時間

　　單元教學時間是指在一個短的期限內，集中教導某個課程主題內的目標，可適合不同年齡、程度的學生共同學習，此種教學時間特別適合個別化教育計畫中那些可在二至三週內密集學會的目標，例如：認識三種職業的工作內容…等。另外，Bambara 和 Warren(1993)指出：那些重複性的工作，例如職場中分類的工作，活動中某項困難的步驟，或是比較複雜、不易區辨的概念，藉著集中式系統的教學與練習，可以增進學生的學習，不過最後還是要安排在自然情境完整的活動中練習。

二、情境教學時間

　　情境教學時間是指在自然情境中，依**自然時間表**或**隨機時刻**來教導學生，如學生個別化教育計畫的目標中，有大部分可以利用情境教學時間來指導，例如上下樓、吃飯、如廁等目標，宜配合自然時間表，利用當時的真實情境進行指導，如此才能

帶進自然提示和自然後果，學生也才會知道從事這項活動的意義。又例如教室中來了一位客人，老師趁機教導學生打招呼；一位學生看到老師便說：「老師，笑笑」，這時教師引導學生詢問：「老師，你在笑什麼？」在案例 6-4 中，小華不了解搭電梯的目的，甚至以為是遊戲，搭電梯最好能在情境教學時間教導；而重複裝入和拿出底片的動作也不符合常態，如果材料真的不夠，最好能在不同天進行裝入和拿出底片的動作。

【案例 6-4】老師在第一、二節課中重複教學生搭電梯上上下下，到第二節課時，多數學生已無興致，只有過動的小華樂此不疲，甚至下課時間也在玩電梯。接著在第三、四節課中，老師教學生將底片放進底片盒，由於材料不夠，所以讓學生放進去而後再拿出來，重複練習，小華非常不解，抗拒把底片再拿出來。

Drew 等人(1996)指出經常而分散的練習比大量集中式的練習較能提昇智能障礙學生技能的獲得與保留。Cipani 和 Spooner(1994)進一步指出如果這樣的練習是自然分配的，意即配合自然情境的生活作息，那更能增進智能障礙學生技能的獲得與類化。

三、例行教學時間

例行教學時間是指安排每日或定期(如：每星期)的某個時間來教導，用以指導個別化教育計畫中適合「少量多餐」式的目標，例如：認識日期、天氣等目標，應安排每日短暫的教導，能力好者寫出日期；能力較低者在月曆今天的日期上黏貼星號貼紙；或是撕下昨天的日曆，並說出今天的日期等。

四、個別教學時間

個別教學時間是指一對一的補救教學時間，用來教導學生某項特殊缺陷(如視知覺缺陷、發音異常等)，或加強新生的常規訓練。

彙整每位學生的個別化教育計畫目標形成課程目標之後，我們可依目標的性質安排上述教學時間，先分配能在情境教學時間中教的目標，我們會發現，其實大部分目標都能在情境教學時間中教。接著分配可以在例行教學時間教的目標，其他則安排在單元教學時間中教；最後，實在無法分配到其他教學時間的，乃個別學生的特殊需要，則安排到個別教學時間中指導。

分配教學時間時，要注意每一個目標都要分配到，而且一個目標不一定只分配到一種教學時間，例如「資源回收」的能力，除了分配到單元教學時間來教導外，也有可能分配到情境教學時間教；如果學生有動作缺陷，那也有可能分配到個別教學時間教，一個目標有反覆被教到的機會，想學不會也難，只要這個目標的性質適合這種教學時間的指導形式即可。舉一例說明如何安排學生個別化教育計畫目標的教學時間如表 6-8。

表 6-8　「搭電梯」主題教學時間的安排

領域	課程主題	課程目標	教　學　時　間
社會適應	搭電梯	能搭電梯至目的地	**單元教學時間**：九十二年九月十五日兩節生活教育，嵌入於要到三樓生活教育教室教導整理床舖的活動。 **情境教學時間：**九十二年九月十五日至學期末，利用到其他樓層的教室上課，到同學家作客，或到超市購物等的情境中教學。

貳、發展課表／學生作息時間表

　　一張設計良好的課表，須包含當日重要的課程和活動，且依據學生的年齡及能力來設計(如果學生看不懂文字，則搭配圖片或照片)，如果能夠的話，也可以讓學生參與訂定。另外，要確定學生能理解課表的內容，並放置在固定而醒目的地方，讓他們能預期今天要做些什麼。在安排課表時，要考慮**學生的特性和體能狀況、生理時鐘、自然時間**，讓課表也具有功能性。例如下午第一節課，學生剛睡醒，比較不適合排靜態的課程；假使班級學生普遍體能狀況不佳，則不適合安排連續的動態課程；在第四節課可配合自然時間表，安排簡易餐點的製作(放在第一節課則不恰當，如案例 6-5，除非教師要通知家長今天不讓孩子吃早餐)，學生做好後便可當作午餐，並可教導用餐活動和餐飲禮儀，用完餐後教導餐後的清潔活動。另外，如果學生每個星期一有週一症候群，早上行為問題特別多，在週一早上的課可安排學生較有興趣的課程，並抒解其情緒。對於學生比較不喜歡的課，可採三明治的排課方式，夾在兩門他喜歡的課程中間，茲舉一例說明班級課表如表 6-9。

【案例 6-5】教師在第一節課教導學生做三明治的活動，結果教師非常賣力地教，而學生意興闌珊，教師告訴他們：「你們不做，就沒得吃。」其中小明應答道：「不吃就不吃，我吃過早餐了，不餓。」

　　除了班級課表外，也可為個別學生的特殊需求，設計個別課表或作息時間表，並給與圖片、照片或實物的視覺線索，例如 Beukelman 和 Mirenda(1992)設計了一個「每日作息箱」(calendar box)，這個箱子有好幾格，教師可以自左至右放置從

事該活動所需要的一個代表物品或圖片、照片，讓重度智能障礙者知道今天的生活作息；如果學生完成了該項活動，則可以將該物品或圖片、照片放置在已完成的容器中。

表 6-9　班級課表舉例

星期 節次	一	二	三	四	五
晨間	升旗、全校晨間活動				
8:25 ∫ 8:45	導師時間： 1.A、C、D、F：晨跑－體能訓練；B、E：如廁訓練 2.今天是幾月幾日星期幾，加強日期和星期的概念； A：換棉布日曆上的日期 3.自動繳交聯絡簿－訓練自動自發的態度 4.培養作息概念－今天要上那些課、在那裡上課…等				
8:50 ∫ 10:20	生活教育：學習表達和分享情緒和假日作的活動	實用數學：學習本學期與其他領域課程內容相關的數學技能。 B：進行語言訓練	實用數學：學習本學期與其他領域課程內容相關的數學技能。 E：進行職能治療	實用語文：學習本學期與其他領域課程內容相關的語文技能。 E：進行職能治療	實用語文：學習本學期與其他領域課程內容相關的語文技能。 B：進行語言訓練
10:30 ∫ 12:00	社會適應：學習能與人交誼、購物和用餐活動。	9:40~12:00 職業教育：進行製作簡易餐點、和清潔活動(按IEP目標分配不同的工作內容)		社會適應：學習能與人交誼、購物和用餐活動。	9:40~12:00 職業教育：進行製作簡易餐點、和清潔活動(按IEP目標分配不同的工作內容)
12:00	午餐時間：配合每日的營養午餐，進行食物認識、和飲食衛生的教學；配合午餐時間，進行用餐禮儀的教學；清洗便當盒和個人清潔活動；整理教室環境；午休				

(續)表 6-9　班級課表舉例

星期 節次	一	二	三	四	五
1:30 ∫ 3:00	休閒教育：學習使用家庭休閒設施和進行社區休閒活動	休閒教育：學習使用家庭休閒設施和進行社區休閒活動	生活教育：學習身體清潔活動(按IEP目標作不同的清潔活動)、禮儀和飲食衛生	職業教育：認識職業	休閒教育：學習使用家庭休閒設施和進行社區休閒活動
3:10 ∫ 3:30	生活教育： 1.分聯絡簿 2.全天表現的回饋時間 3.整理個人用品 4.整理教室				
其他活動	1.校外教學： 　(1)認識與使用學校附近的社區資源； 　(2)到教師或同學家作客 　(3)使用大眾交通工具(公車) 　(4)購物或社區餐廳用餐 2.下課時間進行休閒活動和加強學生間的互動。				
說明	1.生活教育分配在導師時間及每天下午放學前二十分，是為教導學生一些生活常規並複習或說明該天及明天所需注意的事項，讓學生感到有始有終的學習感覺。 2.休閒教育放在下午是因為此時學生剛剛午睡起床，恐怕精神不佳，可利用休閒活動，刺激其精神，也可當作白天上完課後的調劑。 3.職業教育課程的安排，有連續三節及兩節之別。連續三節的職業教育，是為配合學生需要較長實習時間的需求(可完整完成一項職種的練習及訓練)；連續兩節的職業教育，可運用來幫助學生做職業陶冶，如認識職業。 4.社會適應課排在實用語文及實用數學課之後，主要是前二者為社會適應課支持技能的準備，並且可以安排戶外教學，去購物或社區餐廳用餐。				

參、發展教學進度表

接下來配合學生的個別化教育計畫目標，發展教學進度表，意即擬訂課程目標的起訖日期。擬訂時須注意完整的活動宜放在同一段時間教導，例如案例 6-6 顯示洗臉是一個完整的活動，所有的步驟應放在同一段時間，而非拆開來在不同時間教導。同樣地，聽辨和說出自己的姓名宜放在同一段時間教導，較能讓學生將聽和說搭配起來。然而，目標的通過標準有不同，宜在不同教學日期達成，如此才能呈現目標的層次性，例如能在大人陪同下過馬路，在一段時期教學，能獨立過馬路則在下一段時期教學。最後，筆者呈現一部分的教學進度表如表 6-10。

【案例 6-6】

學年教育目標	學期教育目標	教學日期
一、能認識個人基本資料	1-1.能聽辨自己的姓名	90.9.1-9.3
	1-2.能說出自己的姓名(其他目標省略)	90.9.8-9.10
二、會洗臉	2-1.可以將洗面乳均勻抹在臉上	90.10.1-10.10
	2-2.可以在洗眼球附近部位時將眼睛閉起來	90.10.11-10.20
	2-3.可以將泡沫清洗乾淨	90.10.21-10.30
三、能在社區中行動	3-1.能在大人陪同下過馬路	90.11.1-11.10
	3-2.能獨立過馬路(其他目標省略)	

表 6-10　班級預定教學進度表舉例

週次	教學進度	校外教學活動	各領域課程單元					
			社會適應	生活教育	休閒教育	實用語文	實用數學	職業生活
一／四	9.1－9.29	到教師和同學家作客(學習當客人和主人)	1.認識我的家 2.認識我的學校 3.作客和待客活動	1.身體清潔活動 2.廚房中清潔活動 3.作客禮儀 4.待客禮儀	1.使用家庭休閒設施	1.認識個人基本資料 2.使用招待客人用語 3.使用到別人家作客的用語	1.認識時間	1.認識清潔人員的工作內容 2.完成班級的清潔工作
五、六	10.2－10.14	速食店用餐(麥當勞、小騎士、肯德基)	4.在速食店用餐 5.在自助餐廳用餐 6.使用自動販賣機	5.用餐禮儀	2.安排在速食店進行的聚餐活動	4.速食店與其內部的標誌 5.速食店內食物名稱的認識 6.點餐用語	2.金錢之使用	3.認識速食店的工作內容
七、八	10.16－10.28	到商店購物,而後進行烤肉活動	7.到商店購買物品	6.飲食衛生	3.安排烤肉活動 4.使用公園中的休閒設施	7.便利商店與其內部的標誌 8.便利商店內食品區商品名稱的認識 9.大賣場與其內部的標誌 10.大賣場內食品區商品名稱的認識 11.購物用語	3.金錢之使用 4.認識日期和商品的保存期限	4.認識便利商店店員的工作內容
備註	1.配合自然時間表，教導身體清潔活動 2.配合午餐時間，進行清洗便當盒和清潔活動 3.進行請家長督導學生進行廚房中清潔活動 4.每日進行班級清潔活動 5.配合每日的營養午餐，進行「認識食物」的教學 6.配合午餐時間，進行「用餐禮儀」的教學							

註：第八週以後的教學進度省略

第六節　規畫教學地點與情境

　　教學地點(instructional settings)通常包括了學校、家庭、社區、和職場等，學校中又包括了班級教室內和教室外(如生活教育教室、操場等)。除了決定教學地點外，還須規畫教學情境(instructional context)，依據 Billingsley、Liberty 和 White(1994)的看法，教學情境包括**物理、心理**和**人員的安排**三個向度。物理向度是指座位安排、教室佈置等物理條件的規畫，心理向度是指學習氣氛的營造，人員向度是指教師和學生之間教學比例(是一對一、一對兩個小組、或一對全班同學呢？)的規畫，以下即探討教學地點的決定和教學情境的規畫兩部分。

壹、教學地點的決定

　　綜合相關資料(Browder & Bambara, 2000; Dever & Knapczyk, 1997; Test & Spooner, 1996)，在決定教學地點時，須考慮學生的**生理年齡**和**喜好**、**學生和其家人的生活型態**、**主要環境(如住家)的所在地**、**目前常使用或未來可能會使用到的地點**、**在什麼樣的地點會應用到被教的活動或技能**，以及地點的選擇盡可能**多樣性**。功能性和生態課程主張盡可能在真實情境中進行教學，例如目標是「認識和運用社區資源和休閒場所」，學會與社區生活有關的活動和技能等，最好能在社區中進行教學；又比如目標是「學會作客和待客的活動」，教師可以帶領學生輪流至其家中或同學家中作客。然而，在真實生活情境中教學有時會遇到困難，例如目標是學會居家生活有關的活動和技能，要教師到學生家裡教學有其困難；此外，校外教學環境變化大，如果沒有足夠的教學人員，較無法掌控學生的狀況：

且無法讓學生重複練習，花費的時間也較長。Domaracki 和 Lyon(1992)比較模擬情境和真實情境教學的成效發現：真實情境教學比模擬情境教學產生較大幅度的進步，然而模擬情境教學也有其好處，尤其對於比較困難教導的活動或技能，它可以提供重複練習的機會。

　　碰到無法在真實情境教學的困難，我們可以透過以下方式因應：第一，將家中和社區中進行的活動嵌入在學校的環境和作息中，例如運用學校中的生活教育教室教導居家生活的重要活動；利用學校福利社教導購物的活動；營養午餐之後，教導清洗餐具和刷牙的活動等。第二，在教室中模擬真實情境的活動，為使模擬逼真，最好能使用真實材料，佈置也盡可能符合真實情境的狀況，並設計各種可能的刺激和反應變化及例外情形，例如帶金錢到教室中模擬購物的活動；真實材料如果無法帶進來，則設計教具，如設計紅綠燈的號誌來模擬在路上行走的活動等。第三，請家長在家中和社區中配合進行教學。

貳、教學情境的規畫

　　前面提及 Billingsley 等人(1994)指出：教學情境包括物理、心理和人員的安排三個向度，心理向度的安排也歸屬於教學的成份之一，筆者將它放在第八章討論，這部分僅探討教室中物理向度，以及人員向度的規畫。

一、教室中物理向度的規畫

　　教室是學生主要的學習地點之一，因此須善加規畫，使學生喜歡在這個環境中學習，而環境又能給與學生豐富的學習刺激。教室中物理向度的規畫宜考慮學生、課程內容和教學型式，而採多元化的型態，綜合相關資料(林千惠，民 85a；董媛卿，

民 82a；盧台華，民 84)，筆者整理出宜注意的原則如下：

(一)注意採光、溫度、空氣流通、色彩、動線、空間大小、受干擾情形、和設備的安排等因素。例如規畫動線時，要考慮方便取得各項材料、不會干擾教學活動等原則。又例如一位學生智能障礙兼肢體障礙，須讓他擁有適當大小的空間，以方便使用輔助性科技和進行活動。

(二)了解那些物理環境的因素會造成學生的危險與傷害，提供安全的教室環境。例如教導學生使用櫥櫃後，要把門關好，以防碰撞。

(三)如果學生容易分心，須減少環境中誘發分心的刺激，例如在上課時，教室內面對黑板的方向，佈置最好不要太雜亂(或包含一些無關的材料)，以免分散學生的注意力。

(四)讓學生清楚知道教室內的佈置情形，如果有新的設備加入，也要告知學生。

(五)教室佈置宜與教學內容配合，且隨教學內容、學生需求和年齡增長，作彈性的調整。例如在教到「在速食店點餐」這個主題，則在教室中佈置「菜單的內容」，讓學生隨時隨地都在學習。

(六)對環境事先作有系統的規畫，以預防問題的發生，例如對將來臨的事件或活動先行公佈計畫，並說明準備事項和規則等。又例如在醒目處貼上學生該完成工作的流程圖、課表、或生活作息表。

(七)提供結構化且多樣化的教室環境，例如利用現有的櫃子或墊子區分出個別教學區、情緒轉換區、遊戲區、及團體教學區等，而且可視狀況彈性調整。此外，也要讓學生清楚知道每一個區域的用途和注意事項，例如在團體

教學區須坐在座位上聽講，或配合教師的指令做活動；情緒轉換區則允許學生有不同的身體活動型態，以舒緩情緒。

(八)提供人性化的學習環境，例如課桌椅的高度、大小應符合人體工學。另外，從學生的角度去安排環境，降低環境的複雜度，使學生容易取得和使用，以符合人性化的原則，例如櫃子的高度要讓學生拿得到想要的東西；在學生使用的設備或玩具上標明使用的方法和規則；在抽屜或櫥櫃上貼標籤，便於學生歸類整理。

(九)每位學生有其個人空間和置物櫃，我們可以貼照片在置物櫃上，讓學生學習人我的概念，尊重他人的所有權。

(十)提供一個學生可以操作和使用、彌補其限制的學習環境，例如在教室中放一些休閒材料，讓學生在下課時間可以操作使用，如此可彌補其休閒能力的限制。

(十一)提供回饋的教室環境，增強個體適當的學習與行為表現，修正其不適當的表現，例如張貼學生的作品、或好的行為表現一覽表於公布欄中。

二、教室中人員向度的規畫

人員向度是指教師和學生之間教學比例的規畫，是一對一、一對兩個小組、或一對全班同學，而形成**一對一教學**、**分組教學**、或是**全班教學**三種型態。至於採取何種型態，要考慮課程主題、學生狀況、教學的條件(如：有多少教學人員、時間、地點和器材)等。一對一教學並不一定是最好的教學型態，全班教學可以增加給每一位學生的教學時間，以及與不同對象練習的機會，避免只單獨與教師互動，進而促進同儕之間的互動。然而，一對一教學在某些主題的教學仍有其必要性，例如一些

較私密的主題，像是如廁、洗澡等活動；另外，學生如果有特別的需求，或能力無法配合教師的教學，仍須採取一對一教學。教學條件也是另一個會考慮的部分，例如教導「使用洗衣機洗衣服」，如果教室中只有一台洗衣機，要指導學生實際操作時，就只能採取一對一的方式了；又例如某些教學地點(像小雜貨店)，空間擁擠，不適合進行全班教學，這時則須運用小組或一對一教學。

進行分組教學時，除了將本班學生分組外，也可以採取跨班、跨年級的分組，在進行分組時，須考慮以下兩個原則：

(一)分組的方式可採取同質分組或異質分組的方式，如果要採取合作學習的方式，則可使用異質分組。假使想擴展學生的學習，採取分組教學的方式，則可使用同質分組，這時可按學生的能力和個別化教育計畫的目標編組。

(二)分組的組數和每一組的人數須考慮：(1)班級學生的能力與特質；(2)教師的能力能同時負擔幾組的教學；(3)這些學生要學習的活動和技能是否能同時進行教學，如果能，則這些學生可被安排在同一組；(4)有多少器材可供幾組學生同時進行學習活動，如要學生練習打電話，有多少具電話可讓學生同時進行練習；(5)教學地點空間的大小，這樣的空間適合多少學生同時進行教學，如教學生在便利商店內購物，則須考慮空間適合多少學生同時進去購物。

第七節　決定教學人員

教學人員不限於教師，還包括教師助理、特殊教育相關專

業人員、同儕、義工、乃至於學生家長、歷屆畢業生等。依據王天苗(民 92)，特殊教育相關專業人員包括了物理治療師、職能治療師、語言治療師、聽力師、臨床心理師、專科醫師、社會工作師、學校輔導教師等。以下探討教學人員的決定，以及教學人員的協同合作兩方面。

壹、教學人員的決定

　　教師決定尋求什麼樣的人員來協助教學，要視學生和課程需求和學校可利用的資源而定。例如在教導學生認識不同的職業時，教師可請學生家長或歷屆畢業生來介紹其做的工作；如果要訓練同儕適當的協助行為，可以運用同儕擔任教學或督導人員。如果學生有擺位、行動、或體能等方面的問題，可以尋求物理治療師的協助；如果學生有肌肉神經功能障礙導致日常活動受限，可以尋求職能治療師的協助；如果學生有情緒與行為問題，可以尋求臨床心理師和學校輔導教師的協助；如果學生的家庭需要協助，甚至需要發掘和整合社會福利服務資源時，可以尋求社會工作師的介入；而教師助理可以協助學生生活技能的訓練與輔導，偶發事件及疾病之預防與處理等。此外，如果有需要的話，教師甚至可以運用義工，如義工媽媽、大學生、同校的普通班學生、退休教師、慈濟等宗教團體義工，只是在運用前，要訓練他們了解學生的狀況，以及如何配合教師的教學。即使學校目前沒有這些資源，教師也可以創造或協助學校開發人力資源。

貳、教學人員的協同合作

　　上面探討教學人員的決定，至於教學人員間如何協同合

作，以下從教師間的協同教學，教師與其他特殊教育相關專業人員的協同合作兩方面來探討。

一、教師間的協同教學

教師間或教師與教師助理間可以透過協同教學的方式合作，以下探討協同教學的意義和優點、實施步驟與模式、以及實施困難與克服方法。

(一)協同教學法的意義和優點

所謂協同教學強調的是「教學小組」的共同合作，由兩個或兩個以上的教師或教師助理等組成的小組，分別應用各自的專長，一起設計課程計畫、分工合作進行教學，並共同來評量學生的學習或整體的教學成效。協同教學並不等於「分組教學」或「分科教學」，它有三個基本要素，意即兩個或兩個以上的教學人員：(1)共同策畫全部或部分教學內容(包括擬訂個別化教育計畫及設計課程計畫等)；(2)分工合作執行全部或部分教學活動；(3)共同就全部或部分教學相關事宜進行檢討或評量(包括學生學習成效及教學成效)(李智令，民 91；董媛卿，民 82b；盧台華，民 84)。

協同教學有助於教師對教學情境的掌控，個別差異的因應；也可以凝聚學習氣氛，減少花在處理學生問題行為的時間，相對地增加了教學的時間。此外，兩位教師的密切配合改善了教學的品質，並提昇了個別化教學的層次。由此可見，當班級裡智能障礙學生的異質性愈高時，也就是協同教學被列入考慮的最佳時機。雖然協同教學有很多優點，但是如果教學小組未充分討論和合作，甚至產生指導方式不一的情形，如此不但沒有發揮應有的功能，還會造成學生無可適從的情況。

(二)協同教學的實施步驟與模式

　　協同教學進行的步驟可能是由合而分，再由分而合，或是由合而分，再由分得更細的個別學習。亦即開始教學時，先由一位教師引發動機，進行整體概念的團體教學；另外一位教師則視狀況給與學生提示或協助，來回走動以拉回學生的注意力，和圈住其活動範圍，或是帶動上課氣氛；然後可再依學生的能力、需求進行小組的教學或討論，抑或進行個別教學、獨立學習的活動；最後可能再合在一起，進行經驗分享或總結的活動(董媛卿，民 82b)。教學結束後，教學小組需共同評量學生的學習成效，並檢討整個教學過程，商討下次進行的方式及內容，至於協同教學的模式有以下幾種。

1. 輪流主導模式(co-presentation)：每一個課程主題，或同一主題中的不同目標由小組成員輪流主導教學，其餘成員則居於協助的角色，見圖 6-14。

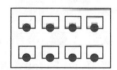

註：　◑ 為教師，● 為學生

圖 6-14　輪流主導模式(修正自 Friend & Bursuck, 1996, p.89)

2. 一主一副模式(one teaches, one assists)：小組成員中固定由一位擔任主要教學人員，另一位則擔任副手或是協助者，見圖 6-15。

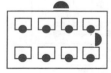

註：　◑ 為教師，● 為學生

圖 6-15　一主一副模式(修正自 Friend & Bursuck, 1996, p.89)

3.教學站模式(station teaching)：小組成員在固定地點，以輪盤方式指導每位經過的學生，見圖 6-16。

註：◗ 為教師，● 為學生

圖 6-16　教學站模式(修正自 Friend & Bursuck, 1996, p.89)

4.平行教學模式(parallel teaching)：部分教學時間採機動與彈性分組，小組成員視課程實際進行情形將學生分組，可能每次上課的分組皆不同，而採同時平行的教學，見圖 6-17，最後再整合在一起。

註：◗ 為教師，● 為學生

圖 6-17　平行教學模式(修正自 Friend & Bursuck, 1996, p.89)

5.個別或小組補救模式(complementary instruction)：一位成員教學時，其他協同成員視學生學習狀況予以個別或小組輔導，見圖 6-18。

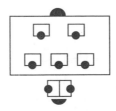

註：◗ 為教師，● 為學生

圖 6-18　個別或小組補教模式(修正自 Friend & Bursuck, 1996, p.89)

(三)協同教學的實施困難與克服方法

實施協同教學會遇到的主要困難包括：(1)教師沒有協同教學的習慣與觀念；(2)行政的配合與支持不夠；(3)協同成員間的溝通協調有問題。針對第一和第二項問題，須藉著職前養成和在職訓練去加強教師與行政人員的觀念和作法；至於如何促進協同成員的溝通合作，綜合一些學者(盧台華，民 84；Friend & Bursuck, 1996; Thomas, Correa, & Morsink, 1995)的看法，整理出以下幾項：(1)協同成員互相支持，維持正向的互存關係；(2)經常面對面的互動；(3)發展協同成員人際溝通技能，如建立信心、傾聽、溝通、提供和接受回饋、領導、創造性的問題解決、作決定、和解決衝突的技能等；(4)經常性地評估協同教學功能發揮的情形；(5)協同成員貢獻個人的專業知能，並且不計較自己付出的多寡；(6)協同成員承諾彼此跨越專業界限，相互教導、學習及共同合作，發展、分享和實施介入計畫。Garner、Uhl、和 Cox(1992)指出團隊工作的十個要素(即 10C's)，包括：溝通(communication)、合作(cooperation)、共同參與(collaboration)、面對問題(confronting problems)、協商(compromise)、在共識的基礎上作決定(consensus decision-making)、協調(coordination)、一致(consistency)、照顧(caring)、和承諾(commitment)。

二、教師與其他專業人員的協同合作

智能障礙嚴重者常伴隨其他障礙而成多重障礙情況，他們會因其障礙而有各種不同的需求。正因為如此，單一專業的服務已經無法滿足智能障礙者的所有需求，宜有效結合其他專業人員為他們提供完整而全面性的評估、診斷、和教育 (Ysseldyke, Algozzine & Thurlow, 2000)。因此，啟智教育教師非常有必要與其他專業人員協同合作，共同因應智能障礙學生的需求，而

「身心障礙教育專業團隊設置與實施辦法」的公布，即揭櫫了各縣市均須設置專業團隊，教師可尋求專業團隊的協助，並與之合作(鈕文英，民 86)，以下探討教師與其他專業人員的合作模式和合作原則。

(一)教師與其他專業人員的合作模式

啟智教育教師與專業人員的合作方式可採取專業間整合模式 (interdisciplinary team model) 或貫專業整合模式 (transdisciplinary team model)，分別敘述如下。

1.專業間整合模式

專業間整合模式是因應多專業整合模式(multidisciplinary team model)的問題所發展出來的，多專業整合模式是由多領域專業人員分別對學生評量和提供服務，雖有小組之名，但仍如單一專業模式一般，成員各做各的，少有關聯或互動(Orelove & Sobsey, 1996) ，見圖 6-19。而專業間整合模式由小組專業人員分享各自評量的結果和發展的計畫，若可能再彼此合作，但仍與多專業模式一樣，將學生從原班教室中抽離出來，接受直接服務，隔離於自然環境之外(Strickland & Turnbull, 1990)，見圖 6-20。McLean 和 Crais (1996)指出專業間整合模式仍有溝通上的問題，因為人員間對其他成員的專業了解不夠；此外，由於成員是分開工作的，所以可能會發生彼此的評量結果有落差。

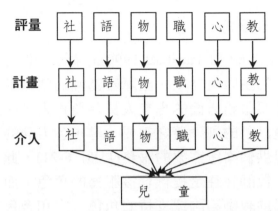

註：語＝語言治療師；教＝教師；職＝職能治療師；社＝社會工作師；
　　物＝物理治療師；心＝臨床心理師

圖 6-19　多專業整合模式(修正自 Woodruff & McGonlgel, 1988, p. 169)

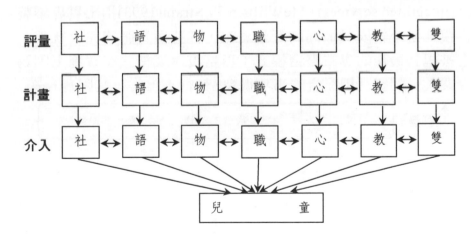

註：雙＝父母親；語＝語言治療師；教＝教師；職＝職能治療師；
　　社＝社會工作師；物＝物理治療師；心＝臨床心理師

圖 6-20　專業間整合模式(修正自 Woodruff & McGonigel, 1988, p. 169)

2.貫專業整合模式

　　依據 Strickland 和 Turnbull(1990)的看法，貫專業整合模式是一種以個案的主障礙為主，副障礙為輔的整合模式，先找出個案最迫切需要服務方面的專業人員為負責人，由此負責人視個案在主障礙以外的副障礙之需要，尋求各方面的專業人員來幫助，共同提供個案所需要的服務(見圖 6-21)。此一方式在學校內運作時，教師往往是提供直接服務的角色，而其他相關專業人員則是提供教師諮詢或支持的角色。它和多專業、專業間整合模式最大差異在於：專業人員主要是對教師及家長提供示範、諮詢、檢視等服務，將服務的內容融入生活情境，以個案的需求為導向，由家長或教師執行計畫，期待能提供統整的服務(integrated services)。McWilliam 和 Strain(1993)指出貫專業整合模式是小組成員最高的互動層次，其特徵為服務完全統整，它被視為最佳的專業整合模式；但是貫專業模式在實施上因為專業人員間要互相配合的事項很多，執行上常常有其困難存在。

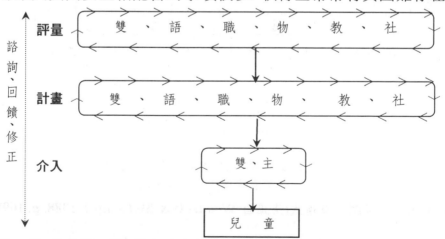

註：雙=父母親；語=語言治療師；教=教師；職=職能治療師；社=社會工作師；物=物理治療師；主=主要提供服務者；心=臨床心理師

圖 6-21　貫專業整合模式(修正自 Woodruff & McGonigel, 1988, p. 169)

綜合多位學者的看法(例如 Beninghof & Singer, 1992; Foley, 1990; McLean & Crais, 1996; Orelove & Sobsey, 1996; Strickland & Turnbull, 1990; Thomas et al., 1995; Woodruff & McGonigel, 1988)，這三種專業團隊合作模式之比較如表 6-11。

表 6-11　三種專業團隊合作模式之比較

向度	多專業整合模式	專業間整合模式	貫專業整合模式
哲學理念	每位小組成員承認其他成員之專業貢獻	小組成員願意並能夠發展、分享和實施介入計畫中屬於自己專業領域之服務內容	小組成員承諾彼此跨越專業界限，相互教導、學習及共同合作，以實施統整性之服務計畫
評量	各小組成員分別做評量	各小組成員分別做評量	小組成員與家庭共同為學生做評量
介入計畫的擬訂	小組成員各自擬訂自己專業領域內之目標	小組成員彼此分享各自所擬訂之目標	小組成員及家長，依據學生或家庭之需求及資源，共同擬訂個別化教育計畫或個別化家庭服務計畫
計畫實施者	服務傳遞的形式是平行式的，小組成員各自實施屬於自己專業領域內之目標。	服務傳遞的形式是合作式的，小組成員各自實施屬於自己專業領域內之目標，但在可能範圍內，整合其他專業領域之目標。	服務傳遞的形式是整合式的，整個小組選定一位負責人，實施該計畫，其他成員則提供此負責人必要之協助、指導或諮詢。
責任歸屬	小組成員負責屬於自己專業領域內之目標	小組成員負責屬於自己專業領域內之目標，但必須與小組成員互換訊息。	整個小組應為其選定的主要負責人之實施結果負責
成員間的溝通管道	非正式的溝通	定期召開以個案為主的小組討論會議	經常性的小組會議，交換資訊、知識、和技能。
人員訓練	各自在自己專業領域內接受訓練	各自做領域內或跨領域之進修	藉小組會議，做跨領域之學習，並建立團隊運作之模式
特點	以專業人員為中心	以專業人員為中心	以案主為中心

(二)教師與專業人員協同合作的原則

綜合相關資料(王天苗，民 92；Orelove & Sobsey, 1996; Thomas et al., 1995)，教師與專業人員協同合作須注意的原則如下：

1.教師應主動讓專業人員了解學校的作息和上課方式，而後再進一步討論如何將專業人員的建議融入教學中，使其生活化、具體化、而且符合學校的情境，如此才能可行。

2.在將專業人員的建議融入教學的過程中，須注意請專業人員示範指導策略，如此才能確切掌握住訓練重點和方法。專業人員示範過後，如果教師有任何實施上的問題，須隨時提出來，以尋求建議。

3.將專業人員的建議融入課堂教學中，要考慮建議的內容與課程內容是否可以搭配。例如：物理治療師給的建議是「盡量讓學生站著」，以訓練學生的身體穩定度，教師便可視課程內容，提供適合的機會讓學生站著。如休閒教育課時，讓他站著擔任競賽的裁判；社會適應課中，讓他站著扮演點餐的顧客，使其既能參與課程，又能做復健訓練。

4.除了將專業人員建議的訓練內容融進課堂教學中，我們也可以將之融入如下課、午餐時間或是放學等日常生活作息中來訓練，例如換教室的過程中隨機訓練行走和上下樓梯。由此可知，將專業人員的建議融入平日教學是非常彈性的，重點在於：教師要清楚地了解學生專業服務的目標，以及要怎樣執行專業人員給的建議，有些需要事先規畫好，有時也可能隨機融入。

5.教師在訓練過程中，要定期或不定期地與專業人員討論
　訓練的結果與學生的反應，讓專業人員提供進一步的建
　議與調整訓練方法或目標。

第八節　訂定評量方式與內容

　　在訂定評量方式與內容時，須注意以下四項原則：第一，
讓學習、教學與評量三者緊密關聯，意即評量學生學習和老師
教學的內容，甚至在評量的同時，也可以達到教學與學習的目
標。第二，由於智能障礙者的進步幅度比較不明顯，因此設計
的評量方式與內容要能看到學生細微的進步與成長，即使是部
分的學習，並給與回饋與肯定，如此可以增加學生與老師的信
心。第三，不只評量個別的表現，也可以評量學生與他人的「合
作表現」。第四，除課堂教學的評量外，日常作息及社區本位
教學中有關的行為表現也應納入評量。至於評量的方式，可從
評量內容的呈現時間、情境和方式，以及**學生反應的方式**兩個
向度來思考(詳細內容見第五章第四節)。除了評量方式外，也須
根據學生的能力現況，以及該項目標在標準上的要求，來訂定
適當的評量標準(評量標準的擬訂詳見第五章第四節)。

　　我們可以根據個別化教育計畫中的學期目標進行活動分
析，將活動中系列的成份，以及相關刺激和反應的變化設計成
活動學習評量表；另外將活動中所需的認知與學業技能、知覺
動作技能、溝通與社會技能和技能學習評量表，設計在**技能學
習評量表**中，這些評量表的舉例見第七章中，配合課程計畫設
計的評量表 7-6 至 7-9。

《總結》

本章說明如何發展課程，包含目標、內容、組織和過程四個要素的發展，從設計課程目標、發展和組織課程內容、擬訂教學方法與策略、選擇或設計教具、安排教學時間、規畫教學地點與情境、決定教學人員、以及訂定評量方式與內容這八方面，來系統性的規畫教什麼、如何教、何時教、在那裡教、被誰教、如何評量等項目，由此可發現：「啟智教育即生活的教育，這其中人人是教育對象，時時是教育良機，事事是教育題材，處處是教育場所」；而個別化、功能性、調整、彈性和生態取向是發展課程的主要原則。

第七章

啟智教育課程與教學設計(五)：
如何調整課程

教師是課程的耕耘者，
在耕耘的過程中，
須時時調整課程來
因應學生的需要。

第一節　設計課程調整的策略

第二節　彙整課程的要素

導讀問題

1. 如何調整課程以因應學生的個別需要？
2. 班級課程計畫包含那些內容？
3. 彙整課程推廣給其他教學者參考時，在呈現上宜包含那些內容？

　　前一章探討如何發展課程，本章討論如何因應少數學生的個別需要調整課程，以符合學生的個別化教育目標，正如前言所云：「教師是課程的耕耘者，因此須時時調整課程來因應學生的需要，而非被現有課程所限制。」彙整課程的目標、內容、組織和過程四項要素，即可形成班級課程計畫，也可以進一步彙整起來，形成給其他教學人員參考之課程。筆者將從設計課程調整的策略，以及彙整課程的要素兩部分來說明。

第一節　設計課程調整的策略

　　筆者首先討論五組學者所提出的課程調整模式，接著彙整這些模式，形成整合的課程調整模式與策略。

壹、Bulgren 和 Lenz 的課程調整模式

　　Bulgren 和 Lenz(1995)指出兩種課程調整的方式，第一種是**內在調整策略**(internally generated mediators)，第二種是**外在調整策略**(externally generated mediators)。內在調整策略主要在教學生各種學習、記憶、閱讀的策略，例如資訊獲得的策略、資訊貯存的策略、和展現能力的策略，在學生精熟這些策略之後，再增進學生對策略的類化。外在調整策略主要是透過外在的協助，通常是指在教學方法或課程內容上做調整，例如他們提出了三種增進文本可讀性的策略：(1)增進文本組織的設計，例如提供插圖、提示重點等，使文本的內容一目瞭然；(2)增進理解的設計，例如使用具體的實例來解釋，或明確地陳述因果關係等；(3)增進記憶的設計，例如在文本中加進利用心像、諧音、或關鍵字等幫助學生記憶的設計。

貳、DeBoer 和 Fister 的課程調整模式

DeBoer 和 Fister(1995)提出「鑽石型」的課程調整模式，如圖 7-1。中間部分是少量而必要，大多數學生須學習的內容，如果部分學生有困難，則進入調整層次一；如果還有困難，則進入調整層次二。相反地，如果部分學生覺得太簡單，則進入進階層次一；如果還是覺得太簡單，則進入進階層次二。

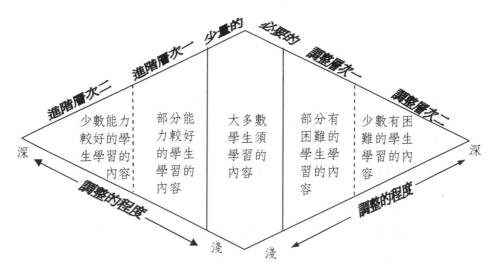

圖 7-1 課程調整模式(修正自 DeBoer & Fister, 1995, p. 45)

參、Snell 和 Brown 的課程調整模式

Snell 和 Brown(2000)指出課程調整可從**課程**、**教學**、和**生態**三個向度著手，如圖 7-2。課程向度的調整包括補充(supplementary)、簡化(simplified)、和改換(alternative)，補充意謂增列部分內容，以符合學生需要；簡化是指刪除部分不符學生需求之內容，或簡化課文中的詞彙等；改換意指更換課程內容，提供對學生更具功能性和實用性的教材。教學向度的調整

包括教學刺激(輸入)和學生反應(輸出)，教學刺激的調整包括課程內容的難易度和份量、呈現型式(例如用音樂、錄音帶的型式呈現)、以及格式／材料(例如突顯出重點，加上輔助材料)三方面。學生反應亦可從內容的難易度和份量、反應型式、和作業格式／材料三方面作調整。生態向度的調整則包括教學地點、教學時間、以及教學人員和教學分組三方面。

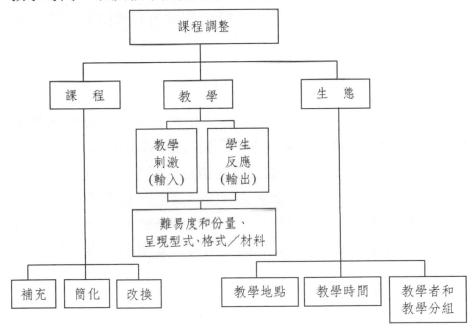

圖 7-2　課程調整模式(修正自 Snell & Brown, 2000, p. 138)

肆、Bigge、Stump、Spagna 和 Silberman 的課程調整模式

　　Bigge 等人(1999)提出四種課程選擇，選擇一是**沒有修正的一般課程**，選擇二是**修正的一般課程**(從課程內容、精熟水準上作調整，並且界定出基本學力，教導思考與問題解決方法、學

習與讀書策略)，選擇三是**生活技能課程**(含功能性學科、日常和社區生活技能、轉銜技能)，選擇四則是**課程以調整溝通和表現的方式呈現**，包括修正動作表現的方式、加強語言和溝通的發展、替代的溝通方式、使用輔助性科技、以及修正訊息獲得和處理的方式。選擇是依據學生的障礙程度與特殊需求，障礙程度愈嚴重或需求愈特殊者，就會往較偏離一般課程的方向調整(由選擇一至選擇四)(邱上真，民91)，在啓智班或啓智學校的課程較偏向選擇三和四。

伍、Holowach 的課程調整模式

Holowach(1989)提出調整或修正策略包括了**活動的調整或替代**(改變物理環境、改變規則、改變活動的順序或改變傳統上表現此活動的方式)；**技能或反應的調整**，即配合學生而改變技能或反應的要求；以及**配合學生所需而改變刺激的要求**(採用新材料或配合學生所需而改變材料、增加刺激的資料)三種，李淑貞譯(民86)將之稱為替代／輔助性策略，茲舉例如表7-1。

表 7-1　替代／輔助性策略的類型和舉例

替代／輔助性策略的類型		舉　例
活動的調整或替代	改變物理環境	• 為坐輪椅者設置斜坡道、矮桌、矮櫃台、矮洗手台
	改變規則	• 將棒球場的壘包距離拉近 • 踢足球時，將球網跟學生的距離拉近
	調整活動的順序	• 去餐廳前，先決定好要吃什麼 • 煮水餃時，在水滾和放水餃之間，加入「關火」這個步驟，以避免學生因肢體控制不佳而沸水濺出
	改變傳統上表現此活動的方式	• 使用電鍋來煮綠豆湯 • 使用電磁爐來煮麵

(續)表 7-1　替代／輔助性策略的類型和舉例

替代／輔助性 策略的類型		舉　　　　例
技能或反應的調整		• 使用溝通書在餐廳點餐 • 拿五十元到自助餐廳點餐，要服務生幫他配菜到剛好五十元
配合學生所需而改變刺激的要求	採用新材料或配合學生所需而改變材料	• 以黏扣帶代替鈕扣扣衣服 • 使用特殊把手的湯匙 • 使用有把手的杯子 • 使用安全剪刀 • 使用夾子取代炒菜鏟子煎火腿翻面 • 使用籃球替代保齡球擊倒保齡球瓶
	增加刺激的資料	• 在印章上畫一個紅點，蓋章時紅點朝上，蓋出來的字就不會顛倒 • 在兩支鞋子的內側各畫一點或圖案，或是在兩支手套的拇指處各繡上一個圖案，穿鞋子或戴手套時，兩個點或圖案對在一起，就不會穿反或戴錯 • 疊被子時，在兩兩要折起來的角，貼上形狀的魔鬼氈，圓形對圓形，正方形對正方形；或是顏色的魔鬼氈，紅色對紅色，藍色對藍色

　　在設計替代／輔助性策略時，須考慮以下幾個原則(李淑貞譯，民 86；Holowach, 1989)：(1)是否能讓學生不費力地參與重要活動；(2)是否運用了學生的優勢能力，而且彌補了他欠缺的技能；(3)是否能讓學生在表現此活動時盡可能獨立，不用依賴他人；(4)是否被重要他人所接受與支持；(5)是否比原來的方式更容易；(6)是否能盡可能不引人側目；(7)是否可被運用在許多的活動中；(8)是否容易被維修；(9)發展與維護的費用是否合理？在案例 7-1 中設計形狀配對的調整策略對小芬學習疊被子沒有幫助，因為老師還要花時間教他認識和配對形狀；而顏色配對的調整策略則正好運用了小芬的優勢能力，讓他不費力地學會疊被子這項活動。又例如對肢體障礙者設計了以黏扣帶代

替扣鈕扣的衣服，若能在外觀上設計鈕扣的式樣，別人看不出來裡面是黏扣帶，如此就不會引人側目，也會使障礙者更願意穿它。

> 【案例 7-1】小芬不會疊被子，他不知道如何對被子的四個角來折疊，於是老師設計了一個調整策略，也就是在兩兩要折起來的角，貼上形狀的魔鬼氈，圓形對圓形，正方形對正方形，結果小芬還是無法用這樣的方式學習，因為他對形狀的配對有困難。後來老師觀察到他喜歡拿彩色筆在紙上作畫，而且能區辨和配對顏色，於是改在兩兩要折起來的角，貼上顏色的魔鬼氈，紅色對紅色，藍色對藍色，結果小芬能透過這樣的輔助學會疊被子。

陸、整合的課程調整模式

總括上述五種課程調整模式，以及其他相關資料(如邱上真，民 91；Wehmeyer, Sands, Knowlton, & Kozleski, 2000; Wiederholt, Hammill, & Brown, 1993; Wood, 1998)，加上筆者的看法，整合出課程調整可從學生行為以及課程本身兩個角度著手，而形成內在和外在調整策略，詳述如下。

一、內在調整策略

內在調整策略在調整學生行為，可從加強學生語言和溝通能力的發展、教導學生替代的溝通方式、學習策略、和問題解決策略等方向做起。

二、外在調整策略

外在調整策略是從課程本身作調整，既然課程包括目標、內容、組織、和過程四個要素，因此課程的調整可從這四個向度去調整，詳細說明如下。

(一)課程目標的調整

課程目標的調整可從學生學習的結果或內容、表現學習結果的行為或動作、目標行為出現的情境、以及達到的標準四個方向去調整(可回顧第五章中對目標寫法的詳細說明),例如一位學生沒有口語能力,調整他的目標為「使用溝通書完成點餐活動」。

(二)課程內容的調整

1.修正

修正是指在原有的課程內容下,修正其呈現方式,包括型式、結構;以及修正活動的步驟或規則。所謂型式的修正是指考慮學生接收訊息的方式,而調整文本的呈現,以利於學生的吸收,例如一位學生智能障礙兼弱視,將其他同學用的視覺文本改成用錄音帶的型式呈現;或是多增加圖片、圖表,以利於閱讀困難學生的吸收。而結構的修正是指將課程內容的重點和關鍵字突顯出來,提供線索;或是將字距、行距、圖片放大,分句呈現,便於學生閱讀。另外,修正活動的步驟或規則是指修改或增加一個完整活動的部分步驟,或是修正執行此活動的規則。例如煮水餃時,在水滾和放水餃之間,加入「關火」這個步驟,以避免學生因肢體控制不佳而沸水濺出;又例如修改棒球活動的規則,像是改成兩個壘包,或將壘包間的距離拉近。

2.簡化

簡化是指刪除部分不符學生需求,或對學生有困難之課程內容;或是將文本中的語彙或詞句變得更簡短易懂。

3.補充

補充是指針對部分學習得較快、或能力較好的學生,增加額外的課程內容,以加強其長處,擴展其學習的範圍。

4.改換

當前面三種調整策略都無法因應學生的個別需求時,改換是最後一個選擇。改換是指更換課程內容,意即該生學習的課程內容與其他同學不同。

(三)課程組織的調整

課程組織的調整是指調整課程內容的順序,或是調整活動步驟的順序,例如去餐廳前,先決定好要吃什麼,以免在點餐時花費太多的時間;以及加強課程內容間的聯繫與統整,使學生學習到統整的經驗。

(四)課程運作過程的調整

課程運作過程的調整包括教學方法/策略和教具、教學地點和情境、教學人員、教學時間、以及評量方法五方面的調整,詳述如下。

1.教學方法、策略和教具

教學方法、策略和教具的調整包括:配合學生的特質和能力調整教學方法和策略;採用新材料或改變原有的材料(例如:使用夾子取代炒菜鏟子煎火腿翻面;以黏扣帶代替鈕扣扣衣服);增加刺激的資料(例如:在印章上畫一個紅點,以協助學生蓋正確);以及使用輔助性科技,協助學生克服生理上的限制。依據相關文獻(Dykes & Lee, 1994; Moon & Inge, 2000),選擇輔助性科技時,須考慮個體的想法,注意選擇具安全性、正常化(即盡可能不引人側目,且能在一般的環境中使用),又能配合不同

狀況作彈性調整的輔助性科技，而且它必須能發揮作用，讓個體能夠有效地運用它來提昇其日常生活功能表現。

2.教學地點和情境

　　教學地點和情境的調整包括調整教學地點、教學情境以及教學型態。在教學情境方面，參考 Gordon(1974)、McGee 和 Daly(1999)的資料，加上筆者的看法，調整策略可包括在環境上增加、在環境上減少、把環境變化三類，每一類下因應不同的目的而有不同的調整策略，筆者並加以舉例整理成表 7-2。在環境上增加的主要目的在減少因無聊和厭倦感，或環境受限制而產生的學習或行為問題；在環境上減少的主要目的在減少環境的刺激，或限制學習發生的環境，以預防學習或行為問題的發生。把環境變化的目的在從個體的角度去安排環境，降低環境的複雜度，改變環境的物理條件，或將環境中的設備或器材變換模樣，以減少學習或行為問題。

表 7-2 　教學情境調整策略

類型	調整策略	目　　　　　的
在環境上增加	豐富化	提供靈活、多樣化的空間安排，使個體有多種的刺激和選擇，並且能操作和使用，以減少因無聊和厭倦感而產生的學習或行為問題。
	擴大	擴大環境至外界，減少因環境受限制，或限制時間過長而產生的學習或行為問題。
在環境上減少	去除	減少環境的刺激，以降低分心或受干擾的情形。
	限制	限制學習或行為發生的環境，以預防學習或行為問題的發生。
把環境變化	簡易化	從個體的角度去安排環境，降低環境的複雜度，使個體容易取得和使用，例如提供一些視覺線索，讓他知道在那裡可以拿到他想要的東西。
	改變位置、屬性或模樣	改變環境的物理條件、佈置、和氣氛等，或將環境中的設備或器材變換模樣，以增加安全性，和減少干擾性。

調整教學人員與學生間的比例是指配合學生的需求、特質和能力，調整適合的教學型態(可能是一對一教學、分組教學、或是全班教學)。如果採分組教學，還須考慮小組學生人數，以及同組伙伴的安排。

3.教學人員

教學人員的調整可從增加或改變教學人員，以及加強教學人員間的協同合作兩方面著手。

4.教學時間

教學時間的調整可從增加或改變教學時間、延長教學進度(例如：本來預定一個月教導達成此目標，現在調整成兩個月)兩方面著手。

5.評量方法

評量方法的調整可從評量內容的呈現時間、情境和方式，以及學生反應的方式兩方面著手(**可回顧第五章中對評量方法的詳細說明**)。

綜合上述課程調整的策略如表 7-3，筆者進一步依據這樣的架構，設計了一個課程調整計畫表(如附錄十三)，可供教師評估學生是否有課程調整的需求，以及需求為何，而後據以擬訂調整計畫。

表 7-3　課程調整的策略

調整的向度		調整的內涵
外在調整策略	課程目標	1.調整學習結果或內容 2.調整表現學習結果的行為或動作 3.調整目標行為出現的情境 4.調整達到的標準
	課程內容	1.修正(修正課程內容的呈現方式，包括型式、結構；修正活動的步驟或規則) 2.簡化(刪除部分課程內容，或將文本中的語彙或詞句變得更簡短易懂) 3.補充(增加額外的課程內容) 4.改換(更換課程內容)
	課程組織	1.調整課程內容的順序(例如：調整活動步驟的順序) 2.加強課程內容間的聯繫與統整
	課程運作過程 教學方法、策略和教具	1.調整教學方法和策略 2.採用新材料／工具或改變原有的材料／工具 3.使用輔助性科技 4.增加刺激的資料
	教學地點和情境	1.調整教學地點 2.調整教學情境(在環境上增加、減少、或把環境變化) 3.調整教學人員與學生間的比例
	教學人員	1.增加或改變教學人員 2.加強教學人員間的協同合作
	教學時間	1.增加或改變教學時間 2.延長教學進度
	評量方法	1.調整評量內容的呈現時間、情境和方式 2.調整學生反應的方式
內在調整策略		調整學生行為(如教導學習策略、替代的溝通方式和問題解決策略)

　　上述外在調整策略中，我們可以在同一個課程主題下形成**多層次的課程**(multilevel curriculum)(Giangreco & Putnam, 1991)，依據學生的能力與需求，調整課程的向度和範圍，因而有不同層次的調整，例如表 7-4 顯示多數學生的目標為：「能獨立完成在速食店點餐的活動」，對少部分有困難的學生，則從調整通過標準(少量的調整)到調整目標，以及課程內容和運作過程(多量的調整)。如果此課程主題對某位學生不適合，則調整課程主題，課程內容完全改換，課程目標和運作過程也隨課程主題作更動，即**課程重疊**(curriculum overlapping)(Giangreco & Putnam, 1991)，如表 7-4 對一位極重度的智能障礙學生，調整課程主題為「進食的活動」。

表 7-4　課程調整的舉例說明

類型	調整的向度	舉例
在同一個課程主題下形成多層次的課程	不同的目標(不同的通過標準)、相同的課程內容與課程運作過程	為該生設定的目標為：「在視覺提示下，能完成在速食店點餐的活動。」
	不同的目標(目標行為出現的情境不同)、不同的課程內容(修正)、相同的課程運作過程	為該生設定的目標為：「在修正點餐步驟的情境下，能獨立完成在速食店點餐的活動。」另外，修正課程內容(即修正點餐的步驟)，教導該生在進入速食店之前，先準備好欲點購之餐點名稱和錢數。
	不同的目標(表現學習結果的行為或動作，以及通過標準不同)、相同的課程內容、不同的課程運作過程(例如：採用新的材料／工具)	為該生設定的目標為：「在視覺提示下，能使用溝通書完成在速食店點餐的活動。」另外，採用新的材料／工具，即教導學生使用溝通書來點餐。

(續)表 7-4 課程調整的舉例說明

類型	調整的向度	舉 例
在同一個課程主題下形成多層次的課程	不同的目標(表現學習結果的行為或動作,以及通過標準不同)、相同的課程內容、不同的課程運作過程(例如:採用新的材料／工具;在何時教、被誰教上作調整)	為該生設定的目標為:「在視覺提示下,能使用溝通書完成在速食店點餐的活動。」教導學生使用溝通書來點餐,除了在單元教學和情境教學時間進行指導外,還利用個別教學時間,一對一教導他點餐的流程,並請家長協助給與練習的機會。
	不同的目標(表現學習結果的行為或動作、目標行為出現的情境、以及通過標準不同)、不同的課程內容(修正)、不同的課程運作過程(例如:採用新的材料／工具,在何時教、被誰教上作調整)	為該生作了三方面的調整:(1)調整目標為:「在視覺提示和修正點餐步驟的情境下,能使用溝通書完成在速食店點餐的活動。」(2)修正點餐的步驟,讓該生在進入速食店之前,就已經準備好欲點購之餐點圖卡和錢數;(3)教導學生使用溝通書來點餐,且額外利用個別教學時間,一對一教導他點餐的流程,並請家長協助給與練習的機會。
課程重疊	不同的課程主題、目標、課程內容(改換)、和課程運作過程	課程主題放在「進食的活動」,目標為:「能使用餐具進食,像是能使用吸管喝飲料;能使用湯匙吃飯和喝湯。」

第二節 彙整課程的要素

　　上一章討論如何發展課程,本章第一節探討如何因應少數學生的個別需要調整課程,彙整兩部分課程的要素,即可形成班級課程計畫,也可以進一步彙整起來,形成給其他教學人員參考之課程,以達到推廣和資源分享的功能。

壹、形成班級課程計畫

　　整合目標、內容、組織和過程四項課程要素後，便形成班級課程計畫，期待藉著系統而詳實的計畫，使得教學有條不紊，順利達成設定的目標。通常課程計畫的內容包括下列幾個要素，筆者設計兩種表格(一種是全班均教相同主題；另一種是分組，教不同主題的課程計畫表)，見附錄十四，茲舉兩個例子如表 7-5(在教室中教導速食店用餐的活動，由於篇幅有限，只呈現前兩節教導點餐的部分)和 7-10(在社區中教導參觀動物園的活動)。這兩個例子都是教相同的課程主題，為了呈現教不同課程主題的課程計畫，筆者舉例如附錄十五。

一、課程領域、課程主題、和課程目標

　　課程領域是指任教的課程名稱，如國中小階段的六大領域(生活教育、社會適應等)。課程主題是指本單元要教的主題，如「在速食店點餐」。課程目標乃取自個別化教育計畫(可參照第六章第一節所述)，包含單元目標和教學目標，單元目標是指本課程主題的整體目標，如「能在速食店完成點餐活動」；教學目標則是配合單元目標撰寫更具體詳細的目標，如果學生的學習能力和經驗有差異(來自第二項學生起點行為的分析)，學習目標會考慮個別狀況來設定。例如表 7-5 呈現分成三組所要達成的目標，由此可看出他們學習相同的主題，但對低組的學生作了調整，如調整表現學習結果的行為或動作(使用溝通書)和達成標準，形成同一主題下多層次的教學(如何調整可參考本章第一節，至於目標的撰寫方式可回顧第五章)。

二、學生起點行為分析

學生起點行為分析的資料可從教學前評量獲知，以說明學生在此課程主題的表現情形，他本身的那些障礙會影響他在此主題的學習，須清楚明確，且與要學習的主題相關聯，可以採個人或分組的方式敘寫。

三、教學人員

教學人員乃說明本課程單元由誰教，是由教師個別教學呢，還是有兩位教師協同，或是教師與相關專業人員協同教學呢；如果是協同教學，須說明採取何種協同模式(可參照第六章第七節所述)。

四、教學時間

教學時間乃說明本課程單元要在何時教，是在單元、情境、例行、或個別教學時間執行呢(可參照第六章第五節所述)？並且要說明預定在那一段日期的什麼時間教。

五、教學地點

教學地點乃說明本課程主題要在何處教，是在教室、學校籃球場、社區(如：麥當勞速食餐廳、家樂福賣場)等那些地方，可不只在一個地點進行教學(可參照第六章第六節所述)。

六、教學資源

教學資源在說明本課程單元會使用到教材(如：自編的什麼教材，像是文本或作業單，或是使用別人編的什麼教材)、教具(如：何種實物，或教師自行設計的何種教具)等(可參照第六章第四節所述)。

七、教學型態

正如第六章第六節所述，依照師生之間的教學比例，形成一對一教學、分組教學、或是全班教學三種型態，可不只使用一種教學型態。

八、教學過程

教學過程是課程計畫的動態部分，必須讓學生都能參與，一般分成準備階段、發展階段和綜合階段。此外，配合三個階段，初步規畫教學過程中每一步驟所需預估時間，但須注意的是不要受限於這樣的時間安排，只有課前準備不需要寫預估時間，茲分別說明三個階段如下：

(一)準備階段

準備階段通常包括「課前準備」和「課間準備」。就課前準備而言，要準備的事項包括：教學資源的準備，如進行社區本位教學，則要安排路線、通知學校和家長、交代學生預備的事項(如帶錢)等，教師在設計課程計畫時，可思考一些與此課程主題相關聯的重要準備事項。課間準備是指在正式教學的初始階段，讓學生對學習此課程主題有所準備，可包括「引起動機」和「呈現目標」。我們可以藉著讓學生了解學習此課程主題對他的意義(對其現在和未來生活的幫助為何)，以及引領學生回顧其生活經驗和過去所學來引起動機；之後，「呈現目標」是讓學生知道在此課程主題中，將學習那些內容，使他們心理上有所準備。

(二)發展階段

發展階段是教學過程中最重要的部分，主要目的在使學生對課程單元內容有明確而統整的了解。撰寫的內容大致包括：

(1)如何分組(若有分組的活動)；(2)如何運用教學方法／策略、以及調整或修正策略；(3)協同教學人員在教學過程中如何協同(若有協同教學人員)；(4)如何安排教學情境以配合教學活動的實施；(5)如何進行教學活動，活動的設計須配合目標，並且考量學生的需求和興趣，以及時間、環境、資源等；(6)如何運用教學資源等。發展階段的設計會因課程主題和目標，以及學生的狀況而有不同。

(三)綜合階段

綜合階段是教學過程中最後的階段，通常包括「整理」、「評量」和「指定作業」三部分，意即整理本單元的課程內容，進行教學後評量，以及指定回家或其他教學時間的作業和練習活動(如果有的話)。

九、評量表

評量表主要在說明本課程單元要如何評量，搭配評量活動，記錄在評量表中，包括評量方法、評量標準、以及每一次評量之後記錄評量結果。基本上評量的內容即教學目標，因此須相互呼應(可參照第六章第八節所述)，例如配合表 7-5 的課程計畫，於表 7-6 至 7-8 呈現高、中、低三組其中一位學生的評量表為例。另外，教導「在速食店用餐的活動」中，會嵌入指導一些相關的技能，例如用餐禮儀，筆者設計一份「用餐禮儀」之技能學習評量表，供讀者參考，附錄十六呈現評量表的空白表格。其中正確反應百分比 $= \dfrac{每一步驟得分的總和}{獨立的分數 \times 步驟的數目} \times \%$，若以表 7-6 為例，起點的 48% 是 3+6+6+3+3+3+3(=27)除以 8×7(=56)所得到的。

十、備註

備註欄在說明教學上須注意的事項，以及特殊狀況要如何處理等。最後，筆者設計一份課程計畫評鑑表，作為檢核課程計畫撰寫得適切與否的指標，見附錄十七。

表 7-5　課程計畫

班　　級	一年二班	學生人數	八人
課程領域	社會適應	課程主題	在速食店用餐—點餐部分
教學地點	教室、速食店	教學人員	王○○(主教)、陳○○(協同) 採一主一副的教學模式
教學時間	1.單元教學時間：92 年 9 月 22 日至 25 日八節生活教育課 2.情境教學時間：92 年 9 月 22 日至學期末，於其他課程主題作戶外教學，跨越午餐時間時，順道帶學生在社區速食店用餐		
教學型態	全班教學		
教學資源	錄影帶、速食店點餐流程的圖卡、麥當勞的餐點廣告單、兩本溝通書、統一發票、錢		
學生起點 行為分析	高組：A、B、C、F 四位學生的家人均曾帶他們到過速食店用餐，但都是家人代為點餐，A、B 需要口語提示，C、F 需要手勢提示始能完成點餐活動。他們已在實用語文課中學習過「認識麥當勞的餐點」，且均能獨立且正確說出麥當勞主要餐點的名稱。另外，他們正在實用數學課中學習「錢幣的認識與使用」，已能辨識 1 元、5 元、10 元、50 元、和 100 元的錢幣，但除了 A 以外，其他學生還無法拿出正確的錢數，也無法分辨找的錢是否正確。 中組：G、H 能仿說，需要部分身體提示和口語提示始能完成用餐活動，他們在用餐禮儀均須加強。 低組：D、E 兩位學生沒有口語能力，需要完全身體提示始能點餐活動，他們在用餐禮儀均須加強。D、E、G、H 四位學生已在實用語文課中學習過「認識麥當勞的餐點」，他們均能指認薯條、漢堡、雞塊、飲料，會指認自己要幾號餐，但至於那一種漢堡則無法指認。另外，他們正在實用數學課中學習「錢幣的認識與使用」，D、E 僅能辨識 1 元和 10 元；而 G、H 則能辨識 1 元、5 元和 10 元。		
單元目標	能在速食店完成用餐活動		
教學 目標	高組(A、B、C、F)： 1.能獨立且正確表現出在速食店點餐的活動步驟，使用完整的口語來點餐，連續三次做到(詳見活動學習評量表所列)。 2.有人在櫃台前，會排隊等候。 3.遇到點餐問題(送的餐點不正確、沒有給蕃茄醬)時，能獨立表現出適當的應對行為，連續三次做到。	中組(G、H)： 1.在視覺提示下，能表現出在速食店點餐的活動步驟，藉著仿說簡單的口語來點餐，連續三次做到(詳見活動學習評量表所列)。 2.有人在櫃台前，會排隊等候。 低組(D、E)： 1.在視覺提示下，能使用溝通書完成在速食店點餐的活動，連續三次做到(詳見活動學習評量表所列)。 2.有人在櫃台前時，會排隊等候。		

(續)表 7-5　課程計畫

目標號碼	教　學　過　程	預估時間	備　註
	(本單元的前兩節課)		
	一、準備階段：		
	（一）課前準備		
	1.準備錄影帶、九套圖卡、九張麥當勞的餐		
	點廣告單、兩本溝通書等教學資源。		
	2.與協同教學人員討論課程的進行方式。		
	（二）課間準備	10 分	
高、中、低-1	1.放映至速食店點餐、用餐的錄影帶。		
高、中、低-2	2.與學生討論何時需要去速食店，以及生活上	5 分	
	曾有至速食店用餐或電視上看過的經驗。		
	3.說明學習本單元的重要性和要教導的內容。		
	二、發展階段：		
畫線表示使用的教學方法與策略、及教學資源	1.用麥當勞的餐點廣告單，複習麥當勞的標誌，和認識麥當勞餐點的名稱。	25 分	學生 H 不喜歡他人的觸碰，所以注意給與提示時，盡量不用身體提示。
	2.再一次放映至速食店點餐、用餐的錄影帶，並且在錄影帶放映過程中，搭配點餐步驟，按下「暫停」鍵，用圖卡講述至社區速食店點餐的流程，並教導排隊輪流點餐。另外，教師引導學生說出去速食店點餐須準備的東西。		
斜體說明教學活動如何進行，及如何安排教學情境	3.協同教學人員協助在黑板上貼上麥當勞的標誌和餐點的名稱，	30 分	
	4.將教師的講桌佈置成點餐的櫃台，利用角色扮演方式讓學生模擬練習點餐，由協同教學人員擔任餐飲服務人員，主教者則先示範點餐的流程，而後指導學生點餐，進行過程如下：	如何協同	

(續)表 7-5　課程計畫

目標號碼	教　學　過　程	預估時間	備　註
（）表示如何分組	(1)高低組兩位學生配對(A和E一組；B和D一組；C和H一組；F和G一組)，共分成四組。每一組中，先讓高組學生練習，低組學生則在後面排隊，並要其注意看；而後由教師視情況，指導高組學生如何提示或協助低組學生模擬點餐的流程。原則上從最少量的提示到最多量的提示，尚未輪到的同學則教師引導他們注意看同學表現得是否正確；而輪流過的學生則練習排出點餐流程的圖卡。		除了單元教學時間外，教師也可運用其他課戶外教學的機會，順道至速食店進行點餐和用餐的活動
「」表示如何使用調整或修正策略	(2)學生D、E沒有口語能力，教導他們「使用溝通書」來點餐；教導學生G、H藉著仿說簡單的口語來點餐；教導其他同學使用完整的口語來點餐。		
高-3	(3)教導學生先練習點100元以內的餐點，並且要高組學生獨立拿出100元的錢幣給餐飲服務人員；而由高組學生協助低組學生拿出100元的錢幣。		
	(4)在模擬的過程中，餐飲服務人員特意安排一些問題情境(例如：送的餐點不正確、沒有給蕃茄醬等)，教導高組學生如遇有問題時該如何請求協助。		
	三、綜合階段	10分	
	1.教師總結這兩節課教的是「在速食店用餐」，接著詢問學生：速食店除了今天教的麥當勞外，還有那些(如：肯德基)？它們點餐的流程是相同的，只是餐點的內容不同，在之後的課程中我們會再上。		
	2.複習至社區速食店點餐的流程。		
	3.針對學生的表現給與回饋。		
	4.提示學生下兩節課要帶他們至社區的麥當勞店實地練習點餐和用餐。		

表 7-6 活動學習評量表(高組)

學生姓名：高組－A **評量者**：張OO **活動名稱**： 能在速食店點餐
教學地點： 社區的速食店、教室 **評量標準**：連續三次能獨立完成
學習階段：■ 獲得 □ 流暢 □ 精熟 □ 維持 □ 類化 □ 調整階段
評量方式：□ 紙筆 ■ 口頭 □ 指認 ■ 實作 □ 其他：＿＿＿＿＿＿

評量日期 活動系列成份分析	起點 9.2									備註
1. 在自然提示(如：肚子餓了、用餐時間到了)下，知道要進行用餐的活動	3									
2. 準備金錢	6									
3. 找到社區的速食店	6									
4. 當櫃台服務員詢問：「這裡用或帶走？」會回答「這裡用。」	3									
5. 當服務員遞上菜單時,會使用完整的口語(如：我要餐點的名稱)告訴點餐內容	3									
6. 取適量的錢結帳,如有找錢,能確認找錢是否正確	3									
7. 取統一發票、找錢、餐點及其他需要的東西(如吸管)	3									
百 分 比	48%									
相關刺激與反應變化或例外處理 1. 有人在櫃台前時,會排隊等候。	3									
2. 遇有點餐問題(送的餐點不正確)時,知道如何請求協助	3									
3. 遇有點餐問題(沒有給蕃茄醬)時,知道如何請求協助	6									

※評量結果代號說明： 8 能獨立完成； 7 給與手勢提示可完成；
　　 6 給與間接口語提示可完成； 5 給與直接口語提示可完成；
　　 4 給與視覺提示或刺激之內提示可完成； 3 給與示範動作可完成；
　　 2 給與部分身體提示可完成； 1 給與完全身體提示可完成；
　　 0 沒反應或學習意願；NA 未測

※本活動教學決定：＿＿＿ (代號：X 放棄；1.繼續訓練；2.通過,進入下一個學習階段；3.通過,進行下一個活動或技能的訓練)

※說明：

表 7-7 活動學習評量表(中組)

學生姓名：<u>中組－G</u> **評量者**：<u>張OO</u> **活動名稱**：<u>能在速食店點餐</u>
教學地點：<u>社區的速食店、教室</u> **評量標準**：<u>在視覺提示下，連續三次表現出在速食店點餐的活動步驟，藉著仿說簡單的口語來點餐</u>

學習階段：■ 獲得　□ 流暢　□ 精熟　□ 維持　□ 類化　□ 調整階段
評量方式：□ 紙筆　■ 口頭　□ 指認　■ 實作　□ 其他：_____

評量日期　　　　活動系列成份分析	起點 9.2									備註
1.在自然提示(如：肚子餓了、用餐時間到了)下，知道要進行用餐的活動	6									
2.準備 100 元	3									
3.能在別人陪同下，以適當的交通工具，到達社區的速食店	3									
4.當服務員詢問：「這裡用或帶走？」會仿說「這裡」(台語)	3									
5.當服務員遞上點菜單時，會以簡單的口語(例如：1號餐)仿說點餐內容	3									
6.取出 100 元結帳	3									
7.取統一發票、找錢、餐點及其他所需要的東西(如吸管)	3									
百　分　比	43%									
相關刺激與反應變化或例外處理 | 1.有人在櫃台前時，會排隊等候。	3									

※評量結果代號說明： <u>8</u>能獨立完成；<u>7</u>給與手勢提示可完成；<u>6</u>給與間接口語提示可完成；<u>5</u>給與直接口語提示可完成；<u>4</u>給與視覺提示或刺激之內提示可完成；<u>3</u>給與示範動作可完成；<u>2</u>給與部分身體提示可完成；<u>1</u>給與完全身體提示可完成；<u>0</u>沒反應或學習意願；<u>NA</u>未測

※本活動教學決定： ___ (代號：X放棄；1.繼續訓練；2.通過，進入下一個學習階段；3.通過，進行下一個活動或技能的訓練)

※說明：

表 7-8 活動學習評量表(低組)

學生姓名：<u>低組－Ｄ</u>　評量者：<u>張 OO</u> 活動名稱：<u>能在速食店用餐──點餐部分</u>

教學地點：<u>社區的速食店、教室</u>　評量標準：<u>在視覺提示下，能連續三次使</u>
<u>用溝通書完成在速食店點餐</u>
<u>的活動</u>

學習階段：■ 獲得　□ 流暢　□ 精熟　□ 維持　□ 類化　□ 調整階段

評量方式：□ 紙筆　□ 口頭　□ 指認　■ 實作　■ 其他：<u>使用溝通書</u>

活動系列成份分析 　　　　　　評量日期	起點 9.2								備註
1.在自然提示(如：肚子餓了、用餐時間到了)下，知道要進行用餐的活動	6								
2.準備 100 元	1								
3.準備好溝通書上要點的餐點	1								
4.能在別人陪同下，以適當的交通工具，到達社區的速食店	1								
5.當櫃台服務員詢問：「這裡用或帶走？」會以溝通書顯示「這裡用」	1								
6.當櫃台服務員遞上點菜單時，會使用溝通書顯示點餐內容	1								
7.取出 100 元結帳	1								
8.取統一發票、找錢、餐點及其他所需要的東西(如吸管)	1								
百　分　比	20%								
相關刺激與反應變化或例外處理　1.有人在櫃台前時，會排隊等候。	2								

※評量結果代號說明：<u>8</u>能獨立完成；<u>7</u>給與手勢提示可完成；

　　　<u>6</u>給與間接口語提示可完成；<u>5</u>給與直接口語提示可完成；

　　　<u>4</u>給與視覺提示或刺激之內提示可完成；<u>3</u>給與示範動作可完成；

　　　<u>2</u>給與部分身體提示可完成；<u>1</u>給與完全身體提示可完成；

　　　<u>0</u>沒反應或學習意願；<u>NA</u>未測

※本活動教學決定：____ (代號：X 放棄；1.繼續訓練；2.通過，進入下一個學習階段；3.通過，進行下一個活動或技能的訓練)

※說明：

表 7-9　技能學習評量表

學生姓名：<u>中組－G</u>　評量者：<u>張 OO</u>　技能名稱：<u>一般用餐禮儀</u>
配合活動：<u>用餐活動</u>　　　　教學地點：<u>社區的速食店、教室</u>
學習階段：■ 獲得　□ 流暢　□ 精熟　■ 維持　□ 類化　□ 調整階段
評量方式：□ 紙筆　□ 口頭　□ 指認　■ 實作　□ 其他：_____
評量標準：<u>連續三次能獨立完成</u>

技能內容分析 ＼ 評量日期	起點 9.2									備註
1.能閉口咀嚼食物	3									
2.要講話時，會先將食物嚥下再開口	3									
3.喝湯時會以湯匙舀湯喝，不會用灌的	1									
4.以食物就口，不將嘴靠在碗或盤子再耙東西入口	1									
5.安靜咀嚼食物，不發出大聲咀嚼食物的聲音	3									
6.保持桌面乾淨，不將飯粒掉落桌上	3									
7.不碰撞食具，發出聲音	1									
8.不咀嚼食物後再吐出，然後再吃食	3									
9.要剔牙時，會掩口再以牙籤剔	1									
10.除了類似雞腿之類必須以手抓的食物，不以手抓食物	3									

※**評量結果代號說明：** <u>8</u> 能獨立完成；<u>7</u> 給與手勢提示可完成；

　　　　<u>6</u> 給與間接口語提示可完成；<u>5</u> 給與直接口語提示可完成；

　　　　<u>4</u> 給與視覺提示或刺激之內提示可完成；<u>3</u> 給與示範動作可完成；

　　　　<u>2</u> 給與部分身體提示可完成；<u>1</u> 給與完全身體提示可完成；

　　　　<u>0</u> 沒反應或學習意願；<u>NA</u> 未測

※**本活動教學決定：**___（代號：X 放棄；1.繼續訓練；2.通過，進入下一個學習階段；3.通過，進行下一個活動或技能的訓練）

※**說明：**

表 7-10　社區本位教學課程計畫

班　　級	一年三班	學生人數	六人
課程領域	休閒教育	課程主題	參觀動物園
教學地點	高雄市立壽山動物園	教學人員	張○○、林○○
教學時間	單元教學時間：91 年 10 月 5 日四節休閒教育		
教學型態	全班教學		
教學資源	參觀動物園相對應的動物照片、糖果、名牌		
學生起點 行為分析	學生行動上大致上沒有問題，只有 E 行動較遲緩。除了 E、F 沒有口語能力外，其他學生都能表達。他們均沒有去動物園的經驗，其中 E 由於較少外出的經驗，因此到陌生的地方容易過度興奮而尖叫。		
單元目標	能與他人一起參觀動物園，並且能認識動物。		
教學目標	高組(A、B、C、D) 1.能跟著隊伍行進，不脫隊。 2.能持著身心障礙手冊排隊入園。 3.教師展示動物的照片，能說出至少五種動物的名稱和特徵。	低組(E、F) 1.能跟著隊伍行進，不脫隊。 2.能持著身心障礙手冊排隊入園。 3.教師展示動物的照片，能指認出至少三種動物的照片。	

目標號碼	教　學　過　程	預估 時間	備註
	一、準備階段 　(一) 課前準備 　　1.先行探路，以規畫路線 　　2.安排交通工具 　　3.通知父母並邀請他們的參與 　　4.填寫「戶外教學申請表」 　　5.前一天交代學生要帶的東西(帽子、水壺、 　　　100 元、身心障礙手冊) 　　6.準備每位學生的名牌 　　7.準備易於攜帶的急救箱 　(二)課間準備 　　1.主教者說明今天戶外教學的行程和須注意 　　　事項。 　　2.教師交代學生攜帶物品(帽子、水壺、100 　　　元、身心障礙手冊)。 　　3.告知學生排路隊的隊形如下，須依此隊形 　　　行進和參觀：	30分	※協同教學人員協助攝影。

(續)表 7-10　社區本位教學課程計畫

目標號碼	教　學　過　程	預估時間	備註
	協同教學人員 　　C 和 F 　　B 和 D 　　A 和 E 　　主教者 4.在出發前，要學生先上廁所；之後，要學生 D 關燈，C 關窗戶，F 和 E 關電扇，A 寫黑板(交代去動物園)，B 關門，而後排隊至玄關搭校車。 二、發展階段		
	1.坐校車到動物園，沿路介紹一些重要的地標、景點、或設施。	20 分	
高、低-1	2.抵達動物園後，下車按照隊形集合，而後至購票處。	5 分	
高、低-2	3.讓學生持著身心障礙手冊排隊入園。	10 分	※ 在參觀園區時，教師要隨時注意學生的安全不要讓隊伍脫得太長。 ※ 若時間許可，可到園區較遠的區域去參觀紅鶴、野牛等動物。
	4.參觀的流程為：浣熊→鴕鳥→孔雀→綠頭鴨→鴿子→到鳥園外的休息區，休息 10 分鐘→斑馬→犀牛→河馬→梅花鹿→獅子→到獅子園外的休息區，休息 10 分鐘→駱駝→猴子→老虎→綿羊→大象→到遊客活動中心休息 10 分鐘。		
	5 在參觀的過程中，先口頭說明該動物的名稱，有口語能力的學生，要求其跟著說一遍，接下來再拿出對應的動物照片，再說一次該動物的名稱，並同時說明其特徵(如：鴕鳥的脖子長長的、大象鼻子長長的...等)，然後以手指著動物與照片，讓學生對應這兩者。	100 分	
高、低-3	6 在遊客活動中心休息 10 分鐘後，進行有獎徵答活動，對有口語能力的學生，展示動物的照片，要其說出其名稱和特徵；對沒有口語能力的學生，教師說出動物的名稱，要其指認出照片(從三張照片中選出正確者)，答對者有糖果作為增強。	25 分	
	三、綜合階段 1.整理今天所看到的動物。 2.告知接下來要到麥當勞用餐，練習教過的點餐和用餐活動。 3.收拾場地，往乘車處集合。	10 分	

表 7-11 學習評量表(團體部分)

組別／學生 評量標準、 方法和結果 教學 目標	高 組								低 組			
	A		B		C		D		E		F	
	方法與標準	結果	方法與標準	結果	方法與標準	結果	方法與標準	結果	方法與標準	結果	方法與標準	結果
1.能跟著隊伍行進,不脫隊。	D/8		D/8		D/8		D/8		D/6		D/5	
2.能持著身心障礙手冊排隊入園。	D/8		D/8		D/8		D/8		D/7		D/5	
3.教師展示動物的照片,能說出至少五種動物的名稱和特徵。	B/8		B/8		B/8		B/8		✕		✕	
4.教師展示動物的照片,能指認出至少三種動物的照片。	✕		✕		✕		✕		C/6		C/6	
備　　　註												

⊙**評量方法**:A.紙筆 B.口頭 C.指認 D.實作 E.其他(請說明)_____

⊙**評量標準**:預期達到的標準,__8__能獨立完成;__7__給與手勢提示可完成;
　　　　　　__6__給與間接口語提示可完成;__5__給與直接口語提示可完成;
　　　　　　__4__給與視覺提示或刺激之內提示可完成;__3__給與示範動作可完成;
　　　　　　__2__給與部分身體提示可完成;__1__給與完全身體提示可完成

⊙**評量結果**:P 通過;F 不通過;NA 未測(並說明實際達到的情形)。

⊙**備註**:請註明特殊狀況或學生未能達到教學目標之原因。

⊙**註**:「✕」表示該位學生不評量此項目標。

貳、形成給其他教學人員參考之課程

發展課程的步驟主要包括計畫和生產兩個階段，如果發展的課程不只在班級中使用，還要推廣給其他啓智教育工作者，那就需要加上傳播這個階段，並且除了課程單元的實際內容外，還須寫課程編輯說明，讓其他使用者對課程有清楚的了解。為了讓其他教學人員清楚了解整個課程的編輯過程和內涵，除了課程或教材單元外，宜撰寫課程或教材編輯說明，筆者呈現其內容如下，並以國立高雄師範大學編輯的「功能性數學教材」為例，摘要描述如何撰寫。目前已出版的多數是教材，如給學生使用的文本、作業單，或是給教師參考的教學活動設計，很少以完整的課程呈現，未來可朝發展完整課程的方向邁進。

一、課程或教材編輯說明

(一)設計緣由

例如功能性數學教材的設計緣由為：「傳統的發展性課程模式難以符合大多數中重度智能障礙者的學習特質。」

(二)目標

例如功能性數學教材的目標為：「把數學技能和生活技能的學習結合為一體，藉由功能性完整活動的學習，促進中重度智能障礙與多重障礙學生適應生活的能力，以及發展數學的知能。」

(三)適用對象

例如功能性數學教材的適用對象為：「國民中小學階段之中重度智能障礙或多重障礙學生。」某些課程或教材除了提出適用對象的類型和障礙程度外，還列出學習此課程或教材的先備技能，如：「須具備基本的數量概念」，而功能性數學教材

並未顯示先備技能，因為它有設計替代方案，來因應學生的困難。

(四)組織系統

課程之組織系統乃課程之骨架，引導課程內容之發展，例如功能性數學教材的組織系統表如表 7-12 所示。

表 7-12　功能性數學教材的組織系統(部分內容)

單元編號	單元名稱	活動名稱	數學項目
一	吃飯了	擺碗筷	對應 數數(1~5，一雙)
		吃飯	對應 數數 方向位置(中間)
		飯後的收拾	集合 大小(面的大小比較)
二	穿鞋襪	穿襪子	對應 數數(一雙) 方向位置(內外，上下，前後)
		穿鞋子	對應 數數 方向位置(左右)
		脫鞋襪	對應 方向位置(前後、左右、內外、上下)

(五)內容的選擇來源

又例如功能性數學教材中說明教材內容的選擇來源為：「本教材主要根據社區本位之功能性課程 (community-based functional curriculum)理論與參考生態分析模式發展而成。選擇的來源包括從家庭、學校、社區、休閒活動以及可能的工作場所等，並且從食衣住行育樂等方面，觀察和選錄各種日常實用之活動技能，再分析該等技能所涉及的數學技能，最後參考中重度啟智班數學科之教學時數與學生各階段生活適應之需求選

擇活動技能。」

(六)呈現型式

至於呈現型式，以功能性數學教材為例，是「以給教師使用的教學活動設計來呈現，內容包括文字敘述、圖片、數學項目、活動過程、替代方案。」

(七)使用要點

例如功能性數學教材中說明使用要點包括：「(1)評估學生的能力與學習需求；(2)選擇教學單元；(3)尋求教學資源；(4)教學與評量；(5)學習替代方案；(6)保存學得的技能。」

(八)特點

例如功能性數學教材的特點包括：「(1)完整活動；(2)重視真實情境運用；(3)用詞口語化，圖片以真實情境拍攝；(4)有替代方案。」

(九)參考資料

提供在發展課程或教材過程中，使用到的參考資料，或提供與主題有關的課程或教材，以幫助學生或教師獲得其他相關資訊。

二、課程或教材單元

課程或教材單元依課程內容的呈現方式，有給學生的教材，如文本或教科書、作業單等，給教師的教學活動設計、輔助教學的教具等。

另外，不論是學生使用的文本或教師參考的課程計畫，在物理特性方面都須注意紙質、裝訂和色彩安排等，美觀耐用，且易於保管和使用，像是附上目次、索引，將會方便教師使用。

《總結》

　　本章討論如何因應少數學生的個別需要調整課程，以符合學生的個別化教育目標。課程調整能由學生行為以及課程本身兩個角度著手，學生行為可從加強學生語言和溝通能力的發展、教導學生替代的溝通方式、學習策略、和問題解決策略等方向做起。課程本身的調整可由課程的目標、內容、組織和過程(教學方法／策略和教具、教學地點和情境、教學人員、教學時間、以及評量方法)四個向度切入；之後，彙整課程的目標、內容、組織和過程四項要素，即可形成班級課程計畫，以及給其他教學人員參考之課程。

第八章

啟智教育課程與教學設計(六)：
如何進行教學

教學成長始於看清途中的阻礙

第一節　掌握有效教學的要素

第二節　設計不同學習階段的教學策略

導讀問題

1.在進行教學時，有那些要素是我們需要注意的？
2.學習階段可包括那些階段？
3.使用何種策略能促使學生的行為表現達到流暢、精熟的程度，並能維持這樣的學習成果？
4.類化的型態有那兩種？
5.如何促進學習成果的類化？

　　前面兩章探討如何發展和調整課程，接下來要將擬訂好的課程計畫付諸實施。如無教學，課程計畫仍只是一項書面作業；惟有透過實際的「教學行動」，個別化教育計畫的理想才得以實現。本章將從掌握有效教學的要素，以及設計不同學習階段的教學策略兩方面來探討如何進行教學。

第一節　掌握有效教學的要素

　　教學是相當動態的過程，參考相關資料(林惠芬，民 85；曾明玲，民 85；Patton et al., 1989)，加上筆者的修正意見，教學前、中、後的重要成份呈現在圖 8-1。有時課程計畫得很完善，但一到教學情境中發現效果沒有如預期得好，這牽涉到教師的溝通表達，對學習氣氛、行為管理、教學時間、以及不同教學型態的掌握與運用等。以下將從營造支持與鼓勵的心理環境、運用有效的行為管理策略、保持彈性和隨機應變的態度實施課程、使用清晰明確的語言、引發學生的注意力、引發學生的動機與參與度、有效管理教學時間、以及掌握不同教學型態的實施原則八方面來探討如何進行教學。

教學前 ⟶	教 學 ⟶	教學後
＊教學前評量 　評量學生需求 　評量環境需求 ＊決定教育目標 ＊擬訂個別化教育計畫 ＊發展和調整課程 　設計課程目標 　發展和組織課程內容 　擬訂教學模式與策略 　選擇或設計教具 　安排教學時間 　規畫教學地點與情境 　決定教學人員 　訂定評量方式與內容	＊營造支持與鼓勵的心理 　環境 ＊運用有效的行為管理策略 ＊保持彈性和隨機應變的態 　度實施課程 ＊使用清晰明確的語言 ＊引發學生的注意力 ＊引發學生的動機與參與度 ＊有效管理教學時間 ＊掌握不同教學型態的實施 　原則	＊評量學生學習成效 ＊評鑑課程與教學成效

圖 8-1　有效教學的要素

壹、營造支持與鼓勵的心理環境

如果班級的心理環境給學生感覺是不支持、不愉悅的,即使一份課程設計得再好,教學成效也會打折扣;因此,營造支持與鼓勵的心理環境就變得很重要。我們可以從**促進師生和同儕的關係與互動**來著手。Schloss 和 Smith(1998)指出建立良好的師生和同儕關係不僅能減少學習問題,也能減少行為問題。藉著以下方法可以增進師生互動:尊重學生的能力與個別差異,提供溫暖與鼓勵的社會環境,多去注意學生的優點和長處,指出他在團體中的價值和重要性;即使學生的進步不快速、不明顯,也要鼓勵他的努力和進步。再者,當學生遇到困難時,鼓勵他面對困難,並給與適當的調整與協助。另外,教師可藉著鼓勵同學看到彼此的優點,互相協助,以及促發同儕間的相互了解和合作來促進同儕關係和互動。

貳、運用有效的行為管理策略

許多教師一定有這樣的感受:如果學生有行為問題,而教師又無法有效處理,會影響教師的教學和其他學生的學習。因此,能否有效處理行為問題,攸關著教學的成效。在班級經營中,明確地傳達適當的標準和期待給學生很重要,訂定班規就可以讓學生了解我們對他們行為的期待為何,增進他們對自己所處環境的預測和控制,以及提昇正向的氣氛。對於遵守規定者,教師給與增強;有困難遵守規定者,教師給與提示與協助;違反規定者,也能讓他預期行為的結果,增進公正感。另外,預防勝於治療,在問題發生之前先教,不要等到問題出現後再處罰。行為管理是一門大學問,無法在本書中詳述,有興趣的

讀者,可以參考一些行為改變技術、行為問題處理方面的專書。

參、保持彈性和隨機應變的態度實施課程

　　雖然在教學前已擬訂了課程計畫,但在實際運用時,不可受限於課程計畫,應保持彈性,視學生的學習狀況隨機作調整,不要被既定的課程所限制,一味地欲趕完課程計畫的內容。如案例 8-1,學生目前關注的焦點在衝突事件,根本無心上課,教師可以花一些時間處理情緒和事件,並且教學生如何因應和避免衝突事件的發生。

> 【案例 8-1】教師今天準備了很詳實的課程計畫進入班級,想好好大顯身手一番。一踏進教室的門,就見到小玲躲在角落哭,同學則七嘴八舌向教師告狀下課發生的事,教師要同學坐好,乖乖上課,結果小玲衝出教室,場面一片混亂,教師非常挫折。

肆、使用清晰明確的語言,且須注意音量和速度

　　在教學過程中,教師宜注意音量是否足夠,說話速度是否適切,使用學生能了解的字詞和句子(含詞句的內容和長度),以及能接收的速度來表達。舉例來說,如果教師講話的速度太快,有些學生會來不及接收和反應;另外,假使學生理解的語彙非常有限,而且只能接收不超過五個字的句子,那麼教師就要使用非常具體和簡短的語言,清晰明確地表達出教學內容,如案例 8-2 所示。

> 【案例 8-2】教師在教小英使用自動販賣機,教師告訴他:「打×表示販賣機的這種飲料已經被賣完」,小英一臉疑惑;後來教師換另一種方式說:「×,賣完」,他就能理解。

另外，如果教師給與學生指令，要其完成某些學習項目時，宜避免模糊不清、一變再變、過於冗長、鎖鏈式、和疑問句的指令(除非教師要讓學生作選擇，或是給與間接口語提示，否則宜用肯定的語句表達)，並且將指令的嫌惡感減到最低的程度(切忌威脅、嘮叨和謾罵的指令)。

此外，如果教師想藉著問問題來診斷學生的起點行為，評量學生的學習表現，或促進學習時，綜合 Hendrickson 和 Frank(1993)的資料及筆者的看法，要注意**在喚起學生專注力之後再問問題**，問的問題須與課程目標有關聯，一次只問一個問題，且用學生能了解的字詞和句子，清楚扼要地陳述問題。問完之後，要讓學生有足夠時間回答，如果學生有困難，可簡化問題、設定答案範圍、提供暗示或鼓舞；必要時適切的肯定，或換個字詞來鼓勵學生繼續回答或改善他原有的答案；回答正確就立即給與回饋，即使回答不正確，也要對學生回答問題的努力給與鼓勵。

伍、引發學生的注意力

在班級教學時，教師須隨時留意學生的注意焦點是否在學習的主題上，有沒有分心，有沒有跟上速度，尤其智能障礙學生有注意力的困難，更須留意。以下幾種方式均可以引發學生的注意力：(1)使用一些手勢或動作(例如：拍手、輕拍桌面)、眼光接觸、改變聲調(例如：在關鍵字句上加重語氣)、使用提示詞(例如：最重要的是)做引導，提示學生注意，或拉回其注意力；(2)變化訊息接收的管道，用不同方式重複出現重要訊息，例如學生不只用聽覺的方式接收，教師也可以提供視覺的線索，或要學生複述教師說的內容；(3)配合學生的注意力特性設計教學

活動，例如學生的注意力持續時間最多十分鐘，教師就要注意在十分鐘靜態的課程之後，就變換動態的活動，使教學活動靜動搭配；(4)注意座位的安排是否適切，盡可能減少環境中干擾的因素；(5)藉著安排一些活動(例如：「老師說」的活動)，教導學生如何選擇重要訊息去注意。

陸、引發學生的動機和參與度

在整個教學過程中，教師須不斷地引發學生的動機和參與度，可透過以下的方法來達成：(1)讓學生了解學習對他的意義，對其現在和未來的幫助為何；(2)設定可實現的漸進目標，使其進入新的學習情境時，有期待成功的動機；(3)採小步驟的教學，使其有成功的經驗，以提昇其自信心；(4)藉著詢問學生過去的經驗，問與課程主題相關的問題，甚至讓學生準備教具，如帶家裡的錄音帶到學校播放等，來引發學生的參與；(5)用各種不同且有趣的活動或作業練習新的技能；(6)當學生遇到困難時，作適當的調整，以協助他跨越困難；(7)帶進學習一項活動的自然後果，如熱完包子，就有包子可吃，並且增強學生參與的動機；(8)利用某些重要人物(如：家長)出現時，鼓勵學生學習。最重要的是教師要有一份主動積極的態度，即使學生的能力很差，參與度和反應不夠，教師仍要保持熱力，不斷地製造機會，引發學生的參與。

柒、有效管理教學時間

從教學時間的分配來看，可分為**參與時刻**(engaged time)、及**轉換時刻**(transition time)。參與時刻是指教師實際教學，讓學生參與學習的時間；而所謂轉換時刻是指：(1)等待參與活動或

教學地點(如：從三樓教室走到五樓實習商店)；(3)從一個分組換到另一個分組的時刻。假使轉換時刻太長，學生等待的時間過久，超過總上課時間的 10%－15%，學生就容易產生行為問題(Wolery, Bailey, & Sugai, 1988)。因此，盡可能增加學生的參與時刻，減少轉換時刻，就變得很重要了。

然而轉換時刻有時是不可避免的，至於如何減少轉換時刻產生的問題，須注意以下原則：第一，從一個教學地點轉換到另一個教學地點時，要注意動線，以讓學生快速方便到達為主；如果無法做到，教師就需要在學生移動的過程中，設計教學活動，如認識校園中的植物。此外，也可以分組，由能力好的同學帶領到達另一個教學地點。第二，讓學生從一個組別換到另一個組別時，要先安排好組別的位置，而後給每一組不同的標示，如顏色或動物的標示，接著給學生提示卡，協助他們很快地找到其所在的組別。第三，教師事先準備好課程所需要的教材、教具和活動，盡量減少學生等待參與活動的時間；如果無法避免等待時間，則要安排一些學生在等待時可從事的活動，如案例 8-3，教師可以安排一些活動讓等待的學生從事，像是寫出家裡的電話等；或要他們觀察同儕的操作過程。另外，教師宜準備充分的教學活動以備不時之需，若預備的活動提早完成，可以加入與課程主題相關，或是複習學過的課程。

【案例 8-3】今天上課的主題是「打電話」，教師準備了兩具電話，讓學生兩兩一組輪流練習撥電話和接聽電話，其他八位同學則在座位上等待，結果小華坐不住，亂跑；小英和小玉則在交頭接耳說話。

捌、掌握不同教學型態的實施原則

　　正如第六章第六節所述，依照師生之間的教學比例，形成一對一教學、分組教學、或是全班教學三種型態。針對三種教學型態，有一些實施原則須注意，討論如下。

一、全班教學

　　在全班教學中，除了上述七項原則須注意外，還有其他教師須掌握的原則如下：

(一)鼓勵其他還沒有輪到練習的學生注意看和聽同儕的表現，如果學生有做到，則給與讚美。

(二)鼓勵同學互相協助和合作，並且讚美同儕好的表現，營造正向的團體學習氣氛。

(三)藉著縮短每一次輪流的時間，來減少轉換時刻(Snell & Brown, 1993)。例如案例 8-4，比較好的方式是每一次輪流只丟一種資源垃圾，讓學生等待的時間縮短；除非教師特意訓練學生的等待能力，即使如此，也要讓學生有所準備，知道在等待時間該如何自處。

> 【案例 8-4】教師設計了一個將各式資源垃圾丟入資源回收桶的活動，讓學生輪流練習，並藉機檢核其學習成果。在每一次輪流中，教師要學生丟四種資源垃圾，有些學生反應較慢，耗費了許多時間，因此，部分尚未輪到的同學開始不耐煩，蠢蠢欲動。

(四)進行全班教學時，須注意每一位學生的個別需求，即使在同一個課程主題下，仍可運用調整的策略，形成多層次的教學(可參照第七章第一節)。

(五)在展示教具給全班同學看時，要注意學生是否看得清

楚,例如照片的大小、放的位置,學生是否看得到。

二、分組教學

(一)分組教學時,須考慮兩組座位的安排不要產生互相干擾的情形。如有協同教學人員平行教學,須注意避免聲量過大,造成彼此的干擾。

(二)分組教學時,教師須注意教學時間的安排,讓每一組所獲得的教學時間盡量均等。

(三)分組教學前,教師須安排好另一組在等待指導時,可進行的活動或作業;如有協同教學人員,則可請其協助;如果沒有,教師事先的詳盡規畫就變得很重要。

(四)分組教學前,教師須須訂定明確的規則,如另一組在等待指導時,不要干擾教師的教學,如有困難須尋求協助,可詢問小老師(教師事先安排),或是立一個紅色求助牌告訴教師等。如有協同教學人員,則他可以介入協助。

三、一對一教學

(一)對於某些無法專心注意、坐不住、或難以遵循指令的學生,為了不讓他依賴一對一教學,須漸進地褪除,方式可採取一次帶一位同儕進來與其一同學習(Snell & Brown, 2000)。

(二)使用一對一教學時,要訓練學生將眼神和注意力放在教師或學習的項目上。

整個教學實施狀況,我們可以使用表 8-1 的問題作自我檢核。

表 8-1 教學實施狀況檢核表

檢 核 題 目	從不如此	很少如此	半數如此	經常如此	總是如此	不適用
1.教師使用的語言音量足夠、清晰明確、且速度適當	☐	☐	☐	☐	☐	☐
2.教學活動能引起學生的學習動機。	☐	☐	☐	☐	☐	☐
3.教學過程能引發學生參與。	☐	☐	☐	☐	☐	☐
4.教學過程能提供學生充足的練習機會。	☐	☐	☐	☐	☐	☐
5.教學過程能引起學生的注意力。	☐	☐	☐	☐	☐	☐
6.能隨時監控學生的表現並立即給與回饋。	☐	☐	☐	☐	☐	☐
7.教學時間能作合理的安排。	☐	☐	☐	☐	☐	☐
8.能清楚掌握教學過程,並達到教學效果。	☐	☐	☐	☐	☐	☐
9.能維持良好的師生互動。	☐	☐	☐	☐	☐	☐
10.能營造良好的同儕互動。	☐	☐	☐	☐	☐	☐
11.能有效處理上課中學生所發生的行為問題。	☐	☐	☐	☐	☐	☐
12.每個學生的學習機會均等。	☐	☐	☐	☐	☐	☐
13.若有協同教學,教學人員能有良好的溝通合作。	☐	☐	☐	☐	☐	☐
14.能保持彈性和隨機應變的態度實施課程。	☐	☐	☐	☐	☐	☐

第二節 設計不同學習階段的教學策略

前面第四章提及:依據 Evans 等人(1989)的說法,有獲得、流暢、精熟、維持、類化、和調整六個學習階段,如階梯般逐步向上。在教學時,要考慮學習階段,其中獲得階段的教學已在前面幾章探討,本節探討流暢、精熟、和維持階段的教學,以及類化和調整階段的教學兩部分。

壹、流暢、精熟、和維持階段的教學

　　獲得階段的目標在養成學生正確的反應，到流暢階段則強調不只正確率提高，還要表現更流暢；而到精熟階段，學習表現的正確率和流暢性更加提高，甚至到自動化的反應。在維持階段，則不進行教學，期待學生能保留習得的活動與技能。

　　綜合相關文獻(Horner, Dunlap, & Koegel, 1988; Martin & Pear, 1996; Young, West, & MacFarlane, 1994)，加上筆者的看法，在這三個階段中，增加練習的機會是必須的，而且最好能有**例行性的練習**，使學生習得的能力不至於因時間隔太久而遺忘。除了練習，在流暢與精熟階段中，為了提昇學習表現的正確率和流暢性，給與正確或適當表現**正向的後果**也是很重要的，最好是自然後果(即自然增強)；假使無法帶出自然後果，則可以提供人為增強物，像是原級增強物(如：食物、玩具、活動)、次級增強物(如：代幣、積分卡)、或是社會性增強物(如：口頭讚美、拍肩、擁抱)等，原則上優先使用社會性增強物。此外，不一定由教師給與正向的後果，也可以運用**同儕教學**，由同儕督導個體的學習表現並給與增強。等學習表現達到精熟階段的標準，則使用**褪除**策略，逐步褪除增強的次數或提示的層次等；也可以採取**自我管理策略教學**，如讓個體自我監控其行為表現，使他能保留習得的活動與技能(褪除和自我管理策略教學的運用已在第六章第三節中討論過)。

貳、類化和調整階段的教學

一、類化階段的教學

　　以下探討類化的型態，及促進類化的指導原則兩部分。

(一)類化的型態

1.刺激類化

刺激類化(stimulus generalization)是指在某刺激情境中所建立的行為在另一刺激或情境中仍會使該行為穩定發生。此刺激或情境可以是地點的不同(如麥當勞速食店和肯德基速食店)、人員的不同(如家長與班導師，或 A 教師和 B 教師)、時間的不同(如早上和下午)、材料的不同(如點餐的內容不同)、或環境狀況的不同(如在有無人行道的狀況下過馬路)等。

2.反應類化

反應類化(response generalization)是指教學效果的擴大效應，意即一項目標的習得，造成另一項原不在課程計畫中之目標的達成。例如學生不只學會用電鍋煮飯，也連帶地會用電鍋熱包子。

(二)促進類化的指導原則

促進學習成果的類化可透過內在媒介(internal agent)和外在媒介(external agent)的方式來達到。教師、父母等重要他人就是外在媒介者，藉著操控許多環境變項來協助個體類化學習成果；而內在媒介者就是個體本身，藉著自我管理的方法，促使自己持續類化學習的成果(Schloss & Smith, 1998)。自我管理的方法已於第六章第三節中討論過，這部分僅討論外在媒介的方法。

綜合相關資料(Ellis, Lenz, & Sabornie, 1987; Haring & Liberty, 1990; Schloss & Smith, 1998)，筆者將促進類化之技術，依據教學前、教學中和教學後三個向度作一分類整理如表 8-2。

表 8-2　促進行為處理成果類化之技術

向度	教學前	教學時	教學後
技術	1.安排共同刺激 2.安排通例課程方案 3.安排足夠的刺激和反應範例來訓練	1.訓練和期望 2.在自然情境中訓練 3.彈性地訓練	1.安排明確的程序系列地訓練類化 2.帶進自然增強 3.使用中介措施 4.運用非區辨的增強分配方式

1.促進刺激類化的方法

(1)教導活動與技能時，盡可能在該活動發生的自然情境下訓練，技能也盡可能嵌入在活動中進行教學。

(2)安排足夠的刺激範例來訓練，如變化訓練情境(訓練地點、人員、或時間)和材料等。例如在很多不同的餐廳訓練用餐行為，提供各式男女廁所的標誌讓學生辨認等。

(3)在教學前，盡可能安排該活動或技能在許多情境中均會出現的共同刺激，以利於之後的刺激類化，例如要教導學生打招呼的行為，教學之前應了解不同情境中，須表現出打招呼行為的共同情況有那些，如當別人主動向你說：「你好」、「嗨」等。又比方在教室中教導學生點餐的活動之後，為促進其將此學習成果類化至社區的餐廳中，可先安排共同的刺激(如相同的學習材料，像是金錢、菜單等)，增加兩個情境間之相似性。

(4)在不同的訓練情境，使用中介措施，如相同的語言或指令，以促進刺激類化。

(5)提供通例課程方案(**已於第六章第三節中討論過其具體的步驟**)。

(6)訓練和期望，是指並不刻意訓練類化，而只是探測學習類化的情形。

(7)彈性地訓練，意指變化訓練情境和給與的指令或提示，以避免學生僵化的反應。

(8)安排明確的程序系列地訓練類化，如變化訓練地點、人員、時間、或行為等，以增強學習成果的類化。

(9)在類化的練習中帶進自然增強，例如讓個體感受到在衛生習慣建立起來之後，身體感到很舒服，且能得到別人正向的注意，這些都是自然增強。

(10)運用非區辨的增強分配方式，是指改變增強的時間，使學生無法區辨何時增強會發生。

2.促進反應類化的方法

(1)安排足夠的訓練範例以促進類化，如教學生服從指令，可給他很多不同的指令讓其練習服從。

(2)在訓練過程中變化可接受的反應，如教學生打招呼的行為，可於訓練過程中變化可接受的反應，如「你好、大家好、嗨」等，以促進反應的類化。

除了這兩種方法外，上述促進刺激類化的第五種至第十種方法，也能促進反應的類化。此外，要維持與類化學習成效，除了學校教師的努力，**家長的參與**更是不容忽視。若無家長的參與，學生可能因為沒有機會在家庭和社區中練習已習得的活動或技能，而使得教學成效大為減損。因此教師宜每週告知家長孩子本週學習的重要活動，讓家長在家庭和社區中也能指導學生這些活動，並且經常討論執行的情形，如此才能增進學生的學習成效。

　　Schloss 和 Smith(1998)提供一個流程圖以協助教學人員，配合類化的問題假設，界定適當的類化技術，如圖 8-2。由圖 8-2 可知造成類化問題的狀況可能有以下五種：活動或技能的類化只有在少數的情境中被要求、個體被增強即使活動或技能沒有表現出來、個體曾經類化或接近標準、個體的反應部分正確、個體無法表現活動或技能的任何部分。針對這五種狀況，有一些類化技術可因應，如針對「活動或技能的類化只有在少數的情境中被要求」這個問題，我們可以採取安排明確的程序系列地訓練類化和彈性地訓練兩項技術來因應。

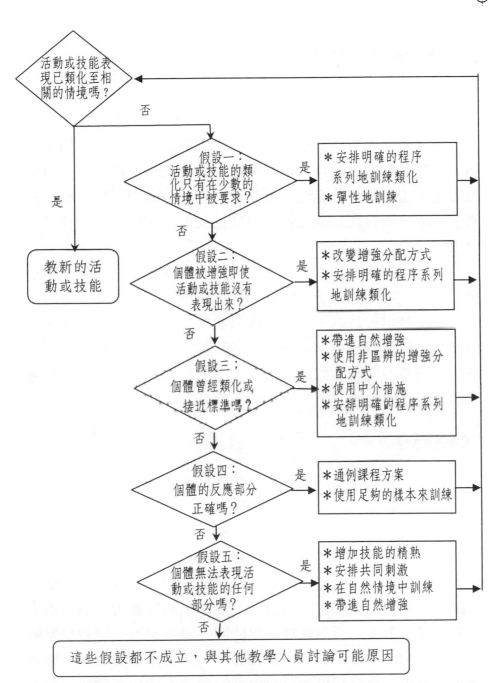

圖 8-2 界定適當類化技術的流程圖(修正自 Schloss & Smith, 1998, p. 295)

二、調整階段的教學

調整階段的學習主要在調整已習得的活動或技能表現，以因應新的情境或問題，這時教師須提供新情境或新問題的練習，教導學生如何調整已學會的活動或技能來因應。例如前面第三章提及活動分析時，有分析刺激的變化，及搭配而來的反應變化，還有例外的處理，這就是調整。教師盡可能分析在日常生活中，執行此活動可能有的變化及例外，而後安排練習的機會。

總括來說，如果課程主題是「在自助餐廳用餐」，訓練階段可在固定的地點訓練，如在教室、學校或學生家庭附近的自助餐廳訓練用餐活動，直到流暢和精熟；類化階段則可作地點的變化；而維持階段則可隔一段時間後，追蹤學生學習保留的情形。調整階段則可教導學生在不同地點中，面對新情境和新問題調整習得的能力。

《總結》

教學是一個動態的過程，維繫著個別化教育計畫和課程是否能有效地付諸實現。本章從掌握有效教學的要素，以及設計不同學習階段的教學策略兩方面來探討如何進行教學。在掌握有效的教學要素方面，我們可以從營造支持與鼓勵的心理環境、運用有效的行為管理策略、保持彈性和隨機應變的態度實施課程、使用清晰明確的語言、引發學生的注意力、引發學生的動機與參與度、有效管理教學時間、以及掌握不同教學型態的實施原則八方面來著手。在設計不同學習階段的教學策略方面，我們可以藉著提供例行性練習的機會、給與正確或適當表

現正向的後果、同儕教學、褪除策略、自我管理策略教學等方式來達到流暢、精熟、維持的階段；而促進學習成果的類化部分，可透過內在媒介和外在媒介的方式來達成。至於調整階段，則需要提供新情境或新問題的練習，教導學生如何調整已學會的活動或技能來因應。最後，值得注意的是：在教學的過程中，有時會遇到不可預期的狀況，此刻教師須檢視可能的原因，而教學成長即始於看清途中的阻礙，並且尋找策略因應它。

第九章

啟智教育課程與教學設計(七)：
如何進行教學後評量

鼓勵學生自己跟自己比賽，
並且能欣賞孩子小小的進步或成就，
即使在外人來看是微不足道的。

第一節　教學後評量的內容與方法
第二節　教學後評量的回饋
第三節　對智能障礙者有效的課程
　　　　與教學內涵

導讀問題

1.教學後評量的內容為何？
2.如何進行教學後的評量？
3.教學後評量扮演的角色為何？

　　教學後評量具有考核和回饋的性質，主要目的在對學生學習表現情形做有系統的評量，同時對整個個別化教育計畫和課程與教學設計做全面的檢討，作為擬訂下一階段個別化教育計畫，以及設計課程與實施教學的參考。本章將從內容與方法，以及評量的回饋兩個部分探討如何進行教學後評量，之後再整合第一章至本章的內容，呈現對智能障礙者有效的課程與教學內涵。

第一節　教學後評量的內容與方法

壹、教學後評量的內容

　　教學後評量可以分為兩種類型，即形成性評量與總結性評量。形成性評量係針對教學效果實施有系統的持續性評量，例如每週一、二次或每一、二週一次。形成性評量有助於教師設計往後的課程，使教學根據評量所得的資料而實施，以及與家長的溝通。總結性評量係在教學實施完成之後進行，可在學期或學年即將結束的最後一、二週內實施。教學後評量一方面評量學生的學習成效，一方面評鑑課程與教學的成效，詳細說明如下。綜合這些教學後評量的資料，我們可以整理在附錄八個別化教育計畫空白表格中的「學期末總結性評量表」。當然，除了總結性評量表的記錄中，過程中也須隨時作形成性評量，並且記錄下來。

一、評量學生學習成效

　　為確實了解學生的學習成效和進步情形，教師盡可能進行

形成性評量。透過形成性的評量，教師可以精確地了解學生的學習狀況，以便為學生做較有利的教育判斷。除了在學校作評量外，教師也可以追蹤評量學生在家庭和社區中練習所學活動和技能之情形。

二、評鑑課程與教學成效

除了評量學生學習成效外，教學後評量也可以評鑑個別化教育計畫、課程和教學之擬訂與實施的成效。教師可以透過檢視個別化教育計畫已達成那些目標，未達成那些目標，以及家長與教師之間評鑑的一致情形，全面性地了解個別化教育計畫的擬訂，及據以發展之課程計畫，與教學的成效，作為改進課程與教學，以及擬訂下一階段個別化教育計畫的參考。從這樣的評量過程中，我們可以評鑑個別化教育計畫的目標是否適當；課程的目標、內容、組織、和過程是否計畫得完整而適切 (如：評鑑教什麼、如何教、何時教、在那裡教、被誰教、如何評量等方面擬訂得是否適切)；教學過程的運作是否適當而有效 (如：評鑑實際教學時間與預期達成時間是否相等)。

貳、教學後評量的方法

教學前評量使用的部分方法也可運用在教學後評量的階段，例如觀察、課程本位評量、工作樣本分析、生態評量中的活動和技能學習評量表等，以比較教學前後的差異情形。教師可以善用活動和技能學習評量表來檢核課程計畫是否能達成目標，形成「資料本位的決策」(data-based decision-making)，以具體地掌握學生的學習成效，茲舉表 7-6 所示高組學生 A 的評量表為例，說明其學習結果如表 9-1。此外，我們也可以訪談家長，了解他們對孩子進步情形的看法，以作為評鑑和改進課程

與教學的依據。

表 9-1　活動學習評量表－學生學習結果舉例

學生姓名：<u>高組－A</u>　　評量者：<u>張 OO</u>　　活動名稱：<u>能在速食店點餐</u>
教學地點：<u>社區的速食店、教室</u>　　　　　評量標準：<u>連續三次能獨立完成</u>
學習階段：■ 獲得　□ 流暢　□ 精熟　□ 維持　□ 類化　□ 調整階段
評量方式：■ 實作；□ 紙筆；■ 口頭；□ 其他：_____

活動系列成份分析＼日期	起點 9.2	9.5	10.8	10.12	10.16	10.20	10.23	10.26	10.28	備註
1. 在自然提示(如：肚子餓了、用餐時間到了)下，知道要進行用餐的活動	6	6	6	7	8	8	8	8	8	
2. 準備金錢	3	6	6	7	8	7	8	8	8	
3. 找到社區的速食店	6	6	6	7	8	8	8	8	8	
4. 當櫃台服務員詢問：「這裡用或帶走？」會回答「這裡用。」	3	6	6	7	8	8	8	8	8	
5. 當服務員遞上菜單時，會使用完整的口語(如：我要餐點的名稱)告訴點餐內容	3	6	6	7	8	8	8	8	8	
6. 取適量的錢結帳，如有找錢，能確認找錢是否正確	3	6	6	7	8	8	8	8	8	
7. 取統一發票、找錢、餐點及其他需要的東西(如吸管)	3	6	7	7	8	8	8	8	8	
百分比	48%	75%	77%	88%	100%	98%	100%	100%	100%	

(續)表 9-1　活動學習評量表－學生學習結果舉例

活動系列成份分析 \ 日期		起點 9.2	9.5	10.8	10.12	10.16	10.20	10.23	10.26	10.28	備註
相關刺激與反應變化或例外處理	1.有人在櫃台前時,會排隊等候	3	6	7	7	8	8	8	8	8	
	2.遇有點餐問題(送的餐點不正確)時,知道如何請求協助	3	6	6	7	8	8	8	8	8	
	3.遇有點餐問題(沒有給蕃茄醬)時,知道如何請求協助	6	6	6	7	8	8	8	8	8	

※**評量結果代號說明：**　_8_ 能獨立完成；　_7_ 給與手勢提示可完成；

　　　_6_ 給與間接口語提示可完成；　_5_ 給與直接口語提示可完成；

　　　_4_ 給與視覺提示或刺激之內提示可完成；　_3_ 給與示範動作可完成；

　　　_2_ 給與部分身體提示可完成；　_1_ 給與完全身體提示可完成；

　　　_0_ 沒反應或學習意願；_NA_ 未測

※**本活動教學決定：**　_2_　(代號：X 放棄；1.繼續訓練；2.通過,進入下一個學習階段；3.通過,進行下一個活動或技能的訓練)

※**說明：**接下來教導 A 類化至其他的速食店。

第二節　教學後評量的回饋

　　藉著上述方法進行評量之後,評量結果可能顯示兩種結果：一為學生表現有進步；另一為學生表現沒有進步(Dever & Knapczyk, 1997)。遇到這兩種狀況,它各代表什麼樣的含意呢？

對接下來的課程與教學，給與什麼樣的回饋呢？以下即針對這
兩種可能的結果作詳細討論。

壹、評量結果顯示學生表現有進步時

　　當教學後評量的結果顯示學生的表現有進步時，我們可以
進一步檢核進展的情形，可能有四種結果：第一種是已達到預
定標準，而且產生學習的類化；第二種是已達到預定標準，但
沒有產生學習的類化；第三種是已達到預定標準，但依賴教師
的支持與鼓勵；第四種是已在進步中，但離預定標準還有一段
差距。遇到第一種狀況時，表示教學很成功，教師可以繼續擴
展學生的學習，並針對要達到相同目標的其他學生，實施此課
程。因應第二種狀況，則需要參考上一章第二節，實施類化計
畫；或是讓其他人(如：家長)教他如何將所學類化至其他情境。
另外，還須檢核是不是因為學生動機的問題，沒有類化所學到
其他情境的驅力；如果是的話，教師或許可以帶進獎勵制度，
或是盡可能帶進自然後果。遇到第三種狀況時，表示學生較為
外控，依賴外在監控或獎勵才有好的表現，這時教師可以強調
自然後果，使用褪除策略(如：從連續增強褪除至間歇性的增
強，褪除提示的程度)，並且提昇學生的自信心。針對第四種狀
況，表示仍須繼續教學，提供學生更多練習的機會，之後再評
量學生的表現。

貳、評量結果顯示學生表現沒有進步時

　　當教學後評量結果顯示學生的表現沒有進步時，我們可以
進一步檢討原因，作為改進的依據。可能有三種原因：第一種
是課程無法反應學生的需求和特性；第二種是無法有效地執行

教學過程；第三種是學生的學習動機沒有被引發出來，或是有其他的問題行為干擾。因應第一種原因，如果發現學生有一些正向的改變，可能不那麼直接，或是非常細微，我們可以再繼續教學，觀察後續的結果；如果發現目標不適切，則可修正個別化教育計畫目標，或是課程計畫；也可以再回到教學前評量的階段，看看是否學生有些需求沒有被評量出來，還是我們對學生的特性尚不夠了解。針對第二種原因，則表示將課程計畫付諸實施的過程出現了問題，我們可以藉著修正教學活動、教學進度、教學情境等向度來因應。遇到第三種原因時，表示學生的動機不足，加上有一些問題行為干擾，我們可以藉著明示學習此活動或技能對他代表的意義，強調自然後果，提昇學生的自信心，以及減少他的問題行為這四種策略來因應。整個教學後評量的回饋圖見圖 9-1。在案例 9-1 中，小華有視野狹窄的問題在教學前評量階段沒有被發現，因此教師在教學過程中忽略了其生理特性，評量之後便能發現和因應此問題。

【案例 9-1】老師在教學結束後，評量學生認讀水果名稱的成效，結果發現同樣的水果，小華有時說對，有時說錯。分析原因後發覺將水果放在他眼前，他就能回答正確；如果不是，則隨便回答，於是猜測他視力是否有問題，後來求證的結果確認小華有視野狹窄的問題。所以呈現教材教具給他看時，須放在他視野範圍內，並且提示他注意。

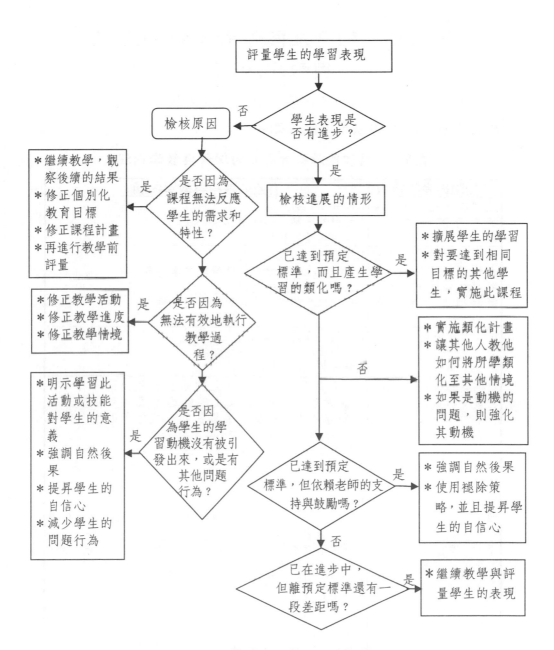

圖 9-1　教學後評量的回饋圖

第三節　對智能障礙者有效的課程與教學內涵

　　整合第一章至本章的內容，針對智能障礙者的特徵，呈現對其有效的課程與教學內涵，如表 9-2。

表 9-2　對智能障礙者有效的課程與教學內涵

智能障礙者的特徵	有效的課程與教學內涵
生理成長遲緩，常伴隨有身體或健康問題	1.部分參與的原則 2.針對其限制，調整課程 3.運用輔助性科技
注意廣度狹窄，注意力持續時間較短，較不容易集中，不善於選擇性地注意相關刺激	1.變化訊息接收的管道 2.配合學生的注意力特性設計教學活動 3.減少環境中干擾的因素 4.教導學生如何選擇重要訊息去注意
記憶力有困難	1.使用中介策略(圖畫、心像) 2.將課程內容作有系統的組織 3.教導記憶的策略
對刺激的接收能力較為緩慢和薄弱	1.教材的呈現須考慮學生的語言接收情況，例如字體大小、間距、以及文字敘述方式要考慮學生的閱讀能力；假使學生無法閱讀文字，則須多使用色彩鮮明的照片、插圖、圖表等 2.教師使用的語言音量足夠、清晰明確、且速度要適當 3.使用多元智力的教學(以學生擅長的智能來進行教學，運用多元的教學方法)
辨認學習能力較為薄弱	1.充足而多元的範例 2.剛開始正例和負例的選擇，差異愈大愈好，而且從單一向度辨認起
思考、理解、統整及抽象化的能力較低	1.運用活動本位的教學(活動具功能性、符合生理年齡) 2.引進自然提示 3.運用自然時間表 4.帶出自然後果 5.提供充足而多元的範例 6.給與提示 7.注意課程內容的組織(順序性、聯繫性、統整性)，使學生學習到統整的經驗

(續)表 9-2　對智能障礙者有效的課程與教學內涵

智能障礙者的特徵	有效的課程與教學內涵
偶發學習與解決問題之能力較差	1.運用活動本位的教學(分析出刺激與反應的變化,例外的狀況),提供學生許多日常活動的經驗 2.引導學生注意環境的變化(如:今天天氣如何?)
時間管理與個人規畫活動之能力較為缺乏	1.教導自我管理的策略 2.過程本位教學
學習保留和類化能力較為有限	1.零推論的策略(在真實情境中、使用真實材料教學) 2.社區本位的教學 3.配合真實情境重複而分散的練習 4.安排共同刺激 5.安排通例課程方案 6.安排足夠的刺激和反應範例來訓練 7.彈性地訓練 8.安排明確的程序系列地訓練類化 9.帶進自然後果 10.使用中介措施 11.運用非區辨的增強分配方式 12.教導自我管理的策略
學習動機與意願較低,較容易依賴他人	1.讓學生了解學習對他的意義 2.設定可實現的漸進目標 3.採小步驟的教學,使其有成功的經驗 4.用各種不同且有趣的活動或作業練習新的技能 5.當學生遇到困難時,作適當的調整 6.帶進學習一項活動的自然後果 7.對於學生的努力和進步給與正向的回饋
不適當的情緒表達和社會行為	1.明確地教導適當的行為 2.引進相關重要他人參與教導學生社會行為
接受性和表達性語言能力的限制	1.安排促發學生聽說讀寫的環境,並給與回應 2.如果學生完全沒有口語能力,教導替代的溝通方式

《總結》

　　教學之後即進入評量階段，它具有考核和回饋的性質，主要目的在對學生學習表現情形做有系統的評量，同時對整個個別化教育計畫和課程與教學設計做全面的檢討。我們可以藉著觀察、訪談、課程本位評量、工作樣本分析、生態評量中的活動和技能學習評量表等方法，評量比較教學前後的差異情形。評量結果可能顯示學生表現有進步和沒有進步，我們需要深入了解這兩種結果的含意，作為改進課程與教學，以及擬訂下一階段個別化教育計畫的參考。在教學後評量的過程中，教師最好能鼓勵學生自己跟自己比賽，並且能欣賞孩子小小的進步或成就，即使在外人來看是微不足道的。

第三篇　應用篇

基礎篇

1.智能障礙的名稱、定義與特徵

2.啟智教育課程與教學的理論基礎

課程／教學篇

1.如何進行教學前評量
2.如何決定教育目標
3.如何擬訂個別化教育計畫
4.如何發展課程
5.如何調整課程
6.如何進行教學
7.如何進行教學後評量

應用篇

啟智教育六大領域的
課程與教學，

第十章　　　生活教育領域的課程與教學

第十一章　社會適應領域的課程與教學

第十二章　休閒教育領域的課程與教學

第十三章　職業生活領域的課程與教學

第十四章　實用數學領域的課程與教學

第十五章　實用語文領域的課程與教學

第十章

生活教育領域的課程與教學

生活教育課程是培養學生獨立生活的根本，
以適應其生態環境。

第一節　生活教育領域的課程目標

第二節　生活教育領域的課程設計

導讀問題

1. 生活教育領域的課程內容包括那些？
2. 生活教育領域中，知動能力的教學要如何實施？
3. 生活教育領域中，自我照顧能力的教學要如何實施？
4. 生活教育領域中，性教育的教學要如何實施？
5. 生活教育領域中，居家生活的教學要如何實施？

　　前面第二篇探討整個啟智教育課程與教學設計的實務，接下來我們應用這些概念，細部地討論國中小階段啟智學校(班)課程綱要中，六大領域之課程與教學。首先將探討生活教育，它是培養學生獨立生活的根本，以適應其生態環境。本章將呈現生活教育領域的課程目標與課程設計兩大部分。

第一節　　生活教育領域的課程目標

　　依據教育部(民 88，13 頁)之特殊教育學校(班)國民教育階段智能障礙類課程綱要，生活教育領域的教學目標如下：(1)訓練感官知覺與動作的統整發展，增進概念形成和知能應用；(2)發展粗大及精細動作技能，以奠定各項學習的根基；(3)培養健康的知識、技能與態度，養成良好的生活習慣，奠定身心健康的基礎；(4)實踐生活規範，建立正確倫理觀念，營造和諧快樂的生活；(5)認識生活環境中的危險情境，培養自我安全與維護的能力。

第二節　　生活教育領域的課程設計

　　依據教育部(民 88)之特殊教育學校(班)國民教育階段智能障礙類課程，生活教育領域的課程內容如圖 10-1。

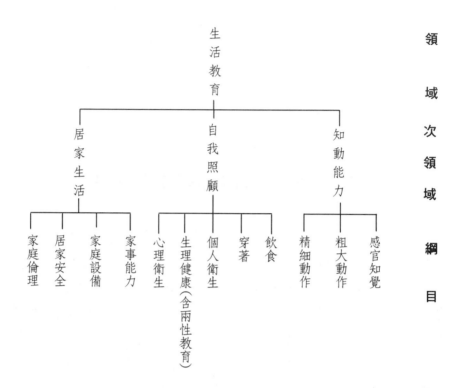

圖 10-1　生活教育領域課程內容

　　在生活教育領域中，包含知動能力、自我照顧、和居家生活三項次領域，自我照顧次領域之中包含了兩性教育，筆者認為性教育很重要，因此獨立出來與三項次領域一起討論，將從這四方面探討相關的課程設計如下。

壹、知動能力方面

　　第一，知動能力包括教導視、聽、觸、味、嗅等感官知覺的敏銳、辨識、和記憶；以及粗大動作(如：移動、滾翻、坐、站立、彎腰)和精細動作(如：用手指撿起物品、握、拿、剪、貼)(教育部，民 88)。

第二，感官知覺的學習，宜利用環境中的各種訊息實際體驗，以培養辨識的能力，如讓學生聽電話聲、水聲等，加強聽覺辨識的能力。信誼基金會出了兩卷「耳聰目明」的錄音帶，收錄了很多環境中的聲音，可供使用。除在本領域教學外，應結合其他領域隨機教學，如在職業生活課教學生簡易烹飪時，有香味散發出來，即可教學生辨識這是香味。

第三，教師宜將粗大和精細動作的能力嵌入於生活中功能性的活動，及利用真實材料來訓練，例如教導學生開鎖、開罐頭等，甚至巧妙地運用教具訓練學生動作能力，比方教師教學時用到圖卡，讓學生把圖卡背面的雙面膠撕下，而後貼在黑板上；或是將教具、食物放在鐵盒中，要他打開拿取。李芃娟(民76)以南投啟智教養院一百三十二名院童為取樣對象，隨機取樣和分配至實驗組(甲)、實驗組(乙)和控制組，每組九人，針對穿線、扣鈕扣與拉拉鍊等需要視動協調的活動，採用講解、示範、練習、指導、和增強的策略來訓練他們。接受視動協調技能訓練的院童多呈現進步的傾向，未接受訓練的院童則無此現象。有無加入增強因素的視動協調技能教學，在本研究中實驗組(甲)和實驗組(乙)並無顯著差異。

第四，針對學生困難之處，提供調整或修正的策略，例如教師幫學生撕下雙面膠的一小角；或是提供輔助性科技的協助，讓他們有成功的經驗。

貳、自我照顧方面

除了性教育外，自我照顧的課程內容包括了飲食(飲食能力、飲食習慣)、穿著(穿著能力、衣著整飾)、個人衛生(如廁、盥洗、儀容整飾)、生理健康(身體構造、功能與保健、以及疾病

的認識與預防)、心理健康(自我肯定、個人適應)這些方面。Farlow 和 Snell (2000)指出自我照顧能力維繫著個體的生活素質、自我決定和被接納度,並且是家長最關注的,它的重要性可見一斑。以下分別從飲食、穿著、個人衛生,生理衛生和心理衛生三方面來探討教導的方法與原則。

一、飲食、穿著、個人衛生的教導

綜合相關資料(教育部,民 88;Baker, et al., 1997; Farlow & Snell, 2000; Spooner & Test, 1994; Westling & Fox, 1995),和筆者的看法,飲食、穿著、個人衛生的教導可參考以下五項原則:

第一,配合自然時間表,在自然情境,運用活動分析法,分析活動的步驟和所需相關技能(如:飲食衛生、用餐禮儀、衣物搭配),而後作差異分析,了解學生的起點行為,以逐步教導飲食、穿著、如廁、盥洗、和儀容整飾等活動,並可搭配應用行為分析教學法(如:提示)、直接教學法等。若學生因生理、認知等限制而影響其學習,則可作調整或修正和使用提示策略。若是涉及知動能力的問題,尚須尋求相關專業人員的協助,或提供輔助性科技的服務。比方案例 10-1,在早自修時間教導小華刷牙,似乎不符合自然時間表,其他同學並未進行刷牙的活動,調整在用完午餐後,全班同學一起進行,如此既有自然提示的帶入,又有同儕的示範,加上教師帶進自然後果(讓他感覺刷牙之後的清潔感),和同儕的鼓勵;另外,也可加入職能治療師作逐減敏感的訓練,以及找小華喜歡的牙刷和牙膏。

【案例 10-1】小華由於口腔極為敏感,非常討厭刷牙,因此一口爛牙,在家裡常須被五花大綁,家人才能幫他刷牙。到了學校,教師利用早自修的時間教他刷牙,結果引來很大的反抗。

　　第二，在進行飲食、穿著、個人衛生的教導時，須考慮部分活動有隱私性，例如穿衣、如廁、盥洗等，教學地點的選擇宜注意個人隱私權，如此才能養成正確的習慣。

　　第三，飲食、穿著、個人衛生的教學內容與過程須考慮學生的生理年齡和社會效度，意即家人和同儕的看法，以及社會規範，例如教導學生穿適合其年齡和社會情境，以及能被家人和同儕接受的服裝。

　　第四，在進行飲食、穿著、個人衛生的教導時，宜注意使用適當的工具或材料。例如一位學生怕洗頭，因為怕水弄到眼睛，為了避免這個問題，教師可使用洗頭罩；又例如學生洗澡洗不到後背，可使用沐浴巾；教導穿衣時，可運用鏡子，讓學生察覺衣著的適切性；同樣地，案例 10-1 也顯示找尋適合的牙刷和牙膏來引導小華喜歡刷牙。

　　第五，與家長保持聯繫與合作，使教學延續到家庭，以增進教學效果。

　　施彥亨(民 90)以**直接教學法**教導五位國小智能障礙學生口腔衛生能力(包含口腔衛生知識、技能與習慣三個層面)，結果發現有明顯的立即和保留成效。詹麗貞(民 91)針對三名國小中重度智能障礙學童，在學習穿鞋和刷牙兩項活動遇到的困難或障礙，分析並考量學生的能力及所需的協助，提供**調整或修正的策略**(作者稱之為替代性學習方案和支持輔助)，包括提供口語提示和視覺提示。結果發現三名學童在所選定的生活技能上有明顯的立即和保留成效，技巧甚至有更加純熟的趨勢。家長和教師對策略有正向的肯定及評價，也都願意並希望繼續使用。

二、生理健康的教導

　　綜合相關資料(教育部，民 88；Ault, Rues, Graff, & Holvet,

2000)，加上筆者的看法，生理健康的教導可參考以下四項原則：

第一，關於自我身體各項器官的認識，宜多利用圖片、人體模型、錄影帶(如：人體的奧秘)等教具，以及運用身體檢查、及醫院參觀等教學活動。

第二，在身體保健方面，可運用一些故事書(如：胖國王、瘦皇后)、實際案例分享等方式，教導學生注意營養、睡眠、運動等，避免身體過胖，並且教他們如何檢視自己的體重是否在標準範圍內。另外，教導學生避免一些有害身體健康的食物，尤其是有慢性疾病的學生，如癲癇、腎臟病等，更須依據他們的個別狀況，教導其如何掌控疾病的惡化，這部分的教學也須與家長保持聯繫與合作。

第三，在疾病的認識與預防方面，可教導學生先認識一些常見的疾病，如感冒、頭痛、腹痛、牙痛等，之後教其如何預防，可運用實際案例的經驗分享、醫院的宣傳廣告單、視聽媒體等方式來進行。另外，也可因應時事，教導學生認識與預防目前正在流行的疾病，如腸病毒、SARS 等。我們也可運用學校的護士來協助生理健康的教學。

三、心理健康的教導

綜合相關資料(教育部，民 88；McNamara & Moreton, 1995)，加上筆者的看法，心理健康的教導可參考以下四項原則：

第一，教導學生認識自己的基本資料，了解何時、何地、或何種情境會用到個人基本資料，並搭配實用語文課，教導他們別人用什麼樣的句子詢問你的基本資料，要如何回答。例如：讓學生角色扮演找不到回家路的狀況，遇到警察，警察問：「你住在那裡」，要其回答。

第二，教導學生運用正向的內言，增加自我概念和自信心，

以平穩的情緒狀態因應問題。

第三，教導學生先辨識最基本的情緒，例如：高興、生氣、難過等，從了解自己的情緒開始，讓他知道何時他會有這些情緒，以及用何種方式表現；並且當他出現某種情緒狀態時，隨機教導這種情緒字眼，例如反應他的情緒說：「小明拿了你的東西，你很生氣。」之後，再教導他辨識教師和同學的情緒；最後，協助他如何因應自己的情緒，特別是情緒因應方式不適當的學生。例如教導學生因應自己生氣的狀態，我們可以採取以下五個步驟(Glick & Goldstein, 1987)：(1)找出引發生氣的來源，包括外在環境發生的事件或個人本身的想法；(2)找出本身內在和外在的反應跡象，例如握住拳頭、舉起手來、臉部發紅、聲音提高等；(3)使用自我提醒的辦法來控制怒火，包括告訴自己平靜下來，不可太激動，同時採用正向的態度來解釋別人的行為；(4)使用息怒的技術，例如做幾次深呼吸，從一數到一百、聽音樂、欣賞圖畫，思考憤怒所造成的結果等；(5)自我增強好的表現。

第四，學生若有特殊的情緒與行為問題，或是家庭結構與功能不健全造成學生嚴重的問題，教師可以尋求學校輔導人員、社工人員、以及縣市身心障礙教育專業團隊的協助。

參、兩性教育方面

一、性教育對智能障礙者的意義

根據許多研究指出，智能障礙者在性生理的發展、以及性的需求方面，與普通人是相同的(古芳枝，民 88；Patton et al., 1989)。智能障礙者的性教育，和一般人一樣，具有下面幾項意義(張昇騰，民 76；晏涵文，民 78)：

(一)性教育是社會化教育

性教育不只是「性」的報導或「性知識」的傳授，而是除了將正確的生理知識傳授給學生之外，同時培養對性健全的態度，讓他們了解並接受自己的性別，及身為一個人在家庭、學校和社會中所應扮演的角色。美國多數學校稱性教育為「家庭生活與性教育」，因為進行性教育的時候，不應該拋開家庭，甚至於學校和社會來單獨討論。

(二)性教育是人格的教育

許多學者認為性教育就是人格教育，又可以說是「人生教育」，它是成為一個男人和女人的教育，和學習去接受成為一個男人或女人應負的責任，以及男女之間應有的相處態度之教育。

(三)性教育是愛的教育

性教育不應只是單純性知識的傳授，它更是一種包含了情意、關懷與愛的教育，它涵括了對性的正確認識和對兩性心理差異的了解，以及促使未來家庭生活和諧美滿，同時也可以增進兩性人際關係與個人身心的健全發展。

雖然智能障礙者對性教育的需求和一般人相同，但是洪美足(民 90)調查國小啟智班教師發現：「學生缺乏性的知識」、「智能障礙者易被利用為性犯罪之工具」、「家長與學校在性教育上聯繫不足」、「學校缺乏完整的性教育計畫」、「性教育的教材不足」被認為是智能障礙兒童性教育中，比較需要關切的問題。因此，以下討論智能障礙學生性教育的內容與教學原則。

二、智能障礙者性教育的內容與教學原則

(一)教師宜自我釐清對性教育的觀念與認知，宜對「性」有

正確的觀念，有足夠的家庭生活與性知識；並且了解不同階段學生對性方面的疑問和困擾，以提供適切的輔導。

(二)性教育的教學須配合學生不同的需求、發展水準及理解能力，給與不同深淺的教材內容和教學方式，甚至可以分組來施教。例如某位學生現在有自慰的行為，教師可以教他自慰須注意的原則；而另一位學生沒有這樣的行為出現，教師則不用特意教他自慰這個主題。教學方法可採用角色扮演、遊戲活動、圖片、講故事、演戲、討論、看錄影帶、幻燈片、多媒體電腦輔助教學…等方式來進行。

(三)教師在施教和處理這方面問題時，應讓學生感覺到性是可以談的，性並不骯髒羞恥，性器官和身體的任何器官一樣尋常，偶而觸摸並不嚴重，絕不會因此遭到羞辱或恐嚇。教師抱持正確而自然的態度，詳細為學生解說，可以培養他們正確的觀念和態度。

(四)與家長主動保持聯繫，爭取家長對學校性教育的肯定與支持，並配合在家裡給與正確的性教育，以期收到最好的效果。

參考相關資料(林寶貴，民 89；陳寶珠，民 88、89；Birch & Rouse, 1992; Schwier & Hingsburger, 2000; Walcott, 1997)，加上筆者的看法，性教育的教學目標、內容與原則被整理在表 10-1，以下目標和內容須視學生的年齡和需求作選擇，等到學生開始有身體上的變化時，教他了解和因應，這個時間可能在國小高年級或國中階段。

表 10-1　性教育的教學目標、內容與原則

教學目標	教學內容與原則
能認識自己的性別和如何扮演自己的性別角色	1.教導學生辨識自己的性別,並且讓他們將班上的教師和同學分類是男生或女生。 2.外出如廁時,協助學生按照自己的性別進入男廁或女廁。 3.教導學生了解社會對男性和女性角色的期待為何(例如:裝扮須符合自己的性別等)。
能了解自己身體上的變化	1.教導學生了解身體上的變化是表示自己正邁向成人,不要惶恐。 2.教導學生不論自己的外觀如何,接受自己的身體。
能處理或因應自己身體的變化(例如:月經、夢遺、乳房等)	1.青春期的女生,在月經來臨時,特別需要教師的協助。耐心的教導,觀察孩子手眼協調的程度,選用適當大小的衛生棉,並在生理褲上作記號,以便孩子更換時容易操作。若孩子無法判斷何時更換,使用定時器也是權宜之計。 2.教導女生穿大小適合、透氣性高和吸汗良好的胸罩,以促進乳房的正常發育。 3.教導男生如何處理自己夢遺的現象,包括更換內褲、清洗性器官等。 4.教導學生用正確的方式處理青春痘。
能認識自己的性器官	1.可利用圖片、布偶、人體模型、錄影帶、多媒體電腦輔助教學及醫院參觀等教學活動教導學生認識自己的性器官。 2.在說明時,用孩子的語言(如:尿尿的地方),或科學語言(如:陰莖),避免用俗俚語,讓學生對身體的各部位有正面的經驗與意象。

(續)表 10-1　性教育的教學目標、內容與原則

教學目標	教學內容與原則
知道如何保持性器官的衛生及健康	1.洗澡時，教導孩子特別洗淨性器官與肛門。 2.教導女生排尿後，將衛生紙由後往前擦；而排便後，則由前往後擦，以免弄髒性器官，或造成尿道口感染發炎。 3. 教導男生洗澡時，先讓肥皂在手上搓出泡沫，將包皮朝陰莖的根部推，然後把龜頭頸洗淨，如此才能清潔包皮垢，避免發炎。 4.教導學生選擇合身、透氣性高和吸汗良好的內褲或胸罩，並需每天換洗。 5.教導女生月經來時，要勤換衛生棉，每天洗澡，並採淋浴的方式。 6.青春期的孩子，身體異味較重，教師可提醒家長要勤於協助孩子清潔身體、更換衣服，保持清爽的形象，會容易讓人親近和接受。在學校則可多準備一套換洗衣物，需要時讓孩子學習更換，並可教他們清洗衣物。 7.廁所是生活中很重要、隱私的場所。將廁所佈置成明亮、活潑的環境，減低孩子對封閉、狹小場所的畏懼感。有些孩子上廁所時可能會因關門而緊張大哭，教師可先在廁所內陪他，再逐步撤退，在門外與他說話，或在廚房與他說話，直到他可以獨立在廁所內。當然廁所也可以放些玩具、裝飾品或放音樂轉移其注意力。
能建立性道德觀念(例如：不要任意暴露自己的身體；不要隨意觸碰別人的身體和他人的隱私場所，如房間、廁所等；穿著適當的服裝外出)	1.上廁所是隱私的行為，所以教師要讓學生自小養成上廁所關門的習慣，並在廁所內穿著整齊再出來，以免長大任意暴露自己的身體，同時也要提醒父母。 2.避免讓學生在戶外大小便，以免他們以為可以隨地大小便。 3.教導男生小便時，不要將整件褲子脫掉，只須從短褲管拉出陰莖，或只拉下褲子的前方小便即可，以免脫下褲子如廁的習慣延續至青少年較不雅觀。 4.進入別人的房間、浴廁，教導學生並經常以身作則先敲敲門。在廁所內有人敲門，應以聲音或敲門回應。 5.排隊或與人溝通時，教導學生與人保持適當的距離。 6.學生逐漸長大，改變原來親吻、擁抱的親暱行為，以摸頭、拍肩等成人方式鼓勵之。 7.學生進入青春期，提醒家長需要為孩子規畫獨立的空間，不要讓他再和父母同房睡。 8.教導學生養成適當衣著的習慣，例如外出時，更換整齊、清潔、適當的衣著，避免穿著居家服外出；要穿內衣褲，不要因學生穿脫不便，而不給他們穿內衣褲，這些都要提醒家長。 9.教導學生更換衣服和衛生棉要在浴室更換。

(續)表 10-1　性教育的教學目標、內容與原則

教學目標	教學內容與原則
能對自己的性需求做適當而健康的處置	1.在課程進行中發現學生自慰，並有勃起的現象，教師可先轉移其注意力，教學生去洗臉、做做伸展動作，讓勃起的現象慢慢消退。 2.教導學生自慰須在隱密的地方，如廁所或自己的房間，關好房門後才能進行，而且要注意手和生殖器官的清潔與衛生，注意分泌物的清理，並清洗乾淨自己的衣物。還有小心安全，避免生殖器官受傷。 3.對於有性衝動而產生性騷擾／侵害，或性行為的學生，須教導他對性衝動應有的正確處理方式，並告訴他不適當性行為可能產生的疾病，以及相關的法律常識，行為的後果與應負的責任。另外，應培養他尊重別人身體的觀念，減少他獨處，及增加他參與活動的機會。
能了解同性和異性的關係，並建立正確的交往態度和行為	1.和學生討論當他喜歡一個人時，會用什麼方式表示？這樣的方式別人是否喜歡？進而引導學生了解要如何表現，才會讓別人喜歡。 2.提供學生一起活動和合作的機會，隨機教導正確的交往態度和行為。
能保護自己以避免生理和心理的傷害	1.教導學生分辨自己的身體界限，那些身體部位是不能被摸的，怎樣的情況是性騷擾，怎樣的情況是性侵害，一旦遭受性騷擾或性侵害時，一定要勇敢地告訴父母或師長，讓他人來協助處理。例如 Browder 和 Bambara(2000)提出「認識和尊重身體界限」的性教育課程，為了讓智能障礙學生清楚地了解身體界限因關係不同而產生的差異，他們設計了不同的顏色標籤代表不同的關係，例如紅色標籤代表陌生人，不能有任何的身體接觸，他們並且拍了錄影帶，讓學生學習辨識不同的人宜放在何種顏色的標籤中。 2.教導學生如何避免性騷擾或性侵害，例如：盡量避免去人少或偏僻的地方；不要搭乘陌生人的便車；非經父母或師長同意，不可以接受陌生人的贈與等。
能了解婚姻應考慮的要素，以及組成家庭所需準備的事項	教導學生從認識自己的家、家庭的組成，來了解婚姻的意義和考慮的要素，以及組成家庭所需準備的事項。
能知道優生保健和避孕的方法	教導學生了解何時需要作優生保健和避孕，使用何種方法來達成，以及可向何處尋求協助。

三、智能障礙者性教育的相關研究

　　筆者整理國內外有關智能障礙者兩性教育介入方案的實徵研究如表 10-2，由表 10-2 可發現多數研究針對某些主題，設計性教育的課程方案，藉著多媒體電腦輔助教學、自我教導策略等方式來教導智能障礙者。

表 10-2　智能障礙者兩性教育介入方案的實徵研究

研究者 (年代)	介入方案的作法	介入方案的成效
張昇鵬 (民 76)	控制組與實驗組各 20 名，男女各半的國中輕度智能障礙學生。	經由性教育教學後，實驗組學生在認識生殖器官、如何與異性交往、婚姻與生活的知識與性知識的總分；以及生兒育女與自慰態度的得分，顯著高於控制組學生。
賴均美 (民 84)	以「家庭生活／健康教育」課程之自我保護單元為大綱編寫教學方案，對 11 位國小啟智班中度智能障礙學生進行教學。	性教育「自我保護」教學能增進國小智能障礙學生性教育「自我保護」知識與技能之獲得，且教學成效顯著。大多數家長和教師認為對智能障礙學生實施性教育「自我保護」教學能改善其態度，並認為有必要持續實施此類教學活動。
雷桂蘭 (民 88)	針對國中啟智班學生，運用**多媒體電腦輔助教學**的方式，發展性教育的課程內容。	1.國中啟智班學生在接受性教育多媒體電腦輔助教學後，無論性知識的獲得、性態度的正向改變，都獲得非常顯著的成效。 2.不同介入設計的多媒體電腦輔助教學對國中啟智班學生的立即學習效果都有作用，其中以具聲音輔助的性教育多媒體電腦輔助教學效果最顯著。

（續）表 10-2　智能障礙者兩性教育介入方案的實徵研究

研究者 (年代)	介入方案的作法	介入方案的成效
Waston, Bain & Houghton (1992)	以中度智能障礙的學生為對象，首先教他們區辨認識和不認識的人，之後訓練他們運用**自我教導**的語言「不要－走開－告訴」(no-go-tell)，以拒絕別人搭訕。	研究對象均能區辨認識和不認識的人，並且學習到自我教導的語言，以保護自己。
Caspar & Glidden (2001)	以十二位發展障礙的成人為對象，教導他們正確的性知識，及以健康適切的態度面對性。	正確的性知識增加，以及面對性的態度增進了。

肆、居家生活方面

　　居家生活包括了家事能力(食物、衣物、和廢物處理，以及環境整理)、家庭設備(家庭房舍、工具、和家電的使用、安全與維護)、居家安全(危險物品和意外事件的認識與防範)、以及家庭倫理(家庭概況、家庭活動、照顧家人)四個部分。以下從這四個部分探討教導方法與原則。

一、家事能力的教導

　　第一，食物處理包括了教導學生認識食物、選購食物、餐前準備、烹煮食物、餐後處理、以及食物的保存等方面(教育部，民 88)。在認識食物方面，我們可以採取分類(如：肉類、蔬果類)，並以顏色當線索的方式來指導，例如綠色代表蔬果類 (Sarber & Cuvo, 1983)。

　　第二，教導學生計畫選購和烹煮何種食物時，宜考慮家長和學生的喜好、健康和營養，如果學生體重過重，還須考量低

熱量的食物(Browder & Bambara, 2000)。Arnold-Reid、Schloss
和 Alper(1997)使用**食物計畫表和最少量之提示系統**的方式,有
效地教導智能障礙者計畫既營養、又低熱量的食物。

　　第三,我們可以採取活動分析、直接教學法、通例課程方
案、應用行為分析教學法(如:連鎖、提示、時間延宕策略)、觀
察學習、計畫本位教學、同儕教學等方式教導學生計畫飲食、
選購和烹煮食物、以及衣物處理。Griffin、Wolery 和
Schuster(1992)教導三位中度智能障礙者烹煮食物,教其中一位
操作整個步驟,並提示另外兩位依循圖示的步驟,**觀察**教師如
何教導,結果能達到教學成效。Trask-Tyler、Grossi 和
Heward(1994)使用**錄音帶**和**最少量之提示系統**的方式,有效地
教導智障兼視障的學生烹煮簡易食物。

　　詹雅淳(民 91)以四名國中智能障礙學生為對象,其中兩位
擔任同儕小教師,另兩位為受教者,共進行八週之**同儕個別教**
學,教學的活動為日常生活技能中的煎荷包蛋、煮泡麵、蒸蛋
和炒蛋炒飯四項活動,結果發現有立即教學效果和維持效果,
同儕小教師的正向社交技巧被增進。簡華慧(民 91)以國小特教
班三名中度智能障礙學生為對象,以**過程本位教學**的設計原
則,發展四項生活技能(包括洗滌衣物、學校作息、搭火車、料
理食物)的課程來訓練他們。結果發現三名學生計畫能力普遍提
昇,且皆能使用計畫學會四項生活技能,並且有良好的保留成
效。

　　第四,在廢物處理方面,垃圾 處理和資源回收可以被教
導。而環境整理方面,清掃和刷洗活動,以及這兩項活動所需
的相關技能(如:器具的辨認與選擇)可以涵蓋進來。我們可以採
取活動分析、直接教學法、通例課程方案、應用行為分析教學

法(如：連鎖、提示、時間延宕策略)、觀察學習、自我管理、同儕教學等方式教導學生處理廢物和整理環境。Smith、Collins、Schuster 和 Kleinert(1999)針對四位中學的中重度智能障礙學生，以**最少量之提示系統**和**多種範例**的方式，教導清潔桌面的技能。在其他非教學的時段，也鼓勵學生藉由**觀察**的方式，學習其他不被設定為訓練目標的行為。這些策略對教導學生清潔桌面的技能都非常有效，而且能協助學生類化至其他情境。Lovett 和 Haring(1989)有效地使用**自我管理策略教學**(包括自我記錄、自我評鑑和自我增強)，教導輕中度智能障礙者整理環境的活動。

第五，在教導家事能力的同時，也要教學生問題解決的能力。例如 Hughes、Hugo 和 Blatt(1996)使用**自我管理策略**教導重度智能障礙者處理日常生活遭遇到的問題，比方學生使用吸塵器清潔地板時，會碰到一些問題，使用下列四個步驟：(1)描述問題(如：吸塵器不動)；(2)描述反應(如：接上插頭)；(3)自我評鑑(如：我接上插頭了)；以及(4)自我增強(如：我做得很好)。首先教師示範，要學生說出問題解決的步驟，而後學生實作。

第六，配合親職教育與家長聯繫合作，使教學歷程藉由家長延續到家庭，增進教學效果。除在校學習活動的評量外，應與家庭配合著重家庭生活技能與習慣養成的評量。

第七，如果學生知動能力的問題，可以尋求相關專業人員的協助，或提供輔助性科技的服務。

二、家庭設備和居家安全的教導

第一，要教導學生認識那些家庭設備，須作家庭生態評量。評量之後，如果發現學校有這些設備，我們可以用來指導其認識、安全使用與維護。

第二，在居家安全方面，我們可以教導危險物品(如：尖銳、有毒、易燃、易損壞、藥物)和意外事件(如：割傷、燙傷、跌傷、中毒、災害等)的認識與防範。在防範上，我們可以教導學生居家生活須注意的安全事項，例如廁所、地板不能濕濕的，否則容易滑倒；吃東西(像包子、饅頭)不能太大口，否則容易哽住等；玻璃器皿不要放在桌子外緣，否則容易打破；指導學生用電的安全注意事項，例如手潮濕時，不要接觸電線，以免觸電等；還有須訓練使用急救箱作簡易傷口的處理，以及呼救的方式(如：打 119、110 電話)。另外，培養學生面臨災害的應變能力，例如遇火災時，用毛巾搗住口鼻，或爬行下樓，並且訓練學生使用救災器材，例如滅火器的使用方法(Browder & Bambara, 2000; Spooner, Stem & Test, 1989)。

第三，在教導居家安全的技能上，較無法在真實情境教學，因此可運用錄影帶，作活動分析，配合使用真實材料進行模擬情境的教學，藉著提示策略，讓學生演練整個步驟。另外，我們可以藉著一些時事報導、呈現事故圖畫或錄影帶的方式，提供負例，解說行為錯誤所造成的後果，以提高學生的警戒心，而後引導學生表達正確的方式(Browder & Bambara, 2000)。

三、家庭倫理的教導

第一，家庭倫理包括教導家庭概況(認識家庭結構和家庭關係)、家庭活動(如：日常生活、婚喪喜慶、和休閒活動)、以及照顧家人(如：病痛的照顧；家人食、衣、住、行、及安全的照顧)(教育部，民 88)。

第二，教師可以藉著家人的照片教導學生認識自己的家庭概況，並且經由帶同學到家裡作客的活動，要其介紹家人。

第三，教師可以藉著家庭生態評量的方式，了解家人在從

事的活動，而後教導學生如何從事這些活動和注意事項，並且
請家長提供孩子共同參與的機會。

《總結》

　　本章探討生活教育領域的課程目標和課程設計，這當中包
括了知動能力、自我照顧(含兩性教育)、和居家生活三項次領
域，以增進學生感官知覺與粗大、精細動作的能力；培養學生
飲食、穿著、個人生理與心理衛生等自我照顧能力；以及加強
學生在居家生活中，注重家庭倫理的觀念，使用家庭設備、做
家事、安全與維護的能力。

第十一章

社會適應領域的課程與教學

社會適應課程是培養學生融合於社會的根本，
以參與社區生活。

第一節　社會適應領域的課程目標

第二節　社會適應領域的課程設計

導讀問題

1.社會適應領域的課程內容包括那些？

2.社會適應領域中，社會能力的教學要如何實施？

3.社會適應領域中，環境與資源的教學要如何實施？

　　社會適應課程是培養學生融合於社會的根本，以參與社區生活，本章將介紹社會適應領域的課程目標與課程設計兩大部分。

第一節　社會適應領域的課程目標

　　依據教育部(民 88，45 頁)之特殊教育學校(班)國民教育階段智能障礙類課程綱要，社會適應領域的課程目標包括：(1)培養適切的社交技能，增進良好的人際互動關係；(2)認識社區環境與資源，了解自然、人文、史地的基本常識；(3)熟悉使用社區設施，增進參與社區活動的能力；(4)培養關懷生活環境及愛鄉愛國的情操；(5)培養明辨是非、價值判斷、解決問題的能力及負責的行為與態度。

第二節　社會適應領域的課程設計

　　依據教育部(民 88)之特殊教育學校(班)國民教育階段智能障礙類課程，社會適應領域的課程內容如圖 11-1。

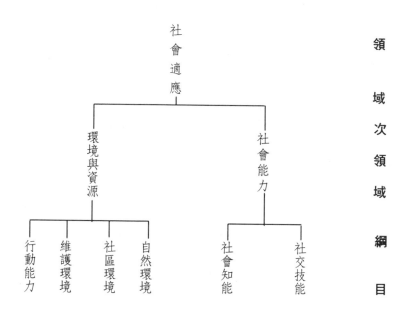

圖 11-1 社會適應領域課程內容

在社會適應領域中，包含社會能力以及環境與資源兩項次領域，筆者將從這兩方面探討相關的課程設計如下。

壹、環境與資源方面

環境與資源包括了自然環境、社區環境、維護環境、和行動能力四個綱目，以下探討這些綱目的教導方法與原則。

一、自然環境與環境維護的教導

第一，自然環境包括教導動植物的認識、愛護、與飼養或栽種；礦物的認識、運用與維護；季節、溫度與氣候的變化；以及環境衛生、自然生態和文化資產保護(教育部，民 88)。

第二，運用學校相關的設備、器具，創造有利的教學情境，例如：植物園、花壇、水生物培養池、飼養園等。藉著讓學生

照顧動植物，來學習愛護生命和觀察動植物成長的知能。另外，也可以帶領學生走進社區，認識社區常見的動植物和礦物。

第三，配合季節與氣候的變化，教導學生辨識四季和溫度，以及因應方式(如：調整衣著)。

第四，掌握社會與科技變遷的狀況，激發學生自覺與關懷他們和環境的相互關係，例如引導學生思考大量使用塑膠袋會造成什麼樣的結果，該如何因應等。

二、社區環境的教導

第一，社區環境包括教導學校、社區、以及政府組織的認識與運用。其中學校部分包括地理位置、行政組織與運作、班級、學校場所與資源、學校安全、以及學校倫理道德的教導。社區部分包括家庭住所、左鄰右舍、購物場所(例如：傳統市場、大賣場、便利商店)、用餐場所(例如：自助餐廳、速食店)、郵政金融場所(例如：郵局、銀行)、育樂場所(例如：公園、電影院、博物館／美術館、圖書館、文化中心／社區活動中心、錄影帶出租店)、交通設施(例如：公車站、火車站、捷運車站、客運車站)、醫療場所(例如：醫院／診所、藥局)、理容場所(例如：美髮院／理容院)、身心障礙服務社團與機構(例如：身心障礙福利服務中心、心路文教基金會)、以及其他公共設施(如：自動販賣機)等。政府組織部分則包括村／里辦公室、鄉／鎮／區公所、縣市政府、中央政府、警察局等。

第二，進行社區生態評量，了解學生住家附近的社區環境，綜合全班多數學生共同的環境，作為教導的內容，並考慮個別差異。

第三，採取社區本位教學、通例課程方案、應用行為分析教學法(例如：行為演練、提示)等方法，使用多媒體電腦輔助教

學軟體、錄影帶、幻燈片、宣傳單等資源,教導社區環境的認識與運用。如果無法在社區真實情境中教學,也可採取模擬情境的教學,或利用學校實習商店／福利社,設計系統而多樣的教材(Browder & Bambara, 2000)。陳淑惠(民 91)利用自編的電腦輔助教學軟體,教導三名國中中重度智能障礙學生認識所處的社區環境,結果發現電腦輔助教學能夠增進三名學生認識社區情境圖片的名稱及功能;並且能由圖片的認知學習產生類化,說出實際社區情境的名稱及功能。此外,他們能增加對社區環境的主動反應和自信態度。

第四,社區環境可以提供更多教導學生作選擇的機會,教師可以善加運用,例如 Cooper 和 Browder(1998)教導重度智能障礙者在使用速食餐廳時,作五種型態的選擇,即選擇由那個門進入和離開、購買的餐點名稱、何種調味料或紙袋、以及坐在那裡用餐。

第五,邀請家長參與教導孩子社區環境的認識與應用,並請家長配合評量孩子的社區表現。另外,善用社區環境的機會,引導學生與一般人互動。

三、行動能力的教導

第一,行動能力包括教導學生認識與選擇陸上、海上、和空中交通工具;一般、步行(在馬路上行走,以及從一個地點到另一個地點)、乘車的交通安全,以及道路事件的防範與處理。

第二,採取社區本位教學、通例課程方案、應用行為分析教學法(例如:行為演練、提示)等方法,使用多媒體電腦輔助教學軟體、錄影帶、幻燈片等資源,教導學生行動能力。Browder 和 Bambara(2000)配合搭公車的活動分析步驟,對應設計出錄影帶、幻燈片、和照片,來進行模擬情境的教學,例如第一步驟

走到公車站，則對應公車站牌的照片，等學生熟練後，再進行社區本位教學。Horner、Jones 和 Williams(1985)使用通例課程方案，分析出刺激的變化(如：號誌燈的型態、馬路上車輛的數量和速度、馬路上線道的數量等)，教導重度智能障礙者步行的活動，結果發現方案有其成效。Gruber、Reeser 和 Reid(1979)有效地使用倒向連鎖的方式，教導四位重度智能障礙者從一個地點步行到另一個地點。

貳、社會能力方面

社會能力包括了社交技能和社會知能兩部分，詳細探討如下。

一、社交技能的教導

(一)社交技能的內涵

社交技能是社會能力(social competences)的成份之一，特別著重在人際互動和交誼所需的技能。社交技能會隨著特定情境及社交內容而改變，透過它們的表現，以達到影響他人及人際互動的目的。Cartledge 和 Milbum(1995)指出界定社交技能時要注意以下三點：(1)同儕的接受，用同儕接受或歡迎的行為來界定社交技能；(2)行為的定義，是指在特定情境中界定社交技能；(3)社會效度，是指訓練的社會技能是否符合個體和社會需求，個體的重要他人(如教師、同儕)是否覺得重要，是否能獲致重要的社會結果(如同儕的接受、學業成就的提昇等)。

社交技能從最基本的眼神接觸、傾聽，到最複雜的人際交往等，舉凡能夠促進人與環境和諧，增進人際互動與關係的技能都可稱之為社交技能。我們的發展、幸福和快樂感有賴於我們與他人之間的關係(Staub, Peck, Gallucci, & Schwartz, 2000)。

不管是那一種社交技能，都會影響一個人在家庭、學校、工作場合、以及社會上的表現和被接納程度。Liberman、DeRisi 和 Mueser(1989) 依據社會技能的功能將之區分為**工具性**(instrumental)和**情感性**(affiliative)的社會技能。工具性的社會技能在幫助個體獲得金錢、物質、各種服務等，以滿足個體的物質需求，常用於購物、問路、找工作、要求加薪等。情感性的社會技能在幫助個體表達各種社會情緒如愛、恨、快樂等，以滿足個體的情感需求，常用於和朋友建立親密關係，分享感受，維持家庭和諧等。同樣地，社交技能也具有這兩種功能。

依據教育部(民 88)之特殊教育學校(班)國民教育階段智能障礙類課程綱要，社交技能包括了社交禮儀(如：儀容整潔、適當服飾、良好姿勢、合宜的肢體動作、守時守信、餐飲禮儀、作客與待客)、人際關係(如：結交朋友、關愛他人、互助合作)、以及社交會話(招呼語、問候語、慰問語、寒暄語、恭賀語、電話交談、一般交談等適當用語，和會話禮節)。Schloss 和 Sedlak(1986)則加入生態的觀點，提出社交技能主要包括在家庭、學校、職場、社區這四個情境中所需的自我表達、提昇人我關係、自我肯定、和溝通四項技能，見表 11-1。

表 11-1　社交技能訓練計畫表(修正自 Schloss & Sedlak, 1986, p. 56)

情境變項 社交技能		家　庭		學　校		職　場		社區(休閒 場所)		社區(消費 場所)	
		成人	同儕	成人	同儕	成人	同儕	成人	同儕	成人	同儕
自我表達	表達自我的感受										
	表達自我的想法										
	回應別人的讚美										
	作正向的自我描述										
提昇人我關係	對別人作正向描述										
	適當地表達同意他人的話語										
	讚美他人										
自我肯定	提出要求										
	適當地表達不同意他人的話語										
	適當地拒絕他人的要求										
溝通	人際對話										
	問題解決										

　　從過程來看，Liberman 等人(1989)認為社交技能是和他人溝通的歷程，可分為三個階段，整理如圖 11-2。他們認為良好的社交技能是指：在有效能的行為反應之前，必須要有正確的社會知覺能力，以及認知計畫能力；因此，接收(receiving skills)、處理(processing skills)、和輸出(sending skills)這三方面其中任何一項技能有缺失，均會影響社交技能的表現。

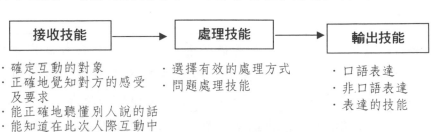

圖 11-2　社交技能的階段(修正自 Liberman et al., 1989, p. 68)

(二)社交技能的教導方法與原則

參考相關資料(教育部,民 88;Gaylord-Ross, Stremel-Campbell, & Storey, 1986; Haring & Ryndak, 1994; Westling & Fox, 1995),加上筆者的看法,社交技能的教導方法與原則如下。

第一,社交技能宜嵌入於生活中功能性的活動來教導,並且盡可能多樣,例如用餐時,教導餐飲禮儀;與人約會時,教導守時守信禮節和招呼語、問候語的使用;探病時,教導合宜的肢體動作和慰問語的使用;參加婚禮時,教導適當服飾和恭賀語的使用;購物結賬時,教導排隊等待。

第二,社交技能的訓練會牽涉到溝通,其實就是在社交技能的訓練中擴展溝通的社會功能;因此,教導時可以與實用語文相搭配。如果學生沒有口語能力,則訓練他使用替代的溝通方式(替代溝通方式的訓練詳見第十五章第二節)。

第三,社交技能的訓練牽涉到互動的雙方,因此訓練時最好能加進同儕、同事(在職場)、兄弟姐妹(在家裡)等,讓他們了解智能障礙者的溝通模式(如替代的溝通方式),進而能夠扮演促發者和回饋者的角色。案例 11-1 中,需要教導同儕用擊掌的方式與阿宏打招呼,並且看到他靠近時,即把手舉起來,提示他用擊掌的方式打招呼,如果他有做到,則回應說:「我喜歡」,如此才能訓練阿宏適當的打招呼行為。

【案例 11-1】阿宏未經他人同意就擁抱,打招呼時會突如其來重拍他人的背部或肩部,令人不悅,老師現在教他用擊掌的方式與人打招呼,但他常常會忘記,同學也不知道要如何回應他。

第四,教師可採取社區本位教學、通例課程方案、應用行為分析教學法(例如:行為演練、提示)、觀察學習、自我管理策

略教學等方法，演戲、音樂等活動，使用多媒體電腦輔助教學軟體、錄影帶、幻燈片、故事書等資源，並運用情境教學時間，隨機教導社交技能。筆者從研究者(年代)、介入方案的作法、介入方案的成效三個方面，整理有關社交技能介入方案的實徵研究如表 11-2。

表 11-2　智能障礙者社交技能介入方案的實徵研究

研究者(年代)	介入方案的作法	介入方案的成效
陳姿蓉(民 87)	以三位安置在學前啟智班中的智能障礙幼兒為研究對象，探討逐漸褪除提示系統教學策略對智能障礙幼兒社交技能學習的成效。	使用逐漸褪除提示系統教學策略能促進智障幼兒的正向社交技能，降低智障幼兒的負向社交技能，且具有保留效果。教師及父母皆肯定策略的成效。
洪瑟勵(民 88)	針對四名國中中重度智障學生之行為問題，訂定出表達與溝通、參與活動、合作三項必須改善之社會技能。並根據文獻理論基礎，研擬音樂治療活動內容，例如：歌曲對唱及節奏問答、音樂律動與遊戲化的音樂治療活動等。	音樂治療活動能增進中重度智障學生之表達與溝通能力、參與意願、合作態度。具體而言，歌曲對唱及節奏問答兩項音樂治療活動能增進表達與溝通能力；強烈節奏之音樂律動與遊戲化的音樂治療活動能提昇參與意願；動態之團體音樂治療活動能培養智障學生之合作態度。
郭慧貞(民 90)	情緒教育方案內容依據個案問題行為之特徵，並參考情緒發展理論與情緒教育之課程設計，發展一套包括情緒辨別與表達、情緒管理、處理衝突技巧與同儕正向互動技巧的訓練方案，活動進行方式包括示範、討論、角色扮演、情境演練、回饋，並於實驗中結合增強物的使用。	情緒教育方案能增進三名國小啟智班學生的社交技巧(包括情緒表達、處理衝突、和同儕正向互動技巧)與同儕關係，以及改善其行為問題(包括情緒不當表達、不當處理衝突、和同儕負向互動行為)，並且方案具有社會效度，即在教學目標、活動安排、和教學成效上獲得教師和學生的認同與肯定。

(續)表 11-2 智能障礙者社交技能介入方案的實徵研究

研究者 (年代)	介入方案的作法	介入方案的成效
蔡桂芳 (民 90)	訓練內容乃選取學生在社會技能評量表上被評比表現最不理想的幾個題目,融合成十個單元(即我能誠懇讚美別人;承認錯誤、願意道歉;邀約同學,共度歡樂時光;主動表達,認真學習;修養自己,尊重別人;檢討自己,虛心改進;在團體裡的我;積極反應,認真學習;交朋友的道理;讓我當你的好朋友)。訓練技巧包括引起動機、觀察、講解、示範、角色扮演、回饋、家庭作業等。	社會技能訓練方案有助於高職階段智能障礙學生社會技能表現之增進,實驗組學生在立即後測、追蹤後測上的表現均優於未接受訓練方案的控制組;而且三名從實驗組中選取的高、中、低分個案,都能在「社會情境類化表現評量」之教師版和家長版上,顯示出類化效果。三名個案家長及職場實習教師接受訪談之後均表示個案在實習場所及家庭中的社會技能有明顯類化表現。
王欣宜 (民 92)	本研究共分為兩部分,一為建構高職階段智能障礙學生之社交技巧綱要,二為以此課程綱要及生態評量原則,選取其中十九個教學單元,對國立沙鹿高工高一特教班的學生進行社交技巧教學實驗。	1.十二位專家學者及高職特教班老師中,超過 90%以上均認為此社交技巧課程綱要的各項目均為「適當」與「尚可」。 2.十九個教學單元中,十五個單元學習成效較佳,僅四個單元學習成效較差,即主動詢問老師、主動協助他人、主動尋求協助、面對別人的嘲笑或憤怒。就類化成效而言,共評量十八個單元,其中僅面對別人的嘲笑或憤怒、以及處理同儕給的壓力兩單元類化成效較差外,其餘的十六個單元均有類化行為發生。

　　第五，在社交技能訓練中，可搭配教導人際問題的解決能力，包括在不同情境，與不同對象的人際問題解決。回顧相關文獻，採取兩種取向，一為**行為取向的策略**，如提示、褪除、示範、行為演練、回饋、使用充足而多元的範例等方式；另一為**認知行為取向的策略**，如自我教導、認知歷程取向等。O'Reilly和 Chadsey-Rusch(1992)以三位中度智能障礙者為對象，使用問題情境照片為教材，認知歷程取向為教法，教導問題情境解碼、決定一個解決方法、實行、及評鑑他人反應等技能，訓練他們以適當的社會行為因應他人的批評，並且將上述四步驟先分開來單獨訓練，再綜合一起連貫訓練。三位對象以適當的社會行為因應他人批評的頻率有增加，而且他們能類化運用至真實生活情境中。Hughes(1992)以四位重度智能障礙者為對象，使用自我教導和多元範例的策略教導他們問題解決的能力，結果發現能提昇四位對象的問題解決能力，並且增進他們在類化情境的表現。

　　第六，電話使用具有多種功能，包括訂購東西、聯絡事情、緊急求救等，可採取通例課程方案，針對不同的功能，教導學生使用不同的語彙。另外，我們可以協助學生列出常用電話一覽表，用顏色區分不同功能，如紅色代表緊急求救的電話等。Horner、Williams 和 Steveley(1987)以四位中學階段的中重度智能障礙學生為對象，使用通例課程方案，教導他們使用電話，訓練的變化包括電話的型態、打電話的地點、打電話的對象或接聽誰的電話、和交談的主題，四位研究對象均能學到廣泛的打電話技能。

二、社會知能的教導

　　在社會知能的教學方面，可包括節慶、民俗與文化(例如：

婚喪喜慶)、歷史常識、地理常識、時事資訊、法律常識的教學。
教師可配合節慶、學校行事、社會動態來教導認識節日、民俗
文化、時事資訊、法律常識等,例如在國家選舉期間,教導選
舉的活動,以及相關技能。另外,我們可以教導學生所居住之
社區的歷史沿革和地理位置。邵慧綺(民 91)以高職特教班二年
級學生為對象,隨機選取一班作為實驗組,另一班則為控制組,
各組人數均為十二名。實驗組接受為期七週,共二十七節之公
民教育方案,控制組則接受原班之生活教育課程及班會活動。
實驗組學生在公民概念和態度之後測分數表現上,顯著高於控
制組,以及有保留成效,並且教學方案能得到學生和教師的肯
定與支持。

《總結》

　　本章探討社會適應領域的課程目標與課程設計,這當中包
括了社會能力以及環境與資源兩項次領域,以培養學生適切的
社交技能;增進學生節慶、民俗與文化、歷史/地理/法律常
識、時事資訊等社會知能;以及認識與維護自然和社區環境,
並且擁有行動能力,以使用環境中的資源。

第十二章

休閒教育領域的課程與教學

休閒教育課程是培養學生愉悅生活的基礎，
以豐富其生活內涵。

第一節　休閒教育領域的課程目標

第二節　休閒教育領域的課程設計

導讀問題

1.休閒教育領域的課程目標為何？

2.休閒教育領域的課程內容包括那些？

3.休閒教育領域的教學上，滇注意那些原則？

　　許多研究(如：洪榮照，民 86；鈕文英、陳靜江，民 88)顯示智能障礙者的休閒技能相當缺乏，休閒活動的範圍相當狹隘。鈕文英和陳靜江的研究顯示十六至三十歲智能障礙青年最常從事的休閒活動，以「在家觀賞電影／電視或聽音樂」為最多，其他休閒活動則極少。他們的研究進一步指出：休閒或社交活動的安排情形是影響智能障礙青年心理生活素質的因素之一。智能障礙者和其他人一樣，也有休閒活動的需要和慾望，但在可望不可及的情況下，只好轉求諸己。有不少研究(如：Repp, Felce, & Barton, 1988; Rojahn, Hammer, & Kroager, 1997)顯示，自我刺激行為的確會發生感官上的快感。從功能評量中，如果發現這個人的行為產生自我增強的作用，那麼休閒技能的訓練是行為問題處理中不可或缺的一環(Hoge & Dattilo, 1999; Nisbet, 1994)。由此可發現：休閒教育課程是培養學生愉悅生活的基礎，以豐富其生活內涵。接著我們來探討休閒教育領域的課程目標與課程設計兩部分。

第一節　休閒教育領域的課程目標

　　依據教育部(民 88，157 頁)之特殊教育學校(班)國民教育階段智能障礙類課程綱要，休閒教育的課程目標如下：(1)培養學生休閒知能，善用休閒時間，豐富生活內涵；(2)輔導學生了解其性向與興趣，並促進其個性與群性的平衡發展；(3)輔導學生從事適合自己體能與興趣的休閒活動，以增進身心均衡發展；(4)陶冶生活情趣、培養審美及創造能力，以成為快樂活潑、奮發進取的國民。

綜合相關文獻(林佳燕,民 92;Dattilo, 1994; Heyne & Schleien, 1994),歸納出休閒教育方案的效益包括:(1)減少閒暇生活的無聊感,促進有效的休閒選擇,增加休閒參與,豐富生活內涵;(2)發展休閒行為與技能,增進對休閒生活的了解、覺知與控制;(3)有助於個體身心之調適,舒緩生活壓力與緊張,促進心理健康;(4)促進個體正向的心理成長,培養興趣與專長,提昇自尊、滿意度與自我實現的感受,進而提昇生活素質;(5)經由參與休閒活動而增進親子關係與互動的機會,並擴展人際關係,學習社會規範與社交技巧;(6)有助學校至成人生活的成功轉銜。

第二節　休閒教育領域的課程設計

壹、休閒教育領域的課程內容

依據教育部(民 88)之特殊教育學校(班)國民教育階段智能障礙類課程,休閒教育領域包括了育樂活動、藝術活動、休閒活動三項次領域。育樂活動又分為體育活動(如:體能遊戲、體操、球類運動、田徑運動、舞蹈、民俗運動、其他運動像是溜冰、游泳等)和康樂活動(如:視聽娛樂、益智活動、戶外活動、其他娛樂活動像是聚餐、園藝等)。藝術活動又分為音樂(如:欣賞、歌唱和樂器)與美勞(如:欣賞、繪畫、工藝、雕塑)。休閒活動包括了休閒態度(如:興趣培養、安全須知)與休閒技能(如:休閒設施,活動安排,問路、逃生、報警、急救等意外處理)。休閒教育領域課程內容見圖 12-1。

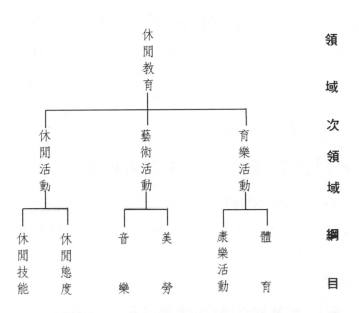

圖 12-1　休閒教育領域課程內容

　　在特殊教育學校高中職教育階段智能障礙類課程(教育部，民 89)中，職業生活能力領域之下有「休閒生活」次領域，列出欲培養智能障礙學生「休閒活動選擇」與「休閒活動技能」等能力。在家庭／個人生活能力領域之下的「時間管理」次領域中，列出了「安排休閒活動」與「擬訂休閒計畫」等細目。由此可知，休閒教育之課程目標，不僅是培養智能障礙學生基本的休閒活動技能，亦要教導學生學習如何安排休閒生活，妥善地管理休閒時間。課程綱要中則將休閒教育細分為球類活動、團體活動、肢體活動、操作活動、益智活動、收集活動、民俗活動、美勞活動、音樂活動、戲劇活動、閱讀活動、視聽活動、烹飪活動、家事活動、手工藝活動、逛街、旅遊、漫步、釣魚、水上活動、電動玩具，以及其他，共計二十二類。

　　Bullock 和 Mahon(1997)綜合多項研究，發展出「個人本位休閒教育之概念模式」，提出休閒教育須以個體的需求與期望

為基礎，包含以下三大領域的教學：(1)覺知：對休閒生活、自我與資源的覺知；(2)技能的學習：包括休閒活動技能、社區使用技能、社交技能與溝通技能等；(3)自我決策：包括做選擇、休閒計畫、自我規範；而且休閒教育之最終目標，即在於提昇個人對自我生活的滿意度。

貳、休閒教育領域的教導方法與原則

以下從了解與因應學生參與休閒活動之阻礙因素，選擇與安排適當的休閒活動，提供學生選擇休閒活動的機會，教導學生規畫休閒活動，以及教導學生休閒活動和相關技能五方面，探討休閒教育領域的教導方法與原則。

一、了解與因應學生參與休閒活動之阻礙因素

綜合相關文獻(洪榮照，民 86；Falvey, 1989; Crawford & Godbey, 1987; Smith, Austin, & Kennedy, 1996)，造成身心障礙者參與休閒活動之阻礙因素可歸納為三方面：(1)個體本身的因素，例如：個體本身健康狀況不佳、生理與心理的問題、知識的缺乏、社交技能的低落、對休閒活動的主觀評價不佳；(2)環境的因素，例如：時間(沒有時間從事休閒活動)、金錢(如：經濟的阻礙)、設備／資源(如：缺乏合適的休閒設備、交通的困難、建築物的阻礙、法令與規定的阻礙)、自然生態(如：天氣和地形狀況不佳)、機會(如：未被提供參與活動的機會)、他人的態度(如：過度保護、冷淡)；(3)人際／互動的因素，例如：個體因沒有適當或足夠的同伴而影響休閒活動之參與，個體與環境互動時，彼此的需求無法配合，而產生溝通的問題。智能障礙者也會面臨這些阻礙因素，只是有一些個別差異，了解個體參與休閒活動之阻礙因素為何，而後構想因應策略來克服或跨越此

阻礙。

二、選擇與安排適當的休閒活動

綜合相關資料(林千惠，民 81；Smith et al., 1996; Westling & Fox, 1995)，休閒活動的選擇與安排宜考慮以下七項原則：

(一)學生的年齡與興趣：教導學生有興趣的活動，自然可提高學習的動機，減少行為問題的產生。在選擇休閒活動時，宜考慮同年齡學生會從事的活動、會去的場所及會使用的材料，以達適齡的原則。

(二)家庭生態、社區生態、地方特色以及時代潮流：從家庭和社區生態評量中，我們可以發現學生家裡和社區有的休閒器材或設施，家人常從事的休閒活動為何，藉著休閒教育課程讓學生能運用這些設施，甚至與家人一同從事休閒活動。考慮地方特色和時代潮流，能讓學生更能融入一般人的生活中。案例 12-1 顯示學校設計的休閒活動並未考慮家庭生態，如果能教導小莉打桌球，或許她就能與家人一同從事此項休閒活動了。

【案例 12-1】小莉的爸爸說道：「老師在學校教小莉玩槌球，她回來討著要玩，我自己也沒玩過，家裡又沒有這樣器材。我們大樓的公共設施有桌球室，我有空會和小莉的姐姐或鄰居打桌球，方便、省錢、又好玩，可惜小莉不會打。」

(三)能夠促進人際互動：選擇的休閒活動最好能促進智能障礙者與非障礙者之間的互動，提供溝通及表達的機會，學習社交技巧。

(四)正常化、調整及部分參與的原則：安排的休閒活動宜考慮到學生的能力，選擇具有社會接受度，又能彈性改變

規則和器材設備的活動，讓我們能因應智能障礙者的需求作調整，以促進其最大的參與。

(五)符合經濟效益：宜考慮到學生及其家庭負擔的問題，選擇符合經濟效益的活動。

(六)活動進行的地點：宜考慮是否能在真實情境中進行教學，以及該場所是否交通便利、方便進出。

(七)活動及材料的安全性：宜考慮所選擇的活動與材料是否對學生的安全無虞，活動地點的安全設施是否周全。

(八)活動的彈性：安排的休閒活動宜考慮其彈性，是否可以在各種不同的環境中進行，如不受空間大小所影響；是否可以用在各種不同的情況中，例如可以單獨娛樂，也可做團體娛樂。

例如賴育慧(民 92)採取家庭訪談與學生居家、社區、及學校環境之生態評量，來發展個別化休閒教育方案，之後安排正式與非正式課程，實施的正式課程有體能活動課、融合音樂課、融合體育課及綜合活動課；非正式課程有自由時間的使用、參與學校活動與家庭休閒活動；並以研究者任教的國小啟智班為對象，實施本方案，結果發現使用生態評量的方式，能找出對學生來說有興趣、有意義的休閒活動。

在發展休閒教育課程時，Wuerch 和 Voeltz(1982)提出休閒活動選擇評量表，把所選定的休閒活動用三個標準一一加以評量，得分愈高，表示這種活動愈可採用。這三個標準是正常化的原則(是否適合個體的年齡以及正常化生活的目標)；個別化的原則(是否適合個體的興趣、能力以及障礙的情況)；以及環境的考慮(是否太昂貴、個人玩不起、或是無法持續)，其具體評量指標見表 12-1。

表 12-1　休閒活動選擇指標(修正自 Wuerch & Voeltz, 1982, p. 181)

評　量　題　目	活　動　項　目		
一、正常化的原則			
1.**適合年齡**：對同年齡非障礙者而言，這種活動是不是會引起他們的興趣？	是　否	是　否	是　否
2.**吸引力**：對於經常出入休閒場所的人而言，這種活動對他們是不是有很多吸引力？	是　否	是　否	是　否
3.**環境的彈性**：這種活動是否可以在各種不同的環境中進行，如不受空間大小所影響？	是　否	是　否	是　否
4.**活動的彈性**：這種活動是否可以用在各種不同休閒活動的情況中，可以單獨娛樂，也可做團體娛樂？	是　否	是　否	是　否
5.**監督的程度**：這種活動是否能適合於各種不同的生活型態，不必特別加強監督和管理？	是　否	是　否	是　否
6.**長期的使用**：這種活動是否適合於青少年，也適用於成年人？	是　否	是　否	是　否
二、個別化的原則			
1.**技能的彈性**：這種活動是否適合具備高級和初級技能的人，而不須做大幅度的修改？	是　否	是　否	是　否
2.**障礙的適應**：這種活動是否能適合於身心障礙者的特殊情況，如感官、動作、智能、行為等？	是　否	是　否	是　否
三、環境的考慮			
1.**方便**：這種活動在這個人的環境中是否隨時可以進行，而且進行起來很方便？	是　否	是　否	是　否
2.**持久**：這種活動是否在一年之內不須修補或換用設備？	是　否	是　否	是　否
3.**安全**：這種活動對一個身心障礙者來講，會不會造成身心的傷害，對別人和整個環境會不會有不良的影響？	是　否	是　否	是　否
4.**擾人**：這種活動會不會干擾別人或環境，如太吵鬧、太打擾、佔地太多等？	是　否	是　否	是　否
5.**昂貴**：這種活動會不會花費太高？這種活動除供休閒之外，有沒有多重用途？	是　否	是　否	是　否
※每種活動項目的分類計分 一、正常化的原則 二、個別化的原則 三、環境的考慮 ※每種活動的總分	——— ——— ——— ———	——— ——— ——— ———	——— ——— ——— ———

三、提供學生選擇休閒活動的機會

　　教學時宜以學生為本位，尊重每一位學生的特性，讓學生有選擇休閒活動的機會，如此一方面可以增進學生作選擇與決定的能力；另一方面也可以提昇學生從事休閒活動的愉悅感，和啟發其創造潛能。例如 Browder 和 Cooper(1998)教導三位重度智能障礙者拿起該地點的代表物，以溝通其選擇在什麼樣的地點中從事休閒活動。王明泉(民 89)參考國外相關文獻，以作選擇(含選擇早餐內容、學習課程內容、打掃工作、休閒內容)、計畫目標及貫徹執行、尋求協助、了解個人的權利、和他人做協商、尊重他人權利與喜好為主題，設計了十五個單元的教學方案。結果發現接受實驗教學的學生，作決定及日常生活問題解決能力有明顯上升的趨勢，並且在四週後仍維持學習效果。

四、教導學生規畫休閒活動

　　教導學生規畫休閒活動是休閒教育課程很重要的一環，如果沒有教導這方面的能力，學生離開學校之後仍不會自行從事休閒活動，學校教了再多的休閒技能也是枉然。我們可以藉著自我管理策略教學來協助學生規畫休閒活動，如果學生能力有限制，可搭配給與提示(如：視覺提示)。Bambara 和 Ager(1992)以住在社區家園的三名中度智能障礙成人為研究對象，運用**自我規畫策略**，教導他們**使用圖片行事曆**，自我規畫每週的家庭及社區休閒活動。結果發現此訓練方案成功地教導三位中度智能障礙成人，獨立計畫每週的休閒活動。林佳燕(民 92)以三名啟智學校高職部的智能障礙學生為對象，採取**自我管理策略教學**，包含自我規畫、自我評鑑(作者稱之自我評量)與增強，教導其運用**活動簿**來規畫個人的休閒活動，之後自我評鑑實施的情

形，如果達到標準，則自我增強。結果發現三名學生在實驗教學與家庭情境中，運用活動簿來執行自我規畫、自我評鑑與增強三項策略的學習表現，均具有立即與保留的成效，而且家長均肯定教學方案的助益。

五、教導學生休閒活動和相關技能

　　有些學生不知道如何從事休閒活動，以及缺乏相關技能，因此，計畫休閒活動和相關技能的教導就顯得很重要。綜合相關資料(教育部，民 88；Browder & Bambara, 2000; Falvey, 1989; Heyne & Schleien, 1994; Westling & Fox, 1995)，加上筆者的看法，教導學生休閒活動和相關技能須注意以下七項原則。

　　第一，教師可採取活動分析法、直接教學法、應用行為分析教學法(例如：提示、褪除、時間延宕策略)、自我管理等方法，來教導休閒活動和相關技能。例如 Zhang、Gast、Horvat 和 Datillo(1995)有效地使**用身體提示**，和**固定時間延宕策略**來訓練重度智能障礙者運動技能。LeGrice 和 Blampied(1994)成功地使用**錄影帶提示**的方式，教導中度智能障礙者操作錄放影機和電腦。Ellis、Cress 和 Spellman(1990)使用**自我監控和自我增強策略**，增加中重度智能障礙者走路運動的時間，方式是給其一些棒子，當他們走完一圈，則可以丟掉一根棒子，全部棒子都被丟棄後，可以在記錄簿上貼貼紙，結果發現策略有效。

　　第二，與家長保持聯繫與合作，使教學延續到家庭，以增進教學效果。另外，也可請家長參與作評量，因為休閒教育的評量，除了學校學習活動評量外，宜著重家庭休閒生活技能與習慣養成的評量。例如 Wall 和 Gast(1997)教導家人使用工作分析和固定時間延宕策略，來訓練其重度智能障礙的孩子從事休閒活動。

　　第三，休閒教育宜透過團體活動、共同參與的方式，以促進學生群性的發展，並且從中增加同儕互動的機會；但如果學生有個別需求，也須考慮個別差異，實施小組或個別教學。另外，要教導學生完整的休閒活動，從開始、準備、核心、到結束，例如在結束階段，須指導學生養成收拾器材、管理材料、保養工具、管理場地等良好的習慣。

　　第四，休閒活動的呈現可以配合學生的日常生活、節令、慶典以及學校重要活動，如可配合社區的展覽、節慶活動，讓學生參與。

　　第五，欣賞活動應讓學生自由品味個中樂趣，不宜以表現為重點，並感受日常生活中萬物之美，例如美勞不一定侷限在畫畫，也可以讓學生欣賞美勞作品和大自然的景物。

　　第六，教導學生如何獲得休閒活動的資訊，例如去文化中心取得當月的藝文活動表等；還有從那裡可以取得從事該項活動所需的休閒材料。此外，須配合休閒活動，教導相關技能，像是如何選擇適當場所，留意場所的安全性，是否有逃生設施；使用工具和進行休閒活動的安全，以及意外的處理。

　　第七，學生如果因生理的限制，而在進行某些休閒活動有困難時，須考慮作調整，如適應體育(adapted physical education)的作法，Sherrill(1998)指出適應體育中的「適應」乃是依個體特殊的狀況，去調整所使用的措施、設備及環境的過程，進而讓個體感受到身體活動的成功經驗與樂趣。另外，也可提供輔助性科技，協助學生從事休閒活動，例如莊妙芬(民 80)以一位近十六歲，兼有腦性麻痺的極重度智能障礙女生為對象，運用**微電開關**(微電開關是接在一個電池操作的錄音機上，個案用手及下巴操作微電腦開關)訓練他休閒活動(如聽音樂)，結果發現

教學後個案操作微電腦開關來聽音樂的動作顯著地增加。

《總結》

　　本章探討休閒教育領域的課程目標與課程設計，這當中包括了育樂活動、藝術活動、和休閒活動三項次領域，以培養學生休閒知能，善用休閒時間，選擇與從事適合自己體能與興趣的休閒活動，而且在從事活動過程中能注意安全，進而豐富其生活內涵。

第十三章

職業生活領域的課程與教學

職業生活課程是促進學生經濟獨立的基礎，
以增加其自我價值。

第一節　職業生活領域的課程目標
第二節　職業生活領域的課程設計

導讀問題

1.職業生活領域在不同教育階段的目標上有何不同？
2.職業生活領域的課程內容包括那些？
3.職業生活領域的教學上，湏注意那些原則？

　　職業生活課程是促進學生經濟獨立的基礎，以增加其自我
價值。本章將介紹職業生活領域的課程目標，以及職業生活領
域的課程設計兩大部分。

第一節　職業生活領域的課程目標

　　職業教育的課程宜愈早開始愈好，只是課程目標會依發展
階段而有所不同，形成一個縱貫的課程(Moon & Inge, 2000)。如
幼稚園階段，著重在教導物歸原位的習慣；小學階段的教學重
點在聽從指令，培養安全的概念，以及負責盡職，完成份內的
工作，如清潔工作、植物澆水等。國中階段以職業陶冶與探索
為主，讓學生習得工作知識，進行生涯探索和規畫；高中階段
以職業訓練與就業輔導為核心，甚至安排在社區工作場所實習
(鄭麗月，民 89；Ford et al., 1989)。

　　依據教育部(民 88，193 頁)之特殊教育學校(班)國民教育階
段智能障礙類課程綱要，國中階段的教育目標包括：(1)了解個
人能力、興趣與性向；(2)學得正確實用的工作知識；(3)建立體
力、整理、生產及服務等職類工作的基本技能；(4)養成負責、
合作的工作態度；(5)養成適應工作環境的能力；(6)能適應環境
的變遷，做個人生涯發展規畫。而依據教育部(民 89)，高中(職)
階段的教育目標在認識職業，培養職業道德，建立工作技能，
以提昇就業及服務社會能力。

第二節　職業生活領域的課程設計

壹、職業生活領域的課程內容

　　依據教育部(民 88)之特殊教育學校(班)國民教育階段智能障礙類課程，職業生活領域的課程內容如圖 13-1。職業生活領域包括了職業知識、職業態度、和職業性向探索三大次領域。其中職業知識涵蓋了工作知識(如：工作資訊、工作安全、求職技巧)與生涯發展(如：自我了解、生涯規畫)；職業態度包含了工作倫理(如：遵循指示、工作責任、合作共事)與工作調適(如：守時、工具歸位、收拾整理等工作習慣；誠實、主動、專注、接受挑戰、容忍挫折等工作態度)。職業性向探索則包括職前技能(如：體力負荷、清潔整理、組合包裝、接待服務)與特定職業技能(如：體力類、整理類、生產類、服務類)。在特殊教育學校高中職教育階段智能障礙類課程(教育部，民 89)中，特定職業技能包括了農事類、工業類、家事類、和服務類。

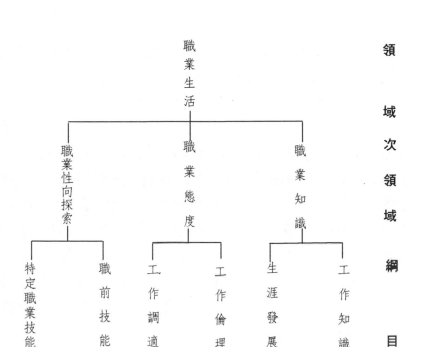

圖 13-1　職業生活領域課程內容

除了教育部的課程綱要外，Walls 和 Werner(1977)將職業能力分成八大類：(1)職前技能，包括與職業有關的語言行為，工作興趣與技能及各種實際工作前的技能；(2)求職技能；(3)晤談技能；(4)與工作有關的技能，如：使用交通工具、穿著工作服、用餐及行動能力；(5)工會、財務與安全技能，指和工作、財務或安全有關的行為；(6)工作操作技能，指與生產作業有關的基本技能；(7)工作社會技能；(8)特定的工作技能，指與處理特定職業有關之資料及行為。

其中工作社會技能可以被界定為「目標導向，且根據規範所學得的行為，包括了可觀察到的及不可觀察到的認知及情感要素。工作社會技能會隨著特定情境及社交內容而改變，透過它們的表現，以達到影響他人及人際互動的目的」

(Chadsey-Rusch, 1992, p. 410)。智障者所需的工作社會技能主要包括兩部分：(1)與工作有關的社會能力：包括了工作倫理、工作態度、習慣和行為(如：服從指令、接受批評與糾正等)，與同事、顧客及老闆間之人際關係與互動，職場工作和人際問題解決的能力(如：請求協助、提出問題等)等；(2)個人的社會能力：包括了良好的自我形象和行為(如：保持適當的儀容及衛生、維持適當的行為等)，基本人際互動的能力(包括與雇主、同事互動，如人際表達與應對的態度、社交行為等)。Huang 和 Cuvo(1997)指出由於不同的工作場合所需的工作社會技能內容和標準會有所不同，因此工作社會技能的界定，最好採用生態的觀點，根據與雇主的訪談或觀察真實工作情境中工作者的社會互動來獲得。

　　Wircenski 和 Wircenski(1988)認為重要的職業能力包括：(1)雇用前的技能(pre-employment skills)，如閱讀、寫作、溝通等一般能力；(2)尋求雇用的技能(employment search)，如找工作、晤談的技能等；以及(3)雇用後的技能(post-employment skills)，如工作社會技能、遵守安全規則等。Riches(1993)發現評估工作表現的十個標準為：準時與參與、衣著與衛生、對督導的反應、與同事之間的相處、工作專注度、工作場所的技能、安全、行為控制、溝通、和記憶能力。

　　另外，若從雇主的角度來看，根據 White(1983)的研究發現，雇主評選的主要職業技能包括維護工作技巧、處理緊急事件的技能、使用安全設備的技能、對工作的熱衷、適當的行為習慣、傾聽的技能、設定目標的技能、人際間的良好關係、執行任務的技能、就業所須的讀寫算等基本技能、工作性向或能力、工作興趣、聽從指導、以及選擇職業所須的知識。在國內，

李靜芬(民 78)的研究則發現大多數雇主認為工作操作技能、安全技能、及工作習性為重要技能。

　　總括來說，若從受雇用的階段來看，包括雇用前的技能，如職業知識，職前技能，閱讀、寫作、溝通等一般能力；尋求雇用的技能，如求職技能、晤談技能；以及雇用後的技能，如工作社會技能、與工作有關的技能、安全技能、工作操作技能、特定的工作技能。

貳、職業生活領域的教導方法與原則

一、職業知識方面

　　綜合相關資料(教育部，民 88；Agran, Test, & Martin, 1994; Westling & Fox, 1995)，加上筆者的看法，職業知識的教導方法與原則有以下五點：

　　第一，在職業知識中的工作資訊方面，教師可以運用報紙求職廣告、就業快報等，讓學生了解社區中的就業資訊。除此，可以運用職場參觀、經驗分享(邀請家長、畢業的學長、雇主等作經驗分享)、觀賞錄影帶、工作樣本等方法，介紹各職類工作內容。另外，也可以介紹勞工義務、勞工權利、和勞工保險。

　　第二，在教導工作安全的知識與技能上，不同的職類有其特定的工作安全(如：機具操作安全、職業病的防治)，但仍有一些所有職類共同的一般工作安全，我們可以先教一般工作安全，如認識警告／禁止標誌、和安全通道；認識安全配備；了解危險物品、工具和行為(如：不遵守工具使用的規則)；意外事故的預防與處理等。這部分的教學較無法在真實情境教學，因此可運用錄影帶，作活動分析，配合使用真實材料進行模擬情境的教學，藉著提示策略，讓學生演練整個步驟。另外，我們

可以藉著一些時事報導、呈現事故圖畫或錄影帶的方式,提供負例,解說行為錯誤所造成的後果,以提高學生的警戒心,而後引導學生表達正確的方式。這部分的教學也可以與生活教育領域中「居家生活安全」,以及休閒教育領域中「休閒安全」的教導,作相互的聯繫。

第三,教導學生適當的工作行為,以避免身體的傷害,進而使工作有效率(Agran, 1997),例如某些智能障礙學生可能因為不佳的工作行為而造成困難或傷害,這時教師可以調整學生的工作行為。例如在打蠟車身時,有些學生會一手塗蠟,一手閒著沒事而去摸已塗好的部分;或是在生產線操作機器時,一手操作機器,一手閒著沒事而做危險動作。凡此種種,都可能造成作業的無效或身體的傷害,這時,教師可以要求學生兩手塗蠟或操作機器,讓他雙手都有事做。

第四,在求職技巧上,我們可以教學生填寫履歷表、自我介紹、面談技巧、及面談時須注意的服裝儀容和肢體動作表現等。教師可以運用經驗分享、觀賞錄影帶、故事講述、行為演練等方式來教導。

第五,在生涯發展方面,我們可以引導學生自我了解其能力、興趣、性向、志願等,而後協助他們作生涯規畫。教師可以與學校輔導室、實習輔導室聯繫與合作,尋求校內資源來協助。

二、職業態度方面

綜合相關資料(教育部,民 88;Agran et al., 1994),加上筆者的看法,職業態度的教導方法與原則有以下三點:

第一,在工作倫理方面,主要包括遵循指示、工作責任、合作共事三方面的教導。我們可以運用學校的情境,教導學生

遵循教師的指示做工作，以及與同學合作完成一份工作；還有賦與每一位學生至少一項工作責任，例如擦桌子，要其每天在固定時間，自動自發完成，以訓練其負責盡職達成工作責任的態度。此外，案例 13-1 顯示：除了固定的工作以外，我們可以漸進地改變工作項目，以及給與一些臨時要求，讓學生學習任務交接，並具備調整的能力，不至於固著。

【案例 13-1】一位聘用智能障礙者的雇主說：「我們公司做的產品要轉型，我安排小凱換別的工作項目，他不願意，堅持做他原來的工作；平常叫他幫忙別人做不同的項目，他也不願意，我很困擾，不知道要怎麼樣安排他的工作內容。」

　　第二，在工作調適方面，主要包括工作習慣和工作態度兩方面的教導。我們可以運用學校的情境，教導學生守時、物歸原位等習慣，以及誠實、主動等工作態度。還有我們可以藉著提供充足而多元的範例，以錄影帶呈現，教導學生什麼是正確和不正確的工作習慣與態度，並且藉著故事和實例分享的方式，讓學生了解正確和不正確工作習慣與態度的結果，以加深學生的印象。此外，也可以邀請雇主來現身說法，他們期待員工的工作習慣與態度為何。訓練時可藉著行為取向的教學策略(如：提示、示範、行為演練)和認知行為取向的教學策略(如：自我管理策略教學)來達成。例如徐惠玲(民 92)以三名國小中重度智能障礙學生為對象，訓練他們使用自我教導策略來增進自己的工作態度與習慣，結果發現三名學生可以習得自我教導策略，而且自我教導策略教學可以增進他們的主動工作態度、守時工作習慣與工作效率。

　　第三，除了教導工作倫理和工作調適以外，我們也可以教導職場人際問題的解決能力，包括在不同情境，與不同對象的

人際問題解決。回顧相關文獻,採取兩種取向,一為行為取向的策略,如提示、褪除、示範、行為演練、回饋、使用充足而多元的範例等方式;另一為認知行為取向的策略,如自我教導、認知歷程取向等。例如許又勻(民 87)在學校模擬工作情境,採取認知行為取向,以錄影帶及幻燈片輔助教學,並以示範、引導、討論、角色扮演及獨立練習,來加深學生的學習;而在美容院的真實工作情境,則以口語和動作來訓練學生的人際問題解決能力。結果發現人際問題解決訓練,對增進高職部輕度智能障礙學生,在模擬及真實工作情境中之人際問題解決能力,語言及非語言行為能力有正面積極的影響。黃寶儀(民 92)以為某社福團體旗下南部一餐飲服務職訓場所的三名智障者為對象,根據此場所常遇到的人際問題設計訓練方案,內容包括與職訓教師、學員及顧客的互動,使用影片、照片教材及作業單,經由講解、引導、討論、示範、角色扮演等進行訓練。結果發現訓練方案對三位智障者在模擬及真實工作情境的人際問題解決能力,包括總體和各項表現,以及語言與非語言表現皆有正向影響,兩週之後仍保留學習效果。

除了上述研究外,筆者整理一些國內外有關智能障礙者工作社會技能介入方案的實徵研究,如表 13-1。綜合這些研究可發現:在發展工作社會技能訓練方案方面,是採取生態評量的方法了解職場的生態環境和雇主的期待,而後作差異分析,評量智能障礙者目前的工作社會技能表現;也有針對智能障礙者不適當的工作社會技能作功能評量。在訓練工作社會技能方面,有行為取向和認知行為取向兩方面的訓練策略;訓練情境則包含模擬和真實的工作情境;部分研究不只訓練智能障礙者本身,也從同事和家長著手,而訓練結果均呈現不錯的成效。

表 13-1　智能障礙者工作社會技能介入方案的實徵研究

研究者 (年代)	介入方案的作法	介入方案的成效
韓福榮 (民 85)	將啟智機構內的十八位中重度智障者，平均隨機分配至模仿演練組、講解指導組、和控制組中(未作任何教學)，以團體訓練的方式，訓練批評質問、禮貌問候、請求幫助三項技能，以比較三組之成效是否有差異。	模仿演練組能將所學到的技能保留一段時間，講解指導組的保留效果不佳，控制組則沒有明顯的改變。
王欣宜 (民 87)	在隔離(即其中一位個案家裡作為模擬情境)和自然的工作情境，採取口頭指導、示範、提示、口頭和行為演練、回饋及增強等策略，個別訓練兩位輕度智障工作青年，專心聽他人說話、服從指令、能在適當時機說：「請、謝謝、對不起」、與他人打招呼這四項工作社會技能技能。在同事部分，則是採取「了解與支持智能障礙同事」的方案，期待增進他們「給與個案鼓勵與支持行為」。	兩名對象除了「能與他人打招呼」的訓練結果有進步但不穩定外，其他三項工作社會技能的訓練效果良好。三位同事在訓練後，「給與個案鼓勵與支持行為」的表現都有進步，他們對兩位智障同事的身心特性和需求都比以前更加了解，進而表現出鼓勵、關懷的態度與行為，但表現還不是很穩定。
李怡倩 (民 85)	在自然的工作情境中，採取生態評量法，擬訂打招呼、工作時請人配合、適當的電話禮儀三項技能的訓練，再運用工作分析、口語指導、示範、演練、增強、自我檢核的策略，並且邀請家長的參與，以及工作現場工作人員的配合，個別訓練兩位中度智障者。	三項技能都有進步的現象，並且獲得保留。這表示在工作場所中直接訓練工作社會技能，對學生而言，有良好的幫助及影響，而且可與工作環境內的其他員工，產生一定程度的互動。

(續)表 13-1　智能障礙者工作社會技能介入方案的實徵研究

研究者 (年代)	介入方案的作法	介入方案的成效
鈕文英、陳靜江 (民88)	以高雄市一所職業訓練機構輔導的十一名「支持性就業」之智能障礙就業青年為對象，參考國內外有關之訓練方案，並作生態評量，根據對象目前之工作社會技能表現，及雇用單位人員之期望水準，來設計工作社會技能訓練方案。包括團體和個人兩部分，團體方案包含人際互動、工作態度、情緒管理、兩性情感教育等主題；個人方案則針對個別需求作設計。研究者使用**行為取向的策略**(如：示範、提示、行為演練、回饋、增強等)作訓練；另外為增進訓練成效，也安排個案家長之支持團體。	使用團體和個別訓練對智能障礙就業青年工作社會技能有幫助，大部分個案都喜歡團體和個人方案，不只讓他們學習到個人所需的工作社會技能，也結交到朋友，擴展其生活圈子和休閒活動。雖然部分個案效果不顯著，但可能是因為介入的主題太多，而時間又不夠長，職場人員和個案工作內容變動，加上雇用單位無法配合等。
宋明君 (民90)	運用**功能評量**的方法，了解並驗證三位中重度智障學生不良工作社會技能的因素，之後根據評量的結果設計介入方案。	針對三位中重度智障學生的各項目標行為所設計之工作社會技能介入方案，結果顯示皆有良好的介入效果與維持效果。
吳惠櫻 (民92)	針對兩名特殊教育學校高職部三年級的中重度智障學生，使用**功能評量**的方法，找出他們在社區職場實作中的不適當社會技能，而後製作成**錄影帶示範教學**。	錄影帶示範教學對兩名研究對象之不適當社會技能，皆具有立即、維持和類化的教學效果，並且得到教師、職場工作人員、和研究對象的認同。
Misra (1993)	在隔離和自然情境，使用自我監控策略，訓練三位輕度智障者與顧客互動、詢問和回答問題、以及減少不適當的會話行為。	自我監控策略能增進他們在自然情境中的工作社會技能。
Wheeler, Bates, Marshall & Miller (1988)	直接在工作場合中，使用**自我管理策略教學**，訓練一位唐氏症者工作社會技能。	經過八個月的訓練，結果顯示這位唐氏症者的社會行為有明顯及適當的改善，並幫助他保有工作。

三、職業性向探索方面

　　綜合相關資料(教育部，民 88；Agran et al., 1994; Hutchins & Renzaglia, 1990; Westling & Fox, 1995)，加上筆者的看法，職業性向探索的教導方法與原則有以下八點：

　　第一，國中階段的職業教育著重職業陶冶與探索，因此宜盡可能提供學生多樣且彈性的職種學習經驗；而高中階段才以職業訓練與就業輔導為核心，而訓練和輔導的模式必須考慮訓練的課程是否能為學生做最合適的職業選擇，並提供最有效的職業訓練和工作經驗，最後能做最長久性的職業安置。參考 Hutchins 和 Renzaglia(1990)的研究並加以修正，提出功能性的職業訓練模式的發展步驟如圖 13-2：

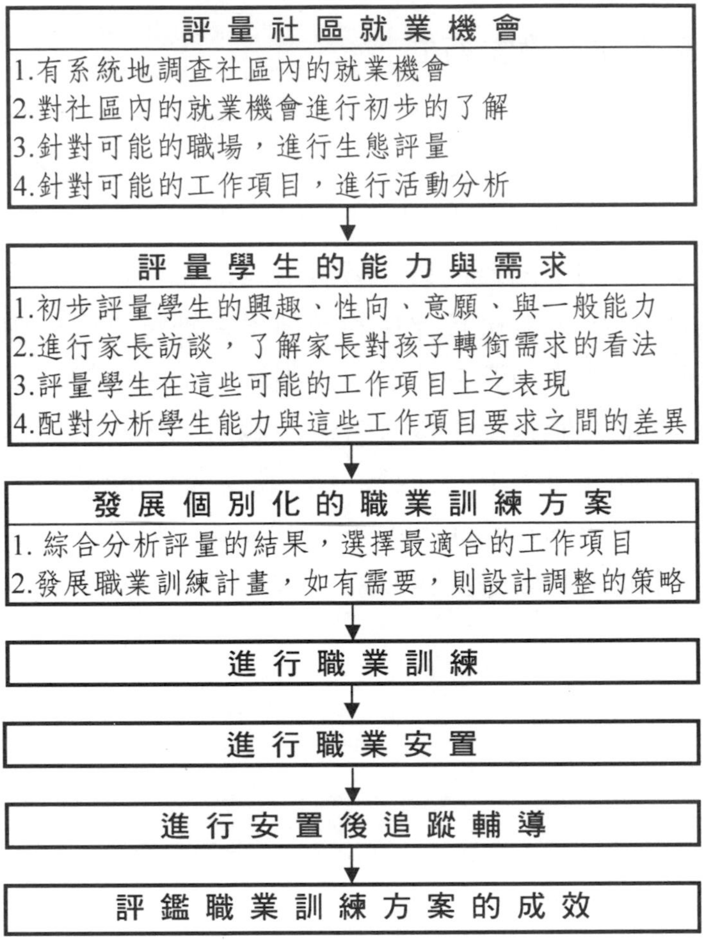

```
┌─────────────────────────────────────────┐
│         評 量 社 區 就 業 機 會          │
│ 1.有系統地調查社區內的就業機會            │
│ 2.對社區內的就業機會進行初步的了解        │
│ 3.針對可能的職場,進行生態評量            │
│ 4.針對可能的工作項目,進行活動分析        │
└─────────────────────────────────────────┘
                    ↓
┌─────────────────────────────────────────┐
│       評 量 學 生 的 能 力 與 需 求      │
│ 1.初步評量學生的興趣、性向、意願、與一般能力 │
│ 2.進行家長訪談,了解家長對孩子轉銜需求的看法 │
│ 3.評量學生在這些可能的工作項目上之表現    │
│ 4.配對分析學生能力與這些工作項目要求之間的差異 │
└─────────────────────────────────────────┘
                    ↓
┌─────────────────────────────────────────┐
│     發 展 個 別 化 的 職 業 訓 練 方 案  │
│ 1.綜合分析評量的結果,選擇最適合的工作項目 │
│ 2.發展職業訓練計畫,如有需要,則設計調整的策略 │
└─────────────────────────────────────────┘
                    ↓
┌─────────────────────────────────────────┐
│           進 行 職 業 訓 練            │
└─────────────────────────────────────────┘
                    ↓
┌─────────────────────────────────────────┐
│           進 行 職 業 安 置            │
└─────────────────────────────────────────┘
                    ↓
┌─────────────────────────────────────────┐
│       進 行 安 置 後 追 蹤 輔 導      │
└─────────────────────────────────────────┘
                    ↓
┌─────────────────────────────────────────┐
│     評 鑑 職 業 訓 練 方 案 的 成 效  │
└─────────────────────────────────────────┘
```

圖 13-2　功能性職業訓練模式的發展步驟

　　功能性職業訓練模式強調功能性、轉銜、社區本位,並且重視與主流社會的統合,採取有效的教學策略(如:使用零推論、調整的策略等),充分運用社會資源,取得社區相關人員的合作,與社區整合,配合社區的工作市場需求,而且在社區的真實情境中進行職業訓練(陳靜江、鈕文英,民 88)。

　　第二,我們最好採取職群設計的方式,來發展職業訓練的

課程,意即不是教導單一工作項目,而是職業群組,如服務類,內含餐飲服務、旅館服務等,分析共同的部分,再呈現差異部分,如此才能擴大學生就業的範圍。

第三,我們可以利用學校現有的設備與情境,指導學生職前技能和職業技能,並讓他們有實作的機會,如教導學生清潔工作、搬桌椅、操作釘書機或影印機等;讓學生在學校圖書館、福利社、車棚、或辦公室當助理,做貼書籤、貨物上架、腳踏車管理、接聽電話、送公文和信件等工作;或是在營養午餐時間練習打菜等。

第四,我們可以依據學生能力、興趣或需要,使用分組及協同教學,以達到最好的學習效果。此外,可以採取活動分析、直接教學法、通例課程方案、應用行為分析教學法(如:連鎖、提示、時間延宕策略)、觀察學習、合作學習、同儕教學、自我管理策略教學等方式,配合運用錄影帶、多媒體電腦輔助教學軟體、各職類相關的工作樣本等資源,進行職業訓練。

第五,當學生習得基本工作技能時,可繼續要求提昇其工作速度及工作品質,並培養學生自我管理的能力。

第六,依據學生能力的困難,採取調整或修正策略(Agran et al., 1994),例如一位中度智能障礙者無法做麵包烘焙,則訓練學生當麵包師傅的助手,教導當助手必須的技能。又例如對於學生有困難或有危險性的步驟,教師可以將困難的步驟再工作分析成更明細的步驟;或是調整作業程序,以利於學生執行。如在做清潔服務時,重度智障學生可能有困難使用打蠟機打蠟,教師可以安排能力較好的輕度智障學生與其一組,輕度智障學生操作打蠟機,而重度智障學生則從旁協助拉管線等。

第七,教學宜視學生身體特殊需要,改變所使用的工具或

提供輔助性科技，協助其習得職業技能。例如一位智能障礙兼腦性麻痺的學生，我們可以改良電腦的鍵盤來幫助他做文字輸入的工作，或使用溝通板來幫助他與別人溝通。凡此種種輔助性科技，都可以幫助智能障礙者突破職業訓練和就業的限制。

第八，教師可以與學校輔導室、實習輔導室；還有與校外的職業訓練機構，或是職業輔導單位聯繫與合作，尋求校內外資源來協助。

最後，筆者從研究主題、研究者(年代)、介入方案的作法、介入方案的成效四個方面，整理有關智能障礙者特定職業技能介入方案的實徵研究如表 13-2。由這些介入方案的研究可發現：使用的教學方法和策略有直接教學法、自我管理策略教學、同儕教學、多媒體電腦輔助教學等方式。

表 13-2　智能障礙者特定職業技能介入方案的實徵研究

研究主題	研究者(年代)	介入方案的作法	介入方案的成效
汽車美容	陳清原(民90)	針對高職特教班兩班學生，一班為實驗組，介入直接教學法；另一班為控制組，接受傳統教學法，比較兩組在汽車美容之學習成效是否有差異。直接教學法的介入乃利用工作分析法及編序方式來設計教材，使教材系統化、組織化、具體化、及簡單化，教學策略重視訓練及不斷重複,從給與適當提示到慢慢不給與提示。	直接教學法對特教班學生在汽車美容的學習成效和其維持情形，優於傳統教學法。

(續)表 13-2　智能障礙者特定職業技能介入方案的實徵研究

研究主題	研究者(年代)	介入方案的作法	介入方案的成效
包裝肥皂	Lagomarcino & Rusch (1989)	以一名在肥皂包裝工廠工作的十九歲極重度智能障礙者為對象，運用自我管理步驟(包括自我監控與自我增強)，並調整表現的標準，來教導他獨立完成包裝肥皂的步驟。	在訓練階段，研究個案獨立工作的程度有大幅提昇，保留階段仍能維持訓練成效。
組裝	Moore et al. (1989)	以在庇護工廠工作的四名十九至二十一歲重度智能障礙工作者為對象，運用自我管理訓練方案(包括自我教導、目標設定、自我增強等策略)，以提昇他們的生產量。	自我管理訓練方案提昇了四名重度障礙者的生產量。
餐飲服務	Agran, Fodor-Davis, & Moore (1992)	在大學餐廳中，運用同儕教學的方式，訓練兩位輕度智障的同儕，協助三位重度智障者自我教導做午餐的步驟，以及如何和顧客互動。	有兩位重度智障者能正確表現出做午餐的步驟，並且能類化至其他新的顧客。另外一位重度智障者在訓練者加進視覺提示之後，才在類化的情境中有正確的表現。
集合和組裝	Davies, Stock, & Wehmeyer (2002a)	以十名十八至七十歲，輕、中度智能障礙者為對象，教導他們使用多媒體電腦輔助軟體，這個軟體會自動的提示該從事的活動，來增進其獨立完成集合和組裝的工作。	多媒體電腦輔助軟體能增進智能障礙者，獨立從事工作的能力，並且增加正確率，減少他人的支持協助。

《總結》

　　本章探討職業生活領域的課程目標與課程設計，這當中包括了職業知識、職業態度、和職業性向探索三項次領域，國小階段以養成學生良好的工作態度與行為當成首要目標；國中階段除了延續上述目標外，進一步作職業陶冶與探索，並且建立學生一般的職業技能；高中(職)階段則以職業訓練與就業輔導為主，培養學生某些職種的特定職業技能，進一步協助他們作生涯規畫和就業準備。

第十四章

實用數學領域的課程與教學

實用數學課程是培養學生數概念的基礎，
以解決生活問題。

第一節　實用數學領域的課程目標

第二節　實用數學領域的課程設計

導讀問題

1.實用數學領域的課程內容包括那些？
2.如何進行實用數學領域的教學？

在前四項課程領域的教學時，可能會涉及數學技能，而實用數學課程是培養學生數概念的基礎，以解決生活問題。本章將介紹實用數學領域的課程目標，以及實用數學領域的課程設計兩大部分。

第一節　實用數學領域的課程目標

依據教育部(民 88，111 頁)之特殊教育學校(班)國民教育階段智能障礙類課程綱要，實用數學領域的課程目標如下：(1)使學生獲得生活所需的基本組型、數、量、圖形、空間的概念；(2)具備四則運算與使用計算工具能力，並應用於日常生活中；(3)培養實用的長度、重量、容量、面積、體積、速度、角度等實測能力；(4)會使用錢幣及估計價格，並具備生活中的消費技能；(5)培養辨認及運用時間、時段、日曆、月曆等能力。由此可知，數學是溝通、推理、以及解決生活情境問題的工具。

第二節　實用數學領域的課程設計

壹、實用數學領域的課程內容

依據教育部(民 88)之特殊教育學校(班)國民教育階段智能障礙類課程，實用數學領域的課程內容如圖 14-1。實用數學主要包括基本概念、以及運算與應用兩個次領域，其中基本概念包含了組型、數、圖形與空間三項綱目；運算與應用涵蓋了四則運算以及量與實測兩項綱目。在特殊教育學校高中職教育階

段智能障礙類課程(教育部，民 89)，數學技能被放在家庭／個人生活領域中，包括時間管理和財務管理兩個次領域，時間管理涵蓋了計時工具(如：時鐘、手錶、日曆、月曆、記事本)的使用，以及時間(如：作息、不同活動所需時間)的安排；財務管理則涵蓋了預算能力、消費技能、和財物保管。由此可知，數學課程的內容主要包括了解數學的基本概念、學習數學的技能，之後應用這些基本概念和數學技能，解決生活當中碰到的問題。

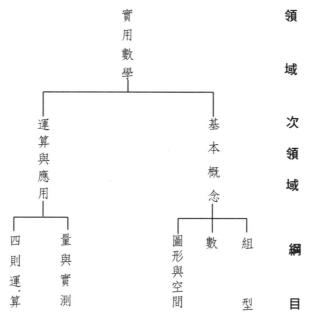

圖 14-1　實用數學領域課程內容

Serna 與 Patton(1993)提出生活技能的教學內涵包含居家生活(如：付款、購物比價)、就業與升學(如：金錢管理、時間管理)、休閒生活(如：從事休閒活動所需費用)、個人責任與人際關係(如：安排約會的日期)、健康(如：量身高、體重、體溫、血壓的數字)、以及社區參與(如：方位、使用電話)等六大層面；而括號中的內容是 Patton、Cronin、Bassett 和 Koppel(1997)依

據上述六大領域，提出功能性數學所涵蓋的內容，筆者舉部分例子說明，由此可知數學技能的教學宜嵌入於生活中功能性的活動中來進行教學。

　　參考相關資料(何素華，民 83；教育部，民 88；Patton et al, 1997)，筆者整理出數學技能的課程內容及其應用在日常活動的分析如表 14-1。

表 14-1　數學技能的課程內容及其應用在日常活動的分析

次領域	綱目(項目、細目)	配合的活動(括弧中說明該項活動會牽涉到的特定數學技能)
基本概念	組型（物品、顏色、形狀、聽覺動作與時間順序等具體與非具體組型）	1.紅綠燈(顏色組型及變換順序) 2.做三明治(依疊合式組型排列) 3.擺碗筷(物品組型，每個人一副碗、筷和湯匙) 4.組裝工作(依物品、顏色、形狀或聽覺組型組裝東西) 5.依教師系列的指令完成工作(動作與時間順序組型) 6.依工作或遊戲的順序與人輪流做或玩(動作與時間順序組型) 7.依日常生活作息完成動作(動作與時間順序組型) 8.做幾何圖形貼畫(形狀組型) 9.吃餅乾(形狀組型)
	數(數量、配對、對應、唱數、分類、數字、序數、分數、小數、概數等概念)	1.吃東西，如餅乾(數量) 2.擺碗筷(數數、對應) 3.穿鞋襪(一雙) 4.量身高、體重、體溫、血壓(數字) 5.搭公車(公車的號碼) 6.看球賽(分數比較) 7.分糖果(分數) 8.切蛋糕／西瓜(分數) 9.搭電梯(樓層的數序) 10.排隊(排隊的數序) 11.執行例如做木瓜牛奶的活動(活動的步驟) 12.玩競賽活動(排名次) 13.對統一發票(數字) 14.看電視(頻道的號碼) 15.看病(診號) 16.看電影(對號入座)

(續)表 14-1　數學技能的課程內容及其應用在日常活動的分析

次領域	綱目(項目、細目)	配合的活動(括弧中說明該項活動會牽涉到的特定數學技能)
基本概念	圖形與空間(前後、左右、內外、上下、正反、中間、點、線、面等基本形體概念;平面圖形;立體圖形)	1.收拾盤子(平面圖形,依大到小疊上來) 2.玩球(立體圖形) 3.縫鈕扣(點、線) 4.穿襪子(內外、正反) 5.穿鞋子(內外) 6.脫鞋襪(內外、正反) 7.穿衣服(內外、正反) 8.排隊(前後、左右) 9.吃飯(前後、左右、中間) 10.搭電梯(上下) 11.開冷氣(上下、左右吹) 12.行走過馬路／陸橋／地下道、騎車或坐車(前後、左右、上下) 13.視力檢查(上下、左右) 14.打插卡式電話(正反) 15.使用自動提款機(正反) 16.看電視(前轉或後轉頻道) 17.聽錄音帶(前轉或倒轉) 18.玩遊樂器(上下、左右) 19.購物(找貨品的位置、放置無意購買的東西回原位) 20.在家中尋物和置物(放置物品在櫃子、抽屜、冰箱、架子等適當位置;能從櫃子中找到物品) 21.職場工作(替顧客拿取所欲的物品、能在職場中收放所用到的物品、能遵從老闆的指令存取物品)
運算與應用	四則運算(加減乘除、計算工具)	1.購物(加減乘除、計算工具) 2.用餐(加減乘除、計算工具) 3.坐車(加減乘除、計算工具) 4.從事休閒活動(加減乘除、計算工具) 5.做櫃台收銀工作(加減乘除、計算工具)
	量與實測(金錢)	1.使用自動販賣機(1元、5元、10元的使用) 2.打公用電話(1元、5元、10元的使用) 3.搭公車(1元、5元、10元的使用) 4.玩遊樂器(1元、5元、10元的使用) 5.點餐(1元、5元、10元、20元、50元、100元的使用) 6.購物(1元、5元、10元、20元、50元、100元的使用;折扣) 7.美髮理容(1元、5元、10元、20元、50元、100元的使用) 8.進行休閒活動(如:聚餐、看展覽)(1元、5元、10元、20元、50元、100元的使用) 9.存提款(100元、1000元的使用)

(續)表 14-1　數學技能的課程內容及其應用在日常活動的分析

次領域	綱目(項目、細目)	配合的活動(括弧中說明該項活動會牽涉到的特定數學技能)
運算與應用	量與實測(長度／大小、長短、高矮、厚薄、遠近;重量／輕重、容量／多少、深淺);面積／大小、寬窄;體積／粗細、胖瘦;角度／直斜;速度／快慢)	1.購買飲料(容量大杯、小杯) 2.點餐(容量大碗、小碗) 3.吃飯、喝湯(容量大碗、小碗) 4.招待客人(倒水容量) 5.打果汁(一杯、半杯) 6.煮東西,如煮飯、煮麵、煮水餃(加水容量) 7.洗衣服(注水容量) 8.購買衣物(面積大小、長度長短) 9.看電視(看電視的距離) 10.收拾碗盤(碗盤面積大小之比較) 11.做點心(稱麵團的重量) 12.量體重(重量) 13.量身高(高矮) 14.騎摩托車(速度快慢) 15.玩如紙牌配對、賽跑等遊戲(速度快慢) 16.堆積木(高矮、長短) 17.做運動(角度,如:彎腰成約 90 度角、往後斜仰、直立等)
	量與實測(日期／時間)	1.購物(製造日期、保存期限) 2.參加節慶活動(節慶日期) 3.賞月(白天、晚上) 4.安排生活作息(一週、白天／晚上、日期、時間) 5.使用鬧鐘(時間) 6.使用微波爐或烤箱烹煮食物(時間) 7.服藥(時間) 8.慶生會(生日日期) 9.看電視(節目時間表) 10.搭車如火車、客運車(時間、看時刻表) 11.過學校生活(看功課表)
	量與實測(統計圖表)	1.看球賽(計分表) 2.進行檢核自我表現的活動(看增強板統計自己得到的代幣或積分) 3.看電視(看電視頻道表) 4.玩遊戲(設計計分表、用正字計分)

貳、實用數學領域的教導方法與原則

綜合相關資料(教育部,民 88;Banks, 1997; Browder & Snell, 2000; Falvey, 1989; Hickson et al., 1995; Slaton, Schuster, Collins, & Carnine, 1994; Westling & Fox, 1995; Wolfe & Harriott, 1997),加上筆者的看法,整理出實用數學領域的教導方法與原則如下:

一、教導數學技能時須注意功能性的原則

數學技能的教學宜嵌入於居家、學校、社區生活中,功能性且符合生理年齡的活動,使用真實的材料來進行,如此學生才能產生有意義的學習。例如在居家生活擺碗筷的活動中,教導數量概念,算算看家裡有幾個人,要擺幾個碗、幾個湯匙。案例 14-1 顯示分類幾何圖形型板的活動較不具功能性,因為那不是日常生活的材料,且生活中較不需要做此分類,我們可以配合學生的生理年齡,教學前小朋友分類整理玩具,教國小學生擺碗筷,教國中學生分類衣物,教高職學生將貨物分類上架,作為超商工作訓練的一部分。

【案例 14-1】老師教導國中啟智班的學生分類三角形、正方形、長方形、和圓形的型板,下課前小雄說:「我們家沒有,我要。」

李香芬、徐寶琨、簡華慧(民 90)以六名國中小啟智班學生為對象,將數學技能的教學與社區生活相結合。國中啟智班學生學習打插卡式公共電話、使用自動提款機、到速食店用餐、到便利商店使用微波爐、逛大賣場、健康檢查、使用自動售票機等活動所需的數學技能;國小啟智學生學習打投幣式公共電話、到自助餐店用餐、到 7-11 購物、逛百貨公司、到郵局寄信、

看病、到朋友家玩等活動所需的數學技能。結果發現無論國中小啟智班學生，學習立即效果及長期保留效果均佳。

　　廖秋燕(民 90)以功能性的原則來設計課程，並透過「問題解決」的教學過程來教導國小中重度智能障礙學生「長度測量」之概念，包含三項目標：(1)以輔助方式拿取物品；(2)能在遊戲中應用長度的概念；(3)能剪各種長度的緞帶。結果發現功能性課程的設計對國小中重度智能障礙學生，學習解決生活上的長度問題，具有良好的立即和類化效果。由類化效果的成績看來，模擬教學情境中，刺激與反應的變化和真實情境較相似者，類化效果較好。在保留效果方面則發現：除了第三項目標外，其他均具有理想之保留效果。黃美瑜(民 91)以四位國中二至三年級輕度智能障礙學生為對象，以功能性的原則，編製以生活數學為中心之統計與圖表教材。結果發現生活數學教材對研究對象學習統計與圖表概念具有立即與保留效果，且其學習數學的態度均較教學前正向積極，對於數學課的喜好程度也提昇許多。

二、使用輔助工具來協助學生學習數學技能

　　對於認知能力有限制的學生，輔助工具的應用可以突破他們學習數學的困境，例如使用計算工具來作加減乘除運算，使用電腦輔助軟體來作時間管理等。又例如 Ford 等人(1989)教導學生使用數線的工具，幫助他比較帶的錢數是否足夠付要買的物品。張慈蘭(民 75)以三位住宿於教養機構之中度智能障礙者為研究對象，設計購物的課程計畫，運用購物清單、計算機、以及坊間出售的讀本(收集適合的圖畫)為教具，講解並且讓學生演練購物的流程，結果發現三位研究對象皆完全習得購物技能。Davies 等人(2002b)以十二名中度至臨界的智能障礙者為對象，教導他們使用行事曆電腦輔助軟體，這個軟體會自動的提

示該從事的活動,來增進其獨立的時間管理能力,和自我規範的行為。結果發現行事曆電腦輔助軟體能增進智能障礙者在正確時間,獨立地開始從事計畫中活動的能力。

三、運用有效的教學方法與策略

以下提出六點有效的教學方法與策略,接著筆者整理有關實用數學介入方案的實徵研究,提供教師們參考:

第一,教師可以採取直接教學法、通例課程方案、應用行為分析教學法(如:示範、提示)、同儕教學、學習策略教學、自我管理策略教學等方式,配合運用實物、廣告單、多媒體電腦輔助教學軟體等,進行數學技能的教學。

第二,我們可以教導學生使用學習策略,例如 Test、Howell、Burkhart 和 Beroth(1993)對於無法拿出正確錢數的學生,提出「**多一元的策略**」(one-more-than strategy)教導其付錢。方式是如果物品的標價為美金 5.49 元,則教學生看第一個數字,拿出比第一個數字多一元的錢數。同理,台幣的使用也可採取此原則,如物品的標價為十二元,則教學生拿出二十元。又例如學生在解數學應用問題時,不理解題意,我們可以教學生用圈出關鍵字詞(例如:總共、剩下)或繪圖的方式來協助自己理解,例如「一枝筆七元,兩枝筆總共多少錢」,我們可以教學生圈出總共這個關鍵詞,並且畫出兩枝筆,筆的兩邊都寫七,而後加在一起。

第三,參考多元智力教學的概念,運用多元的教學方法和遊戲活動,教導相同的目標,並給與學生許多操作和練習的機會,例如教導學生測量的概念,我們可以盡量利用各種測量工具,讓學生進行實際操作。

第四,數學教學活動的設計,必須掌握具體-具象-抽象

之步驟，意即從具體的實物開始，然後進展到半具體或表徵的物品(二度空間)，最後發展到能夠運用抽象符號來代替。

第五，數學技能的階層性較明顯，因此須從基礎技能先教，並且在教新概念時，要將它與學生已熟悉的概念相聯結。例如數量概念會影響四則運算和金錢使用的學習，所以數量概念須先教；然而如果學生一直學不會，則須設計調整或修正策略，讓他也有機會學習使用金錢，例如設計一個錢幣的提示卡，協助學生拿出正確的錢幣。

第六，教導學生從日常生活作息中，學會時間與日期的觀念，並作時間管理，例如每天看日曆，知道今天是幾月幾日；八點升旗，則教學生配合看手錶；計畫這週或這個月有什麼活動時，則教學生寫在每週或每月的行事曆上。

在金錢與消費技能的教學上，何素華(民 84b)以國小啟智班五位中度、三位輕度學生為對象，以**通例課程方案**的設計原則，發展錢幣教學課程，使用真實錢幣與物品，在教室進行模擬教學。結果發現通例課程方案的設計及教室模擬教學能有效幫助八位智能障礙學生學習使用錢幣購物，其中有兩位還能數算找回的零錢是否正確；經過四個星期之後的保留測試，他們仍維持令人滿意的成果。若能利用通例課程方案的設計原則，慎選教學範例，並盡量使用真實的錢幣與物品進行教學，教室模擬教學仍可達成在商店成功購物的目標。

Frederick-Dugan、Test 和 Varn(1991)以兩位高中的中度智能障礙學生為對象，使用漸進的時間延宕策略和通例課程方案，教導他們使用計算機來購物。結果發現兩位研究對象使用計算機購物的能力，在教學結束之後，維持了四個星期，並且能從教室類化至社區情境，從接受訓練的材料至沒有接受訓練

的材料。Gardill 和 Browder(1995)也採取時間延宕策略和通例課程方案，教導重度智能障礙學生，三種錢數(即七十五分、一元、五元)可以各買些什麼東西，他們發現這樣的方式對學生來說比較容易。Flexer(1989)和 Paddock(1992)強調藉著五和十為一個單位來教導學生數數、計算和使用金錢。

　　黃錫昭(民 91)以國小啟智班三位智能障礙學生為對象，設計購物技能的情境教學方案，並使用電子計算機和圖片提示卡作為教學資源。結果發現此教學方案對三位學生之購物技能具有良好的立即和保留學習效果，在學習類化效果方面，三位學生均能將購物技能類化至未訓練過的商店情境及物品上，其中只有學生丙在「麵包店」購物情境的類化效果不佳。徐智杰(民91)以國中智能障礙學生為對象，依錢幣應用基本能力分為三組，教師設計**網路錢幣電腦輔助教學**。結果發現學生接受教學後，各學習目標皆得到立即且顯著的教學成效，且有良好之學習保留效果，並能類化到真實錢幣的應用；除此，他們的學習態度也增進了。

　　林怡君(民 90)以四名國小四～六年級的輕度智能障礙學生為對象，教材內容是一百以內的購物情境問題，教材設計注重功能性和貼近日常生活，採取建構教學的理念(重視學生的理解和參與)，以小組方式進行教學，以及採用實作評量的方法。結果發現建構教學對四位學生在購物情境的數概念應用，其題意理解、計算能力、算式記錄、以及整體表現具有立即及保留效果。另外，對他們在學習歷程的表現有正面的影響，如：透過討論或說明的過程可以發現及糾正錯誤給與適當的引導和鼓勵，孩子可以創造出屬於自己的思考模式或解題方法；教師不再是唯一的學習對象，從同儕的說明中也可以學習到新的做

法；藉由具體物的操作或是回述自己的解題歷程，即可自然引發算式的紀錄。還有他們的學習態度變得較積極，也較有自信心。

　　在時間管理方面，Flores 和 Schloss(1995)以八名有特殊需求的中學生為研究對象，其中三名為輕度至中度的智能障礙學生，運用**行事曆的自我監控策略**，教導他們作日常生活活動的時間管理。結果發現使用行事曆的自我監控策略，能成功地增進研究對象日常生活活動的時間管理能力。

《總結》

　　本章探討實用數學領域的課程目標與課程設計，這當中包括了教導學生認識組型、數、圖形與空間等基本概念，以及具備四則運算與使用計算工具能力，進而應用數量概念測量事物的不同面向、辨識日期和時間、與作金錢消費。在生活教育、社會適應、休閒教育、和職業生活四大課程領域的教學中，可能會涉及數學技能，因此，教師最好搭配這四個課程領域，嵌入實用數學技能的教學。

第十五章

實用語文領域的課程與教學

實用語文課程
是增進學生
溝通能力的根本，
以提昇其人際互動。

第一節　實用語文領域的課程目標

第二節　實用語文領域的課程設計

導讀問題

1.實用語文領域的課程內容包括那些？

2.如何進行實用語文領域中，接收性語言的教學？

3.如何進行實用語文領域中，表達性語言的教學？

　　在前四項課程領域的教學時，可能會涉及語文技能，而實用語文課程是增進學生溝通能力的根本，以提昇其人際互動。本章將介紹實用語文領域的課程目標，以及實用語文領域的課程設計兩大部分。

第一節　實用語文領域的課程目標

　　Halliday(1979)提出「語言功用論」，他指出兒童學習語言具有下列七種基本的功能：(1)工具性功能：使用語言獲得想要的東西；(2)支配性功能(regulatory)：使用語言掌控他人的行為；(3)互動性功能(interactional)：使用語言與他人產生互動；(4)個人性功能(personal)：使用語言表達個人的情感與思想；(5)啟發性功能(heuristic)：使用語言學習與發現新事物；(6)想像的功能(imaginative)：使用語言創造一個想像的空間世界；(7)表達性功能(representational)：使用語言與他人交換訊息、相互溝通(引自Richards & Rodgers, 1986, pp. 70-71)。Browder(1991)則將溝通功能分為工具性、社會性、和個人性三大功能，其中社會性功能包括問候、發問、回應、與他人交換訊息和相互溝通等，語言的重要性可見一斑。

　　依據教育部(民 88，75-76 頁)之特殊教育學校(班)國民教育階段智能障礙類課程綱要，實用語文領域在聽方面的目標包括：(1)聽辨自然界及日常生活中各種聲音所代表的意義；(2)表現適當的傾聽態度，並做適當反應；以及(3)理解日常生活中常用語彙、句型，並能服從指令等。讀方面的目標包括：(1)認識社區中常用圖形、符號、標誌及文字；(2)具備閱讀日常生活中常用詞彙及短文能力，擴充生活經驗，培養思考能力；(3)

理解他人的肢體語言，做適切的判斷，並合理的表達及反應；(4)培養閱讀、欣賞課外讀物的興趣及習慣。

說方面的目標包括：(1)能以適當的肢體語言、溝通圖卡、語言溝通輔助器或口語表達需求、思想及情意，以達到相互溝通的目的；(2)增進功能性的語彙能力；(3)表現適當的社交溝通能力，以增進人際互動；以及(4)表現適當的溝通態度，並對自己所發表的語言、內容負責。寫作方面的目標包括：(1)具備正確的握筆姿勢及運筆方法，並養成整潔的寫作習慣；(2)書寫文字，並正確表達個人思想與需求；(3)培養基本電腦操作能力，應用於日常生活中語文資訊的傳達。

第二節　實用語文領域的課程設計

壹、實用語文領域的課程內容

依據教育部(民 88)之特殊教育學校(班)國民教育階段智能障礙類課程，實用語文領域的課程內容如圖 15-1。由圖 15-1 可看出實用語文領域包括接受性語言(聽、讀)以及表達性語言(說、寫)兩個次領域。

在特殊教育學校高中職教育階段智能障礙類課程(教育部，民 89)，語文技能被放在家庭／個人生活領域中，包括溝通技能(含基本溝通能力、溝通之目的、良好之溝通內容與禮儀)、溝通工具(含肢體語言、圖象、符號、文字、聲音、口語)的使用、實用閱讀(含常用標誌、生活中簡短或複雜文句之閱讀)與寫作(如簡單表格之填寫)，至於接受性和表達性語言的詳細內容詳細討論如下。

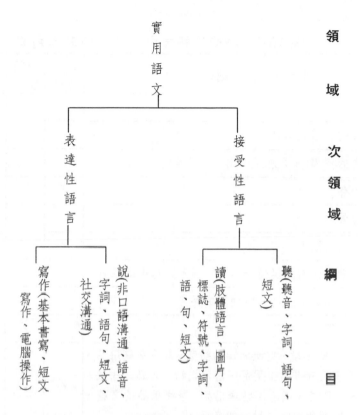

圖 15-1　實用語文領域課程內容

一、在接受性語言方面

(一)聽

　　接受性語言中包括聽和讀兩大部分，聽包括聽音、字詞、語句、和短文，參考相關資料(教育部，民 88；國立嘉義大學特殊教育中心，民 89；Wolfe & Harriott, 1997)，筆者分析在家庭、學校、社區和職場這些環境中，常會聽到的聲音、字詞、語句、和短文如表 15-1，以勾選(✓)的方式呈現會出現的情境。

表 15-1　接受性語言中「聽」的教學內容

聽音、字詞、語句、短文	使用的環境			
	家庭	學校	社區	職場
1.自己的名字	✓	✓	✓	✓
2.家人的名字或稱謂	✓			
3.親戚的稱謂(如：爺爺、奶奶、姑姑)	✓			
4.門鈴聲	✓			
5.鬧鐘聲	✓			
6.水龍頭流水聲	✓	✓	✓	✓
7.電話響聲、打電話時未通、已通和通話中的聲音	✓	✓	✓	✓
8.電鍋／微波爐／烤箱時間到的聲音	✓			
9.警報聲響	✓	✓	✓	✓
10.家裡次級環境、電源開關和插座、常用家電用品、盥洗或個人清潔衛生用品、個人衣物、食具、傢俱、衣物、食具或環境清潔整理用品、醫療用品的名稱、處理和烹調食物所需材料的名稱	✓			
11.方位用詞(如：左右、上下)和時間用詞	✓	✓	✓	✓
12.鐘聲		✓		✓
13.動物叫聲	✓	✓	✓	
14.自然界的聲音(如：下雨聲、打雷聲)	✓	✓	✓	✓
15.人稱代名詞(如：你)和所有格代名詞	✓	✓	✓	✓
16.食品類的名稱	✓	✓	✓	✓
17.動作用詞(如：坐、站)	✓	✓	✓	✓
18.感覺和情緒用詞(如：喜歡、生氣)	✓	✓	✓	✓
19.評語用詞(如：讚美、批評)	✓	✓	✓	✓
20.肯定句、否定句和禁止用語	✓	✓	✓	✓

(續)表 15-1　接受性語言中「聽」的教學內容

聽音、字詞、語句、短文	使用的環境			
	家庭	學校	社區	職場
21.數量、比較、顏色、形狀用詞	✓	✓	✓	✓
22.打招呼的語言(如：嗨、哈囉、你好)	✓	✓	✓	✓
23.教師或家人的指令(如：上課、下課、回教室、坐好、拿東西、起床、整理床舖)	✓	✓		✓
24.教師或家人徵詢的口語(如：要不要上廁所、喝水、吃東西)	✓	✓	✓	✓
25.各類車(如：救護車、警車、消防車)之呼叫聲或喇叭聲			✓	
26.平交道之響聲			✓	
27.點餐情境須理解的語言(如：要大杯、中杯或小杯；內用或外帶；多少元)			✓	
28.加油情境中須理解的語言(如：加什麼油、加多少)			✓	
29.在美髮／理容的情境中須理解的語言(如：要剪什麼樣的髮型)			✓	
30.買車票或搭計程車的情境中須理解的語言(如：要到那裡)			✓	
31.買電影票的情境中須理解的語言(如：看那一部電影、那一個場次)			✓	
32.買入場券的情境中須理解的語言(如：成人票或兒童票、買幾張)			✓	
33.坐車情境中須理解的語言(如：＿＿車要開了，請趕快上車)			✓	
34.就醫情境中須理解的語言(如：看那一科、初診或複診)			✓	
35.在尋求公共服務情境中須理解的語言(如：你需要什麼樣的服務)			✓	
36.職場中雇主的指令(如：拿＿＿東西、收拾餐盤)				✓
37.職場中顧客的指示、請求或詢問(如：＿＿東西在那裡、把餐盤收走)				✓

(二)讀

至於接受性語言中讀的部分，包括閱讀標示、圖片、符號、字詞、語句、和短文，這些多數以中文呈現，也有少部分以英文呈現，參考相關資料(教育部，民 88；李翠玲，民 88、89；國立嘉義大學特殊教育中心，民 89；Wolfe & Harriott, 1997)，筆者整理出在家庭、學校、社區和職場這些環境中，常會讀到的標示、圖片、符號、字詞、語句、和短文如表 15-2。

表15-2　接受性語言中「讀標示、圖片、符號、語文」的課程內容

標示、圖片、符號、字詞、語句、短文		使用的環境			
		家庭	學校	社區	職場
中文部份	1.個人基本資料(如：姓名、性別、年齡、地址、電話等)與身體部位(如：眼睛)	✓	✓	✓	✓
	2.日曆／月曆	✓	✓	✓	✓
	3.身份證／身心障礙手冊	✓	✓	✓	✓
	4.電視節目表	✓			
	5.常用家電用品和其按鍵(如：錄音機、錄放影機、電風扇、電視、洗衣機、電鍋、微波爐、果汁機、飲水機等)	✓			
	6.電源開關和插座	✓	✓	✓	✓
	7.盥洗或個人清潔衛生用品(如：牙刷、肥皂、洗髮精、指甲刀)	✓	✓		
	8.個人衣物(如：短袖／長袖上衣、長短褲、裙子、帽子、鞋子、雨傘)	✓	✓	✓	
	9.餐具(如：碗盤、筷子、湯匙)	✓	✓	✓	✓
	10.資源回收的標示、資源垃圾(含紙類、塑膠類等)和一般垃圾	✓	✓	✓	✓
	11.傢俱(如：桌子、椅子、床舖)	✓			
	12.衣物、食具或環境清潔整理用品(如：掃把、拖把、洗碗精、洗衣乳、衣架)	✓	✓		
	13.醫療用品(如：OK 繃、藥的標籤)	✓	✓		

(續)表 15-2　接受性語言中「讀標示、圖片、符號、語文」的課程內容

標示、圖片、符號、字詞、語句、短文	使用的環境			
	家庭	學校	社區	職場
14.處理災害用品(如：滅火器)	✓	✓	✓	✓
15.水煮沸的樣貌	✓			
16.飲水機或水龍頭「冷水」、「熱水」、「溫水」的字詞，或是顏色(如：紅色代表熱水)	✓	✓	✓	✓
17.指示燈號亮或暗(如：電鍋正在煮東西時，指示燈號亮紅色)	✓			
18.處理和烹調食物所需材料(如：菜刀、刨刀、鹽、糖、鍋鏟、湯勺)	✓			
19.家裡次級環境的名稱(如：客廳、臥室、浴室)	✓			
20.學校資料(學校／班級／處室名稱)		✓		
21.功課表		✓		
22.文具用品(如：剪刀、膠水)	✓	✓		
23.遊樂器材	✓	✓	✓	
24.○、╳、ˇ 的符號		✓		
25.男廁和女廁的標示			✓	✓
26.休閒活動告示			✓	
27.參加活動的報名表			✓	
28.電影時刻表及電影入場券			✓	
29.警告／禁止標示或字詞(如：危險、有毒、高壓電)			✓	✓
30.遊戲設施使用規則		✓	✓	
31.休閒器材(如：跳繩、呼拉圈、球)			✓	
32.公用電話和其標示			✓	
33.公園的標示			✓	

(左側縱向標示：中文部份)

(續)表15-2 接受性語言中「讀標示、圖片、符號、語文」的課程內容

標示、圖片、符號、字詞、語句、短文		使用的環境			
		家庭	學校	社區	職場
中文部份	34.游泳池的標示			✓	
	35.美術館╱文化中心╱動物園等標示			✓	
	36.票價標示(如：成人票50元、學生票20元)			✓	
	37.餐廳(速食店如麥當勞、自助餐廳)標示			✓	
	38.菜單			✓	
	39.統一發票			✓	
	40.開和關的文字	✓	✓	✓	✓
	41.大、中、小的文字	✓	✓	✓	✓
	42.便利商店標示			✓	
	43.大賣場標示和其中分區名稱(如：生鮮食品區、圖書文具區)			✓	
	44.價錢標籤			✓	
	45.衣服標籤			✓	
	46.購物廣告單			✓	
	47.折扣標示			✓	
	48.箭頭(↑、↓、←、→)			✓	✓
	49.電梯開和關的標示(如：←｜｜→)	✓	✓	✓	✓
	50.食品(如：水果、飲料、餅乾、包子等)	✓	✓	✓	
	51.自動販賣機及其販售標示(如：售完)			✓	✓
	52.食品包裝上的製造日期、保存期限等文字			✓	
	53.火車╱公車時刻表			✓	
	54.火車站╱公車站牌╱公車車號			✓	

(續)表 15-2　接受性語言中「讀標示、圖片、符號、語文」的課程內容

標示、圖片、符號、字詞、語句、短文		使用的環境			
		家庭	學校	社區	職場
中文部份	55.車票(如起訖點)			✓	
	56.平交道			✓	
	57.紅綠燈			✓	
	58.天橋／地下道／人行道			✓	
	59.加油站的標示			✓	
	60.郵局／銀行標示			✓	
	61.存提款機、提款卡、跨行服務和提款時會出現的字詞			✓	
	62.郵局提存款單和提存款簿			✓	
	63.信箱			✓	
	64.號碼牌			✓	
	65.醫院／診所標示			✓	
	66.掛號處、門診處、領藥處等標示			✓	
	67.健保卡			✓	
	68.掛號證			✓	
	69.醫院初診單			✓	
	70.號碼燈			✓	
	71.美髮院／理容店標示			✓	
	72.營業時間			✓	
	73.警察局標示			✓	
	74.身心障礙服務機構標示			✓	
	75.104、119 和 110 的電話號碼	✓	✓	✓	✓
	76.入口、出口、逃生門的文字			✓	✓

(續)表 15-2　接受性語言中「讀標示、圖片、符號、語文」的課程內容

標示、圖片、符號、字詞、語句、短文		使用的環境			
		家庭	學校	社區	職場
中文部份	77.推和拉的文字			✓	
	78.履歷表				✓
	79.求職廣告				✓
	80.上班排班表				✓
	81.打卡機				✓
	82.收銀機				✓
英文部份	1.電器用品開關標示(power、on 和 off)	✓	✓	✓	✓
	2.錄音機／錄放影機按鍵(如：PLAY、STOP)	✓	✓		✓
	3.飲水機或水龍頭「冷水」(C)、「熱水」(H)的英文標示				
	4.樓層的字母 "F"	✓	✓	✓	✓
	5.停止(STOP)標示			✓	
	6.開(OPEN)和關(CLOSE)的英文標示	✓	✓	✓	
	7.廁所的標示 "W.C."			✓	
	8.逃生出口標示 "Exit"			✓	
	9.停車場標示 "P"			✓	
	10. "S、M、L、XL" 等衣服大小的標示			✓	
	11.地下室樓層的字母 "B"	✓	✓	✓	✓
	12.東(E)、南(S)、西(W)、北(N)的英文標示			✓	
	13.時間的英文標示(AM、PM)	✓	✓	✓	✓
	14.推(PUSH)和拉(PULL)的英文標示			✓	
	15.電話的英文標示(TEL)	✓	✓	✓	
	16.測量的單位(kg、cm)	✓	✓	✓	✓
	17.優良食品的英文標示(C.A.S.、G.M.P.)	✓	✓	✓	✓

　　除了閱讀標示、圖片、符號、字詞、語句、和短文之外，也須閱讀他人表現出的肢體語言，包括手勢／手語、姿勢、動作、臉部表情等，筆者分析出生態環境中常須辨讀的肢體語言如表15-3，以勾選(✓)的方式呈現會出現的環境。

表 15-3　接受性語言中「讀肢體語言」的課程內容

肢體語言	使用的環境			
	家庭	學校	社區	職場
1.可以或知道／不可以或不知道的表情或動作	✓	✓	✓	✓
2.再見手勢	✓	✓	✓	✓
3.握手的動作	✓	✓	✓	✓
4.打招呼的動作	✓	✓	✓	✓
5.對不起的動作	✓	✓	✓	✓
6.高興、生氣、難過、傷心的表情	✓	✓	✓	✓
7.警告的動作	✓	✓	✓	✓
8.指示的動作	✓	✓	✓	✓
9.喜歡或不喜歡的姿勢(如：後仰的姿勢表示不喜歡)	✓	✓	✓	✓
10.○、✕的手勢	✓	✓	✓	✓
11.謝謝的手語	✓	✓	✓	✓
12.OK 的手勢	✓	✓	✓	✓
13.需要、請求的姿勢	✓	✓	✓	

二、在表達性語言方面

(一)說

　　表達性語言中包括說和寫兩大部分，說涵蓋了語音、字詞、語句、短文或社交溝通語言，參考相關資料(教育部，民 88；國立嘉義大學特殊教育中心，民 89；Falvey, 1989; Wolfe & Harriott,

1997)，筆者整理出在家庭、學校、社區和職場這些環境中，經常需要說的語音、字詞、語句、短文或社交溝通語言如表 15-4。

表 15-4　表達性語言中「說」的課程內容

說(語音、字詞、語句、短文或社交溝通語言)	使用的環境			
	家庭	學校	社區	職場
1.打招呼的用語(如：早安、晚安、教師好)	✓	✓	✓	✓
2.表達生理需求的用語(如：我肚子餓、口渴)	✓	✓	✓	✓
3.說出個人基本資料	✓	✓	✓	✓
4.情緒用語(如：我很快樂、我生氣了)	✓	✓	✓	✓
5.請求幫忙或請教問題用語(如：請你幫我____、請你借我____、請借過、請問這個字怎麼寫)	✓	✓	✓	✓
6.徵詢用語(如：我可不可以看電視、我可不可以出去玩)	✓	✓	✓	✓
7.表達感謝用語(如：謝謝)	✓	✓	✓	✓
8.表達道歉用語(如：對不起)	✓	✓	✓	✓
9.拒絕用語(如：我不要)	✓	✓	✓	✓
10.慰問用語	✓	✓	✓	✓
11.回應別人話語的用語(如：回應別人讚美的話語、回應別人指責的話語、回應別人詢問的話語、回應別人感謝的話語、回應別人道歉的用語)	✓	✓	✓	✓
12.打電話的用語(如：請找____)	✓	✓	✓	✓
13.接電話的用語(如：請問你找誰)	✓			✓
14.買入場券的用語(如：我要買____)			✓	
15.買電影票的用語			✓	
16.報名參加活動的用語(如：我要報名____)			✓	
17.打公用電話的用語			✓	
18.點餐情境用語(如：我要點____、請問多少錢、請給____)			✓	
19.購物情境用語(如：請問有沒有____；請問在那裡？)			✓	
20.買車票的用語			✓	

(續)表 15-4 表達性語言中「說」的課程內容

說(語音、字詞、語句、短文或社交溝通語言)	使用的環境			
	家庭	學校	社區	職場
21.問路用語(如：_____該怎麼走？_____要在那裡下車？)			✓	
22.搭車用語(如：我要到_____)			✓	
23.加油情境(如：加九五，加滿)			✓	
24.郵政金融情境用語(如：我要買___元郵票、請問要貼多少錢的郵票？郵筒在那裡？)			✓	
25.就醫情境用語(如：我要掛號、我_____不舒服)			✓	
26.美髮／理容的情境用語(如：我要剪頭髮、我要洗頭)			✓	
27.尋求公共服務情境用語(如：我迷路了、我的錢包被搶了)			✓	
28.打查號台、119 和 110 電話的用語	✓	✓	✓	✓
29.申請工作的用語(如：我想申請_____工作)				✓
30.對顧客的用語(如：歡迎光臨、謝謝光臨、請問您需要什麼服務、請稍待一下、請慢用、有什麼需要再告訴我)				✓
31.對雇主的用語(如：回應雇主的指示說:「好，我去做」；還有那裡需要做的；請問這樣可以嗎)				✓

(二)寫

　　至於表達性語言中寫的部分，包括了書寫符號、字詞、語句、短文、或電腦操作，參考相關資料(教育部，民 88；國立嘉義大學特殊教育中心，民 89；Falvey, 1989)，筆者整理出在家庭、學校、社區和職場這些環境中，經常需要書寫的符號、字詞、語句、短文、或電腦操作如表 15-5，以勾選(✓)的方式呈現會出現的環境。

表 15-5　表達性語言中「寫作」的課程內容

寫作(符號、字詞、語句、短文、電腦操作)	使用的環境			
	家庭	學校	社區	職場
1.寫卡片(如：生日卡、賀年卡)	✓	✓		
2.寫信封	✓	✓		
3.簡單留言	✓	✓		✓
4.使用電腦打字或繪圖＊	✓	✓		✓
5.寫出○、×代表對或錯		✓		
6.寫出 ∨ 代表勾選所要的項目	✓	✓	✓	✓
7.連線	✓	✓	✓	✓
8.寫數字	✓	✓	✓	✓
9.寫自己的名字、性別、年齡、地址、和電話	✓	✓	✓	✓
10.填寫活動報名表	✓	✓		
11.寫提存款單			✓	
12.寫劃撥單				
13.寫初診單			✓	
14.填寫履歷表				✓

貳、實用語文領域的教導方法與原則

在實用語文領域中，包含接受語言和表達性語言兩項次領域，而聽說讀寫是要整合在一起，但為了作深入說明，筆者將從這兩方面分開探討教導方法與原則如下。

一、接受性語言方面

綜合相關資料(教育部，民 88；Browder & Snell, 2000; Falvey, 1989; Hickson et al., 1995; Slaton et al., 1994; Westling & Fox, 1995; Wolfe & Harriott, 1997)，加上筆者的看法，接受性語言之教學原則被整理如下。

(一)聽

根據 Lerner(1993)，聽的能力包括下列八項連續的技能：(1)對非語言聲音的辨識；(2)對語音的辨識；(3)了解字義和概念，以及建立聽覺的詞彙；(4)了解句子；(5)聽覺記憶；(6)聽覺理解，包括遵循指示、透過聽了解事件發生的順序、回憶細節、獲得主要概念、以及作推論和下結論；(7)關鍵性聽覺能力(critical listening)，即能聽出語句中不合理或開玩笑之處；(8)聽故事(在小組裡，聽完故事後，可問不同難度的問題給不同的學生)。聽的訓練宜注意以下四點原則：

1. 聽的訓練應培養學生傾聽能力，教學時要利用各種不同的實物或教具，方法要多變化，以增加學生的學習動機。
2. 加強重要指令及常用肢體語言的理解，配合日常生活情境中各種實物，加強聽的理解。例如能聽懂各種禁止或危險的用語，像是聽到大人喊危險時，立刻能收回手部的動作。
3. 教學時，宜培養學生辨識請求、命令、嘉勉、責備等不同的語氣，並強調聽別人說話的態度與禮貌，例如看著對方、表現專注傾聽的態度等。
4. 字詞聽音的學習須搭配使用實物、圖片、字卡、動作、表情等來教學，讓學生能夠辨認並了解其意義。

(二)讀

讀涉及了讀者、閱讀材料、和情境三者間的互動(Patton et al., 1989)，因此在作閱讀技能的課程設計須考慮這三者。筆者從掌握閱讀材料選擇之原則、擬訂閱讀之目標、選用適合之閱讀教學方法、依閱讀之教學原則四方面作探討。

1.掌握閱讀材料選擇之原則

選擇閱讀的材料須符合學生的生理年齡和功能性的原則，以智能障礙者熟悉之生態環境為取材的地點，觀察那些人物、標示、圖片、符號、字詞、語句、短文、肢體動作等，是學生生活中最常出現的；也可以參考「成人識字標準」的相關資料，協助我們找到生活中常用到的字詞。另外，還可以配合其他領域的課程單元編寫閱讀材料，例如配合社會適應領域「使用郵局」這個主題，編寫如下的閱讀教材：「看到 郵局標示圖片 就是郵局，我們可以在郵局領錢、存錢、寄信。…」

此外，針對部分學生社會交往和人際互動的困難，Gray(1995)以「**社會故事**」(social story)當作閱讀材料來介入，它最初被使用在自閉症學生身上，後來擴展至其他障礙者，包括智能障礙者。社會故事是用文字敘述學生感到困難的社會情境，並撰寫成故事。故事中會描述特定情境中的社會線索與環境所要求的適當反應，故事的撰寫也同時必須考慮學生的能力與學習方式。有效撰寫與運用社會故事的步驟包括：(1)社會技能的設定；(2)收集訊息，如活動中的社會線索；(3)情境的設定，確認出學生感到困難的情境，如學生有問「WH」問題的困難，則社會故事中使用「WH」問題作為主標題或副標題，在故事中回答「WH」問題；又例如學生有困難解釋社交情境中的社會線索，則在故事中解釋人們的動機和行動，並涵蓋詳細的社會脈絡和訊息；(4)和學生分享所觀察到的，如某事件中其他人的觀點、看法與適當反應為何；(5)支持新學到的社會技能，使學生的重要他人也能了解社會故事呈現的意義，並支持與參與學生社會技能的發展。如果學生閱讀能力有限制，教師可以唸給學生聽，並與其討論。國內黃金源(民 90)編著社會故事的教材可供參考。

　　一些研究支持社會故事方案在養成正向行為，和減少不適當社會行為的效果，如 Hagiwara 和 Myles (1999)針對三位自閉症兒童，設計多媒體社會故事方案來養成洗手和專注行為； Norris 和 Dattilo(1999)、Kuttler 和 Myles (1998)使用社會故事，分別介入自閉症兒童在午餐時間的不適當社會互動，和發脾氣的行為，結果發現雖然部分個案的表現還不很穩定，但確實展現其效果。

2.擬訂閱讀之目標

　　閱讀之目標從閱讀的材料上來看，可以是閱讀人物、標示、圖片、符號、字詞、語句、短文、肢體動作等，至於決定何種材料，端視學生的能力而定，例如對功能較好的學生，我們可以教他閱讀「全家便利商店」這些字詞，能將字詞與語音、圖片或實物配對起來；而對功能較低的學生，可以教他閱讀「全家便利商店的標誌」，能將標誌與語音、圖片或實物配對起來。

　　而從閱讀能力上來看，包括了認得閱讀材料、看到閱讀材料能發出聲音、能了解閱讀材料的意義、最後能將個別材料的意義組合成完整的想法。Browder 和 Snell(2000)指出表現閱讀能力的方式大致有兩大類，一為接受性的閱讀 (receptive reading)，包括了聽音指認、看圖指認、看實物指認三方面的能力；另一為表達性的閱讀(expressive reading)，包括了指認文字、圖片、或實物讀出聲音的能力。這兩方面能力都須以理解為基礎，意即當學生看到「全家便利商店」的字詞或標誌，他知道其功能為何，何種情況會使用到。至於該為學生擬訂什麼樣的目標，還是須考慮學生的能力和需要，例如一位完全沒有口語能力的學生，目標可能就要放在接受性的閱讀上了。

3.選用適合之閱讀教學方法

　　Conners(1992)回顧過往有關教導智能障礙者閱讀實用性詞

彙的研究之後發現：時間延宕策略、使用圖畫的刺激褪除策略、和圖畫整合策略是三種最常被使用的方法，而字彙分析是後來逐漸被使用的策略。除了上述策略之外，還有運用刺激塑造、提示、直接教學法、多感官的教學方法，以及使用多媒體電腦輔助軟體於教學活動中。這些方法與策略在第六章中都有詳細說明，以下介紹使用這些方法與策略的相關研究和發現。

(1)刺激塑造策略

刺激塑造是指原來只呈現目標詞彙，等到學生能指認出來之後，逐漸加進一些不相關的刺激(如其他的字詞或符號)，要其辨認出目標詞彙。Edmark 閱讀方案(1984)即採取這樣的策略作閱讀的教學(Edmark Functional Word Series, 1990)。之後，Karsh 和 Repp(1992)為了因應智能障礙者「無法理解相同詞彙用不同字型呈現其實是一樣的」這項困難，設計了「**作業展現模式**」(task demonstration model)，使用刺激塑造策略，並結合了通例課程方案和刺激褪除的策略；也就是將所有不同字型的相同詞彙放在一起，教導學生辨識共同的特徵，而後拿一些不相同的詞彙與之放在一起，從差異最大到差異最小，要其漸進地辨識，在這過程會逐漸地褪除給與的提示。

(2)提示策略

提示策略有兩種，一種是刺激提示，一種是反應提示。刺激提示如刺激之內的提示，包含刺激添加和刺激整合兩種策略，刺激添加有兩種添加的方式，一種是詞彙在圖內，一種是詞彙在圖外；而圖畫整合是刺激整合的一種方式。例如 Worrall 和 Singh(1993)使用詞彙在圖內的刺激添加方式，成功地教導中度智能障礙者閱讀實用性詞彙；Hoogeveen、Smeets、Vander 和 Houven(1987)使用圖畫整合的方式，成功地教導中度智能障

礙者閱讀實用性詞彙(例如教學生閱讀 S，將 S 畫在蛇的身體裡面，而後再逐步褪除蛇的形象)。另外，也有運用反應提示在教導智能障礙者閱讀(Westling & Fox, 1995)

(3)刺激褪除策略

蘇婉容(民 81)以三名國小啟智班學生為對象，比較兩種刺激褪除方式對其學習實用性詞彙的效果來，一種是詞彙在圖內，一種是詞彙在圖外，而後藉由圖形提示的逐漸褪除，讓學生的注意力逐漸由圖形轉移到目標詞彙上。結果發現接受兩種刺激褪除方式教學的三名學生，其詞彙分數顯著增加，實驗教學結束後第二星期及第二個月進行保留測試，三名學生的詞彙分數皆維持最高分，在類化階段的測試成績上，三位測的分數亦無顯著下降。在學習效率方面，詞彙在圖內刺激褪減方式的教學較能提高學生的學習效率。

(4)時間延宕策略

Slaton 等人(1994)回顧有關使用時間延宕策略，教導智能障礙者閱讀的研究發現：它能增進實用性詞彙的閱讀能力(如：Ault, Gast, & Wolery, 1988; Gast, Ault, Wolery, Doyle, & Belanger, 1988; Kowry & Browder, 1986)；符號的閱讀能力(如：Johnson, 1977; Zane, Handen, Mason, & Geffin, 1984)；實物的閱讀能力(如：Barrera & Sulzer-Azaroff, 1983; Godby, Gast, & Wolery, 1987)；以及手勢的閱讀能力(如：Duker, Van Deursen, & De Wit, & Palmen, 1997)。

(5)直接教學法

Englemann 和 Bruner(1974)使用直接教學法來發展閱讀方法，而形成 DISTAR 閱讀方案，它原來是用在輕度障礙的學生身上，後來有研究(Bracey, Maggs, & Morath, 1975; Gersten &

Maggs, 1982)發現對中度智能障礙的學生也有效(Westling & Fox, 1995)。

(6)字彙分析

許嘉芳(民 89)針對三名國中啟智班之輕度智能障礙學生，交替實施兩組難度相同、筆畫相近的國字教學，一組設計為一般識字教材，另一組設計為基本字帶字加部首表義教材，所謂基本字帶字加部首表義教材，乃先教基本字，如「寺」字，而後加上「手」部，則變成「持」字；加上「牛」部，則變成「特」字，並同時分析部首的意義。結果發現相較於一般識字教材，基本字帶字加部首表義教材對於增進三位學生之識字學習表現，有不一致的立即、綜合複習、及保留效果，對其中兩位學生的效果較佳；然而對他們部首表義學習則呈現一致而良好的效果。使用基本字帶字加部首表義教材能增進三位學生在「認讀」及「造詞」兩個分測驗之答對百分比，顯示它的使用對提昇字形—字音及字形—字義之聯結有所助益。

(7)多感官教學法

多感官教學法是指引導學生透過多種感官(視覺、聽覺、嗅覺、觸覺、味覺、動覺)閱讀，例如教導學生認水果名稱時，可以讓他們摸摸看、聞聞看、甚至吃吃看。鄭靜秋(民 86)以台北市立啟智學校國中部六名腦性麻痺、智能障礙、和自閉症學生為對象，應用跨感官語言訓練模式進行二十張黑白動詞圖片之教學，結果發現學生在使用動詞來表達圖片中的動作，均呈現明顯的學習效果，並且能保留學習效果長達一個月之久，也伴隨出現有利於往後的語言學習溝通等能力，如成就感的提昇，信心的增加，得意的笑容，自發性的仿說，同儕的互動交流。

(8)使用多媒體電腦輔助教學軟體於教學活動中

由於多媒體電腦輔助教學軟體的多感官特性和蓬勃發展，近年來有愈來愈多研究運用它於教學活動中，應用的範圍頗為廣泛，以下整理國內運用多媒體電腦輔助教學軟體教導智能障礙者詞彙閱讀的實徵研究，如表 15-6。綜合這些研究的結果均發現它的成效，不過他們也提出在使用上須注意以下原則：第一，功能性詞彙的選擇須以智能障礙者所熟悉之日常生活為標的，如此才能提昇其學習和類化能力。第二，多媒體電腦輔助教學軟體之教材設計，應以智能障礙者的既有經驗和具體事物為主，由淺而深，循序漸進。第三，多媒體電腦輔助教學軟體之教材設計最好能與生活情境結合，如此較能提昇學習效果。第四，多媒體電腦輔助教學軟體之教材設計，可以考慮增加溝通互動，以避免單調。第五，在教學上可以考慮採用口頭講述與多媒體電腦輔助教學合併進行。第六，須注意學生是否會因過多的聲光刺激而分散其注意力，進而降低學習效果。

表 15-6　運用多媒體電腦輔助教學教導智能障礙者詞彙閱讀的實徵研究

研究者 (年代)	介入方案的作法	介入方案的成效
鄧秀芸 (民 90)	以國小中度智能障礙兒童為對象，探討電腦輔助教學對中度智能障礙兒童功能性詞彙的識字成效。	利用互動式測驗評量學習系統 U3 之電腦輔助教學，對中度智能障礙兒童功能性詞彙的習得有顯著的成效。
洪育慈 (民 90)	以國小低年級智／語障學生為對象，探討傳統多媒體電腦輔助教學，及結合兒歌與多媒體電腦輔助教學對其詞彙學習的成效，教學材料則利用科技輔具基金會「無障礙電腦系統(U1)」為自編多媒體教材之軟體，且利用「無障礙輸入機台」作為學生操作電腦的輸入設備。	結合兒歌與多媒體電腦輔助教學在整體表現、認讀分測驗與選字分測驗有較好的學習效果與效率，而在選詞分測驗則兩者沒有差異。

(續)表 15-6 運用多媒體電腦輔助教學教導智能障礙者詞彙閱讀的實徵研究

研究者 (年代)	介入方案的作法	介入方案的成效
蕭金慧 (民 90)	以兩位國小輕度智能障礙兒童為對象，探討遊戲式電腦輔助教學、練習式電腦輔助教學及傳統教學對其認字學習成效和學習態度之影響。	1.電腦輔助教學對兩位兒童聽音認字和認字讀音較傳統教學效果好，並且能增進他們的學習態度。 2.每天短期記憶的學習效果，電腦輔助教學優於傳統教學，而遊戲式又優於練習式電腦輔助教學。
林雲龍 (民 91)	針對三位國小中度智能障礙學童的詞彙辨識學習，採用「刺激在內」的褪除策略，意即在代表的圖形內同時呈現詞彙，藉由圖形提示的逐漸褪除，讓學生的注意力逐漸由圖形轉移到目標詞彙上，而呈現方式是採電腦輔助學習系統。	刺激褪除策略有助於三位學童的詞彙辨識學習；而電腦輔助學習系統可提昇智能障礙學生的學習動機。

除了上述閱讀實用性詞彙的教學策略外，我們可以使用刺激對等策略(stimulus equivalence)來增進學生從聽覺理解類化到閱讀理解(Browder & Snell, 2000)。茲舉一例說明如表 15-7。Browder 和 D'Huyvetter(1988)使用刺激對等策略成功地教導中度智能障礙和嚴重情緒障礙學生認讀一些功能性詞彙的圖卡。

表 15-7 刺激對等策略的使用舉例

閱讀技能	刺激的對等	舉 例
1.教導對實物的聽覺理解	口語的詞彙 ＝ 實物	掃把的語音 ＝ 掃把的實物
2.教導接受性的閱讀	口語的詞彙 ＝ 詞彙的圖卡	掃把的語音 ＝ 掃把的照片
3.探測類化至閱讀理解的情形	詞彙的圖卡 ＝ 實物	掃把的照片 ＝ 掃把的實物

　　我們可以藉著語言經驗法(language experience approach)來促進學生的閱讀理解(Nessel & Jones, 1981)。語言經驗法意謂引導學生將其生活經驗用自己的話說出，而後老師或由有書寫能力的同儕將學生所描述的內容寫下來，全班同學可共同創作和修改，完成的作品即可當作教導學生閱讀的材料，它融合了「聽、說、讀、寫」在一起。如果學生無法述說清楚，教師以支持鼓勵的態度，引導學生表達出來(Gunning, 1992)。　例如學生假日參加廟會活動，則引導他們將此經驗分享出來，而後寫成閱讀的教材。

　　Goodman(1986)提出的全語言教學，和語言經驗法的教學原則相同，強調提供溫暖和接納的學習環境，給與學生豐富的語言環境與經驗，如在環境中布置許多閱讀材料，和安排一些豐富學生生活經驗的活動，來幫助學生閱讀；另外，它強調不要教孤立的語言部分，或使用不相關連的活動和練習，而須將聽、說、讀、寫結合在一起教學。

4.依循閱讀之教學原則

　(1)閱讀技能的教學宜嵌入於居家、學校、社區生活中功能性的活動，使用真實的材料來進行，如此學生才能產生有意義的學習。另外，教師可以營造一個閱讀的環境，提供溫暖而接納的閱讀氣氛，例如在教室中放置圖書；貼上一些會用到的詞彙、圖片等；給與學生一本作息書(可以文字、圖片、照片等方式呈現)，說明他的一天，讓他閱讀。

　(2)閱讀理解牽涉到讀者的經驗，因此教師可以藉由許多的活動豐富學生的經驗，如戶外郊遊、參與社區的節慶活動等。

(3)教師可以使用**前導組體策略**(advanced organizer)來幫助學生閱讀，此策略由 Ausubel(1963)提出，它又可稱為創造關係法(creating relationship)。此法扮演兩個角色：一為**提供新教材重點概念**，例如給與適當的標題、圖片、例子、引導性問題、故事等，來教導其理解新教材的內容；另一為**提供新知與舊識之間的橋樑**，以便成功地將新知聯結到舊識上，如引發學生先前的知識和經驗，並比較舊識和新知間的差異(Lerner, 1993)。在閱讀完教材後，教師可以使用**歸納組體策略**(post-organizer)，提供一個概念清楚的摘要，好讓學生檢視本身對於所學內容的了解，並修正錯誤的概念，所以它具有回饋、組織和強化已有知識的功能(Patton et al., 1989)。

(4)教師可以教學生一些促進其閱讀理解的策略，以及如何運用這些策略，例如自問自答策略、複述策略。

(5)以學生目前最有興趣的主題，尋找與此主題有關的材料，如故事書、圖畫書等，讓學生閱讀。

(6)當學生無法閱讀時，設計調整或修正的策略，如教導他替代的技巧，像是對有口語能力的學生，教他「請求協助」的語言；即使非常重度的學生，只要先閱讀最重要的詞彙或符號(如：危險、有毒) 等，達到自我保護和求生存的基本目標就可以了。

二、表達性語言方面

(一)說

說話強調與人的溝通，而 Canale 和 Swain(1980)指出溝通能力包括四種：語法的能力(grammatical competence)、言談的能力(discourse competence)、社會語言的能力(sociolinguistic competence)及策略的能力(strategic competence)。語法的能力係指了解語言之語音、語形、語意、語句等知識，亦即熟悉語言的文法規則。言談的能力係指能應用語法的能力而形成有意義的語辭表達能力。社會語言的能力是指了解所學語言之社會文化的知識，能在不同的情境中使用得體的語言。策略的能力乃是能將所要表達的訊息很正確地傳達給對方，亦即溝通的技巧(引自劉素珠，民90，24頁)，在訓練溝通能力時，也須注意這四方面能力的培養。

　　綜合相關資料(教育部，民88；Dyer & Luce, 1996; Falvey, 1989; Hickson et al., 1995; Kaiser, 2000; Reichle & Rodgers, 1994; Westling & Fox, 1995)，加上筆者的看法，說話之教學原則被整理如下。

1.擬訂適合學生能力的說話教學目標

　　說話教學目標的擬訂須依據學生的能力，不要一下要求過高。例如假使學生沒有溝通的動機，擬訂的目標在於增加溝通的意圖，只要他願意表達即可，即使表達得不完整、不清楚，也要給與增強。如果學生語彙有限，則教師須提供許多語言刺激，建立其語彙，而後協助他產生語音，形成句子，練習口語技能。而假如學生已能說出完整句子，則目標訂在增進說話的技巧，如速度快慢、音調、音量適中、表情、禮貌等，教師並隨時做正確示範。

2.以功能性原則設計說話教學的活動

　　說話的教學宜嵌入於居家、學校、社區生活中功能性，且學生有興趣的活動，在真實的情境下進行，如此學生才能產生有意義的學習。

　　黃祺(民 91)針對中部某啟智學校九名不同智能障礙程度的高一學生，以生活經驗為切入點，採取功能性、整體性取向，選取英語詞彙並將之嵌入故事主題圈中，並使用互動式學習評量測驗系統(U3)編輯教材內容，同時以 U3 輔以教學與評量之進行。結果發現教學方案能增進智能障礙學生指認和輸入英文字母、指認英語詞彙、以及英語聽說能力的立即、保留及類化成效；至於英語詞彙的輸入方面，只有輕度智障組有顯著進步，中重度智障組則未有明顯成效。此外，兩位教師及多數家長對教學方案之介入持正向而肯定的看法。

3.營造一個能引發學生溝通行為的環境，提供許多練習的機會

　　採取功能評量，找出最能引發學生溝通行為的環境，這裡的環境包括了物理環境(如：情境、材料、活動)，和社會環境(如：人物)，之後參考環境教學法，營造一個充滿語言刺激的環境，讓學生有許多練習說話的機會，並且立即給與回應。除了運用環境教學法，也可以採取應用行為分析教學法(如：示範、提示、時間延宕等策略)、通例課程方案等方法。例如 Tirapelle 和 Cipani (1992)以兩位五至六歲的中重度智能障礙學生為對象，運用環境教學法，在點心時間，只提供部分東西或材料，引導他表達想要的東西，並且作類化的訓練。結果發現兩位研究對象均能表達要求，並且能類化至不同的情境和條件。

　　國內則有兩篇使用環境教學法的研究。李昆霖(民 90)以三位國小重度障礙學生為對象，於自然情境中，使用環境安排策略，以增進重度障礙兒童之溝通互動，方式是先採取功能評量，找出最能引發學生溝通行為的環境，而後參考環境教學法所提出的環境安排原則，如：呈現感興趣的材料、材料看得見卻拿

不到，以營造溝通的環境。結果發現環境安排策略介入後，三位學生雖表現不穩定，但溝通行為的次數均較介入前高。學生的非符號溝通形式、教師的回應方式、環境安排策略之內容等，均是影響學生出現溝通行為的重要變項。黃志雄(民 91)以三名七到九歲的重度智能障礙兒童為研究對象，採取環境教學法來訓練溝通能力。結果發現環境教學法顯著增進重度智能障礙兒童自發性和類化溝通行為的次數，以及顯著降低他們異常溝通行為的次數，並且具有維持的效果，家長和教師均肯定其成效。環境教學法對重度智能障礙兒童的其他影響有：提高挫折容忍度，增加主動溝通的意願、仿說能力、溝通行為的適當性、溝通互動的等待時間，以及減少不適當的溝通方式等。案例 15-1顯示小偉有溝通的動機，但宥於語彙有限，只會問同樣的問題，其實老師可以捉住這個機會，引導他問問題，豐富他的語彙和問問題的範圍，並且教他問話的時機。

【案例 15-1】小偉上課期間會不定時報時，或是重複地詢問已知的問題(如：作息)，老師和同學都覺得很被干擾，老師以制止的方式處理。雖然制止策略暫時有效，但小偉沒多久又故態復萌。

4.引進相關重要他人以促發溝通

說話技能的訓練牽涉到互動的雙方，因此訓練時最好能加進同儕、同事(在職場)、兄弟姐妹(在家裡)等，讓他們了解智能障礙者的溝通模式(如替代的溝通方式)，進而能夠扮演促發者和回饋者的角色。

5.運用多樣的教具和教學活動進行說話教學

除了自然情境教學外，教師也可以在教室中運用多樣的教具和教學活動進行說話教學，例如運用實物或是圖卡、字卡，

教導學生由仿說，進而自行說出，例如拿蘋果至教室，要學生說出名稱，接著詢問學生想不想吃，如果他想吃，進一步教他如何表達(例如：我想吃蘋果)。此外，也可利用操作布偶、演戲、唱歌等的活動，使教學生動有趣，並且可運用視聽教具，如語言學習機、錄音機等，讓學生可以反覆聽示範的語言，並且練習說，而後錄下來，以作回饋。另外，如果學生有發音的問題，教師可以利用遊戲方式，加強口腔動作及基本發音練習，如吐舌頭、吹紙花、吸吮果汁等活動，並且可利用鏡子，讓學生能夠看到自己發音的口型，加強發音的練習。

6.對於沒有口語能力的學生，採取擴大性溝通與替代性溝通方式

　　說的方式不只用口語，對於沒有口語能力的學生，我們可以教導替代性溝通方式，是一種非口語的型式，例如：手勢／手語、實物、照片、圖卡、字卡、姿勢／動作／臉部表情等，即替代性溝通(alternative communication)教學。茲比較這些溝通方式，以及舉例如表 15-8。

表 15-8　替代溝通方式的比較和應用例子

向度	手勢／手語	實物	照片	圖卡	字卡	姿勢／動作／臉部表情
學習難易度	簡單的手勢／手語容易學習，複雜的則不易學習。	容易學習的溝通符號。	比實物難學習，但仍非常有用。	比實物、照片難學習。	最難學習的溝通符號。	簡單的動作／臉部表情容易學習，複雜的則不易學習。
優點	大部分的個體都可使用。	大部分的個體都可使用。	比實物容易攜帶。	可以表達實物或照片無法溝通的許多訊息，如：動作、感覺、社交禮儀用語等	一張紙就可表達，而且對於有閱讀能力的人而言容易了解。	大部分的個體都可使用。
缺點	如果使用的不是普遍的手勢／手語，他人則較難了解。	有很多訊息無法用實物來表達如：我很難過、謝謝等。	製作費時、視覺障礙的學生無法使用。	須花錢購買、視障者無法使用、對於嚴重認知障礙者可能會有困難轉譯。	有障礙的個體通常有困難去學習讀寫，因此，缺乏足夠的能力去使用。	如果使用的不是普遍的動作／臉部表情，他人則較難了解。
應用例子	指著肚子，表達肚子餓想吃東西。	拿杯子給他人要求喝一些東西。	在自助餐館，使用食物的照片點餐。	使用畫有「馬桶」的圖卡，表達想上廁所。	在自助餐館，使用食物的字卡點餐。	作出屈膝蹲馬桶的動作，表示要上廁所。作出張口的臉部表情，表達想吃東西。

　　溝通型式的選擇應與行為問題功能相當且有效，所謂有效須考慮以下幾個原則：(1)符合個體的能力，是易學的；(2)符合

個體的年齡；(3)易實施，且適用於大多數的情境；(4)易於被外人所接受、察覺和理解，且不會造成對他人的干擾(Carr et al., 1994; Downing, 1999)。我們可以藉著溝通行為檢核表了解個體現有那些適當的溝通行為(見附錄四)，進而分析其有效性，作為選擇溝通型式的參考。

近來許多研究(如：莊妙芬，民 89；Casey & Kates, 1995; Durand, 1993; Lalli, Horner & Day, 1991)顯示行為具有溝通的功能，尤其對於那些溝通能力有限制的學生，因此，教導替代性溝通技能，不僅能增加溝通行為，還能減少行為問題。王芳琪(民 87)的研究顯示「以溝通為基礎的行為處理策略」，對減少兩名極重度智能障礙學生的不尋常說話行為(即尖叫和發出怪聲)，及增進他們運用表達行為功能的溝通技能，有正面且積極的效果。案例 15-2 阿德用舉手的方式沒有得到回應，用大叫的方式反而能得到東西吃，以後他就會學到大叫來獲取食物，宜改變此不正確的學習經驗，建立適當的替代溝通方式(如：舉手，假使老師不易察覺他舉手，也可教他用按鈴的方式表達)，並且給與適當的溝通行為立即回應，以及消弱大叫行為。

【案例 15-2】阿德為重度智能障礙者，完全沒有口語能力，在第三節課中便肚子餓，他舉了一次手，老師沒注意到而無回應，之後他便大叫起來，叫聲非常高亢，給他東西吃後就停止。

Bondy 和 Frost(1994)發展**圖片兌換溝通系統**(picture exchange communication system，簡稱 PECS)，乃針對溝通障礙者，特別是自閉症者所使用的一種替代性溝通方案，它運用了行為模式的教學策略，並吸收了環境教學法的長處，發展成下列六個教學階段，以教導溝通行為，它也適用於有溝通困難的智能障礙者：階段一為建立溝通，教導個體會用圖卡來交換想

要的物品；階段二為延伸圖卡之應用，意即延長圖卡及溝通對象的距離，及增加想要物品(回饋)的種類，來堅定個體溝通的意願及類化的能力。階段三為正確選出最愛的物品，運用區別性增強的策略，來訓練個體選出真正想要的物品；階段四為教導句型結構，使用倒向連鎖方式教導個體形成句子，使用句型先以「要求」為目的，如「我要…」。階段五教導個體回答簡單問句，以延宕提示的方式，教導學生聽到「你要什麼？」時，能夠回答別人的詢問，或是將句帶交給聽者；階段六為教導回答不同的問句以及表達看法，意即教導個體指稱生活環境中所看到的物品，並且能夠回答「你看到什麼？」，也能分辨「我要…」及「我看到…」的句子。國內廖芳碧(民 91)針對三位無口語之自閉症兒童(含一成人)，謝淑珍(民 91)針對三位發展遲緩幼兒，許耀芬(民 91)針對兩名學前自閉症兒童，實施圖片兌換溝通系統，結果均肯定它對溝通行為的成效。

除了替代性溝通的教學外，也可運用輔助性科技來輔助聲音及語言之溝通，即擴大性溝通(augmentative communication)。擴大性溝通與替代性溝通常被一起使用，兩者合併稱為擴大替代性溝通系統(莊妙芬，民 85；Downing, 1999)。兩者所使用的溝通方法雖不盡相同，但皆能協助有溝通困難的智能障礙者更有效的與他人從事溝通互動。

蘇振輝(民 91)以國小啟智班有口語表達困難之兩名重度智能障礙兒童為對象，施以輔助溝通系統訓練。結果發現輔助溝通系統訓練對於減少重度智能障礙兒童之問題行為出現次數，具有立即和保留效果；另外，對於增進其主動溝通表達行為具有立即和保留效果。

(二)寫

寫包括了三方面,即拼寫(spelling)、書寫(handwriting)、和書寫表達(written expression)(Lerner, 1993),拼寫是指當被要求寫字時,能否正確拼寫出字形;書寫是指寫字時運筆的靈巧度、字體的工整性;書寫表達是指能將一個個的文字,組合成一句完整的句子,甚至是一個段落,一篇文章。至於寫的型式可以是用筆寫、用手指頭寫或是用電腦寫。綜合相關資料(教育部,民 88;Hickson et al., 1997; Westling & Fox, 1995),加上筆者的看法,寫作的教學方法與策略被整理成以下五點。

第一,針對學生的能力,擬訂適合其能力的目標,例如一位認知功能和手部功能均不錯的學生,我們可以教他拼寫功能性的語彙,如填寫履歷表、報名表等;對於認知功能不錯,只是宥於手部功能的問題,我們可以教他使用手指或電腦來拼寫;對於認知功能有限制的學生,則不要求他學會拼寫或書寫表達,只要能認讀和說話即可。

第二,在拼寫方面,可以採用行為塑造、刺激提示、反應提示、和褪除的方法,從描寫、仿寫、抄寫,到一步步自己寫出筆畫。我們也可以運用字彙分析的方法,教導學生認識字的部件,配合口訣(例如:肥肥的人下巴很多肉),並且教導中國字的組字規則,如四點火一定在下面,因為東西放上面,火在下面燒;而雨和其他字組合時,一定會放在上面,因為天上下雨下來。至於讓學生練習的方式可多元化,以增加學生的興趣,不一定都在紙上寫字,也可以在沙上寫字、在背上寫字,或是用紙黏土做字,用拼圖的方式拼出字等。

第三,在書寫方面,須加強學生寫前技能,如加強手指肌力的訓練及手指的靈活度,而且注意學生握筆及寫字的姿勢。

在教導學生寫字時,剛開始給與較大的寫字方格,先從寫較大的字開始,待其穩定後,再逐步寫適當大小的字。另外,在寫字的過程中,給與刺激提示(例如:描點、描紅、或外框字等),或是字體結構的方格,協助其寫結構正確的字,待其穩定後,再逐步褪除。

第四,在書寫表達方面,可以採取語言經驗法,以學生生活經驗,且有興趣的題材作為書寫表達的主題,剛開始讓學生用說的,教師錄下來,而後再讓學生寫出,對於不會寫的字,教師給與協助,或教他查字典。另外,可以採取共享寫作(shared writing)的方式,一人說一部分,而後串連起來;也可以用合作學習的方式,不會寫的學生用說的,讓能夠書寫的學生協助寫出來(Westling & Fox, 1995)。

書寫表達須從句子的組成開始,我們可以利用造句指引(如表 15-9)來教他造句;之後讓學生練習合併句子,例如:學生講了兩個句子,「公園裡有很多設施;公園裡有溜冰場、溜滑梯、地球儀等」,接著教師教他將兩句組合成一個較長的句子:「公園裡有很多設施,有溜冰場、溜滑梯、地球儀等」。另外,教師可以藉著一些問句(如:這個故事的主角是誰、發生了什麼事、在什麼時間發生、在什麼地點發生)來引導學生寫作,教學生如何計畫要寫的內容(如用大綱的方式);也可以給學生一些字卡讓他組合,或是使用填空策略、看單張或連環圖畫造句等方式,來幫助學生練習造句和寫作。

表 15-9 造句指引舉例

形容詞	人物	地點	動詞	事情
小	妹妹	在便利商店	買	東西

　　第五，現在電腦愈來愈普遍，我們可以選購適合學生程度的電腦輔助教學教學軟體，由電腦遊戲中認識電腦的開關及基本功能鍵；進而能使用電腦獲得資訊、書寫、或解決生活中的問題(如使用網路購物)等。

《總結》

　　本章探討實用語文領域的課程目標與課程設計，這當中包括了教導學生接受性語言(聽、讀)與表達性語言(說、寫)，以增進學生表現適當的傾聽態度，聽辨日常生活中各種聲音、語彙、句型，閱讀社區中常用圖形、符號、標誌、字詞、短文與肢體語言所代表的意義；以及促使學生表現適當的態度，採取適當的肢體語言、溝通圖卡、語言溝通輔助器、口語，或是書寫文字、電腦打字的方式，與人溝通互動。在生活教育、社會適應、休閒教育、和職業生活四大課程領域的教學中，可能會涉及語文技能，因此，教師最好搭配這四個課程領域，嵌入實用語文技能的教學。

參考資料

一、中文部分

二、英文部分

一、中文部分

王文科(民 80)：教育研究法。台北：五南。

王文科(民 83)：課程與教學論。台北：五南。

王文珊、陳芊如(民 90)：自閉症教材彙編－結構式教學活動設計範例。
國立彰化師範大學特殊教育中心。

王天苗(民 89)：學前特殊教育課程－教師手冊。台北：教育部特殊教育
工作小組。

王天苗(民 92)：特殊教育相關專業服務作業手冊。台北：教育部特殊教
育工作小組。

王芳琪(民 87)：以溝通為基礎的行為處理策略對極重度智能障礙學生不
尋常說話行為之效果研究。國立高雄師範大學特殊教育學系碩士
論文。

王明泉(民 89)：高職階段智能障礙學生自我決策能力相關影響因素及教
學方案成效之研究。國立彰化師範大學特殊教育研究所博士論文。

王欣宜(民 87)：輕度智能障礙就業青年工作社會技能訓練效果之研究。
國立高雄師範大學教育研究所碩士論文。

王欣宜(民 92)：高職階段智能障礙學生社交技巧課程綱要發展與應用成
效研究。國立台灣師範大學特殊教育研究所博士論文。

古芳枝(民 88)：高職階段智能障礙學生性教育實施現況之調查研究。國
立台灣師範大學特殊教育研究所碩士論文。

朱慧娟(民 88)：多重障礙學生的課程、教學與評量。載於嘉義啟智學校
(主編)，啟智教育叢書第五輯(35-52 頁)。嘉義：編者。

谷瑞勉譯(民 88)：鷹架兒童的學習－維高斯基與幼兒教育。台北：心理。

宋明君(民 90)：運用功能性評量模式改善中重度智障學生工作社會技能
之研究。國立彰化師範大學特殊教育研究所博士論文。

李平譯(民 86)：經營多元智慧。台北：遠流。

李芃娟(民 76)：中重度智能不足者視動協調技能訓練效果之研究。國立
　　彰化師範大學特殊教育研究所碩士論文。

李似玉(民 91)：結構式教學環境對智能障礙學生主動工作行為及學習成
　　效之影響－以高雄縣某國小啟智班為例。國立花蓮師範學院特殊
　　教育教學碩士論文。

李坤崇(民 88)：多元化教學評量。台北：心理。

李昆霖(民 90)：環境安排對增進重度障礙兒童溝通行為之研究。國立台
　　灣師範大學特殊教育研究所碩士論文。

李香芬、徐寶琨、簡華慧(民 90)：嘉義市國中、小啟智班學生對數學科
　　應用於社區生活的有效教學之研究。載於國立嘉義大學特殊教育
　　中心(主編)，國立嘉義大學九十學年度輔導區特殊教育教學研討會
　　手冊暨資料(75-124 頁)。嘉義：編者。

李淑貞譯(民 86)：中重度障礙者有效教學法。台北：心理。

李淑貞(民 89)：特殊教育學校高中職教育階段智能障礙課程綱要應用實
　　例：高雄市立高雄啟智學校。載於教育部社會教育司(主編)，特殊
　　教育學校高中職教育階段智能障礙課程綱要教師手冊(48-65 頁)。
　　台北：編者。

李莉淳(民 90)：運用結構化教學法訓練中重度智能障礙者獨立工作。台
　　北市立師範學院特殊教育中心。

李智令(民 91)：高雄市國小啟智班實施協同教學現況之研究。國立高雄
　　師範大學特殊教育學系研究所碩士論文。

李翠玲(民 88)：特教班功能性學業教材。國立新竹師範學院特殊教育中
　　心。

李翠玲(民 90)：特殊教育教學設計。台北：心理。

李瑩香(民 79)：國中輕度智能不足學生個人－社會技能學習效果及其相
　　關因素之研究。國立彰化師範大學特殊教育研究所碩士論文。

李靜芬(民 78)：智能不足者職業技能及其工作適應之調查研究。國立彰化師範大學特殊教育研究所碩士論文。

李寶珍(民 83a)：啟智教育機構工作手冊第 2～4 冊－如何選用課程。台北：中華民國啟智人員工作協會。

李寶珍(民 83b)：啟智教育機構工作手冊第 2～5 冊－如何發展課程運作模式。台北：中華民國啟智人員工作協會。

李寶珍(民 83c)：啟智教育機構工作手冊第 2～6 冊－如何編製課程。台北：中華民國啟智人員工作協會。

何素華(民 76)：學習遷移的理論及其在特殊教育上的應用。載於國立台灣師範大學特殊教育中心(主編)，無障礙的生活環境(141-166頁)。台北：編者。

何素華(民 83)：如何為中重度智能障礙學生設計功能性數學課程。教師之友，35(2)，52-58。

何素華(民 84a)：理想智能不足兒童課程之特質。載於國立台北師範學院(主編)，啟智教育工手冊(4-11－4-13 頁)。台北：編者。

何素華(民 84b)：國小智能不足兒童錢幣應用教學效果之研究。嘉義師院學報，9，561-598。

何素華(民 84c)：智能不足課程發展模式。載於國立台北師範學院(主編)，啟智教育工作手冊 (4-7－4-10 頁)。台北：編者。

何素華(民 84d)：課程的選擇與運作。載於國立台北師範學院(主編)，啟智教育工手冊(4-14－4-26 頁)。台北：編者。

何華國(民 85)：啟智教育研究。台北：五南。

何華國、何東墀編著（民 82）：個別化教學方案指導手冊－智障篇。國立彰化師範大學特殊教育中心。

林千惠(民 81)：從社區統合觀點談重度殘障者休閒娛樂技能之教學。特教園丁，8(2)，1-7。

林千惠(民 82)：中重度智能不足兒童有效教學策略之運用。載於國立嘉義師範學院特殊教育中心(主編)，特殊教育研習專集(139-163頁)。台北：編者。

林千惠(民 84a)：工作分析與職業技能訓練。載於許天威、徐享良(主編)，殘障者職業訓練與就業輔導之理論與實務(340-387頁)。台北：行政院勞工委員會職業訓練局。

林千惠(民 84b)：個別化教學評量。載於台灣省立嘉義啟智學校(主編)，啟智教育研習專集(85-105頁)。台灣省立嘉義啟智學校。

林千惠(民 85a)：教學設計篇－啟智班教學環境規畫原則。載於周台傑(主編)，國民中學啟智教育教學手冊(77-100頁)。國立彰化師範大學特殊教育中心。

林千惠(民 85b)：教學設計篇－教材編選原則。載於周台傑(主編)，國民中學啟智教育教學手冊(5-46頁)。國立彰化師範大學特殊教育中心。

林千惠(民 86)：國民中小學啟智班實施個別化教育方案內容分析之研究。國立彰化師範大學特殊教育系。

林千惠(民 90)：重視國小學童的書寫問題。國小特殊教育，**31**，30-35。

林千惠、何素華(民 86)：國中啟智班新生功能性讀寫能力評估研究。嘉義師院學報，11，425-452。

林千惠、林惠芬(民 92)：實用語文能力診斷測驗編製研究報告。行政院國家科學委員會專題研究成果報告（報告編號：NSC90-2413-H018-008)。

林月仙(民 89)：教學評量的新趨勢與實作評量。國立高雄師範大學特殊教育中心主辦，多元評量研習演講稿。國立高雄師範大學特殊教育中心。

林月仙、吳裕益(民 88)：國民小學中低年級數學診斷測驗。國立高雄師範大學特殊教育系。

林竹芳(民 78)：國中輕度智能不足學生個人－社會技能學習效果之研究。國立台灣教育學院特殊教育研究所碩士論文。

林幸台、吳武典、王振德、蔡崇建、郭靜姿、胡心慈(民 89)：綜合心理能力測驗。台北：心理。

林坤燦(民 85)：行為改變原理與策略之應用。載於黃政傑(主編)，行為改變與學習策略(71-92 頁)。國立台灣師範大學教育研究中心。

林佳燕(民 92)：自我管理教學方案介入中度智能障礙學生休閒活動之成效研究。國立高雄師範大學特殊教育研究所碩士論文。

林素貞(民 88)：如何擬訂「個別化教育計畫」。台北：心理。

林淑貞(民 81)：圖畫心像策略對國中輕度智能不足學生記憶文章內容效果之研究。國立彰化師範大學殊教育研究所碩士論文。

林淑芬(民 91)：國中輕度智能障礙學生句型閱讀理解能力之研究。國立彰化師範大學特殊教育研究所碩士論文。

林惠芬(民 85)：教學策略篇－有效教學策略介紹。載於周台傑(主編)，國民中學啟智教育教學手冊(101-114 頁)。國立彰化師範大學特殊教育中心。

林惠芬(民 86)：自我教導問－答閱讀策略對國中輕度智能不足學生閱讀理解效果之研究。特殊教育學報，**12**，103-123 頁。

林惠芬(民 89)：智能障礙兒童教育。載於許天威、徐享良、張勝成(主編)，新特殊教育通論**(133-158 頁)**。台北：五南。

林雲龍(民 91)：刺激褪除導向詞彙辨識學習系統對中度智能障礙學童學習成效之研究。國立台灣師範大學資訊教育研究所碩士論文。

林偉仁(民 87)：彰化啟智學校學生體適能現況及其影響因素之調查研究。國立彰化師範大學特殊教育研究所碩士論文。

林寶貴(民 74)：特殊教育課程設計之理論與實際。國立彰化師大特殊教育中心。

林寶貴(民 81)：智能不足者之語言矯治。載於許天威(主編)，智能不足者之教育與復健(203-251 頁)。高雄：復文。

林寶貴(民 84)：現有課程介紹。載於國立台北師範學院(主編)，啟智教育工手冊(4-27－4-75 頁)。國立台北師範學院特殊教育中心。

林寶貴(民 89)：特殊教育學生兩性教育資源手冊。台北市立師範學院特殊教育中心。

林寶貴、杞昭安(民 85)：兒童認知發展測驗。台北：國立台灣師範大學特殊教育中心。

林寶貴、張正芬、黃玉枝(民 81)：台灣區智能不足學童語言障礙調查研究。台北：國立台灣師範大學特殊教育研究所。

邵慧綺(民 91)：高職特教班「公民責任」與「法律知能」課程教學成效之研究。國立彰化師範大學特殊教育學系行政碩士班碩士論文。

協康會(民 86)：自閉症兒童訓練指南。香港：協康會。

吳谷忠(民 85)：教具製作原則。載於周台傑(主編)，國民中學啟智教育教學手冊(63-76 頁)。國立彰化師範大學特殊教育中心。

吳武典、張正芬、盧台華、邱紹春(民 92)：修訂文蘭適應行為量表。台北：心理。

吳訓生(民 78)：國中輕度智能不足學生職業準備技能學習效果及其相關因素之研究。國立彰化師範大學特殊教育研究所碩士論文。

吳國淳(民 78)：教導中重度智能不足兒童社會技巧成效研究。國立台灣師範大學教育研究所碩士論文。

吳清基(民 79)：精緻教育的理念。台北：師大書苑。

吳惠櫻(民 92)：錄影帶示範教學對中重度智障學生職場社會技能教學效果之研究。國立彰化師範大學特殊教育學系行政碩士班碩士論文。

周台傑(民 83)：簡明知覺動作測驗。台北：心理。

周台傑、邱上真、宋淑慧(民 82)：多向度注意力測驗。台北：心理。

邱上真(民 81)：學習策略教學的理論與實際。國立台南師範學院特殊教
　　育系。

邱上真(民 85)：功能性課程教學方案。載於台灣省立嘉義啟智學校(主
　　編)，啟智教育研習專輯第二輯(23-39 頁)。嘉義：編者。

邱上真(民 86)：中重度及極重度障礙學生。載於特教園丁雜誌社(主編)，
　　特殊教育通論(221－247 頁)。台北：五南。

邱上真(民 91)：特殊教育導論－帶好班上每一位學生。台北：心理。

邱滿豔(民 72)：兩種中重度智能不足者社會技巧訓練方法之效果研究。
　　國立台灣大學心理研究所碩士論文。

洪育慈(民 90)：多媒體兒歌對國小低年級智能障礙伴隨語障學生詞彙教
　　學成效之研究。國立彰化師範大學特殊教育研究所碩士論文。

洪美足(民 90)：國小啟智班教師對智能障礙兒童實施性教育現況之研
　　究。國立嘉義大學國民教育研究所碩士論文。

洪瑟勵(民 88)：音樂治療活動對國中階段中重度智障學生社會技能之影
　　響。國立台灣師範大學音樂研究所碩士論文。

洪榮照(民 86)：啟智班學生休閒生活與休閒教育之研究。台中師院學報，
　　11，511-578。

洪榮照(民 90)：智能障礙兒童。載於王文科(主編)，特殊教育導論(第三
　　版，50-110 頁)。台北：心理。

施彥亨(民 90)：直接教學模式在國小智能障礙學生口腔衛生教學之應用
　　成效研究。國立台灣師範大學特殊教育研究所碩士論文。

胡永崇(民 75)：心像中介對智能不足學生語文配對聯想學習之影響。國
　　立台灣教育學院特殊教育研究所碩士論文。

胡雅各(民 82)：自我教導策略與配合輔助性教學提示之自我教導策略對
　　重度智能障礙者職業技能養成之比較研究。國立彰化師範大學特
　　殊教育研究所碩士論文。

財團法人科技文教基金會(民 89)：無障礙電腦系統溝通學習圖形系統。台北：作者。

財團法人雙溪啟智文教基金會(民 85)：智能障礙定義。台北：作者。

徐享良(民 91)：中華適應行為量表使用手冊。台北：教育部。

徐惠玲(民 92)：自我教導策略教學對國小中重度智能障礙學生的工作態度與習慣之成效。國立台南師範學院特殊教育研究所碩士論文。

徐智杰(民 91)：網際網路 CAI 對國中智能障礙學生錢幣使用學習成效之研究。國立台灣師範大學特殊教育研究所碩士論文。

倪志琳(民 86)：環境教學法在特殊兒童語言訓練之應用。特殊教育季刊，**65**，13-17。

郭生玉(民 74)：心理與教育測驗。台北：精華書局。

郭俊賢、陳淑惠譯(民 87)：多元智能的教與學(增訂版)。台北：遠流。

郭慧貞(民 90)：情緒教育方案對增進國小智能障礙兒童社交技巧之教學效果研究。國立彰化師範大學特殊教育研究所碩士論文。

許又匀(民 86)：高職部輕度智能障礙學生認知行為取向之人際問題解決訓練成效研究。國立高雄師範大學特殊教育研究所碩士論文。

許天威(民 84)：推動殘障者職業訓練與就業安置之途徑。載於許天威、徐享良主編，殘障者職業訓練與就業輔導之理論與實務 (1-35 頁)。台北：行政院勞工委員會職業訓練局。

許嘉芳(民 89)：基本字帶字加部首表義教材對國中輕度智能障礙學生識字成效之研究。國立高雄師範大學特殊教育研究所碩士論文。

許耀芬（民 91）：圖片兌換溝通系統教學對增進自閉症兒童自發性使用圖片溝通行為之研究。台北市立師範學院身心障礙教育研究所碩士論文。

教育部社會教育司(民 86a)：高職階段啟智學校(班)課程修訂綱要。台灣省立臺南啟智學校。

教育部社會教育司(民 86b)：國中小階段啟智學校(班)課程修訂綱要。台灣省立臺南啟智學校。

教育部社會教育司(民 88)：特殊教育學校高中職教育階段智能障礙課程綱要教學手冊。台北：作者。

教育部社會教育司(民 89a)：特殊教育學校高中職教育階段智能障礙課程綱要教師手冊。台北：作者。

教育部社會教育司(民 89b)：特殊教育學校(班)國民教育階段智能障礙類課程教學指引。台北：作者。

教育部社會教育司(民 89c)：特殊教育學校(班)國民教育階段智能障礙類課程單元教學活動設計。台北：作者。

教育部社會教育司(民 89d)：特殊教育學校(班)國民教育階段智能障礙類課程學習目標檢核手冊。台北：作者。

教育部特殊教育工作小組(民 89)：高級中等學校特殊教育班職業學程課程綱要。台北：作者。

教育部特殊教育工作小組(民 91)：身心障礙資賦優異兒童鑑定標準。台北：作者。

晏涵文(民 78)：生命與心理的結合：談家庭生活與性教育。台北：張老師出版社。

陳台瓊(民 89)：活動目錄課程對國中中重度智能障礙學生學習成效之研究。國立台灣師範大學特殊教育研究所碩士論文。

陳志宏(民 91)：國小資源班輕度智能障礙學生數學科過程本位教學成效之研究。國立嘉義大學國民教育研究所碩士論文。

陳美芳(民 88)：聽覺記憶測驗。台北：行政院國家科學委員會。

陳姿蓉(民 87)：逐漸褪除提示系統教學策略對促進智能障礙幼兒社交技能學習成效之研究。國立彰化師範大學特殊教育研究所碩士論文。

陳冠杏、石美鳳(民 89)：結構式教學法在啟智班班級經營之應用。國小特殊教育，**29**，22-28。

陳振宇、謝淑蘭、成戎珠、黃朝慶、洪碧霞、櫻井正二郎、吳裕益、邱上真、陳小娟、曾進興(民 85)：兒童認知功能綜合測驗。台北：教育部社教司。

陳清原(民 90)：直接教學法對高職特教班學生在技能學習成效之研究—以汽車美容為例。國立台灣師範大學工業教育研究所博士論文。

陳榮華(民 75)：行為改變技術。台北：五南。

陳榮華(民 84)：智能不足研究。台北：師大書苑。

陳榮華(民 86)：魏氏兒童智力量表指導手冊。台北：中國行為科學社。

陳滿樺譯(民 84)：如何激發孩子的學習動機？—「回饋法」的運用。載於吳武典(主編)，管教孩子的十六高招：「行為改變技術」實用手冊(第四冊)。台北：心理。

陳淑惠(民 91)：電腦輔助教學對國中中重度智能障礙學生認識社區環境教學成效之研究。國立台灣師範大學特殊教育學系在職進修碩士論文。

陳靜江(民 84)：生態評量在支持性就業的應用。載於許天威、徐享良(主編)，身心障礙者職業訓練與就業輔導之理論與實務(271-309 頁)。台北：行政院勞工委員會職業訓練局。

陳靜江(民 85a)：社區本位課程之發展與運作模式。載於台灣省立嘉義啟智學校(主編)，啟智教育研習專輯第二輯(23-39 頁)。嘉義：編著。

陳靜江(民 85b)：殘障者社區化就業輔導模式之發展與成效分析—第二階段成果報告。台北：行政院勞工委員會職業訓練局。

陳靜江(民 86)：生態評量在中重度身心障礙學生課程之發展與應用。載於彰化啟智學校(主編)，特殊教育知能叢書—滾石跑道(62-71 頁)。彰化：編著。

陳靜江、胡若瑩、李崇信 (民 84)：八十五年度台灣殘障者社區化就業輔導實務研習報告。台北:行政院勞工委員會職業訓練局。

陳靜江、鈕文英(民 88)：智能障礙學生技藝訓練之功能性與輔助策略研
　　究：以洗車與平面清潔為例。特殊教育與復健學報，7，13-15。

陳麗圓、鈕文英(民 90)：智能障礙學生生態課程彙編。國立高雄師範大
　　學特殊教育中心。

陳寶珠(民 88)：智能障礙者的性教育。國立新竹師範學院特殊教育中心。

陳寶珠(民 89)：多重障礙兒童的性教育。載於李翠玲(主編)，多重障礙
　　兒童之評量與教學(34-39 頁)。國立新竹師範學院特殊教育中心。

陸莉、劉鴻香(民 87)：修訂畢保德圖畫詞彙測驗。台北：心理。

曹淑珊(民 85)：國民小學啟智班學生常見知覺動作問題及相關教學措施
　　之研究-以雲林縣為例。國立彰化師範大學特殊教育研究所碩士論
　　文。

梁秋月(民 79)：自閉症、智能不足與正常學齡前兒童溝通行為之比較研
　　究。國立台灣師範大學特殊教育研究所碩士論文。

莊妙芬(民 80)：個案研究：一個極重度障礙者的休閒技能訓練。特殊教
　　育復健學報，1，95-126。

莊妙芬(民 85)：擴大溝通系統與替代性溝通。載於曾進興(主編)，語言
　　病理學基礎(412-431 頁)。台北：心理。

莊妙芬(民 86)：智能障礙兒童與自閉症兒童口語表達能力之比較研究。
　　特殊教育與復健學報，5，1-35。

莊妙芬(民 89)：替代性溝通訓練對重度智能障礙兒童溝通能力與異常行
　　為之影響。特殊教育復健學報，8，1-26。

國立教育資料館(民 89)：結構化教學法錄影帶。台北：國立教育資料館。

國立彰化師大特殊教育中心(民 80)：特殊教育教材資源手冊。台北：作
　　者。

國立彰化師大特殊教育中心(民 85a)：特殊教育優良教材彙編。台北：作
　　者。

國立彰化啟智學校(民 84)：國民教育階段身心障礙教育班級經營手冊。
　　台灣省政府教育廳。

國立嘉義大學特殊教育中心(民 89)：特殊學校(班)國民教育階段智能障
　　礙課程學習評量工具－評量手冊。台北：教育部特殊教育小組。

國立嘉義大學特殊教育中心(民 89)：特殊學校(班)國民教育階段智能障
　　礙課程學習評量工具－作業單。台北：教育部特殊教育小組。

國立嘉義大學特殊教育中心(民 89)：特殊學校(班)國民教育階段智能障
　　礙課程學習評量工具－圖卡(上、下冊)。台北：教育部特殊教育小
　　組。

曾明玲(民 85)：教學活動設計原則：載於國立彰化師大特殊教育中心(主
　　編)，國民中學啟智教師教學手冊(47-61 頁)。台北：編者。

曾怡惇(民 82)：台北市國小啟智班中重度智能不足兒童與普通兒童口語
　　表達能力之比較研究。特殊教育研究學刊，9，151-176。

馮淑慧(民 89)：國小輕度智能障礙兒童人際問題解決能力之研究。國立
　　彰化師範大學特殊教育研究所碩士論文。

黃光雄、蔡清田(民 88)：課程設計－理論與實際。台北：五南。

黃志雄(民 91)：自然環境教學對重度智能障礙兒童溝通能力的影響及其
　　相關研究。國立台南師範學院特殊教育研究所碩士論文。

黃金源(民 82)：社區本位之課程簡介。載於何素華(主編)，特殊教育研
　　習專集第一輯(85-91 頁)。國立嘉義師範學院特殊教育中心。

黃金源(民 90)：社會故事－自閉兒的教學法。國立台中師範學院特殊教育中
　　心。

黃政傑(民 80)：課程設計。台北：東華。

黃政傑、林佩璇(民 84)：合作學習。台北：五南。

黃美瑜(民 91)：生活數學教學對國民中學輕度智能障礙學生學習統計與
　　圖表概念成效之研究。國立高雄師範大學特殊教育學系碩士論文。

黃雪慧(民 79)：圖片與心像對國中智能不足學生語句記憶效果之研究。
國立彰化師範大學特殊教育研究所碩士論文。

黃祺(民 91)：全語文英語教學策略對智能障礙學生英語學習成效之研
究。國立彰化師範大學特殊教育學系碩士論文。

黃錫昭(民 91)：情境教學模式對國小智能障礙學生購物技能學習效果之
研究。國立嘉義大學國民教育研究所碩士論文。

黃馨瑩(民 84)：啟智教育機構工作手冊第二-14 冊─如何編選教材。台
北：中華民國啟智人員工作協會。

張正芬(民 76)：輕度智能不足學生語文能力之研究。特殊教學刊，**3**，
49-66。

張正芬(民 86)：自閉症兒童的行為輔導─功能性評量的應用。特殊教育
季刊，**65**，1-7。

張世彗、藍瑋琛(民 92)：特殊學生鑑定與評量。台北：心理。

張昇鵬(民 76)：智能不足兒童性教育效果之研究。國立台灣教育學院特
殊教育研究所碩士論文。

張昇鵬(民 87)：智能障礙學生性教育資源手冊。國立彰化師範大學特殊
教育中心。

張淑滿(民 90)：自我教導策略對國小智能障礙兒童解決生活問題之效果
研究。國立嘉義大學國民教育研究所碩士論文。

張慈蘭(民 76)：中度智能不足者購物技能教學效果之研究。國立台灣教
育學院特殊教育研究所碩士論文。

張勝成、王明泉(民 88)：社區本位教學的思想淵源與教學應用之分析研
究。東台灣特殊教育學報，**2**，133-157。

張萬烽(民 90)：智能障礙者一般就業技能評量表之發展。國立高雄師範
大學特殊教育研究所碩士論文。

鈕文英(民 86)：「身心障礙教育專業團隊設置與實施辦法」的立法精神
與內容。載於中華民國特殊教育學會(主編)，特殊教育法的落實與
展望─特殊教育八十六年年刊(109-124 頁)。台北：編者。

傅秀媚(民 87)：特殊幼兒教育診斷。台北：五南。

鈕文英(民 87)：多元智力理論在資源班教學中的應用。載於中華民國特殊教育學會(主編)，中華民國特殊教育學會三十週年紀念專刊－特殊教育八十七年年刊(269-294 頁)。台北：編者。

鈕文英(民 89)：如何發展個別化教育計畫－生態課程的觀點。國立高雄師範大學特殊教育中心。

鈕文英(民 90)：身心障礙者行為問題處理－正向行為支持取向。台北：心理。

鈕文英(民 92)：美國智能障礙協會 2002 年定義的內容和意涵。特殊教育季刊，**86**，10-15。

鈕文英、陳靜江(民 88)：台灣地區智能障礙青年心理生活素質之研究。特殊教育學報，**13**，1-32。

鈕文英、陳靜江(民 91)：智能障礙就業青年工作社會技能訓練方案之發展與成效研究。特殊教育學報，**16**，199-228。

雷桂蘭(民 88)：性教育多媒體電腦輔助教學對國中智能障礙學生性知識、性態度學習效果分析。國立彰化師範大學特殊教育研究所碩士論文。

楊文凱(民 84)：啟智教育機構工作手冊第二-**15** 冊－如何編撰教材。台北：中華民國啟智人員工作協會。

楊元享(民 78)：智能不足兒童國語能力之診斷與補救教學。台北省立師範專科學校。

楊元享(民 84)：來自啟智教育的斷想。台北：財團法人雙溪啟智文教基金會。

楊元享、李靜芬、邱秀玉、林兆忠、林淑玟(民 84)：智能障礙者職業適應能力檢核手冊。台北：中華民國啟智協會。

楊碧桃(民 85)：結構式教學環境在啟智班實施的研究。屏東師範學院學報，**13**，111-136 頁。

董媛卿(民 82a)：啟智班之班級經營。載於何素華(主編)，特殊教育研習專集第一輯(165-171 頁)。國立嘉義師範學院特殊教育中心。

董媛卿(民 82b)：啟智班協同教學之建議。載於何素華(主編)，特殊教育研習專集第一輯(93-105 頁)。國立嘉義師範學院特殊教育中心。

詹雅淳(民 91)：同儕個別教學對國中智能障礙學生日常生活技能學習效果之研究。國立彰化師範大學特殊教育研究所碩士論文。

詹麗貞(民 91)：「修正與支持教學策略」對國小中重度智能障礙學生生活技能學習。台中師範學院國民教育研究所碩士論文。

廖芳碧(民 91)：圖形溝通訓練對低功能自閉症者溝通能力影響之研究。國立台中師範學院國民教育研究所碩士論文。

廖秋燕(民 90)：國小啟智班中重度智能障礙兒童長度測量之教學成效究。國立嘉義大學國民教育研究所碩士論文。

廖鳳池(民 79)：認知治療理論與技術。台北：心理。

趙芝瑩(民 80)：國小輕度智能不足學生日常生活問題解決能力之研究。國立彰化師範大學特殊教育研究所碩士論文。

歐用生(民 81)：課程發展的基本原理。高雄：復文。

鄧秀芸(民 90)：電腦輔助教學對國小中度智能障礙兒童功能性詞彙識字學習成效之研究。國立花蓮師範學院特殊教育學系碩士論文。

盧台華(民 82)：智能不足學生之適應行為研究。特殊教育研究學刊，9，107-144。

盧台華(民 84)：特殊班教學設計。載於台灣省立彰化啟智學校(主編)，特殊教育研習專集(127-137 頁)。台灣省立彰化啟智學校。

盧台華、呂翠華(民 84)：教學篇。載於國立台北師範學院(主編)，啟智教育工手冊(5-1－5-82 頁)。台北：編者。

盧台華、鄭雪珠、史習樂、林燕玲(民 92)：社會適應表現檢核表。台北：心理。

鄒啟蓉、李寶珍(民 83)：啟智教育機構工作手冊第 2-13 冊－如何擬訂個別化教育計畫。台北：中華民國啟智人員工作協會。

鄒啟蓉、李寶珍(民 84)：啟智教育機構工作手冊第 2-7 冊－如何決定教學目標。台北：中華民國啟智人員工作協會。

簡華慧(民 91)：過程本位教學對國小中度智能障礙學生生活技能學習成效之研究。國立嘉義大學國民教育研究所碩士論文。

蕭金慧(民 90)：電腦輔助教學在輕度智能障礙兒童認字學習之研究。國立嘉義大學國民教育研究所碩士論文。

蔡阿鶴(民 78)：智障兒的語言障礙與輔導。台北：心路文教基金會。

蔡桂芳(民 90)：高職階段智能障礙學生社會技能訓練效果之研究。國立彰化師範大學特殊教育研究所博士論文。

蔡麗仙(民 78)：國中輕度智能不足學生日常生活技能學習效果之研究。國立彰化師範大學特殊教育研究所碩士論文。

賴均美(民 84)：國小啟智班性教育「自我保護」課程教學成效之研究。國立彰化師範大學特殊教育研究所碩士論文。

賴育慧(民 92)：一個國小啟智班休閒教育方案之發展與實施研究。國立高雄師範大學特殊教育研究所碩士論文。

賴美智(民 84)：中重度智能障礙者功能性教學綱要。財團法人台北第一兒童發展中心。

鄭靜秋(民 87)：跨感官語言訓練模式對身心障礙學生學習動詞效果之研究。國立台灣師範大學特殊教育研究所碩士論文。

鄭麗月(民 89)：從社區本位課程談自閉症兒童的教學。教師天地，109，45-52 頁。

蘇芳柳(民 90)：個別化教育計畫的內容。載於張蓓莉、蔡明富(主編)，量生訂做－IEP 的理念與落實(15-34 頁)。國立台灣師範大學特殊教育中心。

蘇振輝(民 91)：輔助溝通系統訓練對重度智能障礙兒童溝通行為效果之研究。國立嘉義大學特殊教育研究所碩士論文。

蘇婉容(民 81)：兩種刺激褪減方式對國小中度智能不足學生學習實用性詞彙之研究。國立彰化師範大學特殊教育研究所碩士論文。

劉素珠(民 90)：溝通教學法在啟智班實用語文課程上之應用。國立高雄師範大學特殊教育研究所碩士論文。

劉麗容(民 84)：溝通障礙專業的歷史與前瞻。載於曾進興(主編)，語言病理學基礎(77-96 頁)。台北：心理。

謝淑珍(民 91)：發展遲緩幼兒溝通教學成效之研究。國立高雄師範大學特殊教育研究所碩士論文。

二、英文部分

Agran, M. (1997). Health and safety. In P. Wehman & J. Kregel (Eds.), *Functional curriculum for elementary, middle, and secondary age students with special needs* (pp. 283-308). Austin, TX: PRO-ED.

Agran, M., Fodor-Davis, J., & Moore, S. C. (1992). Effects of peer-delivered self-instructional training on a lunch-making work task for students with severe disabilities. *Education and Training in Mental Retardation, 27*(3), 230-40.

Agran, M., & Moore, S. C. (1994). *How to teach self-instruction of job skills.* Innovations. Washington, DC: AAMR.

Agran, M., Test, D., & Martin, J. E. (1994). Employment preparation of students with severe disabilities. In P. Wehman & J. Kregel (Eds.), *Functional curriculum for elementary, middle, and secondary age students with special needs* (pp. 184-212). Austin, TX: PRO-ED.

Alberto, P. A. & Troutman, A. C. (1999). *Applied behavior analysis for teachers* (5[th]ed.). Englewood Cliffs, NJ: Prentice-Hall, Inc.

Allen, C. P., White, J, & Test, D. W. (1992). Using a picture/ symbol form for self-monitoring within a community-based training program. *Teaching Exceptional Children, 24*(2), 54-56.

Alpet, C. L., & Kaiser, A. P. (1992). Training parents as milieu language teachers. *Journal of Early Intervention, 16,* 31-52.

Armstrong, T. (1994). *Multiple intelligences in the classroom*. Alexandria, VA: Association for Supervision and Curriculum Development.

Arnold-Reid, G. S., Schloss, P. J., & Alper, S. (1997). Teaching meals planning to youth with mental retardation in natural settings. *Remedial and Special Education, 18*(3), 166-173.

Ashman, A. F., & Conway, R. N. F. (1993b). Teaching students to use process-based learning and problem solving strategies in mainstream classes. *Learning and Instruction, 3*(2), 73-92.

Ault, M. M., Rues, J. P., Graff, J. C., & Holvet, J. F. (2000). Special health care procedures. In M. E Snell & F. Brown (Eds.), *Instruction of students with severe disabilities* (5th ed., pp. 245-290). Upper Saddle River, NJ: Prentice-Hall, Inc.

Baker, B. L., Brightman, A. J., Blacher, J. B., Heifetz, L. J., Hinshaw, S. P., & Murphy, D. M. (1997). *Steps to independence: Teaching everyday skills to children with special needs* (3rd ed.). Baltimore: Paul H. Brookes.

Bambara, L. M. & Gomez, O. N. (2001). Using a self-instructional training package to teach complex problem-solving skills to adults with moderate and severe disabilities. *Education and Training in Mental Retardation and Developmental Disabilities, 36*(4), 386-400.

Bambara, L. M. & Warren, S. F. (1993). Massed trials revisited: Appropriate applications in functional skill training. In R. A. Gable & S. F. Warren. (Eds.), *Strategies for teaching students with mild to severe mental retardation* (pp. 165-190). London: Jessica Kingsley Publishers Ltd.

Banks, K. C. (1997). Financial planning and money management. In P. Wehman & J. Kregel (Eds.), *Functional curriculum for elementary, middle, and secondary age students with special needs* (pp. 105-122). Austin, TX: PRO-ED.

Bateman, B. D. (1992). *Better IEPs: How to develop legally correct and educationally useful programs*. Longmont, CO: Sopris West.

Baumgart, D., Brown, L., Pimpian, I., Nisbet, J., Ford, A., Sweet, M., Messina, R., & Schroeder, J. (1982). Principle of participation and individualized adaptations in educational programs for several handicapped students. *The Journal of Association for Persons with Severe Handicaps, 7,* 17-49.

Beane, J. R., Toepfer, C. F., & Alessi, S. J. (1986). *Curriculum planning and development*. Boston: Allyn & Bacon.

Beirne-Smith, M., Patton, J., & Ittenbach, R. (1994). *Mental Retardation.* New York: Macmillan College Publishing Co.

Belfior, P. J., Browder, D. M., & Mace, F. C. (1993). Effects of community and center-based settings on the alertness of persons with profound mental retardation. *Journal of Applied Behavior Analysis, 26*(3), 401-402.

Bergen, A., & Mosley, J. L. (1994). Attention and attentional shift efficiency in individuals with and without mental retardation. *American Journal on Mental Retardation, 98*(6), 732-743.

Beninghof, A. M., & Singer, A. L. (1992). Transdisciplinary teaming: An inservice training activity. *Preventing School Failure, 24*(2), 58-61.

Beukelman, D.R., & Mirenda, P.(1992). *Augmentative and alternative communication: Management of severe communicarion disorders in children and adults.* Baltimore: Paul H. Brookes.

Bigge, J., L., Stump, C. S., Spagna, M. E., & Silberman, R. K. (1999). *Curriculum assessment and instruction for students with disabilities.* New York: Wadsworth.

Billingsley, F. F., Liberty, K. A., & White, O. R. (1994). The technology of instruction. In E. Cipani & F. Spooner (Eds.), *Curricular and instructional approaches for persons with severe disabilities* (pp. 81-116). Needham Heights, MA: Allyn and Bacon.

Birch, C. P., & Rouse, G. R. (1992). *Teaching socialization and sex education to persons with mental retardation.* Paper presented at the Annual Convention of the Council for Exceptional Children (70th, Baltimore, MD, April 13-17) (ERIC Document Reproduction Service No. ED348787).

Bondy, A., & Frost, L. (1994). The picture exchange communication system. *Focus on Autistic Behavior, 9,* 1-9.

Bricker, W., & Bricker, D. (1974). An early language strategy. In R. L. Schiefelbusch& L. Lloyed (Eds.), *Language perspectives: Acquisition, retardation, and intervention* (pp.431-468). Baltimore: University Park Press.

Brimer, R. W. (1990). *Students with severe disabilities: Current perspectives and practices.* Mountain View, CA: Mayfield.

Browder, D. M. (1991). *Assessment of individual with severe disabilities:An applied behavior approach to life skills assessment* (2nd ed.). Baltimore: Paul H. Brookes.

Browder, D. M., & Bambara, L. M. (2000). Home and Community. In M. E. Snell & F. Brown (Eds.), *Instruction of students with severe disabilities* (5th ed.) (pp. 543-589). Upper Saddle River, NJ: Prentice-Hall, Inc.

Browder, D. M., & Cooper, K. J. (1998). Teaching adults with severe disabilites to express their choice of settings for leisure activites. *Education and Training in Mental Retardation and Developmental Disabilities, 33*(3-), 228-238.

Browder, D. M., & D'Huyvetter, K. (1988). An evaluation of transfer of stimulus control and of comprehension and sight word reading for children with mental retadation and emotional disturbance. *School Psychology Review, 17,* 331-342.

Browder, D. M., & Minarovic, T. J. (2000). Utilizing sight words in self-instruction training for employees with moderate mental retardation in competitive jobs. *Education and Training in Mental Retardation and Developmental Disabilities, 35*(1), 78-89.

Browder, D. M., & Snell, M. E. (2000). Teaching functional academics. In M. E Snell & F. Brown (Eds.), *Instruction of students with severe disabilities* (5th ed., pp. 493-542). Upper Saddle River, NJ: Prentice-Hall, Inc.

Brown, F. (1987). Meaningful assessment of people with severe and profound handicaps. In M. E. Snell (Ed.), *Systematic instruction of persons with severe handicaps* (3rd ed., pp. 39-63). New York: Macmillan.

Brown, L., Branston-McLean, M.B., Baumgart, D., Vincent, L., Falvey, M., Schroeder, J. (1979). Using the characteristics of current and future least restrictive environments in the development of curricular content for severely handicapped students. *AAESPH Review, 4*(4),409-424.

Brown, L., Branston-McLean, M. B., Hamre-Nietupski, S., Pumpian, I., Certo, N., & Gruenewald, L. A. (1979). A strategy for developing chronological age appropriate and functional curricular content for severely handicapped adolescents and young adults. *Journal of Special Education, 13,* 81-90.

Brown, F., Evans, I., Weed, K., & Owen, V. (1987). Delineating functional competencies: A component model. *Journal of the Association for Persons with Severe Handicaps, 12*(2), 117-124.

Brown, F., Helmstetter, E., & Guess, D. (1992). *Current best practices with students with profound disabilities: Are there any?* The University of Kansas, Department of Special Education (Unpublished manuscript).

Brown, L., Nietupski, J., & Hamre-Nietupski, S. (1976). Criterion of ultimate functioning. In M. A. Thomas (Ed.), *Hey, don't forget about me!* (pp. 2-15). Reston, VA: Council for Exceptional Children.

Brown, F. , & Snell, M. E.(2000). Meaningful Assessment. In M. E. Snell & F. Brown (Eds.), *Instruction of students with severe disabilities* (5th ed., pp. 67-114). Upper Saddle River, NJ: Prentice-Hall, Inc.

Buckley, J., Mank, D., & Sandow, D. (1990). Developing and implementing support strategies. In F. R. Rusch (Ed.), *Supported employment: Models, methods, and issues* (pp. 131-144). Sycamore, IL: Sycamore Publishing Co.

Bulgren, J. A., & Lenz, B. (1995). The effects of instruction in a paired associates strategy on the information mastery performance of students with learning disabilities. *Learning Disabilities Research and Practice, 10*(1), 22-37.

Butler, F. M., Miller, S. P., Lee, Kit-Hung, & Pierce, T. (2001). Teaching mathematics to students with mild-to-moderate mental retardation. *Mental Retardation, 39*(1), 20-31.

Bullock, C. C., & Mahon, M. J. (1997). *Introduction to recreation services for people with disabilities: A person-centered approach.* Champaign, IL: Sagamore.

Bybee, J., & Zigler, E. (1999). Outerdirectedness in individuals with and without mental retardation: A review. In E. Zigler & D. Bennett-Gates (Eds.), *Personality development in individuals with mental retardation* (pp. 165-205). New York: Cambridge University Press.

Carnine, D., Silbert, J., & Kameenui, E. J. (1990). *Direct instruction reading* (2nd ed.). Columbus, OH: Merrill.

Carr, E. G., Levin, L., McConnachie, G., Carlson, J. I., Kemp, D. C., & Smith, C. E. (1994). *Communication-based intervention for problem behavior: A user's guide for producing positive change.* Baltimore: Paul H. Brookes.

Cartledge, G., & Milburm, J. E. (1995). *Teaching social skills to children and youth: Innovative approaches* (3rd ed.). Needham Heights, MA: Allyn and Bacon.

Caspar, L. A., & Glidden, L. M. (2001). Sexuality education for adults with developmental disabilities. *Education and Training in Mental Retardation and Developmental Disabilities, 36(2),* 172-177.

Certo, N. (1983). Characteristics of educational services. In M. E. Snell (Ed.), *Systematic instruction for the moderately and severely handicapped* (2nd ed.). Columbus, OH: Charles E. Merrill.

Cipani, E., & Spooner, F. (1994). *Curricular and instructional approaches for persons with severe disabilities.* Needham Heights, MA: Allyn and Bacon.

Clark, G. M. & Patton, J. R. (1997). *Transition planning inventory: Administration and resource guide.* Austin, TX: Pro-ed.

Clark, L., & Starr, I. (1986). *Secondary and middle school teaching methods.* NY: Macmillan.

Connelly E. M. & Clandinin, D. J. (1988). *Teachers as curriculum planners: Narratives of experience.* Columbia, MI: Columbia University, Teacher's College.

Conners, F. A. (1992). Reading instruction for students with moderate mental retardation: Review and analysis of research. *American Journal on Mental Retardation, 96*(6), 577-97.

Cooke-Johnson, L. (1982). *Individual skill goals priority rating sheet.* Winfield, KS: Winfield State Hospital and Training Center.

Cooper, K. J., & Browder, D. M. (1998). Enhancing choice and participation for adults with severe disabilites in a community-based instruction. *Journal of the Association for Persons with Severe Disabilities, 23*(3), 252-260.

Copeland, S. R. & Hughes, C. (2002). Effects of goal setting on task performance of persons with mental retardation. *Education and Training in Mental Retardation and Developmental Disabilities, 37*(1), 40-54.

Cox, P., Holden, S., & Pickett, T. (1997). *Improving student writing sills through the use of "writing to leaarn".* Springfield, IL: Saint Xavier University, master's project (ERIC Document Reproduction Service No. ED411520).

Crane, L. (2002). *Mental Retardation: A Community Integration Approach.* Belmont, CA: Wadsworth/Thomas Learning Group.

Crawford, D. W., & Godbey, G. (1987). Reconcepturalizing barriers to family leisure. *Leisure Sciences, 9,* 119-127。

Cronin, M. E. & Patton, J. R. (1993). *Life skills instruction for all students with special needs: A practical guide for integrating real-life content into the curriculum.* Austin, TX: Pro-ed.

Crossland, C. L. (1981). Comparison of retarded and non-retarded on the ability to use context in reading. *Journal for Special Education, 17*(3), 234-241.

Dattilo, J. (1994). *Inclusive leisure services: Responding to the rights of people with disabilities.* PA: Venture.

Davies, D. K., Stock, S. E., & Wehmeyer, M. L. (2002a). Enhancing independent task performance for individuals with mental retardation through use of a handheld self-directed visual and audio prompting system. *Education and Training in Mental Retardation, 37*(2), 209-218.

Davies, D. K., Stock, S. E., & Wehmeyer, M. L. (2002b). Enhancing independent time-management skills of individuals with mental retardation use a palmtop personal computer. *Mental Retardation, 40*(5), 358-365.

Dever, R. B., & Knapczyk, D. R. (1997). *Teaching persons with retardation: A model for curriculum development and teaching.* Madison, WI: Brown and Benchmark Publishers.

Dickson, P. & Costa, S. (1982). *Evaluating individualized education programs.* Columbus, OH: Merrill.

Domaracki, J. W. & Lyon, S. R. (1992). A comparative analysis of general case simulation instruction and naturalistic instruction. *Research in Developmental Disabilities, 13*(4), 363-79.

Downing, J. E. (1999). *Teaching communication skills to student with severe disabilities.* Baltimore: Paul H. Brookes.

Drew, C. J., Hardman, M. L., & Logan, D. R. (1996). *Mental retardation: A life cycle approach* (6th ed.). Englewood Cliffs, NJ: Prentice-Hall, Inc.

Dudley, J. R., Ahlgrim-Delzell, L., & Calhoun, M. L. (1999). Diverse diagnostic and behavioral patterns amongst people with a dual diagnosis. *Journal of Intellectual Disability Research, 43*(2), 70-79.

Duker, P. C., Van Deursen, W., & De Wit, M., & Palmen, A. (1997). Establishing a receptive repertoire of communicative gestures with individuals who are profoundly mentally retarded. *Education and Training in Mental Retardation and Developmental Disabilities, 32*(4), 357-361.

Durand, V. M. (1990). *Severe behavior problems: A functional communication training approach.* New York The Guilford Press.

Durand, V. M. (1993). Functional communication training using assistive devices: Effects on challenging behavior and affect. *Augmentative and Alternative Communication, 9,* 168-176.

Dyer, K., & Luce, S. C. (1996). *Teaching practical communication skills.* Washington, DC: The American Association on Mental Retardation.

Dykes, M. K., & Lee, J. M. (1994). Assistive technology. In E. Cipani & F. Spooner (Eds.), *Curricular and instructional approaches for persons with severe disabilities* (pp. 351-364). Needham Heights, MA: Allyn and Bacon.

D'Zurilla, T. J., & Goldfried, M. R. (1971). Problem-solving and behavioral modification. *Journal of Abnormal Psychology, 78,* 107-126.

Edmark Functional Word Series (1990). Redmon, WA: Edmark.

Eisner, E. W. (1979). *The educational imagination.* New York: Macmillan Publishing Co.

Ellis, D. N., Cress, P. J., & Spellman, C. R. (1990). Using timers and lap counters to promote self-management of independent exercise in adults with mental retardation. *Education and Training in Mental Retardation, 27,* 51-59.

Ellis, E. S., Lenz, B. K., & Sabornie, E. J. (1987). Generalization an adaptation of learning strategies in natural environments: Critical agents. *Remedial and Special Education, 8,* 6-20.

Englemann, S., & Bruner, E. C. (1974). *DISTAR reading: An instructional sustem.* Chicago: Scientific Research Associates.

Englemann, S., & Carnine, D. (1982). *Theory of instruction: Principles and application.* New York: Irvington.

Evans, W. H., & Evans, S. S., & Schmid, R. E. (1989). *Behavior and instructional management: An ecological approach.* Needham Heights, MA: Allyn and Bacon.

Facon, B., Facon-Bollengier, T., & Grubar, J. (2002). Chronological age, receptive vocabulary, and syntax comprehension in children and adolescents with mental retardation. *American Journal on Mental Retardation, 107*(2), 91-98.

Falvey, M. A. (1985). *Community-based instruction: Instructional strategies for students with severe handicaps*. Baltimore: Paul H. Brookes.

Falvey, M. A. (1989). *Community-based instruction: Instructional strategies for students with severe handicaps* (2nd ed.). Baltimore: Paul H. Brookes.

Farlow, L. J., & Snell, M. E. (2000). Teaching basic self-care skills. In M. E Snell & F. Brown (Eds.), *Instruction of students with severe disabilities* (5th ed., pp. 331-380). Upper Saddle River, NJ: Prentice-Hall, Inc.

Ferguson, D. L., & Wilcox, B. L. (1988). *The elementary/secondary system: Supportive education for students with severe handicaps: Module I. The activity based IEP*. Eugene, OR: University of Oregon, Specialized Training Program.

Fletcher, R. (2000). *Information on mental health aspects of mental retardation and dual diagnosis.* National Association on Dual Diagnosis(NADD)Webpage: www.thenadd.org/cgi=bin/router.pl?session=1781538168Location=/pages/dual/serv.htm.

Flexer, R. (1989). Conceptualizing addition. *Teaching Exceptional Children, 21*(4), 21-24.

Flores, D. M. & Schloss, P. J. (1995). The use of daily calendar to increase responsibilities fulfilled by secondary students with special needs. *Remedial & Special Education, 16*(1), 38-43.

Foley, G. M. (1990). Portrait of the arena evaluation: Assessment in the transdisciplinary approach. In Gibbs, E. & Teti, D.(Eds.), *Infant assessment: A guide for early intervention specialists* (pp. 25-31). Baltimore: Paul H. Brookes.

Ford, A., Schnorr, R., Meyer, L., Davern, L., Black, J., & Dempsey, P. (1989). *The Syracuse community-referenced curriculum guide for students with moderate and severe disabilities*. Baltimore: Paul H. Brookes.

Forness, S. R., & Kavale, K. A. (1993). Strategies to improve basic learning and memory deficits in mental retardation: A meta analysis of experimental studies. *Education and Training in Mental Retardation, 28*(2), 99-110.

Frankel, F., Simmons, J. Q., & Richey, V. E. (1987). Reward value of prosodic features of language for autistic, mentally retarded.and normal children. *Journal of Autism and Developmental Disorder, 17,* 103-113.

Fredericks, B., Brodsky, M. (1994). Assessment for a functional curriculum. In E. Cipani & F. Spooner (Eds.), *Curricular and instructional approaches for persons with severe disabilities* (pp. 31-49). Needham Heights, MA: Allyn and Bacon.

Frederick, B., Test, D. W., & Varn, L. (1991). Acquisition and generalization of purchasing skills using a calculator by students who are mentally retarded. *Education and Training in Mental Retardation*, *26*(4), 381-387.

Friend, M., & Bursuck, W. D. (1996). *Including students with special needs: A practical guide for classroom teachers* (3rd ed.). Boston: Allyn & Bacon.

Full Citizenship, Inc. (1995). *The service plans of achieving quality of life for individuals with disabilities.* Lawrence, KS: Full Citizenship, Inc.

Gardill, M. C., & Browder, D. M. (1995). Teaching stimulus classes to encourage independent purchasing by students with severe behavior disorders. *Education and Training in Mental Retardation and Developmental Disabilities, 30,* 254-264.

Gardner, H. (1993). *Multiple intelligences: The theory in practice.* New York: Basic Books.

Garner, H. S., Uhl, M., & Cox, A. W. (1992). *Interdisciplinary teamwork training guide.* Richmond, VA: Virginia Institute for Developmental Disabilities.

Gaylord-Ross, R., Stremel-Campbell, K., & Storey, K. (1986). Social skill training in natural contexts. In R. H. Horner, L. H. Meyer, & H. D. B. Fredericks (Eds.). *Education of learners with severe handicaps* (pp. 161-187). Baltimore: Paul H. Brookes.

Giangreco, M., Cloninger, C., & Iverson, V. (1993). *Choosing Options and Accommodations for Children (COACH): A guide for planning inclusive education.* Baltimore: Paul H. Brookes.

Glick, B., & Goldstein, A. P. (1987). Aggression replacement training. *Journal of Counseling and Development, 65,* 356-362.

Goodman, K. S. (1986). *What's whole in whole language?* Portsmouth, NH: Heinemann.

Gordon, T. (1974). *Teacher effectiveness training.* New York: P. H. Wyden Publishing Co.

Gray, C. A. (1995). Teaching children with autism to read social situations. In K. A. Quill (Ed.), *Teaching children with autism: Strategies to enhance communication and socialization* (pp. 220-242). Albany, NY: Delmar Publishers.

Griffin, A. K., Wolery, M., & Schuster, J. W. (1992). Triadic instruction of chained food preparation responses: Acquisition and observational learning. *Journal of Applied Behavior Analysis, 25,* 257-279.

Gruber, B., Reeser, R., & Reid, D. H. (1979). Providing a less restrictive environment for profoundly retarded persons by teaching independent walking skills. *Journal of Applied Behavior Analysis, 12,* 285-297.

Guess, D., Horner, D., Utley, B., Holvoet, J., Maxon, D., Tucker, D., & Warren, S. (1978). A functional curriculum sequencing model for teaching the severely handicapped. *AAESPH Review, 3*(4), 202-215.

Guess, D., Bennson, H., & Siegel–Causey, E. (1985). Concepts and issues related to choice-making and autonomy among persons with severe disabilities. *The Journal of Association for Persons with Severe Handi caps, 2,* 79-86.

Guess, D., & Helmstetter, E. (1986). Skills cluster instruction and individualized curriculum sequencing model. In R. Horner, L. Meyer, & H. D. Fredericks (Eds.), *Education of learners with severe handicaps* (pp. 221-248). Baltimore: Paul H. Brookes.

Guess, D., & Siegel-Causey, E. (1984). Students with sever and multiple disabilities. In E. Meyen & T. Skirtic (Eds.), *Exceptional children and youth: An introduction* (pp. 239-320). Denver, CO: Love.

Gunning, T. G. (1992). *Creating reading instruction for all children.* Boston: Allyn & Bacon.

Hagiwara, T., & Myles, B. S. (1999). A multimedia social story intervention: teaching skills to children with autism. *Focus on Autism and Other Developmental Disabilities,14*(2), 82-95.

Haign, L. M. (1986). *Maryland life skills curriculum*. Baltimore: Paul H. Brookes.

Hallahan, D. P., & Kauffman, J. M. (1991). *Exceptional children: Introduction to special education*. Englewood Cliffs, NJ: Prentice-Hall, Inc.

Halle, J. W., Chadsey-Rusch, J. & Collet-Klingenberg, L. (1993). Applying contextual features of general case instruction and interactive routines to enhance communication skills. In R. A. Gable & S. F. Warren. (Eds.), *Strategies for teaching students with mild to severe mental retardation* (pp. 231-267). London: Jessica Kingsley Publishers Ltd.

Haring, N. G., & Liberty, K. A. (1990). Matching strategies with performance in facilitating generalization. *Focus on Exceptional Children, 22*(8), 1-16.

Haring, N. G. , & McCormick, L. (1986). *Exceptional Children and Youth: An introduction to special education.* Columbus, OH: Merrill.

Haring, T. G., Ryndak, D. (1994). Strategies and instructional procedures to promote social interactions and relationships. In E. Cipani & F. Spooner (Eds.), *Curricular and instructional approaches for persons with severe disabilities* (pp. 289-321). Needham Heights, MA: Allyn and Bacon.

Hayden, D., Vance, B., & Irvin, M. S. (1982). Establishing a special education management system-SEMS. *Journal of Learning Disabilities, 15,* 428-429.

Hemmeter, M. L., & Kaiser, A. P. (1994). Enhanced milieu teaching: Effects of parent-implemented language intervention. *Journal of Early Intervention, 18(3)*, 269-289.

Hendrickson, J. M., & Frank, A. R. (1993). Engagement and performance feedback: Enhancing the classroom achievement of students with mild mental disabilities. In R. A. Gable & S. F. Warren. (Eds.), *Strategies for teaching students with mild to severe mental retardation* (pp. 11-47). London: Jessica Kingsley Publishers Ltd.

Heyne, L. A., & Schleien, S. J. (1994). Leisure and recreation programming to enhance quality of life. In E. Cipani & F. Spooner (Eds.), *Curricular and instructional approaches for persons with severe disabilities* (pp. 213-240). Needham Heights, MA: Allyn and Bacon.

Hickson, L ., Blackman, L. S., & Reis, E. M. (1995). *Mental Retardation: Foundations of educational planning.* Needham Heights, MA: Allyn & Bacon.

Hoehle, P. L. (1993). *The development of an expert system to evaluate the individualized education program components of student records.* Utah State University, Doctoral dissertation.

Hoge, G., & Dattilo, J. (1999). Effects of a leisure education program on youth with mental retardation. *Education and Training in Mental Retardation and Developmental Disabilities, 34*(1), 20-34.

Holowach, K. T. (1989). *Teaching that works: The individualized critical skills model.* Sacramento, CA: Resources in Special Education.

Hoogeveen, F. R., Smeets, P. M., Van der Houven, J. E. (1987). Establising letter-sound correspondence in children classified as trainable mentally retarded. *Educational and Training in Mental Reatrdation, 22*(2), 77-84.

Hoover, J. J., & Patton, J. R. (1997). *Curriculum adaptation for students with lᵔᵔrning and behavior problems: Principles and practices* (2ⁿᵈ ed.). Austin, TX: Pro ed.

Horner, R. H., & Day, H. M. (1991). The effects of response efficiency on functionally equivalent competing behaviors. *Journal of Applied Behavior Analysis, 24,* 719-732.

Horner, R. H., Dunlap, G., & Koegel, R. L. (1988). *Generalization and maintenance: Lifestyle changes in applied settings.* Baltimore: Paul H. Brookes.

Horner, R. H., Jones, D. N., & Williams, J. N. (1985). A functional approach to teaching generalized street crossing. *Journal of the Association for Persons with Sever Disabilities, 10,* 71-78.

Horner, R. H., McDonnel, J. J., & Bellamy, G. T. (1986). Teaching generalized skills: General case instruction in simulation and community settings. In R. H. Horner, L. H. Meyer, & H. D. B. Fredericks (Eds.). *Education of learners with severe handicaps* (pp. 289-314). Baltimore: Paul H. Brookes.

Horner R. H., Snell, M., Flannery, K. B. (1993). *Research synthesis on educational strategies for students with severe intellectual disabilities.* University of Oregon, National Center to Improve the Tools of Educators. (ERIC Document Reproduction Service No. ED 386 852).

Horner, R. H., Williams, J. A., & Steveley, J. D. (1987). Acquisition of generalized telephone use by students with moderate and severe mental retardation. *Research in Developmental Disabilities, 8,* 229-248.

Horvath, M., Hoernicke. P. A., & Kallam, M. (1993). *Mental retardation in perspective.* US Department of Education, Office of Educational Research and Improvement (ERIC Document Reproduction Service No. ED 355 729).

Huang, W., & Cuvo, A. J. (1997). Social skills training for adults with mental retardation in job-related settings. *Behavior Modification, 21*(1), 3-44.

Hughes, C. (1992). Teaching self-instruction utilizing multiple exemplars to produce generalized problem-solving among individuals with severe mental retardation. *American Journal on Mental Retardation, 97*(3), 302-314.

Hughes, C., Hugo, K., & Blatt, J. (1996). Self-instructional intervention for teaching generalized problem-solving within a functional task sequence. *American Journal on Mental Retardation, 100,* 565-579.

Huguenin, N. H., Weidenman, L. E., & Mulick, J. A. (1991). Programmed instruction. In J. L. Matson & J. A. Mulick (Eds.), *Handbook of mental retardation* (pp. 451-467). New York: Pergamon Press.

Hutchins, M. P., Renzaglia, A. M. (1990). Developing a longitudinal vocational training program. In F. R. Rusch (Ed.), *Supported employment: Models, methods, and issues* (pp. 134-156). Sycamore, IL: Sycamore.

Iowa Board of Education (1995). *Students with intellectual disabilities: A resource guide for teachers.* San Louis, IA: Iowa Board of Education.

Johnson, D. W., & Johnson, R. T. (1990). *Cooperation in the classroom.* Edina, MN: International Book Co.

Jones, C. J. (1992). *Enhancing self-concepts of mildly handicapped students: Learning disabiled,mildly mentally retarded,and behavior disordered.* Springfield, IL: Charles C. Thomas.

Kaiser, A. P. (2000). Teaching functional communication skills. In M. E. Snell & F. Brown (Eds.), *Instruction of students with severe disabilities* (5th ed., pp. 453-492). Upper Saddle River, NJ: Prentice-Hall, Inc.

Kaiser, A. P., Ostrosky, M. M., & Alpert, C. L. (1993). Training teachers to use environmental arrangement and milieu teaching with nonvocal preschool children. *Journal of the Association for Persons with Severe Handicaps, 18*(3), 189-199.

Kapadia, S. & Fantuzzo, J. W. (1988). Training children with developmentally disabilities and severe behavior problems to use self-management procedures to sustain attention to preacademic /academic tasks. *Education and Training in Mental Retardation, 23*(1), 59-694.

Karsh, K. G., & Repp, A. C. (1992). The task demonstration model: A concurrent model for teaching groups of students with severe disabilities. *Exceptional Children, 59,* 54-67.

Kirk, S. A., Gallagher, J. J., & Anastasiow, N. J. (1993). *Educating exceptional children* (7th ed.). Boston: Houghton Mifflin.

Koegel, R. L., O'Dell, M. C., & Koegel, L. K. (1987). A natural language teaching paradigm for nonverbal autistic children. *Journal of Autism and Developmental Disorders, 17(2),* 187-200.

Korinek, L. & Polloway, E. A. (1993). Social skills: Review and implications for instruction for students with mild mental retardation. In R. A. Gable & S. F. Warren. (Eds.), *Strategies for teaching students with mild to severe mental retardation* (pp. 71-97). London: Jessica Kingsley Publishers Ltd.

Kozub, F. M., Porretta, D. L., & Hodge, S. R. (2000). Motor task persistence of children with and without mental retardation. *Mental Retardation, 38*(1), 42-49.

Kregel, J. (1997). Functional curriculum. In P. Wehman & J. Kregel. (Eds.), *Functional curriculum for elementary, middle, and secondary age students with special needs* (pp. 19-42). Austin, TX: Pro-ed.

Krupski, A.(1986). Attention problems in youngsters with learning handicaps. In J. K. Torgesen & B. Y. L. Wang (Eds.), *Psychological and educational perspectives on learning disabilities*. New York: Academic Press.

Kuttler, S., & Myles, B. S. (1998). The use of social stories to reduce precursors to tantrum behavior in a student with autism. *Focus on Autism & Other Developmental Disabilities, 13*(3), 176-182.

Lagomarcino, T. R. & Rusch, F. R. (1989). Utilizing self-management procedures to teach independent performance. *Education and Training in Mental Retardation, 24*(4), 297-305.

Lalli, J. S., Casey, S., & Kates, K. (1995). Reducing escape behavior and increasing task completion with functional communication training, extinction, and response chaining. *Journal of Applied Behavior Analysis, 28,* 261-268.

Langone, J. (1990). *Teaching students with mild and moderate learning problems.* Boston: Allyn & Bacon.

LeGrice, B., & Blampied, N. M. (1994). Training pupils with intellectual disability to operate educational technology using video prompting. *Education and Training in Mental Retardation and Developmental Disabilities, 29,* 321-330.

Lerner, J. (1993). *Learning disabilities: Theories, diagnosis, and teaching strategies* (6th ed.). Boston: Houghton Mifflin Co.

Lewis, R. B. (1993). *Special education technology: Classroom applications.* Pacific Grove, CA: Brooks/Cole.

Liberman, R. P., DeRisi, W. J., & Mueser, K. T. (1989). *Social skill training for psychiatric patients*. New York: Pergamon.

Lloyd, J. W., Talbott, E., Tankersley, M., & Trent, S. C. (1993). Using cognitive-behavioral techniques to improve classroom performance of students with mild mental retardation. In R. A. Gable & S. F. Warren. (Eds.), *Strategies for teaching students with mild to severe mental retardation* (pp. 99-116). London: Jessica Kingsley Publishers Ltd.

Lovett, D. L. & Haring, K. A. (1989). The effects of self-management training on the daily living of adults with mental retardation. *Education and Training in Mental Retardation, 24*(4), 306-323.

Luckasson, R., Borhwick-Duffy, S., Buntinx,W. H., Schalock, R. L., Coulter, D. L., Craig, E. M., Reeve, A., Snell, M. E., Spitalnik, D. M., Tasse, M. J., & Spreat, S. (2002). *Mental retardation: Definition, classification, and systems of supports* (10th ed.). Washington, DC: American Association of Mental Retardation.

Luckasson, R., Schalock, R. L., Coulter, D. L., Snell, M. E., Polloway, E. A., Spitalnik, D. M., Reiss, S. & Stark, J. A. (1992). *Mental retardation: Definition, classification, and systems of supports* (9th ed.). Washington, DC: American Association of Mental Retardation.

Martin, G., & Pear, J. (1996). *Behavior modification: What it is and how to do it* (5th ed.). Upper Saddle River, NJ: Prentice-Hall, Inc.

McAlpine, C. (1991). Recognition of facial expressions of emotion by persons with mental retardation. *American Journal on Mental Retardation, 96*(1), 29-36.

McDonnell, J., Hardman, M. L., Hightower, J., Keifer-O'Donnell, R., & Drew, C. (1993). Impact of Community-based instruction on the development of adaptive behavior of secondary level students with mental retardation. *American Journal on Mental Retardation, 97*(5), 575-584.

McGee, G. G., & Daly, T. (1999). Prevention of problem behaviors in preschool children. In A. C. Repp & R. H. Horner (Eds.), *Functional analysis of problem behavior: From effective assessment to effective support* (pp. 171-196). Belmont, CA: Wadsworth.

McLean, M., & Crais, E. R. (1996). Procedural considerations in assessing infants and preschoolers with disabilities. In M. Mclean, D. B. Bailey Jr., & M. Wolery (Eds.), *Assessing infants and preschoolers with special need*.(2nd ed., pp. 46-68). Englewood Cliffs, NJ: Prentice-Hall.

McNamara, S., & Moreton, G. (1995). Changing behavior: *Teaching children with emotional and behavioral difficulties in primary and secondary classrooms.* London: David Fulton Publishers.

McWilliam, R. A., & Strain, P. S. (1993). *DEC Recommended practices: Indicators of quality in programs for infants and young children with special needs their families* (ERIC Document Reproduction Service No. ED 301 933).

Meichenbaum, D. H. (1977). *Cognitive behavior modification: An integrative approach*. New York: Plenum.

Mercer, D. C. & Snell, E. M. (1977). *Learning theory research in mental retardation: Implications for teaching.* Collumbus, OH: Merrill.

Merrill, E. C. (1992). Attentional resource demands of stimulus encoding for persons with and without mental retardation. *American Journal on Mental Retardation, 97*(1), 87-98.

Merrill, E. C., & Jackson, T. S. (1992). Sentence processing by adolescents with and without mental retardation. *American Journal on Mental Retardation, 97*(3), 342-50.

Meyer, L. H., Eichinger, J., Park-Lee, S. (1987). A validation of program quality indicators in educational services for students with severe disabilities. *The Journal of Association for Persons with Severe Handicaps, 12,* 251-263.

Misra, A. (1992). Generalization of social skills through self-monitoring by adults with mild mental retardation. *Exceptional Children, 58*(6), 495-507.

Moon, M. S., & Inge, K. (2000). Vocatioal preparation and transition. In M. E Snell & F. Brown (Eds.), *Instruction of students with severe disabilities* (5th ed., pp. 591-628). Upper Saddle River, NJ: Prentice-Hall, Inc.

Moore, S. C., Agran, M. & Fodor-Davis, J. (1989). Using self-management strategies to increase the production rates of workers with severe handicaps. *Education and Training in Mental Retardation, 24*(4), 324-332.

Neel, R. S., & Billingsley, F. F. (1989). *IMPACT: A functional curriculum handbook for students with moderate to severe disabilities.* Baltimore: Paul H. Brookes.

Nessel, D. D., & Jones, M. B. (1981). *The language experience approach to reading.* New York: Teachers College.

Nietupski, D., & Hamre-Nietupski, S. (1987). An ecological approach to curriculum development. In L. Goets, D. Guess, K. Stremel-Campbell (Eds.), *Innovative program design for individuals with dual sensory impairments*. Baltimore: Paul H. Brookes.

Nietupski, D., Williams, W., & York, R. (1979). Teaching selected phonic word analysis to TMR labeled students. *Teaching Exceptional Children, 11,* 140-143.

Nisbet, R. S. (1994). *Recreation and leisure programming at the high school level for individuals with mild or moderate mental retardation.* The University of South Mississippi, Doctoral dissertation.

Norris, C., & Dattilo, J. (1999). Evaluation effects of a social story intervention on a young girl with autism. *Focus on Autism and Other Developmental Disabilities, 14*(3), 180-86.

Oetting, J. B., & Rice, M. L. (1991). Influence of the social context on pragmatic skills of adults with mental retardation. *American Journal on Mental Retardation, 95*(4), 435-43.

Oliva, P. F. (1988). *Developing the curriculum*. Glenview, IL: Scott, Foresman and Company.

O'Neill, R. E., Horner, R. H., Albin, R. W., Storey, K. Y., & Sprague, J. R. (1997). *Functional assessment and program development for problem behaviors: A practical handbook* (2nd ed.). Pacific Grove, CA: Brooks/Cole Publishing Co.

O'Reilly, M. F., & Chadsey-Rusch, J. (1992). Teaching a social-skills problem-solving approach to workers with mental retardation: An analysis of generalization. *Education and Training in Mental Retardation, 27,* 324-355.

Orelove, F. P., & Sobsey, D. (1996). *Educating children with multiple disabilities: A transdisciplinary approach* (3rd ed.). Baltimore: Paul H. Brookes.

Paddock, C. (1992). Ice cream stick math. *Teaching Exceptional Children, 24*(2), 50-51.

Patton, J. R., Cronin, M. E., Bassett, D. S., & Koppel, A. E. (1997). A life skills approach to mathematics instruction: preparing students with learning disabilities for the real-life math demand of adulthood. *Journal of Learning Disabilities, 30*(2), 178-187.

Patton, J. R., Payne, J. S., Payne. R. A., & Polloway, E. A. (1989). *Strategies for teaching learners with special needs.* (4th ed.). NY: Macmillan Publishing Co.

Polloway, E. A., Smith, J. D., Patton, J. R., & Smith, T. E. C. (1996). Historic change in the mental retardation and developmental disabilities. *Education and Training in Mental Retardation and Developmental Disabilities, 31,* 1-12.

Prater, M. A. (1999). Characterization of mental retardation in children's and adolescent literature. *Education and Training in Mental Retardation and Developmental Disabilities, 34*(4), 418-31.

Rainforth, B., York, J., & Macdonald, C. (1992). *Collaborative teams for students with severe disabilities: Integrating therapy and educational services.* Baltimore: Paul H. Brookes.

Reichle, J., Sigafoos, J. (1994). Communication intervention for persons with developmental disabilities. In E. Cipani & F. Spooner (Eds.), *Curricular and instructional approaches for persons with severe disabilities* (pp. 241-262). Needham Heights, MA: Allyn and Bacon.

Repp, A. C., Felce, D., & Barton, L. E. (1988) Basing the treatment of stereotypic and self-injurious behaviors on hypotheses of their causes. *Journal of Applied Behavior Analysis, 21*, 281-289.

Richards, J. C. & Rodgers, T. S. (1986). *Approaches and methods in language teaching: A description and analysis.* New York: Cambridge University Press.

Riches, V. C. (1993). *Standards of work performance: A functional assessment and training manual for training people with disabilities for employment.* Baltimore: Paul H. Brookes.

Roessler, R., & Bolton, B. (1985). The work personality profile: An experimental rating instrument for assessing job maintenance skills. *Vocational Evaluation and Work Adjustment Bulletin, 18,* 130-135.

Rojahn, J., Hammer, D., & Kroager, T. L.(1997). Stereotypy. In N. N. Singh (Ed.), *Prevention and treatment of severe behavior problems: Models and methods in developmental disabilities* (pp. 199-216). Pacific Grove, CA: Brooks/Cole.

Rondal, J. A., & Edwards, S. (1997). *Language in mental retardation.* London: Whurr Publishers.

Rosenshine, B., & Stevens, R. (1986). Teaching functions. In M. C. Wittrock (Ed.), *Handbook of research on teaching* (3rd ed., pp. 56-78). NY: Macmillan.

Ryndak, D. L., & Alper, S. (1996). *Curriculum content for students with moderate and severe disabilities in inclusive settings.* Needham Heights, MA: Allyn and Bacon.

Sailor, W., & Guess, D.(1983). *Severely handicapped students: All instructional design.* Boston: Houghtion Mifflin.

Sailor, W., Halvorson, A., Anderson, J., Goetz, L., Gee, K., Doering, K., & Hunt, P. (1986). Community intensive instruction. In R. Horner, L. Meyer, & H. Fredrericks (Eds.), *Education of learners with severe handicaps: Exemplary service strategies.* (pp.251-288). Baltimore: Paul H. Brookes.

Sarber, R. R., & Cuvo, A. J. (1983). Teaching nutritional meal planning to developmentally disabled clients. *Behavior Modification, 7,* 503-530.

Schloss, P. J., & Sedlak (1986). *Instructional methods for students with learning and behavior problems.* Boston: Allyn and Bacon.

Schloss, P. J., & Smith, M. A. (1998). *Applied behavior analysis in the classroom* (2nd ed.). Needham Heights, MA: Allyn and Bacon.

Schopler, E., Reichler, R. J., & Lansing, M. (1980). *Individualized assessment and treatment for autistic and developmentally disabled children: Teaching strategies for parents and professionals.* Austin, TX: Pro-ed.

Schultz, E. E., Jr. (1983). Depth of processing by mentally retarded and MA-matched nonretarded individuals. *American Journal of Mental Deficiency, 88,* 307-313.

Schwier, K. M., & Hingsburger, D. (2000). *Sexuality: Your sons and daughter with intellectual disabilities.* Baltimore: Paul H. Brookes.

Serna, L., & Patton, J. R. (1993). *Mathematics studies, strategies for teaching learners with special needs* (6th ed.). Upper Saddle River, NJ: Prentice Hall, Inc.

Sherrill, C. (1998). *Adapted physical activity, recreation and sport: Crossdisciplinary and lifespan* (5th ed). New York: McGraw-Hill.

Sigafoos, J. & Reichle, J. (1993). Establishing spontaneous verbal behavior. In R. A. Gable & S. F. Warren. (Eds.), *Strategies for teaching students with mild to severe mental retardation* (pp. 191-230). London: Jessica Kingsley Publishers Ltd.

Slaton, D. B., Schuster, J., Collins, B., & Carnine, D. (1994). A functional approach to academics instruction. In E. Cipani & F. Spooner (Eds.), *Curricular and instructional approaches for persons with severe disabilities* (pp. 322-350). Needham Heights. MA: Allyn and Bacon.

Smith, R. L., Collins, B. C., Schuster, J. W., & Kleinert, H.. (1999). Teaching table cleaning skills to secondary students with moderate/severe disabilities: Facilitating observational learning during instructional downtime. *Education and Training in Mental Retardation and Developmental Disabilities, 34*(3), 342-353.

Smith, R. W., Austin, D. R., & Kennedy, D. W. (1996). *Inclusive and special recreation: Opportunities for persons with disabilities* (3rd ed.). Dubuque, IA: Time Mirror Higher Education Group, Inc.

Smith, S. W. (1990). Individualized education programs (IEPs) in special education: From intent to acquiescence. *Exceptional Children, 32*(4), 6-13.

Snell, M. E. (1987). *Systematic instruction of persons with severe handicaps* (3rd ed.). New York: Macmillan.

Snell, M. E., & Brown, F. (1993). Instructional planning and implementation. In M. E Snell & F. Brown (Eds.), *Instruction of students with severe disabilities* (4th ed., pp. 99-151). Upper Saddle River, NJ: Prentice-Hall, Inc.

Snell, M. E. & Brown, F. (2000). Development and implementation of educational programs. In M. E Snell & F. Brown (Eds.), *Instruction of students with severe disabilities* (5th ed., pp. 155-172). Upper Saddle River, NJ: Prentice-Hall, Inc.

Snell, M. E., & Grigg, N. C. (1987). Instructional assessment and curriculum development. In M. E. Snell (Ed.), *Systematic instruction of persons with severe handicaps* (3rd ed., pp. 64-109). New York: Macmillan.

Soto, G., Toro-Zambrana, & Belfiore, P. J. (1994). Comparison of two instructional strategies on social skills acquisition and generalization among individuals with moderate severe mental retardation working in a vocational settings: A meta-analytical review. *Education and Training in Mental Retardation and Development Disabilities, 29*(4), 307-320.

Spooner, F., Stem, B., & Test, D. W. (1989). Teaching first-aid skills to adolescents who are moderately mentally handicapped. *Educational Training in Mental Retardation, 24,* 341-351.

Spooner, F., & Test, D. W. (1994). Domestic and community living skills. In E. Cipani & F. Spooner (Eds.), *Curricular and instructional approaches for persons with severe disabilities* (pp. 149-183). Needham Heights, MA: Allyn and Bacon.

Staub, D., Peck, C. A., Gallucci, C., & Schwartz, I. (2000). Peer relationships. In M. E Snell & F. Brown (Eds.), *Instruction of students with severe disabilities* (5th ed., pp. 381-408). Upper Saddle River, NJ: Prentice-Hall, Inc.

Steere, D. E. (1997). *Increasing variety in adult life: A general case approach.* Washington, DC: American Association on Mental Retardation (ERIC Document Reproduction Service No. ED416641).

Sternberg, L. (1991). *Functional communication: Analyzing the nonlinguistic skills of individuals with severe or profound handicaps.* New York: Springer-Verlag.

Strickland, B. B., & Turnbull, A. P. (1990). *Developing and implementing individualized education programs* (3rd ed.). Columbus, OH: Merrill.

Test, D. W., Howell, A., Burkhart, K., & Beroth, T. (1993). The one-more-than technique as a strategy for counting money for individuals with moderate mental retardation. *Education and Training in Mental Retardation, 28,* 232-241.

Test, D. W., & Spooner, F. (1996). *Community-based instructional support.* Washington, DC: American Association on Mental Retardation.

Texas Education Agency (1999). *IDEA final regulations.* Texas Education Agency, Division of Special Education.

Thomas, C. C., Correa, V. I., & Morsink, C. V. (1995). *Interactive teaming: Consulation and collaboration in special programs* (2nd ed.). Englewood Cliffs, NJ: Prentice-Hall.

Thomas, G. E. (1996). *Teaching students with mental retardation: A life goal curriculum planning approach.* Englewood Cliffs, NJ: Merrill.

Tirapelle, L., & Cipani, E. (1992). Developing functional requisition, durability, and generalization of effects. *Exceptional Children, 58*(3), 260-269.

Trask-Tyler, S. A., Grossi, T. A., & Heward, W. L. (1994). Teaching young adults with developmental disabilities and visual impairments to use tape-recorded recipes: Acquisition, generalization, and maintenance of cooking skills. *Journal of Behavior Education, 4,* 283-311.

Tse, J. W. L., Chiu, H. K. T., & Ho, F. C. (1992). *An ecological curriculum for students with mental handicaps in Hong Kong.* City Polytechnic of Hong Kong.

Turnbull III, H. R. (1993). *Free appropriate public education* (4th ed.). Denver, CO: Loveo.

Tylor, R. L. (1997). *Assessment of individuals with mental retardation.* San Diego, CA: Singular Publication Group.

Valletutti, P. J., Bender, M., & Sims-Tucker, B. (1996). *A functional curriculum for teaching students with disabilities* (2nd ed.). Austin, TX: Pro-ed.

Van Houten, R. (1979). Social validation: The evolution of standards of competency for target behaviors. *Journal of Applied Behavior Analysis, 12*(4), 581-91.

Vincent, L. J., Salisbury, C., Walter, G., Brown, P., Gruenewald, L., & Powers, M. (1980). Program evaluation and curriculum development in early childhood/special education: Criteria of the next environment. In W. Sailor, B. Wilcox,& L. Brown (Eds.), *Methods of instruction for severely handicapped students* (pp.303-328). Baltimore: Paul H. Brookes.

Walcott, D. D. (1997). Education in human sexuality for young people with moderate and severe mental retardation. *Exceptional Children, 32,* 72-74.

Walker, J. E., & Shea, T. M. (1991). *Behavior management: A practical approach for educators* (5th ed.). New York: Macmillan.

Wall, M. E., & Gast, D. L. (1997). Caregivers' use of constant time delay to teach leisure skills to adolescents or young adults with modersate or severe intellectual disabilities. *Education and Training in Mental Retardation and Development Disabilities, 32,* 340-356.

Walls, R. J., Zane, T., & Werner, T. J. (1977). *Vocational behavior checklist.* Dunbar, WV: West Virginia Rehabilitation Research and Training Center.

Watson, M., Bain, A., & Houghton, S. (1992). A preliminary study in teaching self-protective skills to children with moderate and severe mental retardation. *Journal of Special Education, 26,* 181-194.

Wehman, P. (1997). *Curriculum Design.* In P. Wehman & J. Kregel (Eds.), *Functional curriculum for elementary, middle, and secondary age students with special needs* (pp. 1-18). Austin, TX: Pro-ed.

Wehmeyer, M. L., Sands, D. J., Knowlton, H. E., & Kozleski, E. B. (2002). *Teaching students with mental retardation: Providing access to the general curriculum.* Baltimore: Paul H. Brookes.

Westling, D. L. & Fox, L. (1995). *Teaching students with severe disabilities.* Englewood Cliffs, OH: Prentice-Hall Inc.

Wheeler, J. J., Bates, P., Marshall, K. J., & Miller, S. R. (1988). Teaching appropriate behaviors to a young man with moderate mental retardation in a supported competitive employment settings. *Education and Training in Mental Retardation, 25*(2), 105-116.

White, W. J. (1983). The validity of occupational skills in career education: Fact or fantasy? *Career Development for Exceptional Individuals, 6,* 51-60.

Whitman, T. L. (1990a). Development of self-regulation in persons with mental retardation. *American Journal on Mental Retardation*, *94*(4), 373-376.

Whitman, T. L. (1990b). Self-regulation and mental retardation. *American Journal on Mental Retardation, 94*(4), 347-362.

Wiederholt, J. Z., Hammill, D. D., & Brown, V. L. (1993). *The resource program: Organization and implementation*. Austin, TX: Pro-ed.

Wilcox, B., & Bellamy, T. G. (1987). *A comprehensive guide to the activities catalog: An alternative curriculum for youth and adults with severe disabilities.* Baltimore: Paul H. Brookes.

Will, M. (1986). Educating children with learning problems: A shared responsibility. *Exceptional Children, 52,* 422-415.

Wircenski, J. L. (1988). *Texas transition model: School to work transition curriculum.* Austin, TX: University of Texas, Extension Instruction and Materials Center.

Wolery, M., Ault, M. J., & Doyle, P. M. (1992). *Teaching students with moderate to severe disabilities: Use of response prompting strategies*. New York: Longman.

Wolery, M., Bailey, D. B., Jr., & Sugai, G. M. (1988). *Effective teaching principles and procedures of applied behavior analysis with exceptional students*. Boston: Allyn & Bacon.

Wolery, M., & Gast, D. L. (1984). Effective and efficient procedures for the transfer of stimulus control. *Topics in Early Children Special Education, 4*(3), 52-77.

Wolf, M. M. (1978). Social validity: The case for subjective measurement or how applied behavior analysis is finding its heart. *Journal of Applied Behavior Analysis, 11,* 203-214.

Wolfe, P. S., & Harriott, W. A. (1997). Functional academics. In P. Wehman & J. Kregel. (Eds.), *Functional curriculum for elementary, middle, and secondary age students with special needs* (pp. 68-104). Austin, TX: Pro-ed.

Wood, J. W. (1998). *Adapting instruction to accommodate students in inclusive settings* (3rd ed.). Needham Heights, MA: Allyn & Bacon.

Woodruff, G., & McGonigel, M. J. (1988). Early intervention team approaches: The transdisciplinary model. In J. B. Jordan, J. J. Gallagher, P. L. Hutinger, M. B. Karnes (Eds.), *Early childhood special education: Birth to three* (pp. 164-181). Reston, VA: Council for Exceptionl Children.

Worrall, N., & Singh, Y. (1993). Teaching TMR children to read using integrated picture cuing. *American Journal of Mental Deficiency, 87,* 422-429.

Wuerch, B. B., & Voeltz, L. M. (1982). *Longitudinal leisure skills for severely handicapped learners*. Baltimore: Paul H. Brookes.

York, J., & Vandercook, T. (1991). Designing an integrated education for leanners with severe disabilities through the IEP process. *Teaching Exceptional Children*, *23*(2), 22-28.

Young, R. K., West, R. P., & MacFarlane, C. A. (1994). Program development, evaluation, and data-based decision making. In E. Cipani & F. Spooner (Eds.), *Curricular and instructional approaches for persons with severe disabilities* (pp. 50-80). Needham Heights, MA: Allyn and Bacon.

Ysseldyke, J. E., & Algozzine, B., Thurlow, M. L. (2000). *Critical issues in special education* (3rd ed.). Boston: Houghton Mifflin.

Zeaman, D., & House, B. J. (1979). A review of attention theory. In N. R. Ellis (Ed.), *Handbook of mental deficiency: Psychological theory and research* (2nd ed., pp. 159-223). New York: McGraw-Hill.

Zetlin, A. G., & Murtaugh, M. (1988). Friendship patterns of mildly handicapped and nonhandicapped high school students. *American Journal of Mental Retardation, 92*(5), 447-454.

Zhang, J., Gast, D., Horvat, M., & Datillo, J. (1995). The effectiveness of constant time delay procedure on teaching lifetime sport skills to adolescents with severe to profound intellectual disabilities. *Education and Training in Mental Retardation and Development Disabilities, 30,* 51-64.

附　錄

附錄一
特殊教育學校國中教育階段智能障礙類課程綱要

領域	次領域	綱目	項　　目(細　　目)
職業生活	職業知識	工作知識	工作資訊(就業資訊的獲取、就業資訊的理解、認識職種、勞工義務、勞工權利、勞工保險)
			工作安全(機具操作安全、安全守則、安全配備、意外事故預防與處理、職業病的防治)
			求職技巧(求職表件、服裝儀容、面談技巧)
		生涯發展	自我了解(個人能力、個人興趣、個人性向、個人志願、個人環境)
		生涯規畫	生涯規畫(生涯發展諮詢服務、生涯抉擇、生涯發展過程、個人發展計畫)
	職業態度	工作倫理	遵從指示(契約規定、主管指示、臨時要求)
			工作責任(負責盡職、任務交接)
			合作共事(合群、分享、互助、接受批評)
		工作調適	工作習慣(守時、工具歸位、收拾整理)
			工作態度(誠實、主動、專注、接受挑戰、容忍挫折、自我評價、工作意願)
	職業性向探索	職前技能	體力負荷(搬抬、背扛、攀爬、平衡)
			清潔整理(清洗、摺疊、排列、分類)
			組合包裝(清點、組合、裝卸、配對、包裝、裁剪、使用手工具、機具操作)
			接待服務(接待客人、服裝儀容、溝通表達、應對禮儀)
		特定職業技能	體力類(畜牧、農藝、木工、營造、搬運、其他)
			整理類(房舍清潔、環保、洗衣、洗車、其他)
			生產類(陶藝、裝配、成衣、印刷、其他)
			服務類(餐飲服務、旅館服務、超市店員、美容美髮、收票、其他)
社會適應	社會能力	社交技能	社交禮儀(儀容整潔、適當服飾、良好姿勢、合宜的肢體動作、守時守信、餐飲禮儀、作客與待客)
			人際關係(結交朋友、關愛他人、互助合作)
			社交會話(適當用語、會話禮節)

領域	次領域	綱目	項　　目(細　　目)
社會適應	社會能力	社會知能	節慶(國定節日、民俗節日)
			民俗與文化(迎神廟會、婚喪喜慶、宗教信仰、地方戲曲、藝文活動)
			歷史常識(史前人類與進化、中華民族、中華文化與歷史文物、中華民國的誕生)
			地理常識(台灣的開發、家鄉縣市、台灣與大陸、亞洲、我們的地球)
			時事資訊(訊息獲取、談論與分享)
			法律常識(法律概念、法律實務、公民的權利與義務)
	環境與資源	自然環境	動物(認識動物、動物的飼養、愛護動物)
			植物(認識植物、植物的栽種、愛護植物)
			礦物(礦物的形成與種類、礦物的運用與維護)
			季節與氣候(四季、溫度的變化、氣候的變化與影響)
			環境與生態保護(環境衛生、環境維護、自然生態保護、文化資產保護、資源利用)
		社區環境	學校(地理位置、行政組織與運作、班級、學習場所與資源、學校安全、學校倫理道德)
			社區(家庭住所、左鄰右舍、消費場所、醫療機構、育樂場所、身心障礙服務機構、其他公共設施)
			政府組織(村(里)辦公室、區(鄉、鎮)公所、縣(市)政府、省(市)政府、中央政府)
		環境維護	環境整理(垃圾處理與資源回收、鄰里整潔、公共場所整潔)
			災害的防範與應變(人為災害的防範與處理、天然災害的防範與應變)
		行動能力	交通工具(交通工具的類別、交通工具的功能)
			交通安全(交通規則、步行的安全守則、乘車的安全守則、道路事件的防範與處理)
			交通運輸(區域性交通工具與網路、區域性交通機構與服務人員、選擇交通工具、使用交通工具)
生活教育	知動能力	感官知覺	視覺(視覺敏銳、視覺辨識、視覺記憶與序列、視覺形象背景區分、視覺動作空間形式的處理)
			聽覺(聽覺敏銳、聽覺辨識、聽覺記憶與序列、聽覺形象背景區分)
			觸覺(觸覺敏銳、觸覺辨識、觸覺記憶與序列)
			味覺(味覺敏銳、味覺辨識、味覺記憶)
			嗅覺(嗅覺敏銳、嗅覺辨識、嗅覺記憶)

領域	次領域	綱目	項　　　目(細　　　目)
生活教育	知動能力	粗大動作	基本動作與肌力(基本動作、下肢大肌肉動作、上肢大肌肉動作)
		精細動作	手眼協調(下肢精細動作、上肢小肌肉動作)
	自我照顧	飲食	飲食能力(食具的辨認與選擇、進食技巧、食物衛生、食物適量)
			飲食習慣(衛生習慣、用餐禮儀)
		穿著	穿著能力(衣物的辨認與選擇、穿脫技巧)
			衣著整飾(衣物的搭配、配件的使用)
		個人衛生	如廁(廁所的辨認與選擇、如廁的技能)
			盥洗(用具的辨認與選擇、盥洗的技能、習慣的養成)
			儀容整飾(整飾技巧)
		生理健康	身體構造(頭、軀幹、四肢、器官)
			身體功能(循環功能、呼吸功能、消化功能、排泄功能、生殖功能)
			身體保健(維護健康、辨識有害食物)
			疾病的認識與預防(常見疾病、傳染病、藥品的使用)
			兩性教育(生理表徵、衛生保健、兩性交往)
		心理健康	自我肯定(自我認識、建立自信)
			個人適應(情緒調適、尋求協助)
	居家生活	家事能力	食物處理(認識食物、選購食物、餐前準備、烹煮食物、餐後處理、食物的保存)
			衣物處理(衣物的洗滌、衣物的整理、衣物的縫補、衣物的選購、衣物的保存)
			環境整理(器具的辨認與選擇、清掃、刷洗)
			廢物處理(垃圾處理、資源回收)
		家庭設備	房舍(家具的使用、家具的美化、安全與維護)
			工具(使用須知、安全與維護)
			家電(使用須知、安全與維護)
		居家安全	危險物品(危險物品的認識、危險物品的防範)
			意外事件(意外事件的認識、意外事件的處理)
		家庭倫理	家庭概況(家庭結構、家庭關係)
			家庭活動(日常生活、婚喪喜慶、休閒活動)
			照顧家人(病痛的照顧、幼兒的照顧、長輩的照顧)

領域	次領域	綱目	項　　　　目(細　　　目)
實 用 語 文	接受性 語言	聽	聽音(傾聽、聲音)
			字詞(名詞、形容詞、動詞、形容詞、副詞、相似詞、反義詞)
			語句(片語、成語、單句、複句、複合句)
			短文(故事、歌謠、戲劇、訊息)
		讀	肢體語言(姿勢、表情、動作、手語)
			圖片(簡單圖片、複雜圖片)
			標誌(商標、常見標誌)
			符號(注音符號、外文符號、溝通符號)
			字詞(名詞、代名詞、動詞、形容詞、副詞、相似詞、相反詞)
			語(片語、成語)
			句(單句、複句、複合句)
			短文(表格、應用文、記敘文、說明文)
	表達性 語言	說	非口語溝通(姿勢、表情、動作、手語)
			語音(單音、拼音)
			字詞(名詞、代名詞、動詞、形容詞、副詞、相似詞、相反詞)
			語句(片語、成語、單句、複句、複合句)
			短文(故事、演說)
			社交溝通(社交會話、語言技巧、電話溝通)
		寫作	基本書寫(學前技能、書寫技能、正確姿勢)
			短文寫作(表格、應用文、記敘文、說明文、標點符號)
			電腦操作(電腦遊戲、文書處理)
實 用 數 學	基本 概念	組型	具體組型(物品組型)
			非具體組型(形狀組型、顏色組型、聽覺組型、動作與時間順序組型)
		數	概念(準數、基數、唱數、數數、數字、序數、位值、分數、小數、概數)
		圖形與 空間	基本形體(概念、平面圖形、立體圖形)
	運算 與 應用	四則 運算	加法(加法概念、加法運算、加法的生活運用)
			減法(減法概念、減法運算、減法的生活運用)
			乘法(乘法概念、乘法運算、乘法的生活運用)
			除法(除法概念、除法運算、除法的生活運用)

領域	次領域	綱目	項　　　目(細　　　目)
實用數學	運算與應用	四則運算	計算工具(計算機的認識、計算機的操作、計算機的生活運用)
		量與實測	長度(長度概念、長度比較、長度單位、長度的測量工具與應用)
			重量(重量概念、重量比較、重量單位、重量的測量工具與應用)
			容量(容量概念、容量比較、容量單位、容量的測量工具與應用)
			面積(面積概念、面積比較、面積單位、面積的測量及計算)
			體積(體積概念、體積比較、體積單位、體積的測量及計算)
			角度(角度概念、角度比較、角度單位、角度的測量工具與應用)
			速度(速度概念、速度比較、速度單位、速度的測量及計算)
			金錢與消費(認識錢幣、兌換錢幣、消費技能)
			時間(時間概念、計時工具、時分秒、時段、週、年月日、報讀時刻、日曆的應用、時刻表、作息時間表)
			統計圖表(統計圖表的認識、統計圖表的製作)
休閒教育	育樂活動	體育	體能遊戲(徒手遊戲、機械遊戲、球類遊戲、舞蹈遊戲)
			體操(整隊行進、徒手體操、手具體操、墊上運動、跳箱、單槓、平衡木)
			球類運動(羽球、籃球、排球、桌球、壘球、躲避球、其他球類)
			田徑運動(跳遠、跳高、鉛球、賽跑、壘球擲遠)
			舞蹈(韻律、土風舞、創作舞)
			民俗運動(國術、跳繩、毽子、風箏)
			其他活動(游泳、滑輪)
		康樂活動	視聽娛樂(唱歌、影片欣賞、音樂欣賞)
			益智活動(拼圖、棋奕、排卡遊戲、組合玩具、家用電腦、電視遊樂器、書刊閱讀)

領域	次領域	綱目	項　　　　目(細　　　　目)
休閒教育	育樂活動	康樂活動	戶外活動(郊遊、旅行、露營、騎單車、釣魚、慢跑、爬山)
			其他娛樂(聚餐、參觀、逛街、飼養寵物、蒐藏、園藝)
	藝術活動	音樂	欣賞(歌曲、戲曲、樂器、音樂故事)
			歌唱(兒歌、民謠、流行歌曲)
			樂器(節奏樂曲、曲調樂曲)
		美勞	欣賞(欣賞生活環境中美的事物、欣賞作品、參觀展覽)
			繪畫(著色、描繪、寫生、版畫、書法、美術設計、運用其他材料繪畫)
			工藝(竹工、木工、金工、紙工、編織、縫紉)
			雕塑(紙、油土、陶土、石膏)
	休閒活動	休閒態度	興趣培養(休閒資訊、參加意願、嗜好培養)
			安全須知(休閒場所安全、活動中的安全、工具使用的安全)
		休閒技能	休閒設施(家庭休閒設施、學校休閒設施、社區休閒設施)
			活動安排(活動的選擇、活動的方式、活動的內容、經費的使用)
			意外處理(問路、逃生、報警、急救)

附錄二

特殊教育學校高中職教育階段智能障礙類課程綱要

領域	次領域	綱目	項目
社區生活能力	社會能力	社區資源的使用	設施的類別與功能、社區資源使用的方法、社區資源使用的規則、社區資源使用的安全、愛護社區資源
		社交禮儀	一般禮節、作客與接待、婚喪喜慶
		人際關係	應對進退、結交朋友、與異性交往
	公民責任	國民義務	國民應盡的基本義務、法令規章的遵守
		社區參與	社區活動的認識、社區活動的參與
		國民權利	國民權利、權利的維護、身心障礙者的權益、公民權利的特殊限制
		倫理道德	家庭倫理和社會倫理、社會秩序和社會規範
	休閒生活	休閒活動的選擇	休閒活動類別、休閒活動安排
		休閒活動的技能	基本休閒活動技能、休閒活動之基本規則和安全
職業生活能力	工作知識	工作職種	職業與生活、職種的認識
		工作安全	安全守則、工作意外事故處理、職業病防治、衛生安全
		工作環境	行政組織、工作區域
		求職技巧	就業資訊來源、就業資訊的理解與運用、面談技巧

領域	次領域	綱　目	項　　　　目
職業生活能力	工作知識	勞工福利	勞工權利與義務、勞工保險、參與工會、參與相關團體組織
	工作技能	基本職業技能	體能、操作能力、運算能力、溝通能力、社交禮儀
		專精職業技能：農業類	作物栽培(根莖類栽培、果菜類栽培、芽菜栽培、食用菇栽培、其他蔬菜類栽培、盆花栽培、菊花栽培(切花)、草花栽培、蘭花栽培、苗木育苗、蟹爪仙人掌栽培、水耕蔬菜栽培、食品加工(金針菜加工乾製)
			乳牛經營(牧草種植、青貯料製造、乾草調製、牛體各部名稱認識、牛乳處理、乳牛生產記錄)
			養豬經營(母豬的分娩管理、仔豬吮乳期管理、畜體洗刷與藥浴、家畜健康觀察、糞尿處理)
			養雞經營(雞體各部名稱認識、育雛、雞舍清潔消毒)
		專精職業技能：工業類	鉗工(劃線、物件夾持、鑽孔、鋸切、鏨切、攻鉸螺絲、銼光、砂光、工作物之檢驗、機具保養、工廠安全與衛生)
			鑄造(鑄造工廠作業安全、鑄件材質的認識、鑄件提取方法及安全措施、滾輪去除毛邊、不良品的判別、成品裝箱送驗)
			水電裝配(認識配管材質與規格、管之切斷鉸牙、管的彎曲接合)
			電風扇裝配(電源的相關概念、電風扇的種類及構造、電風扇裝配、生產工廠實務介紹)
			汽車修護(引擎簡易維修、電系簡易維修、底盤簡易維修、汽車美容)
			機車修護(底盤基本維修、引擎基本維修、電器基本維修)
			腳踏車修護
		專精職業技能：家事類	美容工作(清潔與衛生、美容與服飾、美膚與保健、美髮)
			縫紉工作(基本縫、基本車縫、基本製圖、枕頭套、隔熱手套、小提袋、側肩袋、海灘褲、工作服、四片裙)

領域	次領域	綱　目	項　　　　　目
職業生活能力	工作技能	專精職業技能：服務類	資源回收工作、包裝工作、清潔工作、洗衣工作、銷售服務、洗車工作、油漆工作、水電工作、電腦文書處理工作、土木工作、辦公室工作
		工作紀律	工作指示的服從、指定工作的完成
	工作態度	工作習慣	工作意願的表現、良好人際關係的建立、謹慎的工作態度、獨立完成工作
		工作調適	工作困難的克服、他人批評的接受、作息時間的適應、工作場所的適應、管理方式的適應、工作氣氛的適應、生產業型態的適應、服務型態的適應
家庭／個人生活能力	食	食物的保存	生鮮食品的選購、食品保存方法、各類食品的保存、各類食品的冷藏期限、加工食品的保存
		餐前的準備	烹調的處理、廚房的使用、餐廳的佈置、餐飲服務工作
		簡易的烹調	烹調器的使用、烹調方法、中餐烹飪、西餐烹飪、烘焙
		餐飲禮儀與衛生	餐飲的禮儀、餐飲的衛生
		餐後的處理	食具與餐廳的收拾、食具的清洗、廚房的整理、垃圾的處理
	衣	衣物的選擇	衣物的尺寸辨識、衣物質料的辨識、衣物選購的注意事項
		衣物的穿著	服裝種類的辨識、適當衣物的選擇、服飾的穿著與搭配、儀容修飾
		衣物的整理	衣物的洗滌、衣物的縫補、衣物的整燙、衣物的收藏
	住	設備的使用與維護	家電的使用與維護、視聽器材的使用與維護、其他設備的使用與維護
		環境的整潔與安排	環境的整潔、環境的保護、環境的美化
		公共安全	人為及天然災害的防範、人為及天然災害的處理
	行	交通工具的選擇	社區交通工具的選擇、長途交通工具的選擇
		交通工具的使用	社區交通工具的使用、長途交通工具的使用
		交通安全	交通標誌與號誌、步行的安全規則

領域	次領域	綱　目	項　　　　目
家庭／個人生活能力	健康	醫療保健	良好的生活習慣、醫療常識、疾病的治療
		心理衛生	認識自我、健全自我、調適自我
		性教育	性生理的發展與保健、兩性的交往、婚姻生活、性安全防衛
	溝通	溝通技能	基本溝通能力、良好之溝通內容、溝通之目的、良好之溝通禮儀
		溝通工具的使用	肢體語言之使用、圖象之使用、符號之使用、文字之使用、聲音之使用、口語之使用
		實用閱讀與寫作	常用標誌之閱讀、生活中簡短文句之閱讀、生活中複雜文句之閱讀、簡單表格之填寫(蓋印)、生活中複雜文句之書寫、閱讀或寫作困難之解決
	時間管理	計時工具的使用	時鐘及手錶的使用、日曆、月曆的使用、記事本的使用
		時間的安排	不同活動所需時間之估算、一天作息之安排、一週作息之安排、一月作息之安排、一年作息之安排、工作時間之安排、遵循所安排之時間
	財務管理	預算能力	基本計算能力之培養、個人帳務之登記、金錢運用／管理計畫之擬訂
		消費技能	現金方式消費、郵購方式消費、分期付款方式消費、妥善處理帳單、經濟合理的消費
		財物保管	大額金錢之保管、小額金錢之保管、貴重物品之保管

附錄三
生態評量表

受評者姓名：_____　評量者：_____　(與受評者間的關係：_____)

評量日期：_____

◎**填答說明：**下面從受評者的生態環境中找出居家生活和社區生活兩個重要的領域，而後從中分析主要環境、次級環境、和活動，接著用「1－5 等級」請您在欄位中用勾選(✓)的方式，表示出該受評者在這些活動上的表現情形。如果您對受評者在本項活動的表現所知不多或他沒有機會從事此活動，則可以反應「不知道」。1－5 等級代表的意義說明如下－

　1：在身體提示下才能完成
　2：在示範動作下才能完成
　3：在口語提示下才能完成
　4：在手勢或視覺提示下才能完成
　5：能獨立完成

　接下來請用「1－3 等級」，也是以勾選(✓)的方式，表示出您對該項活動重要性的看法，1－3 等級代表的意義說明如下－

　1：不重要，表示該項活動在受評者所處目前或未來環境不存在、不需要或是不重要
　2：尚可，表示該項活動對受評者所處目前或未來環境之重要性普通
　3：重要，表示該項活動在受評者所處目前或未來環境有需要或是重要

　您要是有其他補充意見，例如受評者在此項活動上還有那些有待加強之處，請在「備註欄」說明。另外，在這些主要環境和次級環境中，若有其他您認為重要而沒有被列出的活動，請在空白欄內寫出，並評量其表現情形。

領域一：居家生活

主要環境	次級環境	活　動	表　現　情　形						重要程度			備註
									不重要	尚可	重要	
			1	2	3	4	5	不知道	1	2	3	
A 家庭	1. 客廳	A1-1 操作電風扇										
		A1-2 使用冷氣機										
		A1-3 使用收錄音機聽錄音帶或廣播節目										
		A1-4 使用 CD 音響聽音樂										

主要環境	次級環境	活　　動	表　現　情　形						重要程度			備　註
									不重要	尚可	重要	
			1	2	3	4	5	不知道	1	2	3	
A 家庭	1. 客廳	A1-5 使用錄放影機觀賞錄影帶										
		A1-6 開關電燈										
		A1-7 操作電視機觀賞節目										
		A1-8 閱覽書報雜誌										
		A1-9 撥打電話										
		A1-10 接聽電話										
		A1-11 接待客人										
		A1-12 撥打對講機										
		A1-13 接聽對講機										
		A1-14 使用水果餐點										
	2. 餐廳	A2-1 使用飲水機喝水										
		A2-2 使用飲水機沖泡牛奶／茶包										
		A2-3 餐前準備										
		A2-4 進餐										
		A2-5 餐後餐桌清理										
	3. 廚房	A3-1 使用烤麵包機烤麵包										
		A3-2 使用電鍋煮飯										
		A3-3 清洗烹煮或食用的材料(如：水果、蔬菜)										

主要環境	次級環境	活　　動	表　現　情　形						重要程度			備註
			1	2	3	4	5	不知道	不重要 1	尚可 2	重要 3	
A 家庭	3. 廚房	A3-4 削水果										
		A3-5 使用電鍋熱東西(如：饅頭、便當)										
		A3-6 泡麵										
		A3-7 使用果汁機打果汁										
		A3-8 使用微波爐										
		A3-9 使用瓦斯爐烹煮簡單食物										
		A3-10 清洗食具										
		A3-11 廚餘處理										
		A3-12 會擦拭琉理台										
		A3-13 會清理廚房地面										
	4. 浴室	A4-1 如廁										
		A4-2 處理月經										
		A4-3 刷牙										
		A4-4 洗臉										
		A4-5 刮鬍子										
		A4-6 洗頭髮										
		A4-7 洗澡										
		A4-8 倒垃圾										
		A4-9 清洗浴室										

主要環境	次級環境	活　　動	表　現　情　形						重要程度			備註
									不重要	尚可	重要	
			1	2	3	4	5	不知道	1	2	3	
A家庭	4.浴室	A4-10 擦拭鏡子										
	5.臥房	穿衣服 A5-1 穿有拉鍊的衣服										
		A5-2 穿扣鈕釦的衣服										
		A5-3 穿套頭衣服										
		脫衣服 A5-4 脫有拉鍊的衣服										
		A5-5 脫扣鈕釦的衣服										
		A5-6 脫套頭衣服										
		穿褲子 A5-7 穿有鬆緊帶的褲子										
		A5-8 穿有拉鍊和扣鈕釦的褲子										
		A5-9 穿有繫皮帶的褲子										
		脫褲子 A5-10 脫鬆緊帶的褲子										
		A5-11 脫有拉鍊和扣鈕釦的褲子										
		A5-12 脫繫皮帶的褲子										
		穿裙子 A5-13 穿有鬆緊帶的裙子										
		A5-14 穿有拉鍊和暗釦的裙子										
		脫裙子 A5-15 脫有鬆緊帶的裙子										
		A5-16 脫有拉鍊和暗釦的裙子										

主要環境	次級環境	活　動		表　現　情　形						重要程度			備註
				不重要	尚可	重要				不重要	尚可	重要	
				1	2	3	4	5	不知道	1	2	3	
A 家庭		整理衣服	A5-17 摺疊襪子										
			A5-18 摺疊褲子										
			A5-19 摺疊衣服										
			A5-20 掛衣服										
		A5-21 整理頭髮											
		A5-22 使用吹風機吹頭髮											
		A5-23 整理床舖											
		A5-24 修剪指甲											
		A5-25 縫補鈕釦											
		A5-26 從事美勞活動(例如：剪貼、手工藝、繪畫、雕塑等)											
		A5-27 從事韻律活動											
	6.陽台	A6-1 穿鞋											
		A6-2 脫鞋											
		A6-3 穿襪											
		A6-4 脫襪											
		A6-5 戴帽子											
		A6-6 脫帽子											

主要環境	次級環境	活動	表現情形						重要程度			備註
									不重要	尚可	重要	
			1	2	3	4	5	不知道	1	2	3	
A家庭		A6-7 使用洗衣機清洗衣和脫乾衣服										
		A6-8 晾曬衣物										
		A6-9 搭電梯										
	7.庭院	A7-1 種植花木										
		A7-2 澆花										
		A7-3 飼養家禽、家畜類寵物										
		A7-4 飼養水族類生物										
	8.跨次級環境	A8-1 掃地										
		A8-2 拖地										
		A8-3 擦拭桌椅										
		A8-4 將物品整理歸位										
		A8-5 分類和處理垃圾										
		A8-6 擦拭玻璃										
		A8-7 用吸塵器										

領域二：社區生活

主要環境	次級環境	活　動	表　現　情　形						重要程度			備註
									不重要	尚可	重要	
			1	2	3	4	5	不知道	1	2	3	
A 市區	1. 街道	A1-1 遵守交通號誌穿越馬路										
		A1-2 使用天橋／地下道穿越馬路										
	2. 候車亭	A2-1 搭乘公車										
		A2-2 搭乘計程車										
B 醫院	1. 掛號區	B1-1 預約掛號										
		B1-2 現場掛號										
	2. 診察區	B2-1 看診										
	3. 檢驗室	B3-1 檢驗										
	4. 領藥區	B4-1 領藥										
	5. 體檢區	B5-1 身體健康檢查										
C. 速食店、自助餐廳、小吃店	1. 點餐區	C1-1 點餐										
		C1-2 結帳										
	2. 用餐區	C2-1 用餐										

主要環境	次級環境	活　　動	表　現　情　形						重要程度			備註
									不重要	尚可	重要	
			1	2	3	4	5	不知道	1	2	3	
D.超商、大賣場、百貨公司	1.商品區	D1-1 選購物品										
		D1-2 使用販賣機										
	2.付款區	D2-1 結帳										
		D2-2 購物後整理										
E.美容院	1.理髮廳	E1-1 梳理(剪)頭髮										
F.郵局	1.大廳	F1-1 存款										
		F1-2 提款										
		F1-3 劃撥										
		F1-4 寄信／包裹										
G.電影院	1.購票區	G1-1 購票										
	2.觀賞區	G2-1 觀賞影片										
H.火車站、捷運站	1.購票區	H1-1 在櫃台購票										
		H1-2 使用自動售票機購票										
	2.剪票區	H2-1 剪、驗票										
	3.月臺區	H3-1 乘車										
	4.出口區	H4-1 驗票離站										

主要環境	次級環境	活　　動	表　現　情　形						重要程度			備註
									不重要	尚可	重要	
			1	2	3	4	5	不知道	1	2	3	
I 文化中心、社教館、社區活動中心	1.購票區	I1-1 購票										
		I1-2 服務台查詢										
		I1-3 索取活動文宣										
	2.展覽室	I2-1 欣賞作品										
	3.音樂廳	I3-1 欣賞表演										
	4.圖書室	I4-1 閱覽書報										
		I4-2 借閱圖書										
	5.聯誼室	I5-1 唱卡拉 OK										
		I5-2 使用健身器材從事健身活動										
		I5-3 下棋										
		I5-4 使用自動販賣機										
J.公園	1.步道區	J1-1 散步										
	2.遊樂區	J2-1 使用遊樂設施										
	3.野餐烤肉區	J3-1 野餐、烤肉										
	4.溜冰場	J4-1 溜直排輪										

主要環境	次級環境	活　　動	表　現　情　形						重要程度			備註
									不重要	尚可	重要	
			1	2	3	4	5	不知道	1	2	3	
J.公園	5.球場	J5-1 玩戶外球類活動										
	6.空曠場地	J6-1 進行戶外活動(例如：玩飛盤、溜溜球、呼拉圈、放風箏、跳繩、踢毽子等)										
		J6-2 慢跑										
		J6-3 騎腳踏車										
		J6-4 作體操										
K.夜市／市場	1.各攤位	K1-1 逛街購物										
L.風景區	1.各景點	L1-1 爬山										
		L1-2 郊遊										
M.游泳池	1.更衣間	M1-1 更換泳衣										
		M1-2 穿戴泳具										
	2.泳池	M2-1 做暖身操										
		M2-2 戲水／作水療										
		M2-3 游泳										
N.跨主要環境	1.化粧室	N1-1 使用公廁如廁										

附錄四

溝通行為檢核表

受評者：_____ 年齡：_____歲 障礙類別：_____
評量者：_____ 溝通對象：_____ （與受評者關係：_____ ） 評量日期：_____

◎填答說明：請針對左欄的每項溝通功能，勾選出該個體使用何種溝通行為來達這些功能（以 "ˇ" 表示）

溝通功能 ＼ 溝通行為	口語				手語／手勢				動作							臉部表情		實物／符號			其他（請說明：_____ ）
	完整的口語（成句）	複誦	部分口語（用單字表示意思，不成句）	出聲音但無語言	完整的手語	使用單字手語	指指點點	搖頭、點頭	拉別人的手來帶領	增加身體的動作	把身體挪近別人、推人	用力抓住別人	打人等攻擊性行為	自傷行為	從某情況中走開	面部表情	眼睛凝視	拿實物給人看	拿圖卡或照片給別人看	拿字卡給別人看	
工具性 要求別人的注意																					
要求別人的協助																					
要求喜愛的食物、東西、活動																					
要求許可（如：休息一會兒）																					
表達喜好或選擇資訊																					
問問題以獲得資訊																					
拒絕不喜歡的食物、東西、活動																					
社會性 打招呼或問候																					
回應別人的問候和詢問																					
與其他人交談、交換訊息或想法																					
個人性 表示正面的情緒感受（如：快樂）																					
表示負面的情緒感受（如：身體不舒服、悲傷、無聊、生氣或是害怕）																					

附錄五

轉銜計畫清單

轉銜計畫清單 （重要他人格式）	**第一部分：學生基本資料** 學生姓名：＿＿＿＿＿＿＿＿＿＿ 學生生日：＿＿＿＿＿年齡：＿＿＿＿ 性別：□ 男 □ 女 學校：＿＿＿＿＿＿＿＿＿＿＿＿＿ 填答者：＿＿＿＿＿＿＿＿＿＿＿＿ 填答日期：＿＿＿＿＿＿＿＿＿＿＿

第二部分：中學後的可能安置

◎填答說明：這裡列出很多項該生畢業後可能的安置，請在符合的項目之前的
　　　　　　□ 內打「∨」。

就業或進一步教育或訓練

□ 工作
　　□ 競爭性就業
　　□ 全時工作
　　□ 支持性就業
　　□ 部分時間工作
　　□ 其他＿＿＿＿＿＿＿＿＿＿
□ 社區本位的職業訓練
□ 職業學校
□ 大學／學院
□ 其他＿＿＿＿＿＿＿＿＿＿＿＿

生活安排

□ 獨自生活
□ 與父母或其他親戚同住
□ 與其他跟自己沒有關係的人同住
　　（沒有成人的監督）
□ 與其他跟自己沒有關係的人同住
　　（有成人的監督）
□ 其他＿＿＿＿＿＿＿＿＿＿＿＿

第三部分：轉銜計畫清單題目

◎填答說明：下面三十五個題項，用「0－5 等級（非常不同意－非常同意）」
　　　　　　表示出您對該生在這些描述上的同意程度。舉例來說，如果您覺
　　　　　　得非常同意該生目前有此能力，則圈選「5」，反之，非常不同意
　　　　　　該生目前有此能力，則圈選「0」；如果本題項所陳述的轉銜知識
　　　　　　和技能您覺得該生目前或未來不需要，可圈選「不適用」；如果
　　　　　　您對該生在本題項的表現所知不多，可以反應「不知道」。

轉銜計畫清單題目	不適用 (NA)	非常不同意 1	不同意 2	同意 3	非常同意 4	不知道 (DN)
雇　用						
1.對有興趣的工作和這些工作的要求， 　他有一些認識。	NA	1	2	3	4	DN
2.他能選擇符合自己能力和興趣的工作。	NA	1	2	3	4	DN
3.他知道如何找工作。	NA	1	2	3	4	DN
4.他能夠表現保有工作的行為和態度。	NA	1	2	3	4	DN
5.他有工作所需的知識和技能。	NA	1	2	3	4	DN
進一步的教育／訓練						
6.他知道如何進入符合他需求的社區職業 　訓練方案。	NA	1	2	3	4	DN
7.他知道如何進入符合他需求的職業學校。	NA	1	2	3	4	DN
8.他知道如何進入符合他需求的大學或學院。	NA	1	2	3	4	DN
日常生活技能						
9.他能夠處理個人的生活自理。	NA	1	2	3	4	DN
10.他能夠處理每日的家庭事務。	NA	1	2	3	4	DN
11.他能夠管理自己的金錢。	NA	1	2	3	4	DN
12.他會使用大眾運輸工具。	NA	1	2	3	4	DN
休閒活動						
13.他能夠從事各種戶內休閒活動。	NA	1	2	3	4	DN
14.他能夠從事各種戶外休閒活動。	NA	1	2	3	4	DN
15.他會去不同的地方從事休閒活動。	NA	1	2	3	4	DN
社區參與						
16.他知道基本的法律。	NA	1	2	3	4	DN
17.他能夠作合法的決定。	NA	1	2	3	4	DN
18.他知道如何使用社區的各種服務和資源。	NA	1	2	3	4	DN

轉銜計畫清單題目	不適用 NA	非常不同意 1	不同意 2	同意 3	非常同意 4	不知道 DN
健　康						
19.他身體健康。	NA	1	2	3	4	DN
20.他能夠照顧自己身體上的問題。						
21.他心理健康。	NA	1	2	3	4	DN
22.他能處理情緒方面的問題。	NA	1	2	3	4	DN
自　我　決　定						
23.他知道並接受自己的優點和限制。	NA	1	2	3	4	DN
24.他能夠以適當的方式對別人表達自己的情緒和想法。	NA	1	2	3	4	DN
25.他會設定自己的目標。	NA	1	2	3	4	DN
26.他會做個人的決定。	NA	1	2	3	4	DN
溝　　通						
27.他有口語表達的能力。	NA	1	2	3	4	DN
28.他有聽語的能力。	NA	1	2	3	4	DN
29.他有閱讀的能力。	NA	1	2	3	4	DN
30.他有書寫的能力。	NA	1	2	3	4	DN
人　際　關　係						
31.他能夠與家人和親戚相處良好。	NA	1	2	3	4	DN
32.他會結交朋友。	NA	1	2	3	4	DN
33.無論他在那裡，他會說和做正確的事。	NA	1	2	3	4	DN
34.他能夠與職場中的同事相處良好。	NA	1	2	3	4	DN
35.他能夠與職場中的雇主相處良好。	NA	1	2	3	4	DN
其　他　題　項						
＿＿＿＿＿＿＿＿＿＿＿＿＿＿＿＿	NA	1	2	3	4	DN
＿＿＿＿＿＿＿＿＿＿＿＿＿＿＿＿	NA	1	2	3	4	DN
＿＿＿＿＿＿＿＿＿＿＿＿＿＿＿＿	NA	1	2	3	4	DN
＿＿＿＿＿＿＿＿＿＿＿＿＿＿＿＿	NA	1	2	3	4	DN

第四部分：補充意見

附錄六

增強物調查問卷

受評者：_____　性別：□男　□女　年齡：_____ 歲(或_____ 年級)

障礙類別：_____評量者：_____(與受評者關係：_____)

這個人最喜歡吃什麼？(如巧克力、餅乾等)	最不喜歡吃什麼？
這個人最喜歡喝什麼？(如可樂、牛奶等)	最不喜歡喝什麼？
這個人最喜歡擁有或玩的是什麼東西？(如洋娃娃、玩具火車等)	最不喜歡擁有或玩的是什麼東西？
這個人最喜歡做什麼活動？(如打籃球、溜直排輪等)	最不喜歡做什麼活動？
這個人最喜歡學什麼？(如數學、自然等)	最不喜歡學什麼？
這個人最喜歡獲得那些口頭的鼓勵？(如好棒、很好等)	最不喜歡獲得那些口頭的鼓勵？
這個人最喜歡獲得那些身體上的接觸？(如擁抱、拍肩等)	最不喜歡獲得那些身體上的接觸？

附錄七

行為前後事件觀察記錄表

個案姓名：＿＿＿＿＿＿ 觀察者：＿＿＿＿＿ (與個案關係：＿＿＿)

目標行為：＿＿＿＿＿＿＿＿＿＿＿＿＿＿

日期	時間	地點	前 事	行 為	後 果	最後結果
月　日						
月　日						
月　日						
月　日						
月　日						
月　日						
月　日						
月　日						
月　日						
月　日						

結 論：＿＿＿＿＿＿＿＿＿＿＿＿＿＿

(修正自 Durand, 1990, p. 60)

學生和家庭基本資料

填表人：_____ 職稱：_____ 填表日期：____年____月____日

姓　　　　名									照片	
性　　　　別	□男 □女									
生　　　　日	年　　月　　日									
實　　　　齡	年　　月									
身心障礙手冊	□未申請									
	□已申請　障礙類別／程度：　　　　字號：									
戶　籍　地　址										
通　訊　地　址										
聯　絡　電　話					聯絡人					

家庭成員	稱謂	姓名	年齡	教育程度	職業	存	歿	對個案態度	備註

居　住　狀　況	□與父母同住　□與(外)祖父母同住　□與親戚同住 □教養機構　□其他(　　　　)
父　母　婚　姻 狀　　　　況	□同住　□分住　□分居　□離婚　□遺棄　□出走 □喪偶　□再婚　□其他(　　　　)
教　養　態　度	父：□權威　□放任　□民主　□其他(　　　) 母：□權威　□放任　□民主　□其他(　　　)
主　要　照　顧　者	□祖父母　□外祖父母　□父　□母　□其他(　　　)
家庭經濟狀況	□富裕　□小康　□清寒
家　人　主　要 休　閒　活　動	□看電視　□聽音樂　□喝茶聊天　□看書　□逛街 □戶外活動　□打電動　□其他_____
家　庭　需　求	□健康協助　□教養方法　□教育安置　□養護安置 □相關福利　□親職教育　□家人相處　□經濟補助 □輔助性科技　□其他_____

評量資料

生理／健康／喜惡情形

<table>
<tr><td rowspan="6">聽覺狀況</td><td colspan="3">☐正常</td></tr>
<tr><td>☐聽覺障礙</td><td>障礙類型＿＿＿＿＿＿</td><td>障礙原因＿＿＿＿＿＿</td></tr>
<tr><td></td><td>障礙部位　聽力損失</td><td>助聽器配用狀況</td></tr>
<tr><td></td><td>右耳＿＿＿＿＿分貝</td><td>☐尚未配</td></tr>
<tr><td></td><td>左耳＿＿＿＿＿分貝</td><td>☐已配用　助聽器類型＿＿</td></tr>
</table>

<table>
<tr><td rowspan="5">視覺狀況</td><td colspan="3">☐正常</td></tr>
<tr><td>☐視覺障礙</td><td>障礙類型＿＿＿＿＿</td><td>障礙原因＿＿＿＿＿</td></tr>
<tr><td></td><td>障礙部位　優眼視力／視野</td><td>視覺輔具配用狀況</td></tr>
<tr><td></td><td>左眼＿＿＿＿＿</td><td>☐尚未配</td></tr>
<tr><td></td><td>右眼＿＿＿＿＿</td><td>☐已配用　輔具類型＿＿</td></tr>
</table>

<table>
<tr><td rowspan="4">肢體狀況</td><td colspan="3">☐正常</td></tr>
<tr><td>☐肢體障礙</td><td>障礙類型＿＿＿＿＿</td><td>障礙原因＿＿＿＿＿</td></tr>
<tr><td></td><td>障礙部位＿＿＿＿＿</td><td>輔具類型＿＿＿＿＿</td></tr>
<tr><td colspan="3">障礙程度：☐自行行動　☐須輪椅或其他輔具　☐無法行動</td></tr>
</table>

<table>
<tr><td rowspan="3">智能狀況</td><td colspan="2">☐正常</td></tr>
<tr><td>☐智能障礙</td><td>障礙程度＿＿＿＿＿＿</td></tr>
<tr><td></td><td>診斷名稱／障礙原因＿＿＿＿＿</td></tr>
</table>

其他狀況	診斷名稱＿＿＿＿＿＿＿＿＿＿ 障礙原因＿＿＿＿＿＿＿＿＿＿

溝通方式	☐口語　☐手語　☐筆談　☐溝通板　☐讀唇　☐其他＿＿

主要語言	☐國語　☐閩南語　☐客家語　☐原住民語　☐其他＿＿

服藥狀況	☐沒有 ☐有　藥物名稱＿＿＿＿＿　服藥原因＿＿＿＿＿ 　　服藥方式＿＿＿＿＿　藥物副作用＿＿＿＿＿

喜惡情形	喜歡的食物、玩具、活動、口頭鼓勵、身體接觸：＿＿＿ 不喜歡的食物、玩具、活動、口頭鼓勵、身體接觸：＿＿＿

測 驗 資 料

測驗名稱	測驗結果	施測者	施測日期	備 註

其他評量資料(如生態評量、觀察等非正式評量的資料)

教育安置情形

填表人：＿＿＿＿＿＿＿＿＿＿　　　填表日期：＿＿＿年＿＿月＿＿日

教育安置型態	☐普通班　☐巡迴班　☐資源教室　☐自足式特殊班 ☐特殊學校　☐在家教育班　☐其他＿＿＿
學生身心障礙狀況對其在普通班上課及生活之影響	※學生在以下哪些能力上，會對其在普通班上課及生活產生影響，有影響者請在☐中勾選(✔)：☐認知能力　☐語言／溝通能力 ☐感官與知覺動作能力　☐社會／情緒／行為狀況 ☐身體健康狀況　☐生活自理能力　☐語文能力　☐數學能力 ※簡要說明影響的情形：
參與普通學校(班)之時間及項目	每週上課節數＿＿＿＿＿　科目＿＿＿＿＿＿＿＿ 其他活動時數＿＿＿＿＿　活動項目＿＿＿＿＿＿＿

相關服務類別	服務內容與方式	時數(週／時)	負責人員／機構	備註
復健服務	☐物理治療 ☐職能治療 ☐職業復健			
聽語訓練	☐協助解決學生聽力、聽知覺等問題 ☐協助學生配戴與使用助聽器 ☐協助改善環境　☐其他＿＿＿＿			
語言治療	☐協助學生解決口腔功能、吞嚥等問題 ☐協助學生解決構音、口語表達等問題 ☐協助學生解決語言理解等問題 ☐協助學生使用溝通的輔助性科技 ☐協助改善環境　☐其他＿＿＿＿			
定向行動	☐感覺訓練☐定向訓練☐行動訓練☐其他＿＿			
健康服務	☐生理檢查：＿＿　☐＿＿疾病護理 ☐其他＿＿			
心理諮商	☐個別諮商☐團體輔導☐專業心理治療☐其他			
交通服務	☐交通車接送 ☐其他＿＿＿＿＿＿＿			
輔助性科技	☐助聽器 ☐人工電子耳 ☐點字機 ☐擴視機 ☐放大鏡 ☐電腦 ☐溝通板 ☐輪椅 ☐助行器 ☐站立架 ☐其他＿＿＿＿＿＿			
學習相關支援服務	☐錄音 ☐報讀 ☐提醒 ☐手語翻譯 ☐代抄筆記 ☐點字書籍　☐其他＿＿＿			
家庭支援服務	☐提供相關福利資訊☐協助申請相關福利 ☐特教諮詢 ☐親職教育課程 ☐其他＿＿＿			

轉銜服務

填表人：＿＿＿＿＿＿＿＿＿＿＿　　填表日期：＿＿＿年　＿＿＿月　＿＿＿日

就讀年級階段	☐學前大班　☐國小六年級　☐國中三年級　☐高中職三年級

下一個階段的可能安置：
☐就業（請說明：＿＿＿＿＿＿＿＿＿＿＿＿＿＿＿＿＿＿＿＿＿）
☐升學（請說明：＿＿＿＿＿＿＿＿＿＿＿＿＿＿＿＿＿＿＿＿＿＿＿）
☐職業訓練（請說明：＿＿＿＿＿＿＿＿＿＿＿＿＿＿＿＿＿＿＿）
☐生活安排（☐獨自生活　☐與朋友同住　☐與父母或其他親戚同住
　　　　　☐住在教養機構）

轉銜小組成員：

轉銜服務內容（請就學生下一個階段的可能安置，所須協助的領域，擬訂
　　　　　　　　轉銜計畫和負責人員）

領　　域	轉　銜　計　畫	負責人員
升學輔導		
生活輔導		
就業輔導		
心理輔導		
福利服務		
家庭的支持性服務		
其他		

現況描述

填表人：_____　填表日期：____年____月____日

能 力 項 目	收集資料的來源與時間	現況描述(含優勢和弱勢能力)
身體健康狀況		
認知／學業能力		
語言／溝通能力		
感官與知覺動作能力		
社會／情緒／行為狀況		
生活自理和居家生活能力		
社區生活的能力		
休閒能力		
職業能力		
學習特質		

學校對學生行為問題的行政支援及處理方式

學生是否有行為問題須行政支援及處理	☐是　☐否
行為問題敘述	
處理方式及所需行政支援和負責人員	

適合學生的評量方式

向　度	適合學生的方式
評量內容的呈現時間、情境和方式	
學生反應方式	

學年教育目標及學期教育目標（p.）

填表日期：＿＿＿＿＿年＿＿＿＿＿月＿＿＿＿＿日

領域／學科	學年教育目標	學期教育目標	評量方法	評量標準	負責教師	起訖日期	評量日期	評量結果／通過與否	備註

簽名同意	校長＿＿＿＿＿＿＿＿ 輔導主任＿＿＿＿＿＿＿＿ 特教組長＿＿＿＿＿＿＿＿ 家長＿＿＿＿＿＿＿＿ 特教教師＿＿＿＿＿＿＿＿ 相關專業人員＿＿＿＿＿＿

＊評量方法：A：紙筆 B：口頭 C：指認 D：實作 E：其他

＊評量標準：預期達到的標準，以數字或文字表示之。

＊評量結果：實際達到的水準，以數字或文字表示之。

＊通過與否：P通過，進行下一個學期教育目標的教學；

              C繼續，繼續這個學期教育目標的教學；

              R更換，重新設計學期教育目標，再進行教學。

＊備　　註：備註欄請說明學生未能達到預定目標之可能原因。

學期末總結性評量

填表人：_____　　填表日期：____年　__月　__日

能 力 ／ 領 域 ／ 科 目	已達成之學期學習目標	
能 力 ／ 領 域 ／ 科 目	未達成之學期教育目標	未達成之原因

額外評量的建議

是 否 需 要 額 外 的 評 量	□是　　　□否
如 果 需 要 的 話 ， 需 要 何 種 型 式 的 評 量	

對未來教育計畫的建議

個別化教育計畫擬訂會議

會議日期：＿＿＿＿年＿＿月＿＿日

參　與　人	職稱／關係	簽　名	備　　　　　　　　註
會議摘要			

個別化教育計畫期末檢討會議

會議日期：＿＿＿＿年　月　日

參　　與　　人	職稱／關係	簽　　名	備　　　　　　註

會議摘要

附錄九

個別化教育計畫評鑑表

學校名稱：_____學生姓名：_____ 班級：_____

IEP 擬訂者：_____檢核者：_____ 檢核日期：_____

A.個別化教育計畫要素的完整性	是	否	說　　明
1.是否包括學生現況描述？	□	□	_____
2.是否包括學生家庭狀況描述？	□	□	_____
3.否包括學生身心障礙狀況對其在普通班上課及生活之影響？	□	□	_____
4.是否包括特殊教育之項目？	□	□	_____
5.是否包括相關服務之項目？	□	□	_____
6.是否包括學生能參與普通學校(班)之時間及項目？	□	□	_____
7.是否包括轉銜服務內容？	□	□	_____
8.是否包括學生因行為問題而影響學習者，其行政支持及處理方式？	□	□	_____
9.是否包括學年教育目標或長期目標？	□	□	_____
10.是否包括學期教育目標或短期目標？	□	□	_____
11.是否包括針對教育目標，擬訂適合學生之評量方式？	□	□	_____
13.是否包括教育目標之評量標準？	□	□	_____
14.是否包括教育目標是否達成之評量日期？	□	□	_____

B.個別化教育計畫擬訂、執行和評鑑的合法性、與有效性

	是	否	
1.是否有召開個別化教育計畫會議？	□	□	_____
2.是否運用專業團隊合作的方式擬訂？	□	□	_____
3.家長是否有參與個別化教育計畫的擬訂？	□	□	_____
4.是否於開學後一個月內訂定？	□	□	_____
5.是否每學期至少檢討一次？	□	□	_____
6.是否與教學作結合？	□	□	_____
7.學生是否達成預定的學期教育目標？	□	□	(達成情形如何)_____

C.個別化教育計畫要素的適宜性、均衡性、和內部一致性：

1. 評量計畫中所反應的學生現況描述，　　　□□ _____
   是否和最初轉介的原因有關？
2. 現況描述的敘述是否具體明確？　　　　　□□ _____
3. 學年教育目標是否依據評量資料中的學生　□□ _____
   需求或現況描述而訂？
4. 目標是否涵蓋了認知、情意、和技能　　　□□ _____
   三方面？
5. 學期教育目標是否邏輯地衍生自學年教育目標？□□ _____
6. 學期教育目標是否符合學生的需求或具有　□□ _____
   功能性？
7. 每項學期教育目標是否包含目標行為、目標　□□ _____
   行為出現的情境、和通過標準？
8. 目標是否從學生的角度來撰寫？　　　　　□□ _____
9. 學期教育目標是否只有一個學習結果？　　□□ _____
10. 每項學期教育目標是否具體明確？　　　　□□ _____
11. 評量(通過)標準是否適合學生的需求和能力？□□ _____
12. 評量(通過)標準是否具體明確？　　　　　□□ _____
13. 評量方法是否適合學生？　　　　　　　　□□ _____
14. 所提供的特殊教育及相關服務是否能　　　□□ _____
    達成學年教育目標及學期教育目標？

◎計分

檢　核　指　標	題　項	是	否	說　明
個別化教育計畫要素的完整性	A1-14			
個別化教育計畫擬訂、執行和評鑑的合法性	B1-5			
個別化教育計畫擬訂、執行和評鑑有效性	B6-7			
個別化教育計畫要素的適宜性、均衡性、和內部一致性	C1-14			

附錄十

現有啟智教育課程與教材目錄

一、課程綱要／教學手冊／評量手冊

課程／教材名稱	編著者	出版年	出版單位
學前特殊教育課程－家長手冊、家長用檢核手冊、家長指引手冊	王天苗	89 年	教育部特殊教育工作小組
學前特教家長版課程指引【一般發展課程－自理及居家生活能力】、【一般發展課程－社會情緒能力】、【一般發展課程－粗動作能力】、【一般發展課程－感官知覺能力】、【一般發展課程－溝通能力】	王天苗	89 年	教育部特殊教育工作小組
學前特殊教育課程－家長手冊、家長用檢核手冊、家長指引手冊	王天苗	89 年	教育部特殊教育工作小組
學前特殊教育課程－教師手冊、教師用檢核手冊、家長指引手冊	王天苗	89 年	教育部特殊教育工作小組
國民教育階段智能障礙類特殊教育學校(班)課程綱要評量手冊	嘉義大學特殊教育中心	89 年	嘉義大學特殊教育中心
國民教育階段智能障礙類特殊教育學校(班)課程綱要	教育部	88 年	教育部
國民教育階段智能障礙類特殊教育學校(班)教學手冊	教育部	88 年	教育部
啟智學校(班)國小生活核心課程行為目標彙編	嘉義啟智學校	86 年	嘉義啟智學校
特殊兒童個別化教學計畫各科行為目標細目	林寶貴	84 年	彰化師大特教系

課程／教材名稱	編著者	出版年	出版單位
國小啟智班生活教育科學習綱要	吳純純等	84 年	台北市立師院特教中心
中重度啟智教育功能性教學綱要	第一兒童發展中心	81 年	台北市政府教育局
以職業陶冶為中心國中啟智班課程綱要	南投縣政府	80 年	南投縣政府
教學行為目標資料庫(國語、數學、生活、知覺、職業、體育、音樂、美勞)	台南啟智學校	80 年	財團法人屏東基督教勝利之家
生活中心職業教育課程綱要其使用說明	台南啟智學校	80 年	台南啟智學校
學習成就綜合累積記錄簿	台南啟智學校	80 年	台南啟智學校
生活適應能力檢核手冊	王天苗	78 年	師大特教中心
智能不足者個別化教學課程綱要總結評量手冊	省立南投啟智教養院	77 年	省政府教育廳
中重度障礙兒童教學研究課程(附檢核手冊)	劉鴻香、陸 莉等	77 年	國立台北師院
國民中小學啟智班生活核心課程學習目標檢核手冊	夏起晉、劉鴻香等	76 年	國立台北師院
智能障礙兒童教材－各科細目與行為目標叢書	省立台南啟智學校	75 年	省政府教育廳
迴歸課程叢書(一、二)	南投縣雲林國小	75 年	南投縣政府
可教育性智能不足兒童生活經驗統整課程綱要	陳茂德編譯	71 年	彰化師大特教中心

二、生活教育領域

次領域	課程／教材名稱	編著者	出版年	出版單位
性 教 育	長大的秘密	會宇多媒體公司	90 年	會宇多媒體公司
	長大 119(中華民國性教育協會共同製作)	會宇多媒體公司	90 年	會宇多媒體公司
	心智能障礙礙學生性侵害防治與兩性教育－教學活動設計	花蓮啟智學校	89 年	花蓮啟智學校
	兩性教育	高雄啟智學校	89 年	高雄啟智學校
	有什麼毛病？	黃鈺璇譯	89 年	格林文化
	我的第一本安全護照－ ＊美美的困惑 ＊可怕的經驗 ＊第二個爸爸 ＊林叔叔的魔手 ＊麻辣怪老師	信成文化事業有限公司	89 年	信成文化事業有限公司
	智能障礙學生兩性教育教材	高雄啟智學校	88 年	高雄啟智學校
	成長的秘密	彰化啟智學校	87 年	彰化啟智學校
	你一定要知道的事－生命的開始與真相	李蔓莉	86 年	八熊星出版社
	我是怎麼來的？	丘丘 譯	86 年	宗教教育中心出版
	怎樣保護自己	陽銘出版社	85 年	陽銘出版社
	如何保護自己	鐘文出版社	85 年	鐘文出版社
	我的祕密心情	高雄縣政府	84 年	高雄縣政府
	性教育圖畫書－解答你的性問題、身體的小秘密、六個好朋友	新學友書局	84 年	新學友書局
	畫說性生命是什麼、從小孩到大人、從戀愛到成家、大人為什麼	戴娓娓	84 年	宏觀文化
	如何說不(防止小孩被騙、失蹤、傷害)二冊	全能製作有限公司	84 年	同心圓股份有限公司

次領域	課程／教材名稱	編著者	出版年	出版單位
性教育	長大的感覺真好	天下文化	83年	天下文化
	細胞、遺傳和兒童性教育	陽銘出版社	83年	陽銘出版社
	教師如何指導性教育 教師手冊	小暢書房	83年	小暢書房
	圖解性教育	林靜靜	83年	林鬱文化事業有限公司
	成長情事系列－兒童性教育	同心圓出版社	83年	同心圓股份有限公司
	認識我們的身體	文化出版社	83年	文化出版社
	青少年性教育叢書 1.男與女我是誰？－生命序曲。 2.不可思議的女性生理與心理。 3.不可思議的男性生理與心理。 4.愛情與生活，性，到底是什麼？ 5.生理與心理的奧妙百科。	張尚喬	81年	三豐出版社
	我到底怎麼了	吳瓊芬譯	80年	遠流出版社
	我的身體(幼幼認知小書)	親親文化事業編輯部	78年	親親文化事業有限公司
	孩子遠離危險	幼福文化事業有限公司	78年	幼福文化事業有限公司
知動能力	嬰幼兒動作發展教材	台北市政府教育局	82年	台北市政府教育局
	奇妙的肢體遊戲－知覺活動遊戲活動設計系列	許永安	82年	高雄市樂仁啟智中心
	中度智能不足教育－知動訓練	李淑雨	82年	台南啟智學校
	特殊兒童知覺動作發展教材教具	林寶貴、吳純純	80年	台北市教育局
	知覺動作技巧訓練教材	譚映芬	80年	新竹師院特殊中心
	弗若斯蒂發展視知覺能力作業簿	Marianne Frostig	80年	國立台北師院特教中心
	國小啟智班知動訓練教材	魯秀美編	79年	台中師院特教中心

次領域	課程／教材名稱	編著者	出版年	出版單位
知動能力	特殊學校(班)學前教育階段感覺訓練科教學指引、活動設計、作業單	林寶貴	78 年	教育部社教司
	知覺溝通技巧指導手冊作業簿	陸　莉、彭　萱等	77 年	國立台北師院特教中心
	知動訓練科(五冊)	台南啟智學校	77 年	台灣省教育廳
	知覺動作訓練	黃金源、吳永怡編譯	73 年	台東師專
自我照顧	國中特教班教材─生活教育家庭急救百寶箱	歐欣靜、黃品恩、吳雅慧編	90 年	高雄市國中身心障礙教育輔導團
	衣Q百分百	高雄啟智學校	89 年	高雄啟智學校
	認識自己	林郁宜	87 年	中華民國發展遲緩兒童早期教育協會
	中度智能不足兒童教育生活自理訓練	蔡美良	79 年	新竹師院特教中心
	生活獨立訓練上、下冊	林寶貴等	79 年	彰化師大特教系
自我照顧	特殊兒童獨立技能訓練	林寶貴、邱上真等	77 年	彰化師大特教中心
	基本生活功能教學方案模式	陸　莉、黃友松等	73 年	國立台北師院
	智能不足者健康與衛生教育	劉好萍	71 年	台灣省政府社會處
居家生活	好吃的水果	陳秋燕	91 年	高雄市中區特教育源中心
	個人的清潔	蘇素平	91 年	高雄市中區特教資源中心
	垃圾分類	蘇彥君、孫蕙玲、許仲輝、陳香利	91 年	高雄市中區特教資源中心

次領域	課程／教材名稱	編著者	出版年	出版單位
居家生活	居家生活教材資源庫(我的家、家庭起居活動、我會做家事、居家偶發事件)	李慧娟等	91 年	高雄啟智學校
	餐廳與廚房活動	許韡穎	90 年	高雄市國中身心障礙教育輔導團
	家庭電器教材	黃永龍	82 年	雲林縣斗南國小
	家庭生活－健康教育(含指導手冊)	張麗鈴、胡冠璋	82 年	台北市心智障礙者關愛協會
	快樂的家庭生活	台北市立陽明國小	81 年	台北市立陽明教養院
	學習生活中的安全	陸莉	76 年	國立台北師院特教中心
	學習幫助做家事	鍾聖校	76 年	國立台北師院特教中心
	智能不足兒童的保育與生活訓練	許澤銘	76 年	彰化師大特教中心
	學習適應和利用個人的物理環境	蔡克容	75 年	國立台北師院特教中心

三、實用語文

課程／教材名稱	編著者	出版年	出版單位
認知課程訓練 CAI	莊啓榮	91 年	高雄市中區特教資源中心
功能性學業教材	李翠玲	90 年	新竹師院特教中心
實用語文教學資料庫	高雄啟智學校	90 年	高雄啟智學校
溝通學習圖形庫	楊國屏等	86 年	財團法人科技輔具文教基金會
啟智班生活化語文教材	台北縣國教輔導團	84 年	台北縣國教輔導團

課程／教材名稱	編著者	出版年	出版單位
國語編序教材	劉秀鳳	82 年	新竹師院 特教中心
聽、說、讀、寫	黃美英	82 年	新竹市水源國 小附設仁愛啟 智中心啟智班
智能不足兒童國語教學－看圖說話	施櫻滿	82 年	高雄市私立 樂仁啟智中心
國語科教材	冉崇慧、顏崇芳	82 年	高雄市 永清國小
貫通課程認字指導系列教材	黃碧容、黃愷俐	82 年	南投縣 雲林國小
特殊兒童溝通訓練教材教法	林寶貴	81 年	台北市政府 教育局
生活化英語	張秀雯	80 年	台中市 育英國中
國中啟智教育國文科參考教材	周神妙等	80 年	台北市政府 教育局
說話訓練教材(一)(二)	彰化師大 特教中心	79 年	彰化師大 特教中心
特殊兒童溝通訓練遊戲教材	林寶貴	78 年	彰化師大 特教系
國民中學啟智班語言訓練實驗課程	鈕文英、林素貞 李莉淳、楊世英 李炎星	78 年	高雄市 左營國中
智能不足兒童語文科編序教材	林美女等	78 年	台北市教育局
特殊學校(班)學前教育階段說話訓練教學活動設計、教學指引、作業單	林寶貴、 史艷妃、 包美伶	76 年	教育部社教司
說話與語言訓練	林寶貴、 蕭金土等	76 年	彰化師大 特教中心
國民小學啟智班國語教材、教學指引(第一～十二冊)	高師大 特教中心	76 年	高雄市政 府教育局
畢保德語言發展教材	陳榮華等	75 年	台北市立師院
中重度身心障礙者語言訓練課程	林寶貴、 魏俊華等	75 年	彰化師大 特教中心

課程／教材名稱	編著者	出版年	出版單位
語言發展與矯治訓練遊戲教材	林寶貴	75 年	彰化師大特教中心
國民中小學啟智班國語科作業單、教學指引、教學活動設計	林寶貴等	74 年	彰化師大特教中心
特殊兒童語文訓練及知動訓練教材教法	林寶貴	71 年	彰化師大特教系

四、實用數學

課程／教材名稱	編著者	出版年	出版單位
我會看製造日期	葉春秀	90 年	高雄市國中身心障礙教育輔導團
啟智班數學科聯絡教學教材	樂利國小	87 年	台北縣國教輔導團
進入數學世界的圖畫書	安野光雄	85 年	信誼出版社
親子數學		85 年	小牛頓出版社
特殊兒童教材教法—數學篇	陳英三	84 年	五南出版公司
功能性數學教材	高雄師大特教中心	84 年	高雄師大特教中心
智能障礙兒童的數學	蕭松林	82 年	商鼎文化出版社
智能不足者個別化數學課程綱要總結評量手冊	省立南投啟智教養院	81 年	內政部社會教育司
數學科教材	吳淑美、譚映芬	80 年	新竹師院特教中心
基礎數學編序教材	台灣師大特教中心	77 年	台灣師大特教中心
從遊戲中學習(形狀、語言、數目)	葉秀妹譯	76 年	國立台北師院
數學科(12 冊)	台南啟智學校	76 年	省政府教育廳
學習謀生與金錢處理	周天賜	76 年	國立台北師院特教中心

課程／教材名稱	編著者	出版年	出版單位
數目的概念、認識位值(進法)、認識減法	張蕙君譯	75 年	國立台北師院特教中心
分類概念的形成	張蕙君譯	74 年	國立台北師院特教中心
序列概念的形成	周天賜譯	74 年	國立台北師院特教中心
數字的概念	蔡克容譯	74 年	國立台北師院特教中心
特殊兒童數學問題與說話訓練教材教法	林寶貴	74 年	彰化師大特教中心
認識加法	鐘聖校譯	73 年	國立台北師院特教中心
數概念的形成	鐘聖校譯	73 年	國立台北師院特教中心
數學要素與語文技能個別化教育課程	許天威等	73 年	彰化師大特教中心
認識大小、形狀	劉鴻香等譯	72 年	國立台北師院特教中心

五、職業教育領域

課程／教材名稱	編著者	出版年	出版單位
種植空心菜	張惟芬、陳宏偉、苑靈杉	91 年	高雄市中區特殊教育資源中心
工作態度教材	彰化啟智學校教師群	91 年	彰化啟智學校
天才小廚師	李淑貞、陳莉馨、廖麗香、曾素珍	91 年	高雄市中區特殊教育資源中心
智能障礙學生職業教育教材系列(農園藝、商業服務、清潔工作、烘焙、手工藝、廚務工作、洗衣工作)	國立林口啟智學校教師群	90 年	林口啟智學校
社區實作—洗衣工作教材	楊甘旭	90 年	林口啟智學校
社區實作—廚務工作教材	劉于菱	90 年	林口啟智學校

課程／教材名稱	編著者	出版年	出版單位
農園藝教材—豆豆成長日記	林小雯等	90 年	林口啟智學校
商業服務教材	貝仁貴等	90 年	林口啟智學校
手工藝教材	林妙蓮	90 年	林口啟智學校
烘焙教材	趙蕙慈、曾泰曄	90 年	林口啟智學校
社區實作—清潔工作教材	邱馴凱	90 年	林口啟智學校
美食任務	高雄啟智學校	89 年	高雄市立高雄啟智學校
職業教育—清潔服務、裝配、洗車、洗衣、烘焙、餐飲服務、包裝	高雄啟智學校	89 年	高雄市立高雄啟智學校
特殊教育職教課程—綜合職種教材手冊、餐飲服務手冊、社區實作工作隊手冊	趙和涇等編	89 年	高雄市立成功啟智學校
中重度智能不足學生職教育基本縫紉教材—車縫篇、手縫篇、機具篇	鹿慧貞、段瑞月、楊甘旭	88 年	林口啟智學校
特殊教育身心障礙學生校外工作隊實作觀摩研習成果編纂	高雄市立成功啟智學校	88 年	高雄市立成功啟智學校
我也可以輕鬆教烹調—工作分析法在心智能障礙礙學生烹調教學上的運用	易君常	88 年	桃園啟智學校
職業教材—洗衣、縫紉	徐世芳編	87 年	桃園啟智學校
國中啟智班職業教育科參考教材	台北市教育局	83 年	台北市教育局
生活中心職業課程—彩色圖書	安瑤英、許宏道	82 年	台南啟智學校
啟智班生計教育教材(LCCE)	彰化師大特殊中心	81 年	省政府教育廳
國中啟智班職業教育科參考教材	台北市國中特教叢書編審委員會	81 年	台北市教育局
職業教育科(三冊)	台南啟智學校	78 年	省政府教育廳

六、社會適應領域

次領域	課程／教材名稱	編著者	出版年	出版單位
環境與資源	寄郵件	許寶文、張惠萍、劉淳雅、林淙溶	91 年	高雄市中區特教資源中心
	從楠特出發	吳季純、郝佳華、賴仲宣、吳偉銓	91 年	高雄市中區特教資源中心
	新鮮人在左營	黃敏秀、邱清珠、陳映羽、林大為	91 年	高雄市中區特殊教育資源中心
	交通工具的選擇	黃品恩、周梅惠	91 年	高雄市中區特教資源中心
	認識我們可愛的社區	陳嬿清、施秀樓、吳文進	91 年	高雄市中區特教資源中心
	上學去	戴淑貞、林靜蓉、李淑麗、李宏俊	91 年	高雄市中區特教資源中心
	母親節	高雄啟智學校	89 年	高雄啟智學校
	過聖誕節	高雄啟智學校	89 年	高雄啟智學校
	資源回收	高雄啟智學校	89 年	高雄啟智學校
	使用投幣式公用電話	高雄啟智學校	89 年	高雄啟智學校
	逛街購物	高雄啟智學校	89 年	高雄啟智學校
	社區教學資源手冊	劉淑玉、林和姻	88 年	嘉義啟智學校
	認識自然	林郁宜	88 年	台北市螢橋國小學前身心障礙班
	啟智教育自然科學課程設計與教學活動	陳忠照等	85 年	國立教育資料館
	學習行的知能	吳淑玲	75 年	國立台北師院

次領域	課程／教材名稱	編著者	出版年	出版單位
社 會 能 力	國中自閉症學生社會技巧訓練課程	林芬菲、蔡佳芬	90 年	高雄市國中身心障礙教育輔導團
	社會故事－自閉兒的教學法	黃金源編	90 年	台中師院特教中心
	兒童 EQ 學習手冊	陳質采、呂俐安	89 年	信誼出版社
	特殊學校(班)國民教育階段社會適應教材之社交技能	何素華等	89 年	嘉義大學特殊教育中心
	社會技巧訓練課程	洪儷瑜	87 年	台灣師大特教中心
	兒童 EQ 的開發與培養	王秀園	86 年	稻田出版社
	社會技能課程	第一兒童發展文教基金會	84 年	第一兒童發展文教基金會
	學習了解自己以及與別人相處	黃友松	75 年	國立台北師院

七、休閒教育領域

課程／教材名稱	編著者	出版年	出版單位
打擊樂翻天	陳宗田、林佑宗、楊佩華、蔡秀琴	91 年	高雄市中區特教資源中心
我的休閒生活	藍許桂英	90 年	高雄市國中身心障礙教育輔導團
融合式適應體育教學	杜正治、陳弘烈、卓俊伶、闕月清	89 年	台灣師大體育研究與發展中心
適應體育教材教具	謝文寬、謝瓊瑜	89 年	台灣師大體育研究與發展中心
玩具總動員	高雄啟智學校	89 年	高雄啟智學校
讓名曲活起來(一)、(二)	田淑勤	89 年	台北市啟智學校
啟智班美勞科聯絡教學教材	台北縣國教輔導團	87 年	台北縣國教輔導團
智能障礙兒童的體育	蕭松林	82 年	商鼎文化出版社
特殊兒童的運動指導	蘇仁花	82 年	高雄市樂仁啟智中心
謝伯動作教材教法	呂秀美、伍玉封	82 年	高雄市樂群國小

課程／教材名稱	編著者	出版年	出版單位
國中啟智教育美勞科參考材	施月霞等	80 年	台北市政府教育局
啟智學校(班)美勞科教學活動設計	台南師院特教中心	80 年	台南師院特教中心
音樂治療與治療手冊	林貴美	80 年	國立台北師院特教中心
重度障礙兒趣味性運動	朱敏進譯	78 年	國立台北師院特教中心
國中啟智班美勞科教材教法	金華國中啟智班	78 年	台北市教育局
重度障礙兒童趣味性運動	朱敏進譯	78 年	國立台北師院
音樂治療—音樂在殘障兒童教育與治療之應用	林貴美	77 年	國立台北師院
學習藉藝術、音樂來發展創造力	林明德、張蕙君	76 年	國立台北師院
啟智教育美勞教材	陳　碧譯	76 年	屏東師院
學習善用休閒時間	張蕙君	76 年	國立台北師院
發展學習能力—兒童的遊戲與教具(上、下)	許天威等	76 年	五南圖書出版公司
美勞科(五冊)	台南啟智學校	76 年	省政府教育廳
音樂科(四冊)	台南啟智學校	75 年	省政府教育廳
體育科(五冊)	台南啟智學校	75 年	省政府教育廳
啟發兒童智慧的遊戲	蘇義雄	75 年	屏東師院
國小啟智性美勞科參考教材	江泰元、張月昭	74 年	台東師院
智能不足兒童遊戲	黃壽南譯	73 年	屏東師院
認識顏色	劉鴻香等譯	72 年	國立台北師院
啟智班藝能科教材	黃光雄	71 年	新竹師院特教中心
智能不足兒童的節奏訓練	張統星	71 年	國立台北師院

八、綜合

課程／教材名稱	編著者	出版年	出版單位
高職部核心課程教材(春天、夏天、冬天、冬天、兩性教育、認識職業、交通、我的學校、垃圾處理、校慶十大單元)	台北市立啟智學校	92 年	台北市立啟智學校
國中部：生活經驗核心課程參考教材三本	台北市立啟智學校	90 年	台北市立啟智學校
特殊教育單元教學活動設計彙編	林口啟智學校	90 年	國立林口啟智學校
生活概念	林郁宜	88 年	亞馬遜出版社
國小中重度智障兒童功能性教學活動設計	郭色嬌	87 年	台北市立師範學院特教中心
認識身邊的朋友(含課本、課堂練習、著色本、歌本和圖卡)	台南啟智學校	87 年	台南啟智學校
學前中度智能不足兒童生活教育手冊	林郁宜	86 年	師大書苑
啟智班國小生活核心單元活動設計(一)	嘉義啟智學校	86 年	嘉義啟智學校
智能障礙生活教育單元教材	第一兒童發展中心	85 年	第一兒童發展中心
啟智班生活教育科個別化教育計畫及教學單元設計	吳純純、黃素珍	85 年	台北市立師範學院特教中心
台南啟智學校幼稚部教材	台南啟智學校	84 年	台灣省政府教育廳
中重度智能障礙兒童生活教育綱要－用幻燈片實施生活教育及語文教材	黃素珍	84 年	國立教育資料館
生活中心生涯教育活動設計	林寶貴、錡寶香	78 年	彰化師大特教中心
Portage 早期教育指導手冊	雙溪啟智文教基金會	76 年	雙溪啟智文教基金會
心智能障礙礙兒童個別化課程	施展川、李寶珍	74 年	雙溪啟智文教基金會

附錄十一

課程與教材評鑑表

課程或教材名稱:＿＿＿＿＿＿＿＿＿＿＿＿＿＿＿ 領域或學科:＿＿＿＿＿＿＿

適用對象:＿＿＿＿＿＿ 作者:＿＿＿＿＿＿ 出版日期:＿＿＿＿＿＿

出版者:＿＿＿＿＿＿

評鑑者:＿＿＿＿＿＿ 評鑑日期:＿＿＿＿＿＿

下列是關於課程或教材的描述，請根據您對此課程或教材的了解，以 1 到 4 分評鑑您對此課程或教材的滿意度;對於不適用於此課程或教材的描述，請選 0。	非常滿意	滿意	不滿意	非常不滿意	本題不適用
目標 1.目標敘寫清楚而明確	4	3	2	1	0
2.目標考慮受教者的需求	4	3	2	1	0
3.目標具重要性和功能性	4	3	2	1	0
4.提供融合經驗，促進正常化	4	3	2	1	0
內容 1.內容與目標有關	4	3	2	1	0
2.符合學生的生理年齡、能力、需求、興趣、和動機	4	3	2	1	0
3.考慮學生所處的生態環境，且具功能性、應用性、和轉銜功能	4	3	2	1	0
4.傳達正確概念與知識	4	3	2	1	0
5.有彈性，能適應學生的個別差異	4	3	2	1	0
6.內容注重與時令、生態環境、及時勢現況等的配合	4	3	2	1	0
7.內容具備趣味性、挑戰性，能提高學生的學習動機	4	3	2	1	0
8.提供有系統的練習和複習	4	3	2	1	0
9.給學生閱讀的文本，在文字敘述方面能符合學生的閱讀能力，並能幫助學生理解和掌握重點。	4	3	2	1	0
10.給學生使用的作業單，文字敘述方式和反應方式能考慮學生的能力，並且讓學生清楚如何完成作業單。	4	3	2	1	0
11.給教師的課程計畫，清楚明確地呈現使用的教學方法／策略、替代方案或輔助策略、教學活動和教學資源等。	4	3	2	1	0

下列是關於課程或教材的描述，請根據您對此課程或教材的了解，以 1 到 4 分評鑑您對此課程或教材的滿意度；對於不適用於此課程或教材的描述，請選 0。	非常滿意	滿意	不滿意	非常不滿意	本題不適用
組 1.符合由單純到複雜的原則	4	3	2	1	0
2.符合由易而難的原則	4	3	2	1	0
3.符合由熟悉到不熟悉的原則	4	3	2	1	0
4.符合由具體到抽象的原則	4	3	2	1	0
5.考慮知識概念的關聯性或活動的完整性	4	3	2	1	0
6.符合學生的特性和興趣	4	3	2	1	0
7.考慮內容的重要性(由重要到次要)	4	3	2	1	0
8.符合由整體到部分到整體的原則	4	3	2	1	0
9.具有縱的聯繫性	4	3	2	1	0
織 10.具有橫的聯繫性	4	3	2	1	0
11.具有統整性	4	3	2	1	0
過 1.配合目標選擇適當的教學活動	4	3	2	1	0
2.教學方法和教學活動的選擇符合學生的生理年齡、心理年齡、興趣、動機等。	4	3	2	1	0
3.強調學生的參與	4	3	2	1	0
4.說明教學情境之安排情形(如座位的安排、分組的安排、環境的規畫等)	4	3	2	1	0
5.說明必要之教學資源	4	3	2	1	0
6.說明教學時間之安排方式	4	3	2	1	0
7.提供課程評量方法和記錄表格	4	3	2	1	0
8.重視同儕與師生之互動	4	3	2	1	0
9.重視與非障礙者之互動	4	3	2	1	0
10.重視社區中活動的參與	4	3	2	1	0
程 11.提供家長參與的機會	4	3	2	1	0
12.對於學習有困難的學生，提供調整或修正的策略	4	3	2	1	0
物理特性 1.字體大小和間隔合適清晰，方便閱讀	4	3	2	1	0
2.型式設計美觀	4	3	2	1	0
3.圖文配置、色彩安排適當	4	3	2	1	0
4.印刷精美	4	3	2	1	0
5.裝訂和紙質適當，耐用不易損毀	4	3	2	1	0
6.方便收集，易於使用保管	4	3	2	1	0
7.有目次、索引(如學習內容之索引)	4	3	2	1	0

下列是關於課程或教材的描述,請根據您對此課程或教材的了解,以 1 到 4 分評鑑您對此課程或教材的滿意度;對於不適用於此課程或教材的描述,請選 0。	非常滿意	滿意	不滿意	非常不滿意	本題不適用
型式及材料 1.有課程編輯說明	4	3	2	1	0
2.有課程計畫或教師手冊,說明教學方法與過程	4	3	2	1	0
3.提供給學生閱讀的教材	4	3	2	1	0
4.提供作業單	4	3	2	1	0
5.提供課程發展過程的資料	4	3	2	1	0
6.提供相關的教學資源或參考資料	4	3	2	1	0
發展過程 1.課程之發展有理論或實證依據	4	3	2	1	0
2.課程發展人員包括各領域相關人員	4	3	2	1	0
3.課程發展之過程嚴謹而完整	4	3	2	1	0
4.課程經過評鑑實驗並證明其效果	4	3	2	1	0

評分

目標:＿＿＿分;內容:＿＿＿分;組織:＿＿＿分;過程:＿＿＿分;物理特性:＿＿＿分;

課程形式及材料:＿＿＿分;課程發展過程:＿＿＿分;總分:＿＿＿分

綜合意見

本課程之優缺點:

使用建議

使用本課程之建議:

附錄十二

課程的相關網站資源

一、課程與教學網站

1.思摩特(http://sctnet.edu.tw/index.htm)

2.IDEA 台灣活力網(http://www.idea-tw.com.tw/)

3.高雄市教師會(http://www.kta.kh.edu.tw/)

4.Math 教學網站

(http://netcity1.web.hinet.net/UserData/lsc24285/default.htm)

5.國民中小學九年一貫課程與教學網

(http://teach.eje.edu.tw/)

6.教育部學習加油站(http://content.edu.tw/)

7.教育資訊科技網站(香港網站)(http://itied.net/home.htm)

8.高雄市特殊教育資訊網(http://www.spec.kh.edu.tw/)

9.K 12 數位學校(http://ds.k12.edu.tw/)

10.天下雜誌整理的優良網站

(http://www.cw.com.tw/index.htm，而後進入網路資源)

11.嘉義市教網中心九年一貫數位影音資料庫

(http://163.27.1.12/board1/title.asp)

12.台北市多媒體教學資源中心

(http://tmrc.tiec.tp.edu.tw/index.htm)

13.真愛無礙特教資源網

(http://192.192.169.101/longlife/newsite/news.htm/)

二、圖片搜尋引擎和分類圖庫網站

1.http://www.altavista.com/image(照片資源)

2.http://image.pchome.com.tw(PChome 圖片搜尋)

3.http://www.openfind.com.tw/(台灣網路百科資源索引)

4.http://do2learn.org/picturecards/printcards/index.htm
(各種訓練生活自理的圖卡)

5.http://webphoto.seeder.net/aa.asp?ccc=a(網路圖庫網)

6.http://www.freeimages.co.uk/(照片資源)

7.http://www.freefoto.com/(照片資源)

8.http://www.toocool.com.tw/(圖庫網)

9.http://www.barrysclipart.com/clipart/(照片資源)

10.http://gallery.hd.org/(照片資源)

11.WORD 的圖庫(在 WORD 中插入圖片,而後插入美工圖案,
再從線上目錄,連線至 Web,進入 Design Gallery Live,在
Search 的欄框裡,輸入你要搜尋的圖片英文名稱(例如:
apple),則會出現所有 apple 的圖片。之後,你可勾選想下
載的圖片,則會進入 WORD 中。)

三、輔助性科技相關資源

1. 財團法人科技輔具文教基金會
(http://www.unlimiter.com.tw)

2. 國科會北區身心障礙者科技輔具中心
(http://140.112.61.64/)

3. 台中市立復健醫院輔具研發中心
(http://www.rehab.seeder.net/)

4. 屏東勝利之家(http:// www.vhome.org/resource/)

5. 高雄醫學大學復健系(http://app.rm.kmu.edu.tw/orthosis)

6. 黃富廷的特殊教育研究室
(http://mail.ncku.edu.tw/~footingh/homepage/footing.htm)

7. 第一復康輔具資源服務中心(http://www.diyi.org.tw)

附錄十三

課程調整計畫表

學生姓名：＿＿＿＿＿＿＿＿＿＿　課程主題：＿＿＿＿＿＿＿＿＿＿＿

該生在此課程主題的起點行為和學習困難描述：

＿＿＿＿＿＿＿＿＿＿＿＿＿＿＿＿＿＿＿＿＿＿＿＿＿＿＿＿＿

＿＿＿＿＿＿＿＿＿＿＿＿＿＿＿＿＿＿＿＿＿＿＿＿＿＿＿＿＿

＿＿＿＿＿＿＿＿＿＿＿＿＿＿＿＿＿＿＿＿＿＿＿＿＿＿＿＿＿

◎**說明**：課程調整的向度可從課程本身以及學生行為兩個角度去調整。

課程本身調整可從目標、內容、組織、和過程等四個方向去調整。

調整的向度	調整的內涵
目標	
內容	
組織	
過程	
學生行為(如教導學習策略)	

附錄十四

課程計畫空白表格
教相同主題的課程計畫

班級／組別		學生人數	
課程領域		課程主題	
教學地點		教學人員	
教學時間			
教學型態			
教學資源			
學生起點行為分析			
單元目標			
教學目標			

目標號碼	教　學　過　程	預估時間	備　註

分組，教不同主題的課程計畫

課程領域		班　級		教學人員	
教學時間		教學型態		教學地點	

組　別					
學生姓名					
學生起點 行為分析					
課程主題					
單元目標					
教學目標					
教學資源					
目標號碼	教　學　活　動	預估時間	備　註		
目標號碼	教學活動	預估時間	備　註		

附錄十五　　　分組，教不同主題的課程計畫舉例

課程領域	實用語文	班級	國二年 2 班	教學人員	陳〇〇
教學時間	單元教學時間：91.10.18/8:50-10:30；情境教學時間：放錄音機在教室，讓高組學生於下課時間操作使用；配合自然課時間表，教低組學生使用溝通圖卡。	教學型態	分成兩組進行小組教學	教學地點	教室

組　別	高	低	組
學生姓名	A、C、E、F	B、D	
學生起點行為分析	認知和口語能力不錯，能認讀簡單的字彙	兩位學生均為腦性麻痺，完全沒有口語能力，只發啊的聲音。B 坐輪椅，D 可行走，但步伐不穩	
課程主題	收錄音機的操作	替代溝通方式的訓練	
單元目標	會使用收錄音機	能辨識溝通圖卡	
教學目標	1. 能說出收錄音機的名稱 2. 能說出收錄音機的功能 3. 能辨識「跳出」鍵的符號 4. 能辨識「停止」鍵的符號 5. 能辨識「放音鍵」的符號 6. 能獨立完成放錄音帶聽音的步驟 7. 能辨識「倒帶鍵」的符號 8. 能辨識「音量控制按鈕」 9. 能辨識「錄音鍵」的符號 10. 會完成錄音的步驟	1. 能辨識「玩遊戲」的溝通圖卡 2. 能辨識「喝水」的溝通圖卡 3. 能辨識「上廁所」的溝通圖卡 4. 能辨識「吃東西」的溝通圖卡	
教學資源	四台收錄音機、事先錄好音的錄音帶四卷、音樂帶、錄影帶、兩台溝通板、三組溝通圖卡（有四張）、貼紙、空白錄音帶四卷、貼紙、耳機四副、四份拼圖和兩個拼圖、作業單、和評量單。		

目標號碼	教學過程	預估時間	備註
	一、準備階段 (一)課前準備 準備錄影帶、兩台溝通板、三組溝通圖卡(有四張)、貼紙、和兩個拼圖。 (二)課間準備 讓學生看一卷學生用溝通圖卡表達需求的錄影帶，引導他們了解溝通卡也是一種溝通方式。	5分	在高組做作業單時進行 I
1	二、發展階段 1.老師拿出「玩遊戲」的溝通圖卡，貼在溝通板上，引導學生注視圖卡5秒。 2.告訴學生「玩遊戲」這個動作的意思，並示範這個動作。 3.要學生拿出「玩遊戲」這張溝通圖卡，而後給老師給他們拼圖形板，讓他們拼圖操作。 活動練習 I	5分 10分	

目標號碼	教學過程	預估時間	備註
	一、準備階段 (一)課前準備 1.準備四台收音機、事先錄好的錄音音帶四卷、音樂錄音帶四卷、空白錄音帶四卷、貼紙、和耳機四副。 2.準備四份作業單、和評量單。 (二)課間準備 1.將學生分成兩組，給予學生一台收音機，要其寫出收音機上按鍵的內容於作業單上。 做作業單 I	1分 10分	在低組做活動練習 I 時進行
1.2 3.4 5	2.詢問學生這是什麼？是否使用過？家裡有沒有這樣東西？而後老師說明這個機器的名稱和功能。 二、發展階段 1.檢查學生做的作業單，如有完成則給予口頭讚美和貼紙。 2.教導學生認識「跳出」、「停止」、「放音鍵」的名稱和功能，並示範如何將錄音帶放進錄音機過程，而後操作放音鍵。	3分 7分	

目標號碼	教學過程	預估時間	備註
2	4.檢查學生是否完成指定的活動,如有完成則給予口頭讚美和貼紙。 5.老師拿出「喝水」的溝通圖卡貼在溝通板上,引導學生注視溝通圖卡5秒。 6.告訴學生「喝水」這張溝通圖卡的意思,並示範這個動作。 7.給兩位學生各一個溝通板,要其按溝通板的上方,而後放在下方相對應的圖卡。	10分	在高組做作業單II時進行
	活動練習II		
3	8.檢查學生是否完成指定的活動,如有完成則給予口頭讚美和貼紙。 9.老師拿出「上廁所」的溝通圖卡貼在溝通板上,引導學生注視溝通圖卡5秒。 10.告訴學生「上廁所」的意思,並示範這個動作。	10分	在高組做活動練習III時進行

目標號碼	教學過程	預估時間	備註
6	3.給學生一卷錄音帶,要他們放音,並依據放音的內容,完成指定的工作(例如:拿出一枝筆)。為了避免互相干擾,讓學生在作習練習時,用耳機聽。	10分	
	做作業單II		
7	4.檢查學生是否完成指定的工作,如有完成則給予口頭讚美和貼紙,並詢問他們指定的工作為何。 5.接著詢問他們:「如果要重聽,要怎麼辦?」進而教導他們「倒帶鍵」的名稱和功能,並示範如何操作倒帶鍵。		
8	6.倒帶之後,老師偷偷先把音量控制鈕調至大聲,等學生按音帶播放時發現音量大聲,而在此時教導學生操作「音量控制按鈕」。	10分	在低組做活動練習II時進行
6,7,8	7.給每位學生一卷音樂帶,將音樂帶倒帶至起頭處。		
	活動練習III	10分	

目標號碼	教學過程	預估時間	備註
	11. 給兩位學生各一個溝通板，要其按溝通板的上方，而後在下方放上相對應的圖卡。 〔活動練習 III〕 12. 檢查學生是否完成指定的活動，如有完成則給予口頭讚美和貼紙。 13. 老師拿出「吃東西」的溝通圖卡卡貼在溝通板上，引導學生注視溝通圖卡5秒。	10分	在高組做活動練習 III 時進行
4	14. 告訴學生「吃東西」這張溝通圖卡的意思，並示範這個動作。 15. 給兩位學生各一個溝通板，要其按溝通板的上方，而後在下方放在相對應的圖卡。 〔活動練習 IV〕 16. 檢查學生是否完成指定的活動，如有完成則給予口頭讚美和貼紙。	10分	在高組做活動練習 IV 時進行
	(三)綜合階段 1. 整理今天所學的內容，並給予回饋。 2. 要學生拿出他現在想做之事的溝通圖卡，而後老師達到其需求。	10分 10分	在高組做評量單時進行

目標號碼	教學過程	預估時間	備註
9	8. 檢查學生是否完成指定的活動，如有完成則給予口頭讚美和貼紙，並詢問他們聽到的音樂帶內容為何。 9. 詢問學生：「如果錄下你們美妙的聲音，或是別人的聲音，要怎麼辦？」進而教導他們認識「錄音鍵」的名稱和功能。	10分	在低組做活動練習 III 時進行
10	10. 教導學生認識如何操作和功能，並示範「暫停鍵」的名稱和功能，要其隨興與錄音。		
9.10	11. 給每位學生一卷空白錄音帶，要其練習隨興與錄音。 〔活動練習 IV〕 12. 檢查學生是否完成指定的活動，如有完成則給予口頭讚美和貼紙，並聽每一位學生錄音的內容。	10分	在低組做活動練習 IV 時進行
	(三)綜合階段 1. 整理今天所學的內容，並給予回饋。 2. 給每學生一張卡片，以評量學習的情形。 〔做評量單〕 3. 批改評量單，並訂正。	9分	

學習評量表

（組別：高組 = A、C、E；低組 = F、B、D。每位學生分「評量標準與方法」與「評量結果」兩欄；╳ 表示該項目不適用。）

教學目標	A 評量標準與方法	A 評量結果	C 評量標準與方法	C 評量結果	E 評量標準與方法	E 評量結果	F 評量標準與方法	F 評量結果	B 評量標準與方法	B 評量結果	D 評量標準與方法	D 評量結果
高 1. 能說出收錄音機的名稱	B/8		B/8		B/8		╳	╳	╳	╳	╳	╳
高 2. 能說出收錄音機的功能	B/8		B/8		B/8		╳	╳	╳	╳	╳	╳
高 3. 能辨識「跳出」鍵的符號	C,D/8		C,D/8		C,D/8		╳	╳	╳	╳	╳	╳
高 4. 能辨識「停止」鍵的符號	C,D/8		C,D/8		C,D/8		╳	╳	╳	╳	╳	╳
高 5. 能辨識「放音」鍵的符號	C,D/8		C,D/8		C,D/8		╳	╳	╳	╳	╳	╳
高 6. 能獨立完成放錄音帶聽音的步驟	D/8		D/8		D/8		╳	╳	╳	╳	╳	╳
高 7. 能辨識「倒帶」鍵的符號	C,D/8		C,D/8		C,D/8		╳	╳	╳	╳	╳	╳
高 8. 能辨識「音量控制按鈕」	C,D/8		C,D/8		C,D/8		╳	╳	╳	╳	╳	╳
高 9. 能辨識「錄音」鍵的符號	C,D/8		C,D/8		C,D/8		╳	╳	╳	╳	╳	╳
低 1. 能辨識「玩遊戲」的溝通圖卡	╳	╳	╳	╳	╳	╳	C/8		C/8		C/8	
低 2. 能辨識「喝水」的溝通圖卡	╳	╳	╳	╳	╳	╳	C/8		C/8		C/8	
低 3. 能辨識「上廁所」的溝通圖卡	╳	╳	╳	╳	╳	╳	C/8		C/8		C/8	
低 4. 能辨識「吃東西」的溝通圖卡	╳	╳	╳	╳	╳	╳	C/8		C/8		C/8	

備註

⊙評量方法：A.紙筆　B.口頭　C.指認　D.實作　E.其他（請說明）

⊙評量標準：8 能獨立完成；7 給與手勢提示可完成；6 給與間接口語提示可完成；5 給予直接口語提示可完成；4 給予視覺提示或刺激之內提示可完成；3 給予示範動作可完成；2 給予部分身體提示可完成；1 給予完全身體提示可完成。

⊙評量結果：P 通過；F 不通過；0 沒反應；NA 未測（並說明實際達到的情形）。

⊙備註：請註明特殊狀況或學生未能達到教學目標之原因。

附錄十六

評量表空白表格
活動學習評量表(個人部分)

學生姓名：＿＿＿＿＿　　評量者：＿＿＿＿＿　　活動名稱：＿＿＿＿＿

教學地點：＿＿＿＿＿＿＿＿＿　　評量標準：＿＿＿＿＿＿＿＿＿

學習階段：□ 獲得　□ 流暢　□ 精熟　□ 維持　□ 類化　□ 調整階段

評量方法：□ 紙筆；□ 口頭；□ 指認；□ 實作；□ 其他：＿＿＿＿＿＿

評量日期　　活動系列成份	起點										備註
百分比											
相關刺激與反應變化或例外處理											

※**評量結果代號說明**：＿＿能獨立完成；＿＿給與手勢提示可完成；

　　＿＿給與間接口語提示可完成；＿＿給與直接口語提示可完成；

　　＿＿給與視覺提示或刺激之內提示可完成；＿＿給與示範動作可完成；

　　＿＿給與部分身體提示可完成；＿＿給與完全身體提示可完成；

　　_0_ 沒反應或學習意願；<u>NA</u> 未測

※**本活動教學決定**：(代號：X 放棄；1.繼續訓練；2.通過，進入下一個學習階段；3.通過，進行下一個活動或技能的訓練)

※說明：

技能學習評量表(個人部分)

學生姓名：_____   評量者：_____   技能名稱：_____

配合活動：_____   教學地點：_____

學習階段：□ 獲得　□ 流暢　□ 精熟　□ 維持　□ 類化　□ 調整階段

評量方法：□ 紙筆　□ 口頭　□ 指認　□ 實作　□ 其他：_____

評量標準：_____

評量日期／技能內容分析	起點										備註
百分比											

※**評量結果代號說明**：___能獨立完成；___給與手勢提示可完成；

　　　___給與間接口語提示可完成；___給與直接口語提示可完成；

　　　___給與視覺提示或刺激之內提示可完成；___給與示範動作可完成；

　　　___給與部分身體提示可完成；___給與完全身體提示可完成；

　　　_0_ 沒反應或學習意願；_NA_ 未測

※**本活動教學決定**：____(代號：X 放棄；1.繼續訓練；2.通過，進入下一個
　　　　學習階段；3.通過，進行下一個活動或技能的訓練)

※說明：

學習評量表(團體部分)

學習目標 \ 學生姓名 \ 評量標準、方法和結果	評量方法與標準	評量結果	評量方法與標準	評量結果	評量方法與標準	評量結果	評量方法與標準	評量結果
備　　　　註								

⊙ **評量方法**：A.紙筆　B.口頭　C.指認　D.實作　E.其他(請說明)＿＿＿＿＿

⊙ **評量標準**：＿＿能獨立完成；＿＿給與手勢提示可完成；

＿＿給與間接口語提示可完成；＿＿給與直接口語提示可完成；

＿＿給與視覺提示或刺激之內提示可完成；＿＿給與示範動作可完成；

＿＿給與部分身體提示可完成；＿＿給與完全身體提示可完成；

⊙ **評量結果**：P 通過；F 不通過；NA 未測(並說明實際達到的情形)。

⊙ **備註**：請註明特殊狀況或學生未能達到教學目標之原因。

附錄十七

課程計畫評鑑表

項　目	標　　　　　　　準	檢核	
		是	否
基本 資料	是否包括班級／組別、學生人數、課程領域、課程主題、 教學時間、教學人員、教學地點、教學型態、教學資源等？	☐	☐
學生起點行 為分析	是否清楚明確，且與課程主題相關聯？	☐	☐
單元目標和 教學目標	1.目標是否從學生的角度來撰寫，且呈現的是學習結果， 　而非學習活動？	☐	☐
	2.目標的撰寫是否清楚具體？	☐	☐
教學 過程	1.教學過程是否說明使用的教學方法／策略、調整或修正 　策略、教學活動如何進行、如何運用教學資源(如教材、 　教具、或作業單的使用)等？	☐	☐
	2.教學活動是否搭配教學目標？	☐	☐
	3.所有的教學目標是否都有教學活動、教學方法／策略 　來達成？	☐	☐
	4.教學活動、教學方法／策略的撰寫是否清楚明確 　且適當？	☐	☐
	5.教學時間的安排是否適當？	☐	☐
	6.如有協同教學，是否說明兩位教學人員協同搭配的情 　形？	☐	☐
評量表	1.是否包括評量項目、方法、和標準？	☐	☐
	2.是否包括評量日期和結果？	☐	☐
	3.評量項目是否與教學目標一致？	☐	☐
	4.評量方法和標準的擬訂是否清楚明確且適當？	☐	☐

綜合評述：

索 引

一、中文索引

二、英文索引

一、中文索引

二、英文索引

國家圖書館出版品預行編目資料

啟智教育課程與教學設計／鈕文英著.--初版. --
臺北市：心理，2003（民 92）
面；　　公分.--（障礙教育系列；63042）
參考書目：　面

ISBN 978-957-702-633-0（平裝）

1.智能不足教育

529.62　　　　　　　　　　　　92018478

障礙教育系列 63042

啟智教育課程與教學設計

作　　者：鈕文英

插　　畫：洪雅慧

總 編 輯：林敬堯

發 行 人：洪有義

出 版 者：心理出版社股份有限公司

地　　址：231 新北市新店區光明街 288 號 7 樓

電　　話：(02)29150566

傳　　真：(02)29152928

郵撥帳號：19293172　心理出版社股份有限公司

網　　址：http://www.psy.com.tw

電子信箱：psychoco@ms15.hinet.net

排 版 者：頂好電腦排版有限公司

印 刷 者：紘基印刷有限公司

初版一刷：2003 年 11 月

初版十一刷：2020 年 9 月

I S B N：978-957-702-633-0

定　　價：新台幣 650 元